高等学校公共艺术课程教材

走进『CHINA』
中国陶瓷鉴赏与制作

龙洲——主编

SWUPG
西南大学出版社
国家一级出版社
全国百佳图书出版单位

图书在版编目（CIP）数据

走进“CHINA”：中国陶瓷鉴赏与制作 / 龙洲主编 . 重庆：西南大学出版社，2025. 8. -- ISBN 978-7-5697-3027-2

Ⅰ. K876.3

中国国家版本馆 CIP 数据核字第 2025BZ2678 号

高等学校公共艺术课程教材

走进“CHINA”：中国陶瓷鉴赏与制作

ZOUJIN “CHINA”：ZHONGGUO TAOCI JIANSHANG YU ZHIZUO

龙洲　主编

选题策划：王玉菊
责任编辑：徐庆兰
责任校对：邓　慧
版式设计：何　璐
封面设计：闰江文化
出版发行：西南大学出版社（原西南师范大学出版社）
地　　址：重庆市北碚区天生路 2 号
邮　　编：400715
排　　版：重庆新金雅迪艺术印刷有限公司
印　　刷：重庆新金雅迪艺术印刷有限公司
成品尺寸：185 mm × 260 mm
印　　张：20
字　　数：651 千字
版　　次：2025 年 8 月第 1 版
印　　次：2025 年 8 月第 1 次印刷
书　　号：ISBN 978-7-5697-3027-2
定　　价：98.00 元

本书出版得到江西省社科基金科普专项课题“走进CHINA：中国陶瓷鉴赏与制作”（23ZXKP04）的经费支持。

本书内容属于江西省教育科学“十四五”规划2022年度青年专项课题“新时代高校美育建设的‘超学科’逻辑与创新路径研究”（22QN037）和江西省高等学校教学研究省级一般课题“‘新工科、新文科’建设背景下高校‘超学科’陶瓷美育通识课的教学创新与实践”（JXJG-21-11-2）的研究成果。

前言

随着全球化、互联网、3D 打印、融媒体、虚拟现实、元宇宙等时代浪潮接踵而来，美育的知识供给结构正在发生巨大改变，逐渐从传统的以美术、音乐和诗歌为核心的文艺中心发散结构向艺术、科学、技术、社会等多学科耦合结构转变。美育内在的跨学科、跨媒介、跨门类的特点凸显出来。

2020 年，中共中央办公厅、国务院办公厅印发的《关于全面加强和改进新时代学校美育工作的意见》（以下简称《美育工作意见》）中，对美育概念进行了明确表述："美育是审美教育、情操教育、心灵教育，也是丰富想象力和培养创新意识的教育。"审美属于"美"的范畴，情操与心灵属于"善"的范畴，想象力与创新意识属于"真"的范畴。所以从育人角度来看，美育概念的新表述更加重视了美育与德育、智育之间的拓展性和互动性；从知识的角度来看，强调了美育相对于一般学科范畴的"超越性"。《美育工作意见》还明确要求：新时代美育应被纳入学校人才培养全过程，大力开展以美育为主题的跨学科教育教学，整合多学科资源，不断拓宽课程领域，深化教学改革，加快创新发展。这是国家首次以书面意见的方式，将美育与跨学科教育联系起来，明确了新时代美育须发展跨学科整合工作。

按照与原先学科的关系程度，广义的跨学科整合可分为跨学科（Interdisciplinarity）、多学科（Multidisciplinarity）与超学科（Transdisciplinarity）三种类型。多学科是各学科在各自框架内对迫切问题进行理解，并不强调各个领域间的合作或者发展出共同的框架概念。狭义的跨学科和超学科则都是指整合来自两个或两个以上学科或其他特定知识系统的信息、数据、技术、工具、视角、概念和理论。但两者的区别是：跨学科侧重理解能力的培养，而超学科更侧重理解视角的培养，目标独立性更强、学科边界更加模糊。

超学科是在教育或创新系统中将所有学科和跨学科进行协调融合。超学科处在学科融合的最高层次，是从实际问题开始，并对问题从整体的多学科角度进行考察，在一定程度上代表一种新的知识价值观和教育观。超学科不是传授各学科知识，而是培养学生从整体的多学科视角对问题进行考察的能力，既有别于多学科中不同组群的个人知识总和，又有别于狭义跨学科强调学科边界产生的交叉，它是将来自多种学科的知识整合生成一个超越性的学科新形态。在这一点上与美育的本质彼此"暗合"。

美育是面对一切自然与社会，以非功利的自然美、社会美、科技美和艺术美等多种审美形态为手段，帮助受教育者获取审美体验，进而产生情感触动、思想启迪以及灵魂熏陶的教育活动。所以从知识主体的角度来看，美育不存在局限于几个特定学科的情况，而是一种超越学科的存在。从审美经验产生的角度来看，其知识产生源头存在泛在性和“百川向海”的目标一致性，即万物都可作为审美对象，任何审美活动的终极目标都是通过发现美而进行精神的洗涤。

虽然美育所涉及的知识内容是由不同学科、媒介、门类甚至行业共同组成的，但与一般专业知识不同，美育并不是一门学科，就其整体的教育形态而言，不存在所谓“学科边界”。从知识组织的角度来看，美育具有多学科知识主体的流动性集成特点，需要将诸多学科知识整合在一个共享的、普适的范畴内，驾驭和协同多学科知识，使不同知识文化在“发现美”这一共同目标下，凝聚整合成有序行动力。

超学科教育与美育之间的这种暗合，使两者之间存在某种天然的亲近关系。基于此，笔者于 2018 年开始在多学科交叉融合的背景下，结合我国学生发展核心素养的特点，经过 6 年的教学改革与实践，建设完成了陶瓷通识课——“陶瓷鉴赏与制作”。该课程是立足于景德镇陶瓷大学的陶瓷教育优势，以陶瓷艺术为纽带，整合贯通陶瓷相关的多学科知识，以超学科为视野，真、善、美“三位一体”，美育与德育、智育、劳育“四育合一”的一门新型陶瓷特色课程。本书即是该课程的配套教材，是在“陶瓷学”现有知识和成果的综合归纳与系统阐述的基础上，针对陶瓷美育目标，整合汇编而成的一部具有全面、系统、准确等特征的跨学科陶瓷通识教育读本。本书的陶瓷美育理念见图 1。

英文“CHINA”一词，既指瓷器，又指中国。中国是陶瓷的故乡，更是瓷器的母国。中国陶瓷不但蕴含着深厚的历史、社会、政治、经济背景，而且包容着科学、技术、工艺、美学的内涵，在中国文化史和中外文化交流研究中占有着极其重要的地位。中国陶瓷以精湛的技艺、丰富的产品、广阔的市场、频繁的交流，屹立于世界文化之林，是中国人树立文化自信的重要精神源泉，是理解中国历史文化发展脉络的重要媒介，是艺术与科学完美融合的成功案例。

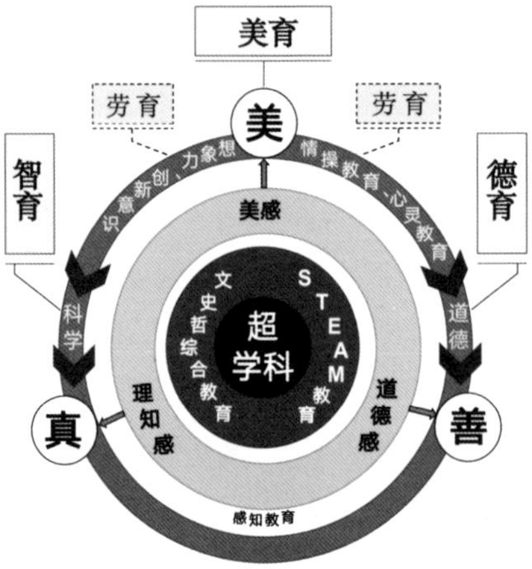

图 1　本书“三位一体，四育合一”的陶瓷美育理念

通过赏析历代陶瓷艺术作品，学习陶瓷所蕴含的人文、社会、政治、经济、美学等知识，感知“人文之美”“道德之美”，完成情操与心灵教育，从美育拓展到德育。通过介绍分析陶瓷中所涉及的科学、工程、技术和数学等理科内容，体悟“科学之美”“技术之美”，开发想象能力与创新意识，从美育拓展到智育。通过展示陶瓷制作过程和示范创作技法，鼓励开展动手实践，“科艺结合，脑手并用”，体会“工匠精神”与“劳动之美”，达到劳育的效果。相比枯燥的讲授，通过多维的感知方式体悟陶瓷艺术中的“美感、理知感和道德感”，更能起到春风化雨、润物无声的人格培养作用。

本书以超学科为视野，对陶瓷艺术所涉及的诸多学科进行梳理（图 2），进而对课程进行了重新设计，分为“上篇：中国陶瓷发展简史”“中篇：陶瓷鉴赏与批评”“下篇：陶瓷制作实践”。中国陶瓷发展简史和陶瓷鉴赏与批评部分，涉及文化、历史、美学等“文科”通识内容；陶瓷制作实践部分，涉及科学、工程、技术等“理科”通识内容。

超学科具有一种协同作用和整体效应，在该视角下，陶瓷涉及的每门学科都会贡献自己的基础知识，各学科之间的关系也因此变得更加紧密，并产生一种深度融合。鉴赏与制作通过“超学科”融合在一起，鉴赏学习成为激发研究分析和创意实践的引子，引导读者通过运用科学方法和学理性推理，灵活应用所学概念、知识、原理和技能开展研究性、创新性实践。

相较专业教育倡导的“专”与“深”，本书作为跨学科陶瓷通识教育的载体，以培养读者的“通”与“博”为目标。响应国家全面建设“新工科、新医科、新农科、新文科”的“四新”战略，以陶瓷为纽带在各学科之间建立起桥梁，让知识融汇交流，培养人的广博眼光、通融识见、博雅精神。通过陶瓷这一独特视角，帮助读者全面了解和把握世界的多样性和复杂性，启发思维能力和创新意识，培养批判性思维和解决问题的能力，进而建立起有关陶瓷的完整知识体系和思维框架，为将陶瓷鉴赏与制作发展为终身爱好奠定基础。

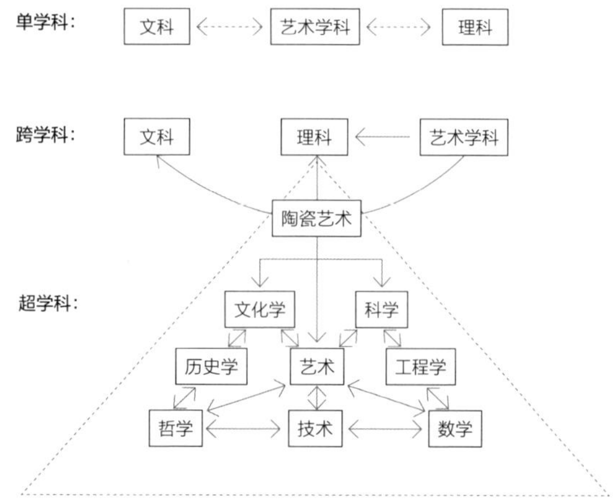

图 2　超学科视野下陶瓷艺术所涉及的多学科

在内容上，本书选取了近年来学界最新的研究成果，包括一些新思想、新观点、新材料和新方法，并从多视角、多学科、多维度来介绍，帮助读者更全面、更深入地了解陶瓷相关知识。在系统介绍中国陶瓷文化知识的同时，还穿插了一些育人内容，积极向读者传播正能量，彰显中国陶瓷文化的独特魅力和重大对外影响力，树立文化自信，增强民族自豪感。

在形式上，本书以“新视像”读物的方式呈现，除了有利于理解和掌握知识、提高学习效率和趣味的示意图、说明文字、示范照片、试验图表之外，一些趣味拓展、创作示范视频，以及涉及专业理论和复杂实践应用的高阶知识、未来进行陶瓷创作时可能会用到的陶瓷配方，都以二维码数字资源的形式呈现，给读者提供多样化的选择，让知识内容的形式更加新颖，更加立体化。

本书以史开篇，“上篇：中国陶瓷发展简史” 为第一至第四章，分别是陶器的起源与发展、瓷器的诞生与成熟、瓷器发展的第一段高峰（宋元时期）、瓷器发展的第二段高峰（明清时期），较为系统地介绍了中国陶瓷从史前发展到明清时期的基本历史，对于陶瓷的起源与种类、著名窑口与窑系、造型与装饰、工艺与风格等内容都有扼要记述。第一章围绕陶器的起源与发展，对陶器的诞生以及新石器时代以来中国各时期的代表性陶器进行了介绍；第二章聚焦东汉、魏晋南北朝及隋唐三个关键时期，介绍了中国瓷器从萌芽到初绽的绚丽过程；第三章详细介绍了定、汝、官、哥、钧等 10 个宋元时期的代表性窑场，通过分析各个窑口瓷器在造型、装饰和釉色等方面的特点，帮助读者更全面地了解宋元时期陶瓷的发展脉络；第四章以青花瓷、德化白瓷、五彩瓷等 8 个代表性瓷种为例，带领读者探索明清瓷器的独特魅力，揭示其背后的技术革新、文化交融与艺术价值，探析明清瓷器能在西方掀起风靡欧洲 400 年的“中国风潮”和“瓷器收集热”的原因。

“中篇：陶瓷鉴赏与批评” 为第五至八章，分别是陶瓷鉴赏与批评的概念、陶瓷鉴赏的过程与方法、陶瓷批评的视野与标准、陶瓷鉴赏与批评能力的培养。该篇通过循序渐进地介绍陶瓷鉴赏与批评相关的核心内容与方法，旨在帮助读者将理论与实践相结合，系统地构建起有关陶瓷艺术的鉴赏和评价能力，为进行陶瓷鉴赏与批评活动提供坚实的知识基础与实践参考。第五章主要围绕陶瓷鉴赏与批评的概念，介绍二者之间的关系，帮助读者快速建立起关于鉴赏与批评的基本认知；第六章以改善鉴赏方法、提高鉴赏能力为目的，详细介绍了陶瓷鉴赏的审美心理过程与常用的鉴赏方法，帮助读者提升运用科学的鉴赏方法理解陶瓷作品深层内涵的能力；第七章聚焦陶瓷批评的视野与标准，介绍了批评活动的功能与目的，以及撰写批评文章时常用的视角、原则与方法；第八章则从终身学习的角度介绍了陶瓷鉴赏与批评能力的培养要求，为不断提升综合素养和品鉴能力提供科学的养成方法。

“下篇：陶瓷制作实践”为第九至十二章，根据陶瓷制作的实际流程，分别设置为陶瓷原料及制备工艺、成型工艺、装饰工艺、烧成工艺。通过该篇的学习，初学者能够基本理解和掌握陶瓷制作的全套流程和工艺技巧，并将其灵活运用到实际创作中去，为之后尝试创作独具个性的陶瓷作品打下良好的基础。第九章针对原料及制备工艺，详细介绍了陶瓷原料的分类，坯料、釉料和颜料的制备工艺，以及常用的配制计算与试验方法；第十章介绍了 7 种常用的陶瓷成型方法，并对相应工艺的基本原理与特点，以及操作细节与注意事项进行了详细说明；第十一章针对装饰工艺，分类介绍了坯体装饰、釉装饰和彩绘装饰中常用的工艺技法，帮助初学者形成有关陶瓷装饰的体系性认知，为之后开展实践创作提供参考；第十二章针对烧成工艺，介绍了烧成的概念，素烧、釉烧和彩烧的方法，以及窑炉的具体使用方法，帮助初学者充分理解窑炉设备的工作原理，在科学的理论指导下进行陶瓷烧造实践，提升作品质量。

本书的编纂完成是多位参编者共同辛苦努力的结果，当然也离不开诸多前辈学者的成果基础支撑和相关机构单位的鼎力支持。本书编著的具体分工情况是："上篇：中国陶瓷发展简史"（即第一至四章），由本人整体统筹规划，并与宋雪、黄烨、徐飞和吕璇共同执笔撰写完成，最后由本人统稿；"中篇：陶瓷鉴赏与批评"（即第五至八章），由杨柳青整体统筹规划，本人与罗家豪、蔡雨昊、聂花菲、刘茜共同执笔撰写完成，最后由本人与罗家豪统稿；"下篇：陶瓷制作实践"（即第九至十二章），由本人整体统筹规划，并与熊颖、张金燕、席浩森、王智颖共同执笔撰写完成，其中工艺示范的图片拍摄与文字讲解由俞晓凤完成，最后由本人与汪建对全篇内容进行校订，并与熊颖完成统稿。全书的所有章节都由本人负责整体审核定稿。

感谢周长达、陈智蜢、彭家仁、祝琛、杜源、陈文辉、黄木和、何圣州、赵芳、梁栩源等非遗传承人和教师为本书做工艺示范。感谢曾宝宝、于坤、宋景徽、李健、雷鑫、张彤彤、王峥、唐芳旭等陶艺家出镜拍摄创作视频。感谢徐昌烨、徐健在配套视频拍摄方面给予的支持。感谢杨柳粤、李颖、胡佳慧、刘佳磊、晋梦婷、王思思、许可、刘芸汝、黄子容、徐文静、白丹丹、贡佳子、贺梦瑶、肖沁、刘景轩等景德镇陶瓷大学研究生和本科生在前期文献资料收集、图片拍摄整理等方面的辛苦努力。感谢中国国家博物馆、故宫博物院、首都博物馆、上海博物馆、南京博物院、河南博物院、湖北省博物馆、浙江省博物馆、江西省博物馆、景德镇御窑博物院、景德镇中国陶瓷博物馆等考古文博单位在器物整理和图片出版方面所做的大量基础性工作。感谢江西省社联科普处的经费支持。感谢西南大学出版社的出版支持。

本书作为跨学科陶瓷美育通识读物，涉及陶瓷史、陶瓷文化、陶瓷材料学、陶瓷工艺、艺术批评、文献学、美学等多个领域。由于编写团队学术背景不尽一致，因此本书在内容侧重、文风表达、叙述角度等方面难免存在不一致甚或疏漏之处，敬祈读者不吝指正。

龙洲

2024 年 10 月 6 日

二维码资源目录

续表

序号	所在章节	码号	资源内容	所在页面
38	第六章第二节	码 6-2	如何发现作品与自身的关联?	155
39	第六章第三节	码 6-3	鉴赏实践练习	163
40	第七章第二节	码 7-1	哪种批评视角最能激发受众兴趣?	178
41	第七章第三节	码 7-2	陶瓷批评的标准与原则	179
42	第七章第四节	码 7-3	批评文章写作练习	186
43	第八章第二节	码 8-1	如何提升自己的审美感知力?	192
44	第八章第二节	码 8-2	如何培养专业素质?	192
45	第九章第一节	码 9-1	装饰用原料	202
46	第九章第一节	码 9-2	陶瓷原料的选择、检验、储备	202
47	第九章第二节	码 9-3	坯料的加工过程	204
48	第九章第二节	码 9-4	陶土配制	210
49	第九章第二节	码 9-5	通过化学组成计算实验式	210
50	第九章第二节	码 9-6	通过配料量计算实验式	210
51	第九章第三节	码 9-7	铅釉配制	235
52	第九章第三节	码 9-8	草木灰釉配制	235
53	第九章第四节	码 9-9	其他釉上新彩颜料配方集成	242
54	第九章第四节	码 9-10	釉中彩颜料	242
55	第九章第四节	码 9-11	釉下彩颜料	242
56	第九章第四节	码 9-12	其他釉下彩颜料配方集成	242
57	第十章第一节	码 10-1	泥条盘筑	247
58	第十章第二节	码 10-2	泥板与捏塑成型	250
59	第十章第三节	码 10-3	揉泥的技巧	251
60	第十章第三节	码 10-4	拉坯成型	254
61	第十章第四节	码 10-5	修坯工艺	254
62	第十章第五节	码 10-6	模印成型	258
63	第十章第六节	码 10-7	注浆成型工艺	258
64	第十章第七节	码 10-8	坯体干燥及注意事项	262
65	第十一章第一节	码 11-1	绞胎工艺	272
66	第十一章第一节	码 11-2	印纹装饰	272
67	第十一章第一节	码 11-3	刻划花装饰	272
68	第十一章第一节	码 11-4	神奇的烟草泥浆装饰	272
69	第十一章第二节	码 11-5	剪纸贴花装饰	276
70	第十一章第三节	码 11-6	青花彩绘装饰	285
71	第十一章第三节	码 11-7	斗彩装饰	285
72	第十一章第三节	码 11-8	古彩装饰	285
73	第十二章第一节	码 12-1	平地堆烧	286
74	附录 1		中国历代陶瓷精品欣赏	304
75	附录 2		常用陶瓷原料常数表	304

目录

上篇：中国陶瓷发展简史

第一章 陶器的起源与发展

第二章 瓷器的诞生与成熟

第三章 瓷器发展的第一段高峰（宋元时期）

第十一章　装饰工艺

第十二章　烧成工艺

上篇

中国陶瓷发展简史

第一章
陶器的起源与发展

学习目标：

（1）了解陶器的起源及其历史发展的整体脉络。

（2）理解不同时期陶器发展与社会生活、工艺技术、审美文化之间的关系。

（3）掌握中国各历史时期代表性陶器的概念与器物特征。

本章重要词汇：

彩陶、黑陶、彩绘陶、兵马俑、铅釉陶、画像砖、瓦当、唐三彩、紫砂壶。

我们常说的“陶瓷”，其实是陶器与瓷器的统称。瓷器在陶器的基础上发展而来。中国是全世界最早发明瓷器的国家，还是最早制作和使用陶器的国家之一。过去一般认为中国陶器出现于八千至九千年前，但2012年在中国江西省仙人洞遗址出土了距今约两万年的陶器碎片，是迄今为止全世界发现的最古老的陶器。这一重大发现，将中国陶瓷的历史起源大幅度提前。

陶器的出现，在人类发展史上具有划时代的意义，是人类进入新石器时代的标志，也是人类基于自我意识，利用模仿、选择、组合和创造等思维能力，将自然物转化成人造物的又一次壮举，揭开了人类利用和改造自然的新篇章。它不是某一个地区或某一个部落率先发明后传播至其他地区或其他部落的专利品，而是人类在长期的生活实践中，所有古代农业部落和人群都能各自独立创造出来的阶段性必然产物。

两万年前的仙人洞人用陶器烹饪食物，九千年前的贾湖人用陶器酿酒，八千年前的跨湖桥人用陶器配制中草药，七千年前的河姆渡人使用陶制蒸汽锅，五千至六千年前的半坡人、大地湾人和大汶口人在陶器上绘制精美纹饰，四千年前的龙山人制作出薄如蛋壳的礼仪用器……陶器从它诞生初始就一直与人类的生活、审美、信仰等内容息息相关。陶器的种类繁多，根据外观颜色可划分为红陶、灰陶、黑陶、白陶等；根据装饰特征可划分为彩陶、彩绘陶、印纹陶、暗纹陶等；根据用途可划分为生活用陶、建筑用陶和陶明器[①]等。

本章围绕陶器的起源与发展进行介绍，共分为七节。第一节“陶器的诞生”主要介绍从旧石器时代过渡到新石器时代，陶器诞生的时代背景、动机、工艺基础和发展过程；第二节至第七节分别介绍新石器时代、夏商周、春秋战国、秦汉、魏晋南北朝、隋唐及其以后时期的代表陶器。通过学习本章内容，读者可以了解陶器的诞生、发展历程，以及不同历史时期的陶器在艺术表现和工艺技术上的创新和成就，从而加深对中国陶瓷文化的认识与理解。

第一节　陶器的诞生

陶器兼具观赏性和实用性，在历史的长河中一直展现出强大的生命力。原始时期的陶器制作，是当

① 明器：指的是古代人们下葬时带入地下的随葬器物，即冥器。

时最复杂的一项手工艺，也是人类进入新石器时代的主要标志。陶器的诞生可归因于人类生活方式的转变。大约在史前一万年，第四纪冰川期结束，地球气候开始回暖，人类的生产生活模式开始由狩猎转向采摘、农耕。这种模式的转变，推动了人类文明从旧石器时代发展至新石器时代，陶器正是新石器时代的代表性产物。人类在旧石器时代累积的造物能力，为新石器时代陶器的诞生奠定了基础。旧石器时代的遗产中最为著名的是岩洞壁画与工具制作，通过对这两项遗产的分析，可以了解人类祖先在创造陶器时已经具备了哪些能力。

图 1-1　旧石器时代　阿尔塔米拉洞窟壁画

图 1-2　180 至 200 万年前的奥杜威石质砍砸器 大英博物馆藏

图 1-3　莫斯特文化时期带柄武器素描图

图 1-4　日本冲绳出土的史前鱼钩

阿尔塔米拉洞窟位于西班牙坎塔布利亚自治区的桑蒂利亚纳·德耳马尔附近，是一处史前人类活动遗址，距今已有 11000 年至 17000 年的历史，由考古学家马塞利诺·德桑图奥拉及次女玛丽亚于 1869 年发现。该洞窟的顶部和岩壁分散着诸如野牛、野马、野猪、猛犸、山羊、赤鹿等岩壁画像（图 1-1），这些岩画多采用写实、粗犷和重彩的手法，颜料取自矿物质、炭灰、动物血和土壤，掺和动物油脂，多以红、黑、紫为主，色彩浓重，艳丽夺目，是史前艺术的代表。通过这些生动的动物形象，可以得知当时的人们已经掌握了观察自然和模仿自然的能力，能够精准地抓住事物的特征。这种能力是旧石器时代先民留给后人的一项重要遗产。

旧石器时代的另一项遗产是关于工具的制造。当时的人类已经掌握了制作人造物的三种能力，即选择能力、组合能力和创造能力。在非洲坦桑尼亚奥杜威峡谷出土的一种砍砸器（图 1-2）是史前人类基于自然现实，通过选择能力挑选出的适用于砍砸功能的一种天然石头，先民利用石头的天然形态来砍砸果壳和贝类。莫斯特文化时期最早的带柄武器（图 1-3），展现了人类的组合能力。它们由砍砸器和木棍通过兽皮缠绕的方式连接而成，是一种用石器和木器组合而成的武器。除了选择能力和组合能力，旧石器时代的先民还发展出了创造能力，即创造发明自然中没有的人造物，体现这种能力最典型的案例就是鱼钩（图 1-4）的发明与制作。

综上所述，原始先民在绘制岩洞壁画时展现出的观察、模仿能力和在制作工具过程中展现的选择能力、组合能力和创造能力，为陶器的诞生奠定了能力基础。

随着冰川期的结束、农业经济的兴起和人类逐渐迈向定居生活，人们迫切需要一种工具来储存和运输饮用水及食物，而传统的双手搬运方式既耗时又低效。借助旧石器时代发展出的选择能力，先民利用现有资源选择使用自然中的一些现成容器，例如：椰子壳、竹筒、兽皮、鸵鸟蛋壳和荷叶等。然而，这些天然容器受到地理环境、季节变化和材料特性等因素的限制：椰子树生长在沿海地区，内陆居民难以获得；竹子主要生长在南方，北方地区不易见；兽皮在史前时期多数被用于制作抵御寒冷的重要衣物，非常珍贵，因此使用兽皮作为食物容器代价过高；鸵鸟蛋主要分布在西亚和北非，在东亚则极为罕见；荷叶只在夏季生长，冬季则无法找到。

由于这些容器都不理想，物质需求迫使先民开始尝试使用比选择能力更为高级的创造能力，以此创造一个不受地域、季节束缚，材料容易获取的完美容器。在物质需求与观察、模仿和创造能力的共同作用下，诞生了人类第一个工艺品种，即编织工艺。先民们受到自然界中鸟巢结构的启发，结合在制作工具时已经掌握的捆绑技巧，创造出了最初的工艺品——篮子。

然而，篮子适用于装载体积较大的水果，谷物和种子等细小颗粒状物质，容易通过其孔隙掉落出来。针对编织有孔洞的问题，史前人的解决办法是运用组合能力将编织与黏土结合。即将篮子作为龙骨，在上面填抹一层厚厚的黏土，待日照晒干后，这种“编织 + 黏土”的容器就能盛放干燥的谷物。这种运用“编织 + 黏土”的组合智慧，在福建漳州南靖的夯土房（图 1-5）上可以得到间接印证，这些夯土房的建造工艺是史前“编织 + 黏土”组合在建筑工艺中的遗存。

显然，先民们采用的“编织 + 黏土”工艺虽然是一项伟大的创新，但它有着明显的局限性：这种组合方式只能用于盛放干燥的食物，一旦接触液体，篮子上的黏土就会溶解。为了克服这一缺陷，先民们发明了烧制黏土的技术。关于人类如何发现黏土可以用火烤的解释，我国目前的学术观点主要有两个：一个是“天火说”，一个是“围灶说”。“天火说”认为：史前的某天，森林因雷电或高温干燥产生了大火，火灾过后，人们进入森林捡拾动物尸体时意外发现土地因大火灼烧结成了硬块，进而知道了黏土能用火烤的道理。“围灶说”认为：人类发现黏土能被火烤，与灶的发明和使用有关。人类在从茹毛饮血的生食习惯转向火烤烹饪的熟食习惯的过程中，发明了最早的烹饪方法，即用几块石头撑起一块石板，然后在石板下方放柴火进行加热。中国云南省怒江流域的怒族人，至今还保留着这种起源于新石器时代的石烹方法，在用火加热的青黑色页岩上焙烤面食，这是目前还能看到的最古老的食物烹饪方式之一。原始先民为了让火力更集中，用黏土将石板下的石头围了起来，只留下一个投柴口，这样最原始的灶就诞生了，所以“灶”这个字是由“火”与“土”组合而成。由于长时间火烤，石板下的黏土变得坚硬，人们便发现了黏土能被火烤的道理。

图 1-5　福建漳州南靖的夯土房

至此，“编织 + 黏土”的组合就变成了“编织 + 黏土 + 火”的组合。但由于黏土和藤条是不同的物质，膨胀系数不一样，所

图 1-6　编制工艺

图 1-7　陶瓷泥条盘筑成型工艺

以在加热烧制与降温冷却的过程中黏土与藤条之间会产生缝隙。在日常使用过程中，由于不可避免的磕碰，黏土块脱落现象时有发生。面对这个新问题，先民们利用旧石器时代遗传下的模仿能力，借助黏土的可塑性用黏土模仿藤条，代替藤条进行编织，并通过火烤，终于创造出了真正意义上的“陶器”。这一观点可以在陶瓷成型工艺中找到印证。

图 1-6 是编织成型工艺的照片，编织的原理是先纵向固定经线，然后再一圈一圈地横向编入纬线。图 1-7 是陶瓷泥条盘筑成型工艺的照片，是模仿藤条将泥料搓成一根细长的泥条，然后一圈一圈地进行横向盘筑。从成型的操作动作中可以发现：泥条盘筑有明显模仿编织的痕迹。至此，“编织 + 黏土 + 火”的组合固定成为“黏土 + 火”的组合。

陶器诞生的整个过程经历了漫长的岁月，从“编织 + 黏土”的组合，到“编织 + 黏土 + 火”的组合，再到“黏土 + 火”的组合。最终，黏土和火成为陶器的核心要素，也正因如此，我们才常说“陶瓷是土与火的艺术”。

伴随技术的进步，陶器自诞生之后，成型工艺逐渐开始由低级向高级发展，从纯手工造型，到口沿部用慢轮[①]修整，再到使用快轮[②]规整成型，整个过程至少经历了几千年的时间。但无论是手工捏塑、模制、盘筑，还是使用慢轮与快轮，虽然这些成型技术出现的时间有先后，但并不是新的制作方法完全取代旧的制作方法，而是新旧方法不断演进与完善，许多制陶方法至今依然还在使用。

在烧造方面，最初的烧成方式是平地堆烧，密封不严、火力不匀，因此温度不高，烧成后的陶器颜色不均匀，质地松脆。之后，通过封泥烧[③]和半地下式穴窑烧制等方法，将温度提高到 1000 ℃左右，大大提高了陶器的质量。随着原始先民在原料、成型、烧造等方面的不断改进，陶器用于满足生活的功能越来越多，从满足物质需求到满足精神需求，种类越来越丰富。

码 1-1 关于陶器起源的创意性假设

总而言之，陶器的产生和发展，是史前先民在生产斗争中辛勤劳动的成果，它作为人类文明发展中的一项具有里程碑意义的创新，构成了人类灿烂文化宝库中不可缺少的一部分。

第二节　新石器时代的陶器

新石器时代陶器的出现和发展，标志着人类社会从旧石器时代的狩猎采集阶段向新石器时代的农业

① 慢轮：亦称“转盘”。初级形式的陶轮，结构简单，转动很慢。新石器时代仰韶文化时期已经出现，在部分陶器的口沿上可以见到用慢轮修整的痕迹。

② 快轮：在慢轮的基础上发展而来，是制陶技术的一大飞跃。快轮的结构为上面是一块圆板，下面支一根圆轴。圆板用脚蹬即可转动，速度可快可慢，易于控制。将陶泥置于圆板之上，用手提拉陶泥，随着圆板的快速转动，陶器可以很快成型。

③ 封泥烧：在平地堆烧的基础上，用植物的茎秆涂泥包裹，以达到保持和稳定温度的作用。

定居阶段转变。这一时期的陶器极为丰富，不仅分布广泛，而且品种多样。其范围主要集中于黄河流域和长江流域，品种有彩陶、红陶、黑陶等，器型包括瓮[①]、盆、钵、壶、杯、鼎、深腹罐等。各地出土的陶器一般来说普遍具有质朴的艺术风格，但由于不同地区不同文化类型，又呈现出不同的特点。本节将主要介绍彩陶和黑陶文化，在彩陶文化部分，着重介绍半坡型、庙底沟型、马家窑型和半山型彩陶，在黑陶文化部分，主要介绍龙山文化黑陶。

一、彩陶

彩陶是新石器时代陶器中最重要的艺术形式，它是在打磨光滑的陶坯上用天然的氧化铁和氧化锰等原料进行描绘，经 1000 ℃左右的高温烧制后，于橙红色胎底上形成具有黑、红、白等彩色图案的陶器。

新石器时代，中国不同地区出现了不同文化类型的彩陶艺术，例如黄河中上游的大地湾一期文化、仰韶文化、马家窑文化；黄河下游的大汶口文化；长江中下游的河姆渡文化和屈家岭文化等。不同地区、不同文化类型的彩陶艺术各有特点，以黄河中上游地区最为发达。按照时间先后顺序，下文重点介绍仰韶文化的半坡型、庙底沟型和马家窑文化的马家窑型、半山型。

1. 仰韶文化半坡型

仰韶文化是黄河流域最具代表性的彩陶文化，因 1921 年首先发现于河南渑池仰韶村而得名。仰韶文化主要分布于黄河中游地区的陕西、河南、山西等地，其范围西到甘肃、南抵湖北、北达河北，还包括内蒙古等邻近中原的边缘地区。仰韶文化彩陶可分为三个类型，即半坡类型、庙底沟类型和西王村类型，分别代表了仰韶文化的早、中、晚三期。

半坡型彩陶，因首先发现于陕西西安半坡村遗址[②]而得名，主要分布在渭河流域，以陕西关中平原为中心，向四周发展，往西达到甘肃东部一带。半坡陶器品种丰富，涵盖水器、饮食器、盛储器、炊器等。造型上，有圜底盆、卷唇盆、卷唇圜底盆、小口尖底瓶（图 1–8）、船形壶（图 1–9）等。

半坡型彩陶的装饰纹样有几何纹、鱼纹、人面纹、鸟纹和蛙纹等。其中，几何纹包括宽带纹、折线纹、三角纹、斜线纹、菱形纹、辫形纹等几何图案。鱼纹作为最具有代表性的装饰纹样，通常装饰在卷唇圜底盆的肩部或内壁上。鱼纹装饰可以划分为单体鱼纹和由两条或两条以上鱼组合而成的复体鱼纹，早期多用单体鱼纹，晚期多用复体鱼纹。鱼纹图案经历了显著的演变，从早期的写实风格逐步过渡到抽象化、样式化和几何化的表现形式。最初描绘的鱼纹（图 1–10），经分割和重新组合，形成了由横式的直边三角形和线纹组成的装饰图案（图 1–11）。

与鱼纹不同，人面纹多装饰在翻唇浅腹盆的内壁。以人面鱼纹彩陶盆（图 1–12）为例，该陶盆高 16.5 cm，口径 39.8 cm，敞口卷唇，口沿处绘以间断黑彩带，盆内壁用黑彩描绘了两组对称的人面鱼纹。图案中人面呈圆形，头顶有类似发髻的尖状物和鱼鳍形装饰；前额右半部涂黑，左半部则为黑色半弧形；眼睛细长而平直，似乎闭眼；鼻梁挺直，形成了一个倒立的“T”字形；嘴巴的左右两侧分别绘制了一条变形的鱼纹，鱼头部分与人嘴的外轮廓相重合，给人一种人嘴里衔着两条大鱼的感觉。此外，在人面的双耳位置，还有两条小鱼对称地分布在左右两侧，构成了一个奇特的人鱼结合的形象。在两个人面之间，还有两条大鱼作相互追逐状。整个画面设计自由奔放，活力感十足，线条简洁，充满了神秘和幻想的色彩。

人面鱼纹彩陶盆是彩陶艺术的杰出代表，这类彩陶盆在考古发掘中发现的数量众多，常作为儿童瓮棺的棺盖使用，是一种特制的葬具。人面的设计融合了人与鱼的元素，表现出一种独特的装饰风格，仿

---

① 瓮：读 wèng，是一种盛东西的陶器，腹部较大，有水瓮、酒瓮和菜瓮等。

② 半坡遗址：位于陕西省西安市浐河东岸，占地面积约 5 万平方米，于 1953 年春被发现，是距今有 6000 ~ 6700 多年历史的新石器时代仰韶文化聚落遗址。同时也是黄河流域规模最大、保存最完整的原始社会母系氏族村落遗址。

图 1–8　新石器时代
小口尖底陶瓶
中国国家博物馆藏

图 1–9　新石器时代
船形彩陶壶
中国国家博物馆藏

图 1–10　新石器时代
鱼纹彩陶盆
甘肃省博物馆藏

图 1–11　新石器时代
彩陶几何纹盆
故宫博物院藏

图 1–12　新石器时代
人面鱼纹彩陶盆
中国国家博物馆藏

图 1–13　新石器时代
弧边三角纹彩陶盆
甘肃省博物馆藏

佛是巫师在进行宗教仪式时的形象。因此，有学者认为这类图画象征着巫师请求鱼神附体，为夭折的儿童招魂祈福，还有学者认为人面与鱼纹共存构成人鱼合体，鱼被充分神化，可能是作为图腾来加以崇拜。

2. 仰韶文化庙底沟型

庙底沟型彩陶，因首先发现于河南陕州区庙底沟遗址①而得名，它是在半坡型彩陶的基础上发展而来的。分布地区以陕西关中为中心向四周发展，东及山西南部、河南西部，西达甘肃的陇东、陇西、陇南以至青海的东部。

庙底沟型彩陶相较于半坡型彩陶更为发达成熟，其陶器中彩陶所占的比例相较于半坡型有显著增长。常见的造型包括：敛口小平底大瓮、大口鼓腹小平底钵、大口圜底钵、小口圜底罐、曲腹碗、曲腹盆、圜底釜、深腹尖底瓶等。

在装饰纹样方面，除了少数写实的鱼纹、蛙纹和鸟纹之外，大部分纹饰以黑色圆点、钩叶形、弧边三角形和曲线构成的带状图案为主，有的还带有红、白底色，并大量使用垂弧纹、平行条纹、回旋勾连纹、网格纹等几何纹。庙底沟型彩陶的一个显著特征体现在其纹饰上，尤其是几何纹饰，常常用于描绘花卉图案。有学者认为这些纹饰大都是鱼纹拆解而成，构成了一个“大鱼纹”象征系统。还有部分研究者认为花卉纹应是由鸟纹发展而来，在长期演化过程中，写实风格的鸟纹逐渐演变成抽象化、几何化、样式化的几何纹，最终构成了复杂的花卉图案。这种由写实具象发展到图案样式的情况，与半山型彩陶纹饰中鱼纹的演变过程非常相似，可能是彩陶纹饰发展过程中存在的普遍规律。

庙底沟型彩陶发展到晚期，装饰纹饰开始逐渐摆脱了早期沉稳的对称形式，表现出了动态的韵律形式。这两种形式在具体图案的构成方面，多用直线和曲线结合，构成曲边三角形，颜色上呈现出黑白双关的特色。早期的对称形式可以通过弧边三角纹彩陶盆（图 1–13）来直观了解，该陶盆器体上施有橙黄色陶

---

① 庙底沟遗址：1950 年代河南省陕县（今陕州区）发现的庙底沟遗址，是中原地区的新石器时代堆积，是仰韶文化向龙山文化过渡的证据。遗址中属于仰韶文化遗存（公元前 3900 年）的有房址 2 座、窖穴 168 座，屋内还发现有火塘。出土的工具以打制砍斫器、刮削器、石刀、石铲为代表。陶器多为红陶，也有少数黑陶、灰陶，彩绘则以黑色为主。

图 1-14　新石器时代
彩陶盆
中国国家博物馆藏

图 1-15　新石器时代
旋纹尖底彩陶瓶
甘肃省博物馆藏

图 1-16　新石器时代
舞蹈纹彩陶盆
中国国家博物馆藏

衣[①]，腹部用黑彩描绘了两两相对的弧边三角形纹饰，呈二方连续[②]式，两种颜色相互映衬，互为底色，所呈现的图案都能显示完整的花纹图案，增强了视觉冲击力，形成了黑白双关的装饰效果。韵律形式可以通过 1957 年出土的一件彩陶盆（图 1-14）来直观感受，该盆的上半部装饰有黑彩涡纹、圆点纹与弧线三角纹等图案，构成复杂的纹饰带，传递出一种远古的活力，让人仿佛能感受到那个时代的蓬勃朝气。

3. 马家窑文化马家窑型

马家窑型彩陶，因首先发现于甘肃临洮的马家窑村遗址[③]而得名。马家窑文化是仰韶文化向西发展的地域性分支。马家窑型彩陶出现于距今 5200 多年的新石器时代晚期，有石岭下、马家窑、半山、马厂四个类型。根据出土地层分析，马家窑文化晚于半坡型、庙底沟型，是由庙底沟型发展和分化而来，主要分布于黄河上游地区的洮河、甘肃境内的大夏河以及青海境内的湟水流域一带。

马家窑型彩陶的造型，按功能种类来划分包括：壶、罐、瓮、盆、钵、豆[④]、碗等。这一时期的陶器制作已经达到了较高的精细程度，多为细泥红陶，并且打磨光滑，质地坚硬。装饰内容丰富，盛行黑彩，多以同心圆为中心组成图案，运用曲线和直线的组合，产生对比的艺术效果，部分器物内壁与内壁底上的装饰也十分丰满。常见的纹饰包括：条纹、圆点纹、波浪纹、平行纹、螺旋纹等。旋纹尖底彩陶瓶（图 1-15）就是代表器物之一，该瓶通体绘有同心圆组成的旋涡纹，利用曲线营造出一种律动感。

马家窑型彩陶中，最引人瞩目的是 1973 年在青海省大通县上孙家寨出土的舞蹈纹彩陶盆（图 1-16）。该彩陶盆高 14.1 cm，口径 28 cm，底径 10 cm，内壁精心装饰着三组生动传神的舞蹈图案，图案上下均装饰以弦纹，组与组之间巧妙地运用了平行竖线及叶纹作为自然的间隔，既分隔了画面又增添了和谐的美感。舞蹈者的形象采用了平涂的绘画技法，线条流畅而富有表现力，造型简练明快。舞蹈纹每组 5 人，手拉着手，面部均朝向右前方，步调一致，似乎正踩着节拍翩翩起舞。

舞蹈纹彩陶盆中关于舞蹈者的性别，舞蹈者头上、身下的饰物，舞蹈的内容，起舞的动作及意义等，一直以来都是学术界不断探讨的话题。有学者认为：舞蹈纹表现的是“有尾饰的装扮舞”，史前的舞蹈者披着动物毛皮跳舞，悬挂的尾饰随着身体的转动摆向另一侧。也有学者认为：舞蹈者身下描绘的不是尾巴而是男性的生殖器，显示的是舞蹈者的性别信息，他们在祈求人口繁衍，而男性之所以扎着马尾辫，

① 陶衣：也称护胎釉、化妆土、装饰土，是把较细的陶土或瓷土，用水调和成泥浆涂在陶胎或瓷胎上后留下的一层薄薄的色浆。
② 二方连续：亦称“带状图案”，图案花纹的一种组织方法。是由一个单位纹样，即一个纹样或两三个纹样相组合为一个单位纹样，向上下或左右方向反复连续而形成的纹样。
③ 马家窑遗址：位于甘肃省定西市临洮县洮阳镇马家窑村，东临洮河，东北距洮阳县城约 10 千米，是一处新石器时代中晚期文化遗址。1924 年，马家窑遗址被瑞典地质学家兼考古学家安特生发现。
④ 豆：古代一种盛肉或其他食品的器皿，形状像高脚盘。

图 1-17 新石器时代
葫芦形网纹彩陶壶
甘肃省博物馆藏

图 1-18 新石器时代
旋涡纹彩陶罐
甘肃省博物馆藏

图 1-19 新石器时代
葫芦形网纹彩陶瓮
甘肃省博物馆藏

是为了狩猎时行动方便。还有学者认为：舞蹈者身下的饰物既不是尾饰也不是生殖器，而是第三条腿，两条腿站立在地面上，第三条腿是在表现舞蹈过程中腿翘起来的幅度，利用运动痕迹，表现视觉后像，给观者造成心理暗示，让人在视觉概念里产生运动感。

4. 马家窑文化半山型

半山型彩陶，因首先发现于甘肃省的半山遗址[①]而得名。半山遗址在 20 世纪 20 年代被瑞典学者安特生发现，当时他把半山墓葬的彩陶与马家窑彩陶一并误认为仰韶文化，称为仰韶期，并指出半山为葬地，马家窑为住地。对于这一观点，中国学者后来予以了纠正。

半山型彩陶在发展过程中逐渐展现出与马家窑型彩陶显著不同的特征和创新。装饰结构严谨，构图复杂，精巧繁密。彩绘纹饰主要出现在器物的肩腹部并延伸至口沿。大量三角纹、锯齿纹、螺旋纹出现在构图中，也采用粗线条曲线构图，原来柔和的细线条开始变得粗硬，旋涡变粗，出现大圆圈，后来向圆圈纹演变，还出现了黑、红、紫等色的复彩构图。在装饰纹样中，锯齿纹的应用为这时期的特色，锯齿纹经常与其他元素如直线、弧线、圆点等结合，共同组成横条带、竖条带、斜条带、波折带、波弧带、旋涡、圆圈、菱形、葫芦形、贝形、蛙形、十字形等复杂的装饰主题，构成器物颈、腹部的主体图案。如葫芦形网纹彩陶壶（图 1-17），壶的肩、腹部绘有六组葫芦形网纹，中间装饰锯齿纹，艺术风格富丽、精巧。

图案组织大体可以分为两种：一种是用旋涡纹（或称螺旋纹）组成装饰（图 1-18），这种旋涡纹有的排成单独的个体，有的彼此勾连；另一种是用葫芦形纹作为面的分割（图 1-19），将装饰面分为数个单位，然后对这数个单位进行分层分类装饰，产生视觉上双关的效果。

半山型彩陶在色彩运用上进行了创新，与早期彩陶相比，不再局限于单一的黑彩，而是大胆地融入红彩，红、黑相间的彩绘线条交替或间隔的处理，产生了更为复杂的装饰效果和富有变化的节奏美感。

半山型彩陶相较于马家窑型彩陶质地稍粗。造型也发生了一些明显变化，多为壶类，以小口高颈圆腹双耳壶和短颈鼓腹双耳罐最为常见。壶身圆而微扁，其曲线轮廓柔和流畅，与较短且略向外张的直颈形成曲与直的对比，在视觉上产生一种和谐而又生动的张力。壶体的宽度和高度之间达到一种恰到好处的比例平衡。常见的造型还有单耳或双耳长颈瓶、鼓腹盆、单把杯、人头形器盖等。

① 半山遗址：位于甘肃省临夏回族自治州广河县南山乡魏家咀村，1924 年首次被发现，据碳-14 法测定，其年代约为公元前 2600 —公元前 2300 年。

图 1-20　新石器时代
龙山文化黑陶双系罐
故宫博物院藏

二、黑陶

新石器时代晚期，我国中原和西北地区的彩陶工艺由繁荣走向衰落。之后，在黄河下游和东部沿海的广大地区兴起了另一种文化，这种文化以出现较多的黑色陶器为特征，所以被称为“黑陶文化”。黑陶在大溪文化、屈家岭文化、龙山文化①遗址中均有发现，又因最早发现于山东省济南市章丘区龙山镇，因此，“黑陶文化”又被称为龙山文化。龙山文化主要分布在黄河中、下游地区，东达山东省的黄海沿岸，西至陕西、河南地区，南至江苏，北到辽东半岛，主要有山东龙山文化（又称“典型龙山文化”）、河南龙山文化、陕西龙山文化和湖北龙山文化，其中，山东龙山文化的黑陶在所有黑陶类型中工艺最为精湛。

在成型工艺方面，黑陶的制作技术仍然沿用泥条盘筑的方法，但随着技术的进步，一些制作工艺已经从彩陶时期的慢轮制作发展到了快轮制作。特别是在山东龙山文化中，轮制技术的使用已经较为普遍，除部分陶器或耳、嘴、把、足等器具附件仍用手工制作外，黑陶器身一般都开始采用轮制成型②。相比手制，轮制成型的黑陶器型比较规整，器壁厚薄均匀。

图 1-21　新石器时代
龙山文化黑陶双系壶
故宫博物院藏

黑陶的烧制工艺比较特殊，先民们在新石器时代晚期已经掌握了封窑技术，提高了窑室的温度，可达 1000 ℃左右，并采用了强还原气氛③烧成。前期用氧化焰升温，中期用还原焰保温，后期采用封窑“渗碳”技术，而黑陶之所以呈现出通体黑色，就得益于“渗碳”技术。在烧制的最后阶段，当窑炉达到所需高温后，关闭窑炉以制造出一个缺氧的环境。此时，投入窑中的松枝在缺氧条件下会产生大量的黑烟，释放出细小的碳颗粒，这些碳颗粒在窑内游离。随着坯体内部的气体和水分在高温下膨胀排出，坯体的气孔率逐渐增大。由于窑炉封闭且缺氧，形成了一定的压力，使得碳颗粒得以逐渐渗透进入陶坯内，填补了陶坯的孔隙。随着温度的降低和气孔的收缩，碳颗粒被封闭在陶坯内部，与陶坯融为一体，完成了渗碳和变黑的整个过程。以龙山文化的黑陶双系罐（图 1-20）和黑陶双系壶（图 1-21）为例，前者胎体较薄，表面经渗碳后打磨光亮，乌黑沉稳；后者造型规整，胎薄体轻，表面经过打磨更是光泽可鉴。

黑陶胎呈灰黑色，若使用红、黑色彩绘进行装饰，往往难以达到理想的艺术效果。由于这种局限，黑陶在制作工艺上别出一格，大多数采用素面磨光的装饰方式，显得非常典雅精致。黑陶的胎质有细泥、泥质和夹砂三种，以细泥薄壁黑陶的制作水平最高，有“黑如漆、薄如纸”的美称。细泥薄壁黑陶的陶土使用河湖沉积的细泥，经过淘洗去除杂质，并在制作过程中普遍采用轮制法，使得胎壁厚度仅有 0.3 至 1 mm，薄如蛋壳，表面乌黑发亮，故有“蛋壳黑陶”之称。蛋壳黑陶作为山东龙山文化的代表性产物，

---

① 龙山文化：因 1928 年考古学家吴金鼎首次发现于山东济南的历城龙山镇（今属章丘）而得名，泛指中国黄河中下游地区约新石器时代晚期的一类文化遗存，是新石器时代和青铜时代之间的人类物质文化发展过渡性阶段时代文化，即铜石并用时代文化。经碳-14 断代并校正，龙山文化年代为公元前 2600 年—公元前 2000 年（距今 4000 多年前）。龙山文化源自大汶口文化，主要分布于黄河中下游的河南、山东、山西、陕西等省。

② 轮制成型法：陶瓷成型技法之一。将泥料放在木制的水平圆盘上，圆盘水平地固定在直立的短轴上，利用陶轮的旋转，用双手将泥料拉成陶器坯体。轮制成型包括慢轮与快轮成型，可参考前文脚注。

③ 还原气氛：气氛是指烧窑时火焰在不同时期的不同性质状态。还原气氛是高温烧造时火焰呈不完全燃烧，窑内处于产生的一氧化碳和氢气增多，而游离氧的存在极少甚至没有的状态。与还原气氛对应的是氧化气氛，氧化气氛是指高温烧造时火焰呈完全燃烧，窑内有大量的空气供给、一氧化碳充分燃烧的状态。

图 1-22　新石器时代
薄胎黑陶高柄杯
中国国家博物馆藏

图 1-23　新石器时代
龙山文化黑陶罐
中国国家博物馆藏

图 1-24　新石器时代
龙山文化黑陶单把杯
故宫博物院藏

图 1-25　新石器时代
龙山文化黑陶高足杯
台北故宫博物院藏

图 1-26　新石器时代
龙山文化黑陶高足杯　英国维多利亚与阿尔伯特博物馆藏

主要器物有大宽沿的高柄杯（图 1-22），胎质十分轻巧，制作精致，造型优美。

如果将彩陶艺术的特色归结为其丰富多彩的彩绘装饰，那么黑陶工艺的魅力则在于其多样而精致的造型设计。山东龙山文化黑陶的袋足器、三足器、圈足器较为发达，袋足器有鬶①、甗②等；三足器有鼎、盉③等；圈足器有罍④、豆、杯等。黑陶的造型，比彩陶更丰富多样，并逐渐定型化。除此之外，器物各部的附件也更加丰富，不少器皿增加了器盖（图 1-23）；有的器物则增添了把手（图 1-24），以便用手执取；有的则增加了各种各样的高足（图 1-25）；有的还用镂空的手法雕镂花纹，这种镂空的花纹，多在器物腹部或足部，为成排的细孔或圆孔（图 1-26）。

用柔软的陶土塑造极薄的"蛋壳"陶器，并在 1000 ℃左右的高温中使之脱水硬化且保持形状不变，是一项极其困难的技术，因此薄胎黑陶不能大量生产，主要是被用作祭器、礼器而非日常用具。即便是现代技术，仿制古代黑陶的工艺仍然充满挑战。如此制作精良的器皿之所以没有在日常生活中广泛使用，一方面是由于脆弱易碎的特性；另一方面是由于黑陶的高足、平沿和极薄的把手，盛载酒水后，不仅难以平稳放置，也增加了拿取的难度。薄胎黑陶反映了龙山文化时期人们的生活习惯和审美情趣，是黑陶

① 鬶：读 guī，一种炊、饮两用的陶制器具，有三只足（多为空心），有柄可持，口部有槽型的流。
② 甗：读 yǎn，是中国先秦时期的蒸食用具，可分为两部分：下半部是鬲（lì），类似于今天的锅，用于煮水；上半部是甑（zèng），类似笼屉，底部有网眼，用来放置食物，可通蒸气。
③ 盉：读 hé，古人温酒或调和酒、水的器具，用水来调和酒味的浓淡，形状像壶，三足或四足。
④ 罍：读 léi，古代一种酒器，口小，腹深，有圈足和盖。

技术巅峰的代表。薄胎黑陶高柄杯仅在少数大型或中型墓葬中被发现，是当时象征身份和地位的重要礼器。

新石器时代的陶器，是我国古代工艺中卓越的创造。无论是造型和纹饰，还是品种与功能，都达到了非常高的水平，其表象性的艺术手法和抽象性的造型语言至今仍具有极强的欣赏性和极大的借鉴意义。

第三节　夏商周时期的陶器

夏商周时期的陶器发展经历了显著的变革和创新，孕育了独具特色的陶器文化。从夏代开始，中国从原始社会进入奴隶社会，制陶技术伴随着生产力的发展和社会结构的变化而进一步提升。夏代的陶器在龙山文化的基础上继续发展，泥质灰陶和夹砂陶成为主流。商代，虽然青铜器发展迅猛，但依旧将陶器作为重要的生活器皿，制陶工艺取得了普遍发展，生产灰陶、白陶、釉陶和原始瓷器等，其中，白陶是商代最具代表性的制品之一。自西周时期起，随着官方对制陶业的重视，专门设立了管理陶器生产的各种官职，在官方的推动和技术交流的促进下，制陶技术达到了新的高度，其中，印纹硬陶的制作达到顶峰。

一、灰陶

中国的陶器发展到夏代，灰陶在各类陶器中占据了较大的比重，成为陶器中的主流产品。灰陶是一种胎体呈灰色或灰褐色的陶器，包括用陶土作为原料烧制而成的泥质陶器和在陶土中掺杂一定比例的砂粒或蚌末作原料烧制的夹砂陶器。灰陶的颜色是因为黏土含有铁这一呈色元素，在烧造过程中，受还原气氛影响，大部分三价铁被还原成二价铁，使得陶器胎体呈灰色或灰褐色。泥质陶器由于质地细腻，制造考究，多为饮器、食器、盛储器等。夹砂灰陶胎质比较坚硬，所以多为炊具或一些大型厚胎盛器以及少数饮器。

夏商时期，黑陶的制作逐步衰退，代之而起的是灰陶。灰陶取代黑陶的原因有三个方面：一方面是因为黑陶尤其是蛋壳黑陶大多是以礼器的形式存在，所以其制作精美考究，但到夏商时期，青铜器的出现取代了其作为礼器的地位；另一方面是作为日用器皿，黑陶制作复杂，加上体薄易碎，逐渐不再作为日常生活使用的器皿；再一方面是灰陶和黑陶虽然都采用还原焰烧成，但灰陶烧制还原时间更短，所需燃料也更少。因此黑陶的数量逐渐减少，灰陶的数量日益增多。

夏代和商代早期的灰陶器造型延续了龙山文化时期的特点，以圜底、圈足和袋状足为其主要特征。夏代晚期和商代早期的灰陶，虽然还是以泥质灰陶为主，但夹砂陶的数量显著增多，这一时期的主要器物有鼎（图 1-27）、鬲（图 1-28）、盉（图 1-29）、罐（图 1-30）、甗、觚①、爵②、豆、簋③、盆、瓮、大口尊、缸等。商代中期，各种灰陶口部的折沿基本不见，而多为卷沿，底部主要是圜底和袋状足，圈足器的数量相较于之前也显著增多，平底器则大为减少。

灰陶发展到商代晚期，就已经开始衰败。西周时期用灰陶制作的日用陶器品种较商代有所减少，制作工艺相比过去也显得粗糙，这可能与青铜器、白陶器、印纹硬陶器和原始瓷器等胎质坚硬器皿的蓬勃发展与广泛使用有关。尽管如此，由于灰陶廉价耐用、性价比高，所以在周代的实用陶器中仍以砂质灰陶和泥质灰陶数量居多。周代灰陶的食器主要有簋和豆，炊器有鬲、甗、甑等，盛器有罐、瓮、盆、盂等。

---

① 觚：读 gū，一种用于盛酒的容器，也用作礼器。圈足，敞口，长身，口部和底部都呈喇叭状。

② 爵：古代盛放、斟倒和加热酒的器皿，三足，有流，有柱。

③ 簋：读 guǐ，是古代用于盛放煮熟饭食的器皿，也用作礼器，圆口，双耳。

图 1-27　夏
绳纹灰陶鼎
河南博物院藏

图 1-28　夏
灰陶带鋬鬲
济源博物馆藏

图 1-29　商
灰陶盉
故宫博物院藏

图 1-30　商
灰陶刻划三角纹双系罐
故宫博物院藏

值得注意的是，这一时期的灰陶酒器很少有发现，究其原因可能与周人禁酒有关。周人将商的灭亡归结于统治者沉溺饮酒，因此在商代发达的酒器到了周代逐渐没落，陶爵、陶斝、陶壶、陶觚等饮器几乎不再出现。

二、白陶

白陶是一种表面和胎质都呈白色的陶器。白陶的颜色是因为其化学成分非常接近瓷土[①]和高岭土[②]，含铝量较高，而含铁量非常低仅占1.6%左右，故烧成后呈现白色。白陶最早出现在新石器时代，仰韶文化、大汶口文化、龙山文化等遗址中均有出土，但因原料筛选工艺尚不发达，导致原料纯度不高，胎质较粗，色泽多白中泛红泛黄。白陶的烧成温度通常在1000 ℃左右，由于低于瓷器1250 ℃的成瓷温度，因此尚未烧结成瓷器只能是陶器，但它对我国瓷器的发明有先导作用，为后面瓷器的萌芽悄然埋下了种子。

商代是中国白陶高度发达的时期，在今河南、河北、山西、山东等地的遗址和墓葬中均有出土白陶器皿。由于烧成温度提高，原料的淘洗亦较精细，致使白陶质地更加洁白细腻。白陶在商代的兴盛，与商人尚白有着密切的关系。《礼记·檀弓上》记载：

殷人尚白，大事敛用日中，戎事乘翰，牲用白。

商代将白色奉为吉祥和高贵之色，军队作战时驾驭白马，就连祭祀时的衣着和献祭用的牺牲也选用白色，以示恭敬庄重。

白陶器相较于一般的灰陶器及其他种类的陶器，有着胎质坚硬、胎壁轻薄、外观洁净的优点，从而受到当时统治阶级的青睐。因此，白陶器在夏商时期多用作精致的酒器，是当时奴隶主专享的一种珍品。夏代的白陶酒器主要有鬶、盉、豆等。有的白陶鬶的口沿饰锯齿状花边，鋬[③]上有长方形镂孔，鋬表有两个对称的乳丁装饰；有的白陶盉为圆顶折肩管状，袋状空足。部分白陶盉除腹部饰两圈弦纹外，有的还在鋬上刻划三角形纹；有的白陶豆为敞口、浅腹，口以下渐内收，下接喇叭状的高足，口与足处多装饰有弦纹。

商代早期白陶器型以鬶、盉、爵为主，纹饰有人字形纹、拍印的绳纹和附加堆纹等。商代中期，白陶受同期青铜器影响，器型和装饰都与之极为接近，其制作效果如当时贵重的青铜器般庄重华美。商代中期的白陶，在器型上增加了豆、罐、钵等，装饰方面除少数绳纹外，多素面磨光。商代后期是白陶烧制的鼎盛期，在黄河流域的商代遗址与墓葬中均发现不少白陶，其中以河南安阳殷墟出土的白陶最具代表性，有觯[④]、壶（图1-31）、

① 瓷土：是由瓷石经粉碎加工而成，是制作瓷器的最重要原料。瓷石是一种坚硬或半坚硬的石质原料，由长英岩、细晶岩、石英斑岩、次生石英岩等酸性浅成岩经热液蚀变作用而成。由于该矿物含有构成瓷的全部成分，故被称为瓷石，意思是制作瓷器的石头。

② 高岭土：是一种非金属矿产，是一种以高岭石族黏土矿物为主的黏土和黏土岩，因产自江西省景德镇高岭村而得名。

③ 鋬：读 pàn，器物上备手提拿把握的部分。如古酒器爵与斝都有鋬。

④ 觯：读 zhì，古代饮酒用的器皿，形似尊而小，或有盖。

图 1-31 商
白陶刻饕餮纹双系壶
故宫博物院藏

图 1-32 商
白陶刻几何纹瓿
故宫博物院藏

图 1-33 商
白陶刻纹豆
故宫博物院藏

尊、卣①、瓿②（图 1-32）等酒器和鼎、豆（图 1-33）、盘、簋等食器。这一时期白陶以精湛的雕刻装饰见长，常见的纹饰有云雷纹、旋涡纹、饕餮纹、蝉纹、曲折纹、夔纹等。

进入西周以后，由于周人并不热衷于白色崇拜，加之受到更优质的印纹硬陶和原始瓷器的冲击，白陶器逐渐“极盛而衰”，不再被大量烧制。

三、印纹硬陶

印纹陶是指一种在器表上印有几何纹样的陶器，这种陶器根据胎质和烧成温度的不同，分为印纹软陶和印纹硬陶两种。

印纹软陶属于印纹陶发展初期阶段的产物，在新石器时代晚期已经出现，其烧制温度较低，质地比较松软，纹饰简单粗犷。而后出现的印纹硬陶，流行于商、周，烧成温度高，质地坚硬，纹饰丰富多样，布局规整均匀。

印纹硬陶的成型方式，基本采用泥条盘筑法，另外也结合手制捏塑和模制等多种方法，像器耳这类附件，就是手制捏塑后再粘接在器体上。器物表面的印纹装饰，是在盘筑成型后，工匠一手用刻有花纹的拍子在外壁上拍打留下印纹，一手拿蘑菇形状的“抵手”抵住内壁，以防拍打时器壁受力变形。通过这种工艺，外壁留下印纹，内壁往往也留下一个个凹陷的痕迹。这种在陶器上拍印花纹的方式，最早可以追溯到新石器时代早期，有绳纹、篮纹、编织纹、方格纹等原始的纹样。最初在陶器上进行拍印，主要是出于加固坯体的功能需要，后来则发展成为一种独特的陶器装饰艺术。其纹样大部分是规则的几何形，因而也被称为“几何印纹”。

印纹硬陶使用的是含铁量很高的黏土，其胎质相较于一般泥质陶器而言更为细腻坚硬，烧成温度也比一般陶器高，可达 1100 ℃，有的已达到烧结的程度，烧成后的胎体多呈紫色、红褐色、灰褐色或黄褐色。少数印纹硬陶的器表还显示出烧造时高温熔化所形成的光泽，仿佛施有一层薄釉。印纹硬陶胎体坚硬，敲击时发出的声音清脆悦耳，区别于一般陶器的浑浊声响，可以发出和原始瓷器③类同的金石声。从考古发掘的材料看，商、周时期的印纹硬陶常与同期的原始瓷器共同出土，并且两者器表的纹饰多类似或完

① 卣：读 yǒu，古代用来装酒的酒器，口小腹大，外观上大部分是圆形、椭圆形，底部有足。
② 瓿：读 bù，一种小瓮，圆口，深腹，圈足，用以盛酒或水，亦用于盛酱。
③ 原始瓷器：也称为原始青瓷，是相对于成熟期瓷器而言的。它是商周时期所出现的，以瓷石为制胎原料所制作的具有较弱吸水性的带釉陶瓷产品，是陶器向瓷器演变的阶段性过程产物。原始瓷器与白陶器和印纹硬陶器相比，有坚硬耐用、器表有釉不易污染及美观等优点。

全相同。除此之外，位于印纹硬陶区域的原始瓷器样品，其胎体与印纹硬陶具有非常相似的化学组成特点，且表面具有与印纹硬陶相似的纹饰特征，所不同的是原始瓷器表面施有釉。可见，商、周时期的印纹硬陶和原始瓷器的关系相当密切。

印纹硬陶最早出现于长江中下游地区，黄河流域出现印纹硬陶的时间则比较晚。商代的印纹硬陶在长江中下游流域和中原地区都有发现，长江流域印纹硬陶的出土地点主要在今天的浙江和江西地区，中原地区则主要在河南安阳、郑州一带。根据我国现有发掘出土的考古材料来看，我国江南地区的印纹硬陶，应是承袭了当地用陶土烧制印纹软陶的制作基础。

商代印纹硬陶的器型主要有尊、罐（图 1-34）、杯（图 1-35）、豆（图 1-36）等，常见的纹饰有绳纹、人字纹、方格纹、叶脉纹、云雷纹、曲折纹、回纹等。胎色除紫褐色、黄褐色之外，还有红褐色或红色。从目前商代印纹硬陶的出土情况看，长江中下游地区的印纹硬陶数量、品种和纹饰都比同期黄河中下游地区更丰富。

周代是印纹硬陶兴盛发展的时期。此时黄河中下游地区使用青铜器和原始瓷器较多，故这时期的印纹硬陶器主要盛行于长江中下游地区。在江苏、浙江、江西等地的许多西周文化遗址与墓葬中，都有大量印纹硬陶出土。西周时期常见的器型有瓮、坛、瓿、瓶等，其中，瓮和坛的腹部丰满，器形高大。纹饰主要有云雷纹、方格纹、回纹、菱形纹、曲折纹、波浪纹、夔纹等，经常出现两种或三种纹饰组合使用的情况，拍印手法精湛。器物上的部件，如鼻、耳皆是手工单独制作完成后粘接在器体上。

20 世纪 70 年代，在对江苏句容浮山果园土墩墓的考古挖掘中，出土了西周时期的陶鼎、陶豆以及印纹硬陶器、原始瓷豆等遗物。其中，印纹硬陶器的纹饰以席纹、编织纹、水波纹为主，既与中原地区的陶器纹饰有关，又有鲜明的地方特色。其中一件几何印纹硬陶瓿（图 1-37），扁鼓腹，假圈足，腹部拍印席纹，肩颈部有数周弦纹。更特别的是，瓿内装满鸡蛋，这是我国目前发现年代最早的鸡蛋。由此可见，印纹硬陶的发展得益于现实生产生活的需求。同时，印纹硬陶是了解古代先民生活状态的重要媒介。

在夏商周时期，制陶技术在原料选择和烧制工艺上取得了突破，相较于原始陶器，这时期的陶器在种类、器型以及装饰等方面呈现出丰富的多样性，取得了显著的发展，为后世陶瓷的发展铺就了坚实道路。

图 1-34 商
印纹硬陶罐
中国国家博物馆藏

图 1-35 商
印锥刺纹硬陶觚形杯
福建博物院藏

图 1-36 商
印云雷纹硬陶釜形豆
福建博物院藏

图 1-37 西周
几何印纹硬陶瓿
南京博物院藏

码 1-2 尚白尚鸟的殷商

第四节 春秋战国时期的陶器

春秋战国时期，制陶工艺迈入了发展的新阶段。相较于西周时期，春秋战国时期的陶器品种更为多样化，不仅生产灰陶、白陶、印纹硬陶，还发展了暗纹陶、彩绘陶、陶俑和用于建筑的陶制砖瓦等，而且陶器生产更加集中和专业化，由官方主导生产，私营作坊活跃参与，共同推动了陶器生产的创新。这时期的陶器，从功能角度来看，不仅包括兼具实用与审美功能的炊具、食器和酒器，满足了人们的日常生活需求，还扩展至用于祭祀、丧葬和宴飨等礼仪活动的礼器。

一、暗纹陶

暗纹陶，又称“砑花陶”，是一种在陶坯干燥前，用工具在坯体上压出各种花纹的陶器，多用细泥制成，胎质灰黑。陶坯上压出的花纹深度不大，仅在有光线时隐约可见，故而得名。

暗纹陶的制作始于春秋时期，并在战国时期得到了进一步的发展。暗纹陶烧制温度不高，硬度较低，实用性不强，多用作殉葬用品，主要流行于中原地区。从已有的考古发掘来看，以河南为中心，洛阳中州、郑州二里岗、山西侯马、山东临淄等地的战国墓都出土了大量暗纹陶。种类有壶、盒、鼎、罐、豆、盆等，装饰纹样有弦纹、斜方格纹、锯齿纹、山形纹、螺旋纹、“S”形纹以及花瓣纹等。以战国双虎暗纹盘（图1-38）为例，该盘中心刻印螺旋纹，对虎分饰螺旋纹的两侧。陶盘器形较大，口径达 64 cm，圈足径为 10 cm，通高 9.7 cm，纹饰精美，在已经发现的同类陶器中并不多见，因而弥足珍贵。

二、彩绘陶

彩绘陶，又称烧后彩绘陶，是在烧成之后的陶胎表面进行彩绘的陶器。初学者容易混淆彩绘陶和彩陶这两个概念，二者并非同一类陶器，因而在名称中加一“绘”字予以区分。彩陶是在陶坯成型后在其表面施以彩绘后烧制，彩绘陶则是将泥坯素烧后再加彩，加彩后不再烧制，颜色附着性不牢，纹饰受潮或接触水后容易脱落，因此在日常生活中使用较少，更多的是作为陪葬品使用。

彩绘陶在新石器时代晚期就已经出现，夏商周时期也有所生产，盛行于春秋战国时期。春秋战国时期的彩绘陶常在灰陶烧成后加一层陶衣，再用红、黑、黄、白、赭等色彩绘制出云气纹、动物纹、狩猎纹等图案，有些甚至还加饰金线，色彩绚丽、鲜艳醒目。战国时期，我国的丧葬制度发生变化，三晋和两周地区的贵族逐渐用陶礼器代替铜礼器随葬，所以陶明器的制作迅速发展起来，彩绘陶也随之兴盛。

春秋战国时期，青铜器的制作工艺极为精湛，还涌现出了许多创新工艺。如金银错[①]、镶嵌[②]、线刻等，漆器的生产也非常发达，制作手段丰富多彩。这些技术对制陶业产生了深远的影响，促进了陶器制作技艺的发展和陶器品种的多样化，催生了大量模仿青铜器和漆器风格的陶器作品。现藏于首都博物馆、出土于北京昌平松园战国墓的朱绘陶壶（图1-39），是一件典型的仿铜陶礼器，其造型之精致、装饰之复杂在以前的陶器中很难见到。该陶壶为泥质灰陶，方形口，细长颈，圆腹圈足，颈部两侧有一对作回首腾跃状的兽耳，另两边各有一铺首衔环，方颈下半部和腹部四面均剔出长方形和椭圆形四开光，器身满绘朱彩流云纹和变形蟠螭纹，造型优雅，装饰华美，是战国陶器的珍品。

彩绘陶的绘制手法有朱绘和粉绘两种，都是先将施有陶衣或磨光的陶器放在窑火中素烧，烧成后再

① 金银错：中国古代传统金属细工装饰技法之一，是青铜工艺发展了一千多年以后，即到春秋中晚期才兴盛起来。该工艺是首先在母范里预刻凹槽后进行铸造（以便器铸成后可以在凹槽内嵌金银），然后在铜器铸成后对凹槽进行加工錾凿，最后在凹槽内镶嵌金银并打磨抛光。

② 镶嵌：镶是指把物体嵌入，嵌是指把小物体卡紧在大物体的空隙里。即，将一个物体嵌入另一个物体中，使二者固定。

图 1-38　战国
双虎暗纹盘
北京大学赛克勒考古与艺术博物馆藏

图 1-39　战国
朱绘陶壶
首都博物馆藏

图 1-40　战国
朱绘陶豆
首都博物馆藏

图 1-41　战国
朱绘陶鼎
首都博物馆藏

图 1-42　战国
朱绘陶簋
首都博物馆藏

绘上各种颜色的纹饰。两者的不同之处在于朱绘是用朱红颜料直接在灰色、灰黑色或褐色的陶器上绘画，色彩鲜艳，热烈浓重。粉绘则常用朱、黄、白或黑、白、朱多种颜料配合绘成，多数用三种颜色，有的也只用朱、黄二色。其中，有的直接绘制在陶器表面，也有的先在涂有白或黄色的色地上绘制，再用红、黑或黄等颜色进行加工。

彩绘陶器的器型有壶、豆（图 1-40）、盘、盉、鼎（图 1-41）、簋（图 1-42）等，其中以壶类出土数量最多。常见的彩绘陶纹饰多绘于陶器的颈部、肩部和腹部，纹饰主要有几何纹、云纹、花瓣纹和鸟兽纹等。几何纹可分为弦纹、三角纹、菱形纹、方格纹、圆圈纹、锯齿纹、三角云纹等；云纹有规则的和不规则的两种；花瓣纹有梅花纹、柿蒂纹、卷草纹等；鸟兽纹有凤纹、龙纹、铺首纹等。

彩绘陶上的颜色，由于未经窑火的洗礼，所以出土时大都已脱落，失去了当时的光彩和艳丽，但彩绘陶丰富的表现手法和精湛的工艺技术，使它在中国陶瓷发展史上占有一席之地。

三、陶俑

俑的出现与古代的殉葬制度密切相关，俑最初的意思是古代殉葬的人。在奴隶制社会中，人殉是其显著特征之一。奴隶被视为奴隶主的私有财产，奴隶主死后，奴隶被作为殉葬品随葬。商代和西周时人殉现象盛行，大量的奴隶和士兵被作为殉葬品，例如在河南安阳殷墟武官村大墓中发现的 79 具人骨，就是墓主生前的武士和奴隶。随着社会的发展和人道观念的逐渐觉醒，俑的概念逐渐演变成了以人或动物形象塑造而成、代替活人殉葬的明器雕塑。俑的材质丰富，包括木质、石质、陶土以及金属等，成为陪葬品中常见的替代物。

图 1-43　彩陶乐舞俑　山东省文物考古研究院（山东考古博物馆）藏

春秋战国时期，随着奴隶制的崩溃和封建制的兴起，中国的社会制度开始从奴隶制向封建制转变，统治阶级的思想观念从“敬天”向“重民”转化。在丧葬习俗上，与商周时期相比，人殉现象已经大幅减少，出现了用俑代替活人殉葬的社会进步潮流。这一时期陶俑的个头较小，有的仅高 5 cm，最大的也不足 15 cm。其烧制温度较低，制作粗糙，周身留有刮削的刀痕，带有较明显的原始性。在当时的陶明器中还有些动物陶俑，如郑州二里岗发现的彩绘陶鸭，邢台、邯郸出土的鸭尊和平山中山国王陵所出土的鸟柱盘上的飞鸟。今陕甘地区战国墓中出现的陶车、陶牛、陶马之类的模型，是之后汉代墓葬中普遍存在的各种陶模型的先声。

考古发现表明，最早的陶俑出现在春秋晚期至战国初期。在山东、山西、陕西等地都有出土战国早期的陶俑，其中最引人注目的莫过于 1990 年山东章丘女郎山战国墓出土的一组彩陶乐舞俑（图 1-43），这组乐舞俑由人物俑、乐器及祥鸟组成，共计 38 件，包括 26 件人物俑、4 件乐器和 8 件祥鸟。人物俑有歌舞俑、奏乐俑和观赏俑，均采用泥质灰陶手工捏制，再通过高温烧制而成，高度在 3.5 至 8 cm 之间。人物姿态各异、造型生动、风格写实。人物俑面施粉红彩，衣纹皱褶清晰，发型、服装均为烧前雕刻，衣服花纹则是烧后彩绘而成。这组乐舞俑保存较为完好，表面仍保留着彩绘，为研究战国时期齐国的乐舞、服饰等提供了珍贵的实物资料。

四、砖瓦

战国时期，各诸侯国竞相建造高台宫室，宫殿建筑从单体独立逐渐发展成集群，这极大地推动了砖瓦的使用。同时，城市建设迅猛发展，对建筑材料的需求急剧增加。砖瓦作为建筑材料中的重要品种在这一时期得到了极大的发展，制作技术取得了明显进步，砖瓦的规格更加统一，便于大规模生产。砖瓦上出现了各种图案和文字，应用范围扩大，逐渐从宫殿和贵族建筑扩展到普通民房，甚至城墙和道路建设。

战国时期的砖主要用于铺设地面或砌壁面，地面铺设用的砖可以分为两种类型：一类是尺寸较小的薄砖，呈正方形或长方形，通称为方砖或长方砖，都用模具压制成型，外表装饰花纹；另一类是大型的空心砖，这种砖的长度超过 1 m，为长方形的条石状，每边砖壁厚 2 至 3 cm，内部中空，两端挖有孔洞，以便烧成时产生的蒸气从里面逸出，防止气体受热膨胀导致砖爆裂开。空心砖大而稳重，坚硬结实，平整美观，常被用于大型建筑中铺设台阶和踏步，以营造庄重宏伟的气氛。此外，还可以用在坟墓中建造椁室，以代替木制椁板。值得注意的是，空心砖承受的压力同实心砖相当，却更加节省原料，同时又能减轻砖体本身的重量，是这一时期陶工的杰出创造。

砌筑壁面的砖为一种长方形凹槽砖。砖体为长方形，正面印有斜方格纹，方格内填充有“米”字纹或半月纹，并且经过了打磨。砖背面在中间挖出一个长方形凹槽，口小底大，深度为砖体厚度的九分之四。有学者根据新郑阁老坟发掘的战国时期地下室壁面铺的凹槽砖，推测当时的砌筑方法：先是在土墙上涂抹一层草拌泥，然后再贴上凹槽砖，因为凹槽口小底大，可以很好地嵌在泥里，能够粘贴牢固，砖面的花纹呈现在墙面上。因此可以说，在战国时期就已经出现了墙面砖装饰。

瓦的起源可以追溯到西周时期，到了春秋时期，瓦的制作技术得到了进一步的发展。战国时期制瓦

图 1-44　战国　黼黻纹筒瓦
中国国家博物馆藏

图 1-45　战国　双马纹瓦当
淄博陶瓷琉璃博物馆藏

图 1-46　战国　饕餮纹半瓦当
韩国国立中央博物馆藏

业发达，瓦的种类和数量都有了显著增加，有板瓦、筒瓦、瓦钉和瓦当等。板瓦仰置于屋面，筒瓦（图 1-44）覆盖在两行板瓦之间，以防漏雨；瓦钉用以固定筒瓦，以防滑动；瓦当是瓦的头端，保护檐头，同时还有装饰作用。战国时期的瓦当相较于西周和春秋时期的瓦当，不仅种类多样，而且装饰图案也更加精细。战国瓦当一般呈半圆形，后来又发展出了圆瓦当，上面印有各种装饰图案，包括双马纹（图 1-45）、山字纹、饕餮纹（图 1-46）、涡状纹、几何纹、星云纹、双龙纹等。

春秋战国时期的陶器以独特的造型、精湛的工艺和丰富的装饰，鲜活地反映了当时的社会风貌、审美观念以及技术的进步，是中华民族悠久历史和灿烂文化的重要组成部分。

第五节　秦汉时期的陶器

秦汉时期无疑是一个璀璨夺目的时代。这一时期，随着国家的统一与社会的稳定，手工业得到了前所未有的发展，陶瓷艺术更是达到了一个新的高峰。从气势磅礴的兵马俑到色彩斑斓的铅釉陶器，再到精细的砖瓦建筑构件，每一件作品都是秦汉工匠智慧和创造力的结晶。

一、秦始皇陵兵马俑

1974 年 3 月，考古工作者在距秦始皇陵东侧 1.5 千米处进行了勘探和试掘，发现了举世瞩目的秦始皇陵兵马俑坑。秦兵马俑，无论在数量上、质量上，还是在考古发现上，都举世罕见，它对于深入研究秦代的军事、政治、经济、文化、科学和艺术等提供了极为珍贵的实物材料。

秦始皇陵人俑按兵种划分，有步兵、车兵和骑兵。步兵俑数量最多，有专司弓弩的弩兵，作跪射式（图 1-47）和立射式（图 1-48），有一般武士俑，分“轻装”和“重装”两种，轻装俑着装轻便，腰束革带，给人以灵活迅速之感，重装俑相对轻装俑而言，多了一副短襟铠甲；车兵俑包括御手俑（图 1-49）和车士俑（图 1-50），秦始皇陵兵马俑坑出土的战车一般每乘车上配有 3 个士兵，即御手、车左和车右，御手位于中间，车左和车右分别立于御手两侧；骑兵俑通常同马俑相组合，每匹马前立有牵马的骑兵一人，一手拉马缰，一手作持弓弩状（图 1-51）。另外，按职务分，有将军俑（图 1-52）、武官俑（图 1-53）和武士俑（图 1-54），将军俑是目前出土的秦俑中级别最高的军吏俑，武官俑分为下级和中级军吏俑，武士俑即普通士兵。

俑的穿戴和兵器配备因职务和兵种不同而有所区别，有的头绾扁髻，戴皮弁；有的头戴双板或单板长冠；有的穿齐膝长襦；有的外罩齐腰铠甲；有的手执弩机弓箭，背负盛置铜矢的箭袋；有的手执长矛，腰佩弯刀铜剑。整个军队有前锋和后卫、步兵与车马的混合编组，俨然是行伍齐整、组织严密的庞大军阵。

兵马俑主要运用泥条盘筑、模印、捏塑结合的方法来分件制作，然后再结合塑、捏、堆、贴、刻、

图 1–47　秦　跪射俑
秦始皇帝陵博物院藏

图 1–48　秦　立射俑
秦始皇帝陵博物院藏

图 1–49　秦　御手俑
秦始皇帝陵博物院藏

图 1–51　秦　鞍马骑兵俑
秦始皇帝陵博物院藏

图 1–50　秦　车士俑
秦始皇帝陵博物院藏

图 1–52　秦　高级军吏俑
秦始皇帝陵博物院藏

图 1–53　秦　中级军吏俑之一
秦始皇帝陵博物院藏

图 1–54　秦　武士俑
故宫博物院藏

画等技法，对五官、铠甲、衣饰等细部进行艺术加工。兵马俑的制作可分为以下三个步骤：第一步是初步塑造，通过泥条盘筑和模印的方法塑造出陶俑的大致形态，也称为粗胎或初胎，确定陶俑的基本轮廓和比例。第二步是精细加工与修饰，在初胎的基础上，再次覆盖一层细泥，随后进行细致的修饰和刻划，以展现陶俑更多的细节和表情。第三步是组装与整合，将单独制作的头、手和躯干组装套合在一起，完成陶俑的整体塑造。

图 1-55　秦　彩绘跪射俑　秦始皇帝陵博物院藏

俑的胎体制作完成后，需在大约 1000 ℃的高温中进行烧制。烧成后，工匠们进行髹漆彩绘，利用漆的黏性，将彩绘颜料附着于胎体之上，使俑的形象更加逼真。但由于这些陶俑常年埋在地下，受到侵蚀，出土后又迅速与空气接触发生氧化反应，昔日色彩绚丽的漆层近乎剥落殆尽，只有极少数兵马俑还能在不同程度上保留着原始的彩绘（图 1-55）。

陶俑所用的彩绘颜料由矿物质组成，颜色有朱红、大红、紫红、粉红、绿色、黑色、白色、棕色等。彩绘的工序大致可分为四步：第一步，对陶俑表面进行光洁处理，用腻子打平凹凸不平处；第二步，在俑体表面涂刷一两层生漆，大多数部位涂一层生漆，腰部、头部等少数部位可能会涂刷两层；第三步，用稀胶水将颜料调和均匀，平涂于生漆层之上，根据艺术表现的需要，在一些俑的脸、手、脚部涂两层不同的颜料；第四步，对眉、须、眼睛等细部作进一步的描画处理。

综上所述，秦始皇陵兵马俑的制作十分精细，其写实的雕塑风格，塑造了多种多样的人物形象，可谓千俑千面。1987 年，秦始皇陵及兵马俑坑被联合国教科文组织批准列入《世界遗产名录》。这一件件性格鲜明的秦代军人形象陶俑，风格浑厚、洗练，极具艺术魅力，是中国古代雕塑艺术臻于成熟的标志。

二、铅釉陶

铅釉陶是指涂有黄绿色低温铅釉的一种陶器。铅釉陶以氧化铅为助熔剂[①]，熔点低，在 700 ℃至 800 ℃就可烧成，釉层可以均匀地挂在陶胎上。如果再在釉中加入铁、铜等不同的呈色金属，则可形成黄、绿、褐、土红等多种色彩。

铅釉陶的成功制作，是汉代在制陶工艺上取得的杰出成就之一。汉代铅釉陶最初只有黄褐色釉陶一种，到西汉中期才出现绿釉陶。黄褐色以铁为色剂，绿色以铜为色剂，二者都在氧化焰中烧成。由于绿釉色泽更为艳丽，所以相较于黄釉，绿釉在当时更为流行。

铅釉陶主要作为明器使用，而非日常生活器物，由于长期深埋地下，釉面受到土壤中酸性物质的侵蚀并发生化学反应，从而析出层状结构的物质。当这些析出物积累到一定厚度后，在光照下会反射并泛出银色的光彩，因此这些析出物质通常被称为“银釉”。值得注意的是，这类银釉往往出现在比较潮湿的墓葬中，在相对干燥的环境中则较为罕见。此外，与铅黄釉相比，铅绿釉在相同条件下更容易形成银釉。以大英博物馆收藏的一件汉代绿釉陶犬（图 1-56）为例，因长埋于潮湿的地下，陶犬全身析出一层银釉，在光照下反射出夺目的银色光芒，熠熠生辉。

在汉墓中发现的铅釉陶，造型上仿造铜制礼器的壶、钟、瓿、鼎等制品。这类制品的装饰方法大都以模印浮雕为主，题材多为神话故事及奔跑在仙山琼楼、流水行云之间的各种动物。其中最具代表性的当数釉陶壶，壶形多为鼓腹、长颈、盘口，通常在壶肩处刻浮雕式狩猎纹、铺首衔环或弦纹一类装饰，早期有盖，多黄褐色（图 1-57），晚期无盖，多绿色（图 1-58）。

① 助溶剂：一般指能降低其物质的软化、熔化或液化温度的物质。

图 1-56　汉　绿釉陶犬
大英博物馆藏

图 1-57　汉　黄釉陶铺首衔环弦纹壶
沧州博物馆藏

图 1-58　汉　绿釉陶壶
英国维多利亚与阿尔伯特博物馆藏

图 1-59　汉　绿釉博山奁
台北故宫博物院藏

图 1-60　东汉　绿釉陶望楼
美国国立亚洲艺术博物馆藏

汉代铅釉制品中，除了礼器，陶奁[①]（图 1-59）、陶盒、陶香炉、耳杯、盘等也都是当时很流行的随葬器物。此外，还有仓、灶、井、家畜圈舍、水碓、磨坊、作坊以及楼阁、池塘等各种明器模型。如美国国立亚洲艺术博物馆收藏的一件东汉绿釉陶望楼（图 1-60），是园林景观组成部分中的水上建筑，高 84.4 cm，宽 44 cm。底部的盘状底托象征圆形的池塘，内捏塑有龟、鱼、水禽等动物，盘状底托周身有象征围栏的镂空装饰，中心处矗立一座两层重檐四阿顶楼阁，楼阁底座下圆上方，每层四周都有角檐、围栏环绕，正脊上站立一只振翅欲飞的朱雀，各垂脊处也捏塑有飞鸟的装饰。一层回廊的四个拐角处各有一人向下俯瞰，仿佛在欣赏楼下池塘的景色。二层楼阁上，有迎宾、吹奏乐器、张弓欲射的俑人，楼阁的主人则在临阁眺望。从楼阁建筑及设施可知，这既是一座可眺望、观景、娱乐的别墅式模型，又是瞭敌防御永保安乐的建筑工事，显示出了汉代达官显贵们对浪漫主义生活方式的向往，为研究东汉时期的建筑和社会生活提供了宝贵的实物资料。

铅釉陶是汉代陶瓷业发展的一项重大成就，打破了原先陶器色彩单一的局面，色泽夺目，为之后唐三彩等低温彩色釉陶的烧制奠定了基础。

三、砖瓦

秦汉时期的画像砖和瓦当以其独特的艺术风格和丰富的文化内涵，成为中国古代建筑艺术的重要组成部分，展示了这一时期高超的工艺水平和审美追求。

1. 画像砖

画像砖是通过拍印或模印方法制成的带有图像的砖，其主要应用场景为墓室，同时也有部分应用于宫殿建筑之中。画像砖将雕刻、壁画与绘画艺术融为一体，属于古代专为墓葬礼俗服务而生产的一种特殊陶器制品，也是当时厚葬风俗下的产物。

如前文所述，画像砖在战国时已有生产，到了秦代随着墓葬制度的进一步发展而兴起，两汉时期最为兴盛，这一时期的墓葬由战国时期的木椁墓[②]演化成了砖室墓[③]，人们开始用陶砖来修建墓室，用画像砖来装饰墓室。

秦汉画像砖依据其形制特征，可分为空心与实心两大类。空心

① 奁：读 lián，古代女子存放梳妆用品的镜箱。圆形，直壁，有盖，一般腹较深，下有三兽足，旁有兽御环耳。流行于战国至唐宋间。

② 木椁墓：古代墓葬构造形式之一，商代已有，战国至西汉流行。在土坑内用木材构成长方形或方形的椁室，将棺放置其中。椁内常有边厢、头厢等放置随葬品。

③ 砖室墓：古代墓葬构造形式之一，始于西汉，盛行于东汉及以后各代。典型砖室墓的建造，基本上先由地面向下掘一竖坑，在竖坑底部横开一穴，再在此横穴中用砖块砌成墓室，置棺其中。有些砖室墓筑有斜坡墓道，也有的砖室即筑于竖穴之底部，不再开横穴。由于使用砖块砌法的不同，可以发展出相当复杂的形式。

图 1-61　东汉
收获弋射画像砖
四川博物院藏

图 1-64　东汉　导车画像砖
四川博物院藏

图 1-65　东汉
伏羲女娲阙双龙画像砖
四川博物院藏

画像砖，又称圹砖，流行于河南、山西等中原地区，作为一种独特的大型长方形陶质建材，其制作工艺尤为精巧。首先，利用模具在上下两面及前后两侧的四片泥坯上分别印制出精美的花纹。随后，将这些带有纹饰的泥坯加以黏合，形成砖体，在砖体的两端加封泥片，开设孔洞，以保障烧制过程中气体的流通与受热均匀。这种别出心裁的中空设计，不仅使得空心画像砖在烧制过程中更加易于成型和节省燃料，还赋予了它体轻质坚、防潮性能优异的特性。

秦汉时期的画像砖多为一砖一画，但也有在一块砖上刻画两个画面的情况。装饰上，画像砖多采用几何纹做边饰，中间模印出花纹，如树、鸟、虎、马、人物、楼阁等，或在砖的中间用方块模印作棋格状的连续花纹。最能体现秦汉时期陶砖艺术造诣的是表现主题内容的画像砖，表现题材异常广泛，按照内容大致可以分为五大类别：第一类是展示各种生产劳动的场景（图 1-61），如播种、收割、舂米、酿酒、开采盐井、探矿等；第二类为建筑画像砖（图 1-62），此类画像砖较少，画面内容除展示庭院建筑和室内布置外，通常描绘的是“阙观”①一类的建筑；第三类则是反映社会风俗的画像砖（图 1-63），内容比较丰富，涵盖市集、宴乐、游戏、舞蹈、杂技以及贵族阶层的家庭生活等多个方面；第四类为车骑出行画像砖（图 1-64），描绘统治阶级出行的车马仪仗，体现了当时独特的车马文化；第五类为表现神话传说内容的画像砖（图 1-65），汉代对生命的延续极为重视，人们在生前追求长生不老，希望死后灵魂能够升天成仙。因此，画像砖常绘有表现仙界神话故事的图案，如女娲、伏羲、西王母、双龙、白虎、朱雀、三足乌、九尾狐、金乌、蟾蜍等。

图 1-62　东汉
凤阙画像砖
成都博物馆藏

2. 瓦当

瓦当俗称瓦头，即整片瓦的头部，是覆盖建筑檐头筒瓦前端的遮挡，起着保护木制飞檐和美化屋面轮廓的作用。

瓦当源于西周，至战国时期有很大的发展。战国时期的瓦当为半圆

图 1-63　东汉
丸剑起舞画像砖
成都博物馆藏

① 阙观：“阙”最初是指大门外的两个岗亭。古时因大门要容许大量人畜出入，必须宽大，但当时的建筑技术又造不出这样大的门，只好在墙或栅上开个缺口，两边建岗亭防守。发展到汉代，阙成为官殿、陵墓、大型宅邸等入口的标志。“观”是指为了观望景物而建筑的建筑物，后期“观”成为道教建筑的一种称谓，如道观。

图 1-66　秦
云纹瓦当
秦始皇帝陵博物院藏

图 1-67　汉
云纹瓦当
韩国国立中央博物馆藏

图 1-68　秦
夔纹大瓦当
秦始皇帝陵博物院藏

图 1-69　秦
飞鸿“延年”瓦当
河南博物院藏

图 1-70　秦
“千秋万岁　与天无极”瓦当
河南博物院藏

形，称半规瓦或半瓦当。至秦代，瓦当的形状从半圆形演变为圆形。秦末至西汉初期，半瓦当和圆瓦当并存。西汉中期以后，圆形瓦当成为主流，并且在制造工艺上也有所改进，瓦心和瓦轮可一次性通过模具制成，瓦筒则仅做半筒，简化了制作过程。此外，秦代的圆形瓦当如果带有纹饰，中央通常没有大圆柱，而汉代的瓦当则多数带有圆柱；秦代的瓦当边狭，多用手捏成，宽窄不匀，汉代的瓦当则更齐整。

秦汉瓦当的装饰，主要有卷云纹、动物纹、文字纹等几种。

卷云纹是瓦当中常见的装饰图案之一，通常在圆形瓦当上均匀地划分为四部分，每一部分都饰一卷云纹，形式变化丰富，其装饰构成基本上是在边轮范围内用弦纹把瓦当分为两圈，再把内外圆间的面积分成四个相同大小的扇面，然后填以各种云纹图样，内圈则装饰方格纹、网纹、点纹、四叶纹或树叶纹等（图 1-66）。到了汉代，云纹瓦当成为图案瓦当的主流（图 1-67），其装饰类似祥云缭绕在建筑之上，使人有飞天成仙之感。这与当时人们祈求长寿安康、渴望求仙升天的精神追求和思想有密切关系。

瓦当上的动物纹可以分为两类，一类是夔龙、玄鸟、四神等神话动物纹，一类是鹿、鱼、燕、鹤等现实动物纹。秦始皇帝陵园内城北部西区建筑遗址出土的秦夔纹大瓦当（图 1-68），就是秦代神话动物纹瓦当的代表。到了汉代，神话动物纹饰则流行四神纹，四神也称四灵，即青龙、白虎、朱雀、玄武。

表现现实动物的瓦当，通常都蕴含着深厚的象征意义与文化寓意。有借字的同音或近音以表示一定含义，如鹿音谐“禄”，羊音谐“祥”，獾音谐“欢”，鱼音谐“余”等。也有取动物的特性表达吉祥寓意，如“鹿”象征着美丽与爱情；“鹤”象征着高洁和长寿。瓦当上的动物形象不仅体现了古人对自然界动物的深刻观察，也反映了祈福求祥、追求美好生活的心灵寄托。

文字瓦当也称字纹瓦当。在秦瓦当中，文字瓦当所占比例不大，主要包括图文瓦当和吉祥语瓦当。河南博物院收藏的飞鸿“延年”瓦当（图 1-69）就是典型的图文瓦当。其中，“飞鸿”是形象纹饰，“延年”是两个文字。河南博物院收藏的另一块“千秋万岁　与天无极”瓦当（图 1-70）则是典型的吉祥语瓦当。

图 1–71　西汉
“汉并天下”瓦当
故宫博物院藏

图 1–72　西汉
“维天降灵”瓦当
故宫博物院藏

该瓦当全部为文字装饰，瓦当中心为一方形，内有字，外围绕八字：“千秋万岁，与天无极。”

汉代的字纹瓦当，字体、结构都具有鲜明的时代特征，内涵上也更加直接地体现了当时统治阶级和人们的愿望。汉代瓦当的文字内容大致可以归纳为宫殿类、官署类、祠墓类、吉语类四种，前三类有的是标明建筑物的名称，如“长乐”指长乐宫①，“未央”指未央宫②；有的是标明建筑物的用途，如“关”字瓦当是指关口门户之建筑所用，“卫”字瓦当是指禁军官署所用。第四类的吉语，常用“长生无极”“永受嘉福”“与天长久”“吉月照灯”等四字文字。如故宫博物院收藏的“汉并天下”瓦当（图 1–71），该瓦当出土于西汉初的栎阳都③旧址，当面“汉并天下”篆书体四字凸起，有称耀之意。除了四字瓦当，汉代还有十二字瓦当。如故宫博物院收藏的“维天降灵”瓦当（图 1–72），当面阳文篆书十二字，即“维天降灵，延元万年，天下康宁”，分三行竖列。

码 1–3　汉代阳陵俑

瓦当作为中国传统建筑用陶器，不仅展现了古代建筑设计与生产工艺的完美结合，更是将美学观念巧妙地融入实用之中，成为中国古代社会文化艺术与日常生活紧密结合的典范。

码 1–4　汉代四神瓦当

总的来说，秦汉时期的陶器艺术以其精湛的工艺和丰富的文化内涵，绘制出一幅辉煌的工艺美术画卷。兵马俑的雄浑壮阔、铅釉陶的绚丽多彩，以及实用与美观并重的砖瓦，这些陶器作品不仅反映了当时的社会生活和审美趣味，也展现了秦汉人民的智慧和创造力。

---

① 长乐宫：长乐宫是在秦离宫兴乐宫基础上改建而成的西汉第一座正规宫殿，位于西汉长安城内东南隅，始建于高祖五年（公元前 202 年）。汉高祖刘邦在位时居于此宫，汉高祖之后为太后居所。长乐宫意为“长久快乐”，属于西汉皇家宫殿群，与未央宫、建章宫同为汉代三宫。因其位于未央宫东，又称东宫。长乐宫总面积约 6 平方公里，相当于 8 个故宫大小。

② 未央宫：未央宫是西汉帝国的大朝正宫，建于汉高祖七年（公元前 200 年），由萧何监造，在秦章台的基础上修建而成，位于汉长安城地势最高的西南角龙首原上，因在长安城安门大街之西，又称西宫。自未央宫建成之后，西汉皇帝都居住在这里，成为汉帝国 200 余年间的政令中心，西汉以后，未央宫仍是多个朝代的理政之地，隋唐时也被划为禁苑的一部分，存世 1041 年，是中国历史上使用朝代最多、存在时间最长的皇宫。

③ 栎阳都：栎阳城在秦献公孝公时期、秦末楚汉相争之际塞王司马欣、汉初刘邦都曾以之为都城，是西安附近秦咸阳、汉长安外的第三座秦汉都城。秦末楚汉相争，项羽三分关中，栎阳曾作为塞王司马欣之都城。汉王刘邦在“明修栈道，暗度陈仓”夺取关中后，亦以栎阳为都。至七年（公元前 200 年）才迁都长安，而汉太上皇仍留居栎阳，死后也葬于城北塬上，即太上皇陵。

第六节 魏晋南北朝时期的陶器

魏晋南北朝时期，瓷器生产得到了显著的发展，中国已进入瓷器时代，与此相对，陶器地位逐渐下降。然而，陶俑和画像砖作为这一时期墓葬艺术的代表，仍发挥着不可替代的作用，展现着其深厚的文化价值与艺术魅力。

一、陶俑

魏晋南北朝时期，陶器的制造逐渐走向衰弱，这与东汉晚期瓷器的诞生及发展有着直接的关系，这种现象从出土的随葬品中便可见端倪。这一时期，由于人们对瓷器的关注和喜爱，南方一带流行用青瓷器物作为随葬品，原本占据重要地位的陶俑开始出现制作简陋、形象呆板的情况。一些墓葬出土的陶俑，不论男、女都是双手拱立，似乎都由一个模子印成，只有少数陶俑展现了与其他朝代不同的艺术特点。

真正能代表这一阶段陶塑艺术水平的时期，当数北朝。北朝早期的陶塑技法并不是很成熟，形象仍呆板古拙，只是初具轮廓动态。北魏孝文帝以后，陶塑艺术有了显著进步，在继承汉代优秀传统的基础上，又吸收了佛教石窟造像雕塑的特点，无论是人物陶俑还是动物陶俑的制作，都突破了前代古拙生硬的作风，注重神态的刻画。这一时期流行铅釉陶俑，各类陶俑形态写实，比例匀称自然，形式丰富，制作方式大多为头、身分开模制，再拼接黏合而成。

北朝的陶俑大致可以分为文吏俑、武士俑、动物俑、伎乐俑和镇墓兽俑等几种类型。文吏俑一般戴冠、长袍、束带，下着长裤，有的拱袖而立，有的双手下垂，或双手按剑。藏于河北博物院的文吏俑（图1-73），是迄今为止所发现的南北朝时期最大陶俑。该俑出土于河北磁县湾漳北朝壁画墓[①]，高142.5 cm，头戴官帽，面容饱满，双眉微蹙，宽额大耳，神情端庄。陶俑身着朱红色交领宽袖衣，外面罩着一件裲裆[②]衫，肩部用扣带连接，下身穿白色大口裤，脚穿黑色笏头履[③]。该文吏俑最大的特点是身穿具有北方少数民族服饰特色的裤褶[④]服装。北朝时期裤褶不仅被作为军服，还是朝中官员的朝服，这尊文吏俑身上的服饰体现了北方少数民族文化和汉族文化的融合。

武士俑中以甲骑武士俑（图1-74）和按盾武士俑最为经典。2010年，在中国社会科学院考古研究所与首都博物馆共同主办的“考古中华——中国社会科学院考古研究所成立60年成果展”中，曾展出一对甲骑武士俑。俑体通高超过30 cm，头部戴有垂至颈部的头盔，上身穿圆领窄袖衣，外斜披战袍，下身穿着小口裤。所骑战马高大威猛，战马全身绘有铠甲纹饰，头部罩着面帘，马身配有胸甲和身甲，后部有“搭后”，装备齐全，铠甲上的甲片装饰还依稀可见。

图1-73 北齐 文吏俑 河北博物院藏

按盾武士俑身披甲胄，一手持武器，一手按盾而立，怒目挺胸，形貌凶猛。在北魏至北齐之间发现的墓葬中，

① 湾漳北朝壁画墓：位于河北省磁县东槐树乡湾漳村东滏阳河南岸，1987—1989年由邺城考古工作队进行抢救性发掘。该墓年代应为6世纪中叶，从墓葬的位置、年代、规格、随葬器物和壁画的内容推定，应为北齐帝陵，有可能是文宣帝高洋的陵墓。

② 裲裆：即裲裆，也称“两当”，其一当胸，其一当背。隋唐时期武士多穿带甲之裲裆，以为防御身体之用，文吏之裲裆多不带甲。

③ 笏头履：一种头部高翘、形似笏板的鞋子。

④ 裤褶：起源于北方游牧民族的服饰，式样原本是紧袖上衣和窄腿裤子，便于骑马打仗。东汉晚期，裤褶服装传入黄河流域，在与汉族人宽袖长袍的衣着传统的相互影响下，袖子逐渐变宽，裤脚也逐渐肥大，一直作为军中下级军官和士兵的服装。由于穿裤褶服装要比穿宽袖长袍行动方便，因此越来越多的汉族人开始穿着裤褶，并在膝盖部系上一条绑带。

图 1–74　北朝
甲骑武士俑
中国社会科学院考古研究所藏

图 1–75　北魏
彩绘执盾武士陶俑
中国国家博物馆藏

这种武士俑相当流行，造型、服饰大多相同，展现出武士们威武雄壮、勇猛无畏的鲜明个性与强悍气质。如 1965 年河南省洛阳市元邵墓[①]出土的陶武士俑（图 1–75），身着盔甲，左手扶着盾牌，右手原本持有的武器在发掘时已经遗失。陶俑的面部特征刻画得细致入微，双目圆睁，嘴角下撇，表情威严狞厉，表现出一种威严的气势。北朝墓葬中出土的这种面目雄强的武士陶俑，称为“镇墓武士俑”，有的尺寸大于普通武士俑，数量一般为一件，用来恐吓骚扰墓主的怪魅，起到驱邪的作用。

除了人俑，动物俑也是这一时期的代表，特别是马俑、骆驼俑。北朝由于北方战事频繁，马的需求量大，对马的重视程度很高。北朝时期的陶马已经显示出较高的写实技巧，造型在沿袭汉朝陶马的基础上有了新的变化，如马头瘦小而长，前部略尖，马鞍及障泥[②]等更注重装饰，这些都为之后唐三彩马俑的发展奠定了基础。现藏于故宫博物院的彩绘陶马（图 1–76），四足直立矫健，肌肉丰隆，头部瘦长，系笼套，身上披着宽敞的鞍鞯，胸前饰以璎珞，生动地塑造了一匹气势非凡的骏马的形象。

骆驼因其温顺坚毅的性格以及杰出的载重能力，非常适合贸易运输。汉代丝绸之路开通后，骆驼在商队贸易中发挥着巨大的作用。在汉代的雕塑和画像中都出现了骆驼的形象，然而出土文物并不多，史书中也很少记载。汉代骆驼俑的制作与同时期的马相比，显得比较粗糙，尾巴、蹄部等部位的塑造与真实的骆驼相差很大，反而更像马，反映了这一时期的工匠对骆驼的认识还不够，或者并未见过骆驼。随着魏晋南北朝丝绸之路的发展，这一时期的骆驼形象在艺术表现上不断生动化。1976 年在河北省磁县城南 2 公里处大冢营村发现的东魏茹茹公主墓中共出土两件骆驼俑：其中一件四腿直立，造型简单；另一件骆驼俑左前腿跪地，右前腿下压，后腿站立，作蹬地状，头部微上仰，背上负载着帐具和货物，旁边还挂着酒瓶和大雁，刻画了骆驼在旅途中休息时的情景（图 1–77），这一动态的捕捉体现了当时陶瓷匠人对骆驼习性的深入理解和观察。

① 元邵墓：元邵为北魏孝文帝之孙，清河王元怿之子。该墓位于洛阳老城东北 4 公里，盘龙冢村南 0.25 公里，西南隔河与其父元怿冢相望。该墓于新中国成立前被盗掘，出土百余件遗物。
② 障泥：指垂于马腹两侧，用于遮挡尘土的东西。

图 1-76　北朝　陶彩绘马
故宫博物院藏

图 1-77　东魏　陶骆驼
磁县北朝考古博物馆藏

图 1-78　北朝　彩绘陶镇墓兽
美国大都会艺术博物馆藏

除了表现自然界中真实动物形象的陶俑，这一时期还创造了一种富有想象力与象征意义的动物俑，即镇墓兽俑。镇墓兽俑是用于在墓中镇压邪祟的明器，关于镇墓兽的起源，有学者认为最早的镇墓兽是作为祖先（逝者）灵魂的寄托之所；还有学者根据春秋中晚期出现的祖形器[①]型镇墓兽来分析，认为镇墓兽制作的初衷与生殖崇拜、祖先崇拜有关，是祖先祭祀时的陈设物。早期镇墓兽是很多士级楚墓中体积最大、最先下葬、位置最重要的随葬品，多放置于头厢[②]正中或墓室的中心位置，周围环绕鼎等祭器。从其摆放位置来看，应该是与逝者的灵魂相关，俨然是逝者在墓中的替代物。

早期的镇墓兽多为木雕漆绘，大约北朝时期出现陶塑形式。最初仅在墓门处放置一件，北魏时则成对出现，而且体量通常相较于其他的陶俑更大，多出现于大中型的墓葬中，且常与武士俑组合。据现有考古资料所知，最早在北魏平城时代，已经出现了由两件镇墓武士俑和一件人首兽身、一件兽首兽身镇墓兽构成的镇墓组合。现藏美国大都会艺术博物馆的北朝镇墓兽俑（图 1-78），张嘴吐舌，舌尖向上卷起，露出尖锐的獠牙，双目圆睁，向外凸起，头生独角，脊背上有三撮竖起的鬃毛，后肢微曲，前肢绷得笔直，呈现出蓄势待发的凶猛态势。

二、画像砖

魏晋南北朝时期的画像砖，在艺术表现上更富于人间的生活情趣，不仅承袭了汉代的艺术精髓，还不断探索和创新，形成了鲜明的艺术风格。这一时期砖的形制渐小，汉代盛行的大型空心砖已逐渐衰微，普遍使用长方形砖，并多用小砖拼成大幅画面，称为模印拼嵌砖画。东晋时期开始出现由 2 至 3 块砖拼成的龙、虎等图像，之后砖数日益增多，组成飞仙、贵妇出行、宴乐、农耕、车马出行等图像，东晋末南朝初，出现了多达数十块甚至数百块砖构成的大幅画面。

---

① 祖形器：即考古出土或地上遗存的男根模拟物或男根象形物。因材质不同，祖形器又分为陶祖、石祖、玉祖、木祖、骨祖、漆祖、铜祖、银祖等等。早期镇墓兽的器形就像“且”（祖）字的象形，“且”的本义是指男性生殖器，是“祖”的初文，这一时期的镇墓兽形制非常简单，没有后来恐怖怪诞的兽首、龙身、吐舌等特征，甚至称不上是“兽”。

② 头厢：墓葬结构的一部分，一般是指在靠近墓主人头部位置的椁室一端所设置的一个相对独立的空间。这个空间通常用于放置随葬品。在不同地区、不同时期，头厢的具体形制、大小和用途可能会有所差异。

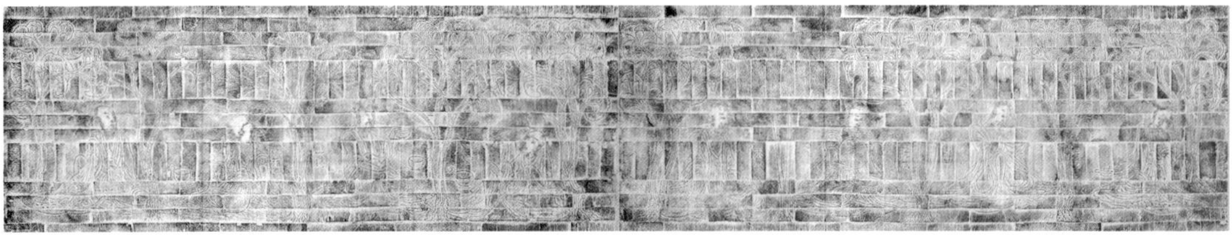

图 1-79　南朝　竹林七贤与荣启期砖画　南京博物院藏

图 1-80　竹林七贤画像砖

田自秉在《中国工艺美术史》中对六朝与汉代画像砖进行了对比分析，认为两者的区别主要表现在五个方面：其一，汉代画像砖多为一砖一画，而六朝则成为整体性和主题性的大型砖印壁画，一个题材往往用几十块砖或几百块砖组成，不仅在整体设计上而且在生产上都具有很大的难度，侧面反映了六朝的设计生产和工艺水平都有很大的进步。其二，题材内容的发展。六朝画像砖除汉代流行的车马出行、四神仙人、奇禽瑞兽等题材外，还表现了圣贤高士，更具有现实生活气息。其三，除了动物纹外，莲花、卷草、山石、树木已占有较主要的地位。其四，六朝画像砖多用飘逸流畅的线条表现各种形象，并多为浅浮雕的立体效果。其五，六朝画像砖不同于汉代的质朴古拙，而是具有清秀雅致的艺术特色。

六朝画像砖，以"竹林七贤①与荣启期②"画像砖最具时代特色。南京西善桥宫山大墓出土的竹林七贤与荣启期砖画（图 1-79）是目前保存最为完好、艺术价值最高的一幅砖画，填补了六朝绘画稀有传世真迹的空白，在中国绘画史上具有非常重要的地位。该砖画原分布在墓室内部南北两壁，各由近三百枚砖块拼嵌而成，规格统一。嵇康、阮籍、山涛、王戎在一壁，向秀、刘伶、阮咸与荣启期在另一壁。八人在林中席地而坐，畅饮聚会，每个人物身旁均标明姓名，彼此之间用银杏、松树、槐树、垂柳相隔。画面中嵇康头梳双髻，目送秋鸿，手弹五弦；阮籍身着长袍，一手支皮褥，一手置膝上，口作长啸状；山涛头裹巾，一手挽袖，一手执杯而饮；王戎斜身靠几，手弄玉如意；向秀头戴帻，一肩袒露，闭目沉思；刘伶双目凝视手中酒杯，另一手蘸酒品尝；阮咸垂带飘于脑后，弹一四弦乐器；荣启期则披发长须，腰系绳索，凝思弹奏五弦琴。画面中人物的性格特征鲜明，士族知识分子自由清高的理想人格在这块画像砖上得到了充分的表现。

值得注意的是，2010 年南京雨花台石子岗出土的竹林七贤画像砖（图 1-80），由于砌筑时并未按照固定的位置次序，所以壁画画面显得杂乱无章。然而经学者同 1960 年在南京西善桥宫山墓出土的画像砖相比对，发现它们几乎是一个模子印出来的。画面中人物同树木的构图，包括造型元素、前后遮挡关系，以及线条的走向和深浅、粗细等完全相同，编号一致，推测二者为同模制品，制作时间也应该接近。

七贤主题的画像砖多在六朝时期出现，这与当时玄学清谈的盛行密切相关。"竹林七贤"作为这一时期士大夫精神生活中的重要象征，其风雅形象深受当世人们的仰慕。画像砖中的七贤形象，不仅反映了墓主人对这些名士的仰慕追思，也体现了当时社会对玄学清谈和高士精神的尊崇。

---

① 竹林七贤：魏晋间七个文人名士的总称。包括嵇康、阮籍、山涛、向秀、王戎、刘伶及阮咸。七人相与友善，不愿投靠当时当权的司马氏。其政治倾向和哲学思想是"越名教而任自然"，崇尚老庄而鄙视儒法。行为上则放荡不羁，愤世嫉俗。常会游竹林，号称"七贤"。

② 荣启期：春秋时隐士，精通音律，博学多才，思想上很有见解，传说曾行于郕（古邑名，亦作"成"，鲁孟氏邑，在今山东宁阳东北小汶河附近）之野，对孔子自言得三乐而成为美谈，是"知足者常乐"的典故来源。在后世许多诗文辞赋中，都把他作为"高士"的象征。

综而述之，魏晋南北朝时期的陶俑和画像砖，不仅能够折射出当时的社会风貌和审美观念，还具备极高的艺术价值。陶俑作为随葬品，揭示了当时社会的等级制度、宗教信仰和日常生活。画像砖则以其独特的艺术形式，记载了重要的历史文化信息。二者均为后人理解昔日人们的社会生活和精神世界提供了直观的窗口。

码 1-5 为什么是荣启期？

第七节 隋唐及其以后的陶器

隋唐及其以后，瓷器发展迅速，取得了前所未有的成就，人们把更多的目光转移到瓷器上，陶器的发展相对放慢了步伐。尽管如此，陶器制作还是取得了一些引人注目的成就，尤其是唐代三彩陶器和明代紫砂陶器。

一、唐三彩陶器

1905 年，洛阳北邙山附近的唐代墓葬中出土了大量色彩绚丽的低温含铅彩釉陶器，大多使用黄、绿，褐三种色釉，在器皿上构成花朵、斑点或几何纹等各种图案。当时的古玩商人很快关注到了这批陶器，将它们运往北京，私下称其为“唐三彩”。

唐三彩的出现迅速轰动了当时的金石学[①]界。1916 年，著名的古物考据学家罗振玉[②]在其编著的《古明器图录》中首次介绍了唐三彩的发现与学术价值，并收录了唐三彩马、女俑等。1942 年，赵汝珍在《古玩指南》一书中指出：“以铅黄绿青等三色描画花纹于无色釉之白地胎上，即世所称之唐三彩者为最佳。”自此，“唐三彩”这一概念正式成为学术界专用词。

学习唐三彩时，不能因为名称上有个“三”字，就简单认为唐三彩只有三种釉色。实际上唐三彩的颜色并不限于三种色釉，而是包括绿、黄、赭、褐、红、白、蓝、黑等许多颜色。此外，唐三彩也有只使用一种颜色的情况，还存在多种釉色混合使用的情况，所以“三彩”可以理解为“多彩”的意思。在唐代三彩陶器中，黄、绿、白三种釉色最为常见，蓝釉器则少见，蓝釉俑就更少。例如西安小土门唐墓出土的蓝釉陶驴（图 1-81）就是典型例子。该俑除了底板、蹄子和鞍鞯，驴身全涂有蓝釉，造型形态生动，虽未提腿扬蹄，但它那昂首的姿态及抖擞的精神，似乎正引颈长嘶，备鞍待发。最为珍贵的是它全身施蓝釉，这种三彩陶蓝釉陶器出土数量十分稀少，非常珍贵，主要流行在开元盛唐时期，其着色剂主要是钴，通过丝绸之路贸易获得。唐三彩中蓝釉的出现，是此后中国瓷器使用青花料[③]的先导。

唐三彩制作工艺复杂。首先，选用精炼过的白黏土制胎；其次，将成型的陶胎放入窑中，在氧化氛围下进行大约 1000 ℃至 1100 ℃高温焙烧；然后，在焙烧后的胎体上施以含有铜、铁、钴、锰等金属氧化物的彩釉；最后，入窑进行二次釉烧，温度为 850 ℃至 950 ℃，以确保各种颜色的釉料互相浸润交融，达到五彩斑斓的装饰效果。因为唐三彩制品用料精细，制作规整，所以不变形、不裂缝、不脱釉。

唐三彩制品主要分为器皿、人物和动物三大类别。在制作过程中，根据器物的不同形状，采用了轮制、模制和雕塑等多种技术。如圆形器皿通常使用轮制技术，而对于不规则形状的器物、人物和动物，则更

① 金石学：中国考古学的前身。是以古代青铜器和石刻碑碣为主要研究对象的一门学科，偏重著录和考证文字资料，以达到证经补史的目的，特别是其上的文字铭刻及拓片；广义上还包括竹简、甲骨、玉器、砖瓦、封泥、兵符、明器等一般文物。

② 罗振玉：字叔蕴，号雪堂，生于 1866 年，卒于 1940 年，是我国近代著名的古物考据学家。罗氏一生致力于古代文献和古器物的搜集、保护、刊印、流传，特别是在对明器这一自古以来就记述很少并且无人留意的文物进行搜集和研究方面，可谓功绩卓著。《古明器图录》所辑录之明器，多出自罗振玉本人所藏。

③ 青花料：绘制青花瓷纹饰的原料，即氧化钴料，也就是钴土矿。青花瓷就是以钴为着色剂进行描绘装饰。

图 1-81　唐
蓝釉陶驴
中国国家博物馆藏

图 1-82　唐
三彩菱花式三足盘
故宫博物院藏

图 1-83　唐　三彩文吏俑
故宫博物院藏

多采用模制和雕塑相结合的方法。器皿类几乎涵盖日常生活的各个方面，有水器、酒器、饮食器、文具、家具以及建筑模型等。器型丰富，样式新颖，色彩绚丽，有壶、杯、盘、盒、炉、奁、柜、枕等。故宫博物院收藏的三彩菱花式三足盘（图 1-82），其装饰手法借鉴了唐代丝织品中的蜡染工艺①，这在唐三彩的釉面图案装饰中极为独特。在制作时，先用蜡覆盖器物上准备装饰的区域，或者以蜡为墨，绘制出想要的图案，然后通体上釉。由于蜡不溶于水，所以有蜡处不沾釉，这样就能露出胎体颜色，与釉面装饰形成对比，产生多样化的装饰效果。

人物类包括文官、武官、仕女、乐妓、胡人和天王②等。人物俑基本上都是周身上釉，面部不挂釉进行素烧，烧完后再用彩绘勾画，进行“开相”。故宫博物院收藏的三彩文吏俑（图 1-83），高 102.2 cm、宽 25 cm，头戴小冠，着宽袍大衣，外罩裲裆，脚穿云履，双臂抱于胸前。上衣使用彩带装饰技法，这是一种利用釉料本身的流动性，在底釉的某些部位刷上浓厚的各色釉汁，任凭其自然流淌形成一条条斑驳的彩色条带的装饰手法。尽管俑的全身都涂满了色釉，但脸部却保持了陶胎本色。为了展现更细微的人物表情，工匠选择脸部不施釉，而是在烧成之后涂抹矿物颜料。之所以这样处理人俑的面部，一方面是因为上釉后表现口鼻眼的沟壑处会被釉填平，面部会趋于扁平，缺少立体感；另一方面是因为相较于釉的玻璃质感，陶胎本身的质地更接近真实皮肤，显得更为逼真。

动物类包括骆驼、马、狮兽、镇墓兽等。装饰丰富、手法变化多端是三彩动物类俑的最大亮点，给人一种常见常新的感觉。装饰手法除人俑中常用的彩带装饰③和施蜡装饰④以外，还有点彩装饰⑤、贴花装饰⑥、绞胎装饰⑦和拉毛装饰⑧。台北故宫博物院收藏的

---

① 蜡染工艺：也称“蜡缬”，与绞缬（扎染）、夹缬（镂空印花）并称为我国古代三大印花技艺。是用蜡在布上绘图案花纹，然后浸染，去蜡清洗后布面就呈现出色底白花或白底色花的多种图案，图案丰富，色调素雅，风格独特。

② 天王：即天王俑，原为佛教中统领一方的护法神，其塑像习惯被置于寺院门前或者佛像前等处。佛教自汉代传入中国后，逐步汉化。佛法护卫神逐渐失去原来的姿容和身份，成为经过艺术夸张的中国武士形象，其象征意义已经超越佛教领域，成为凡人世界正义、威猛的象征。天王俑既能降魔伏妖、守护佛法，也能驱鬼避邪、保护墓主安宁。因此，天王俑往往被达官贵人奉为死后的保护神，成为唐朝葬仪组成部分之一，它与镇墓兽一起，多被摆设在墓道或墓室前面，镇墓兽在前，天王俑在后，通常成对出现，左右各一，文献中将它们合称为“四神”。

③ 彩带装饰：浓厚的各色釉汁自然流淌而形成的一条条斑驳的彩色条带。

④ 施蜡装饰：先用蜡画出花纹，再施釉，烧制时有蜡处釉汁扩散，形成白色的斑纹。

⑤ 点彩装饰：用毛笔在马的躯体上点染各色釉汁斑点，或在深色底釉上点浅色斑点，或在浅色底釉上点深色斑点，使之疏密有致，呈现出自然天成的效果。

⑥ 贴花装饰：就是将模印好的各种装饰物贴在器物一定部位，显得更加华贵庄重，常见的装饰物有马鞍、披毯、铃铛、宝相花等。

⑦ 绞胎装饰：就是通过绞胎工艺或釉下彩绘仿绞胎纹使坯胎呈现大理石或类似树木年轮的纹路。

⑧ 拉毛装饰：即通过刻画形成一种粗毛毯的效果。

图 1–84　唐　三彩马
台北故宫博物院藏

图 1–85　三彩马局部

图 1–86　唐
三彩绞釉骑马狩猎俑
陕西历史博物馆藏

三彩马（图 1–84）就运用了施蜡装饰和贴花装饰，该俑表现了马低声嘶鸣的神态，极富生气。脖颈和臀部的白色圆形图案是通过涂蜡法实现的，这些图案模仿了自然界中马匹的花斑，周边黄褐色釉零星向下流淌，给人一种马刚刚奔跑完大汗淋漓的感觉。鞍鞯涂以红色颜料，加上阴刻①与雕塑技法，把马鞍及下面垫子的丝质感与褶皱纹理处理得细腻逼真。腿部肌肉异常健美，马蹄踝部急收突显矫健。辔头上的花团装饰（图 1–85）是先用模具做好，之后用泥浆粘贴上去，花团为绿色蟾蜍杏叶纹雕塑，蟾蜍在当时被视为不老不死的象征。

现藏陕西历史博物馆的唐三彩绞釉骑马狩猎俑（图 1–86），是绞胎三彩的代表作。该马俑高 36.2 cm，其身上的大理石纹理并不是通过绞胎技术整体成型，而是在胎体上绘制出类似绞胎的纹路，然后上釉入窑烧制而成，属于釉下彩绘工艺。这种仿绞胎纹匀称得当且线条流畅，其艺术表现力甚至远超真正的绞胎。

唐三彩中人物和动物形象常常组合出现，用于表现军事、文化和贸易的场景。一种组合形式是人物俑和动物俑各自作为独立器物，陈设摆放成一组。如现藏于故宫博物院的三彩胡人牵骆驼俑（图 1–87），这组陶俑比例和谐，细节刻画精细。俑体为白色陶胎，面部敷粉画彩，身施黄、绿、白三色釉。人俑深目高鼻，胡人形象，头戴一顶带有折沿的尖顶帽，身穿窄袖长袍，领口外翻，内着半臂②，腰后系一包袱，下身着裙，脚踏长靴，双手紧握作牵拉缰绳之态。驼俑为双峰驼，上有毡垫，周身以黄釉作为主色调，驼首上昂，张口作嘶鸣之状，腰身略长，四腿直立于长方形托板上。

另一种组合形式，是在一件陶俑上同时出现人物与动物的形象。例如陕西历史博物馆的三彩载乐骆驼俑（图 1–88）。骆驼站在长方形底座上，昂首嘶鸣，其背上的驮架被巧妙地设计为一宽敞平台，铺有绚丽多彩的毛毯，七名男乐手持笙、琵琶、排箫、拍板、箜篌、笛、箫等乐器，正沉浸于一场精彩的演奏之中，中间立一体态丰腴的女子正在歌唱（图 1–89）。整件作品形象生动鲜活，骆驼好似踏着乐步徐徐行进，唐代艺术家以超凡的想象力和精湛的技艺，将舞台巧妙地安置于驼背之上，可谓匠心独具，让观者耳边仿佛回响起属于大唐的优美歌声和盛世旋律。

经考证，唐三彩的制作地点位于唐朝都城长安和东都洛阳附近。当时洛阳是唐三彩的主要集散地，

① 阴刻：是指所雕的物象低于雕面的水平面的雕刻技法，以凹入雕出形象。与之对应的是阳刻，即把形象浮出于平面之上，雕出凸起的形象。
② 半臂：其形似衫去其长袖，成为宽口短袖衣，其形制与衫齐长。交领、腰下接襕。男子半臂长及膝部。

图 1-87　唐
三彩胡人牵骆驼俑
故宫博物院藏

图 1-88　唐
三彩载乐骆驼俑
陕西历史博物馆藏

图 1-89　三彩载乐骆驼俑局部

距离洛阳最近的巩义[1]为唐三彩的主要产地，但唐三彩的生产地点在河南不止巩义一处，在鲁山段店窑，禹州刘家门窑、杨家沟窑及登封的曲河窑都发现了三彩器。陕西、河南等地唐墓出土的唐三彩最多，此外，南方的武昌、长沙等地也有出土。近年来，在一些唐代遗址中也发现有不少唐三彩的残片，所以有学者认为，唐三彩不仅用于陪葬，也有作为生活器皿的情况。但从现代科学角度来看，唐三彩釉料中含铅，若作为饮食器，在接触酸性物质时，铅会溶解并释放到食物或液体中，从而造成慢性“铅中毒”，会对人体健康产生不可逆的伤害。因此，要避免使用唐三彩作为日用器皿。

码 1-6　唐三彩对世界陶瓷的影响

除此之外，在印尼、伊朗、伊拉克、埃及、意大利，以及朝鲜和日本等地，都发现过唐三彩的器皿和碎片，证明了唐三彩曾作为珍贵物品远销海外。放眼世界陶瓷史，唐三彩对朝鲜半岛的新罗三彩、日本的奈良三彩、西亚的波斯三彩、欧洲的意大利三彩和匈牙利三彩、东南亚的越南三彩等都产生了重要的影响。

唐三彩的发展大体经历了初创、兴盛和衰落三个时期。初唐时期制作较为简单，品种也比较少，多在挂釉后加以彩画。盛唐时期是唐三彩的极盛时期，品种丰富，制作精美，产量很大。安史之乱以后，盛唐气象不再，国家经济衰落，厚葬需求减少，唐三彩的发展进入后期阶段，制作技术逐渐衰落直至消亡。虽然后来又产生了“宋三彩[2]”“辽三彩[3]”“金三彩[4]”，但无论是在数量、质量，还是在艺术成就方面，都远不及唐三彩。

二、紫砂陶器

紫砂陶器是用紫砂泥烧成的坚硬无釉陶器，属于半烧结晶细陶器，介于陶与瓷之间，经 1100 ℃至 1180 ℃氧化气氛烧成，烧成后再抛光或擦蜡。紫砂陶器的制作原料不同于一般陶器所用的陶土，采用的是紫砂泥。紫砂泥分为紫泥、朱泥和绿泥三种，原料是一种呈片状结构的矿石，开采出来后经过人工精选，

① 巩义：旧称巩县，1991 年撤销，改为巩义市。

② 宋三彩：在继承唐三彩制作工艺基础上发展演进出的一种低温釉陶，与唐三彩的区别包括：造型上不像唐三彩充满异域风情，主要以文官俑、武士俑为主，官宦等级思想浓厚；装饰上偏重平淡素雅、古朴简洁，体现宋人的审美情趣；地域分布上，不像唐三彩集中出土在河南和陕西一带贵族墓地中，而是分布更广，尤以巴蜀地区最多，在宋代市井百姓的墓中都有出现。

③ 辽三彩：辽代生产的低温彩色釉陶制品。受唐三彩影响，但与唐三彩不同的是无蓝色，施釉不交融，釉面少流淌。辽三彩多用黄、绿、褐三色釉，其方碟、海棠花式长盘、鸡冠壶、筒式瓶等，富有契丹民族的风格。胎质细软，呈淡红色，釉色娇艳光洁。装饰手法有印花、划花两种，一般盘、碟类采用阳文印花，而琢器类采用划花装饰手法。

④ 金三彩：金代时期生产的低温彩色釉陶制品。陶质胎体主要用刻划方法进行装饰。其特点为施有较厚的化妆土；釉色厚而鲜艳、纯正、润泽，填色规整；装饰手法以划花为主，刻、剔为次；线条粗壮匀称，流畅自如；多为生活实用器；烧成温度高。

图 1-90　明
柿蒂纹提梁壶
南京博物院藏

图 1-91　明
“大彬”款六方紫砂壶
扬州博物馆藏

先露天堆放让其风化，等分解成黄豆颗粒般大小后，再使用机械加工粉碎成微小颗粒，最后加水调和揉捏制成泥状。紫砂泥质地细腻，可塑性强，用手捏塑即可成型，且干燥收缩率较小，一般不超过 6%。紫砂泥含铁量较高，根据其配料差异和烧造时窑炉温度的不同，烧成后会出现褐色、栗色、紫铜、海棠红、墨绿、漆黑、铁青、青灰等颜色。

紫砂陶器起源于何时一直是学界争论不休的议题，主要有两种说法：一种是北宋起源说，一种是明代起源说。

北宋起源说认为宋代就已出现紫砂陶器，持这一观点的学者主要以宋代文人在文章中提及的“紫瓯”为依据，并进一步推论“紫瓯”就是现在所说的紫砂陶器。如北宋欧阳修的《和梅公仪尝茶》一诗中写有“喜共紫瓯吟且酌，羡君萧洒有余清”；米芾的《满庭芳》一词中写“轻涛起，香生玉尘，雪溅紫瓯圆”；梅尧臣的《依韵和杜相公谢蔡君谟寄茶诗》中写“小石冷泉留早味，紫泥新品泛春华”。但也有学者提出反对意见，认为宋代诗文中的“紫瓯”可能是指宋代的建窑茶盏。如北宋蔡襄的《试茶》一诗中曾写道：“兔毫紫瓯新，蟹眼清泉煮。”这里的“兔毫紫瓯”明显说的是建窑①的兔毫盏。在考古方面，持北宋起源说的学者根据 1976 年江苏宜兴蠡墅村羊角山发现的窑址，认为宜兴紫砂陶器的烧造时间为宋代，然而羊角山窑址并没有经过科学的考古发掘，其出土物很难被认定为宋代所烧造。而且尚未在宋代的墓葬中出土过紫砂陶器，因此关于紫砂陶器创烧于北宋的观点还需进一步考古证实。

明代起源说认为紫砂陶器起源于明代早中期。明末周高起②的《阳羡茗壶系》③是专门论述紫砂壶的著作，在此之前没有关于紫砂的专著。根据该书所述，明中期出现了紫砂壶名家。另外，文震亨④《长物志》中也说道：

茶壶以砂者为上，盖既不夺香，又无熟汤气。供春最贵，第形不雅，亦无差小者。时大彬所制又太小，若得受水半升，而形制古洁者，取以注茶，更为适用。

① 建窑：我国宋代著名的以烧造黑釉瓷器而闻名于世的瓷窑，其遗址位于今福建省南平市建阳区水吉镇，面积约 12 万平方米。建窑创烧于晚唐、五代时期，当时以烧造青釉瓷器为主，兼烧少量黑釉瓷。宋代进入兴盛时期，大量烧造黑釉茶盏，兼烧部分青釉、青白釉瓷。元代以后，建窑渐趋衰落，至清代，曾一度烧造青花瓷器。宋代建窑主要烧造为适应当时“斗茶”需要的黑釉茶盏，依据釉面上所形成的氧化铁结晶斑的不同，品种有“兔毫”“鹧鸪斑”“曜变”等。

② 周高起：生于 1596 年，卒于 1645 年，字伯高，江苏江阴人，邑诸生，博闻强识，工古文词。清兵至时，不屈而死。明代著名评论家，撰有《洞山岕茶系》《阳羡茗壶系》《读书志》等。是中国早期茶学、佛学、紫砂三界专业评论家，日常爱好收藏、书法和品茶论道。

③ 《阳羡茗壶系》：明代周高起所著的一本专论紫砂壶的著述。该书成于明末崇祯年间，记述了宜兴紫砂壶替代银、锡、瓷壶的情况，记述了紫砂壶的泥料产地及制壶地点，还着重介绍了供春、时大彬等 31 位紫砂民间艺人的造壶技艺及其作品。

④ 文震亨：生于 1585 年，卒于 1645 年，字启美，江苏苏州人，明末画家。明代著名书画家文徵明的曾孙，明天启六年（1626 年）选为贡生，任中书舍人，家富藏书，长于诗文绘画，善园林设计，明亡殉节而死。所著《长物志》完成于崇祯七年（1634 年），全书十二卷，直接有关园艺的有室庐、花木、水石、禽鱼、蔬果五志，另外七卷为书画、几榻、器具、衣饰、舟车、位置、香茗，亦与园林有间接的关系。

从考古资料上看，1966 年在南京市中华门外马家山的明司礼太监吴经墓中出土一紫砂提梁壶（图 1-90），这是可证实的出土文物中年代最早（明嘉靖年间）的完整紫砂壶。1968 年江都县（今江都区）丁沟乡洪飞村郑王庄明墓出土的“大彬”款六方紫砂壶（图 1-91），以及 1987 年福建漳浦明侍郎卢维祯墓出土的鼎足盖圆壶，都与明代文献的记述基本相符合。2009 年 9 月，在南京市玄武区板仓街一座被判定为明代早期的墓葬中，出土了一件完整的紫砂铫（图 1-92）。该铫胎质较薄，颜色均匀，底部火烧及烟熏痕迹明显，器内壁无茶垢，实为煮水器，而非煮茶所用。因此，紫砂陶器大致起源于明代早中期，而紫砂壶则是明代中期开始制作，到明代晚期趋于成熟发达。

另外，据《阳羡茗壶系》记载：

金沙寺僧，久而逸其名矣。闻之陶家云：僧闲静有致，习与陶缸瓮者处，抟其细土，加以澄练，捏筑为胎，规而圆之，刳使中空，踵傅口、柄、盖、的，附陶穴烧成，人遂传用。

按照周高起的观点，紫砂陶器的工艺是由宜兴金沙寺一位高僧从当地世代相传的制陶工艺里偶然间悟得。金沙寺僧从陶土中挑选出精细砂石，澄练之后，采用手捏成型的方法制作雏形，再细心地修整成圆，中间挖空做成壶体，最后附上壶嘴、壶柄等其他附件，放入窑中烧制而成。紫砂壶最初的制作工艺和烧制都还不甚精细，也没有单独烧造的窑，而是同其他陶器同窑烧制。20 世纪 70 年代，考古工作者在距离丁蜀镇十余里的金沙寺遗址西北二三里地的任墅石灰山附近发现了一处龙窑群，推测为明代窑场，在其附近还发现少量紫砂残片，证明了《阳羡茗壶系》中金沙寺僧制紫砂陶器的记载基本属实。

紫砂陶器的制作，起初比较粗糙，后逐渐细腻。大体上说，万历以前的紫砂陶器由于无匣钵装烧，因此器物上往往粘有釉、灰的斑痕。万历以后，宜兴紫砂陶器进入繁盛时代，特别是到了清代，紫砂陶器在民间广受欢迎，除了茶壶、茶杯等茶具外，还烧造了大量花樽、菊合、香盘、什锦杯等，并且制陶匠师还用紫砂制作成各类瓜果，成为清代紫砂陶器的一大特色。另外，宜兴紫砂陶器还多作为贡品呈给宫廷，其中最为创新的是紫砂胎的珐琅彩器和紫砂胎的粉彩器物，器型主要是茶壶和盖杯。

根据保存至今的明清紫砂陶器作品来看，紫砂陶器的种类主要可以分为茶具、文房器具、花器、摆件等。茶具有茶壶、茶杯（图 1-93）；文房器包括笔筒、砚台（图 1-94）、水丞、水注等；花器有花盆（图 1-95）、

图 1-92　明
紫砂铫
南京市博物总馆藏

图 1-93　清初
宜兴窑项圣思款紫砂梅花诗句杯
故宫博物院藏

图 1-94　清雍正
宜兴窑紫砂金漆云蝠砚
故宫博物院藏

图 1–95　清初
宜兴窑紫砂椭圆花盆
故宫博物院藏

图 1–96　清乾隆
宜兴窑紫砂梅花鹿
故宫博物院藏

图 1–97　清嘉庆
宜兴窑友兰款紫砂诗句温壶
故宫博物院藏

图 1–98　清雍正
宜兴窑惠逸公款紫砂凸莲瓣碗
故宫博物院藏

花瓶；摆件则为雕塑品一类（图 1–96）；另外，还有一些酒具（图 1–97）、食器（图 1–98）少量出现。

紫砂陶器中最常见的形式是茶壶，这一点与明代以来饮茶方式发生重大变革密切相关。明太祖朱元璋于明洪武二十四年（1391 年）下诏废除贡茶中的龙团茶，认为宋代以来流行的团饼茶制作与点茶饮法，过于奢侈且程序烦琐，故“罢造龙团①，惟采茶芽以进”。因此，制茶方法由饼茶②逐渐改为散茶③，饮茶方式也由煮茶、点茶变为泡茶。泡茶，即取散茶叶直接放于壶中，注入沸水，待冲泡好后把茶汤斟入茶杯。由于泡茶追求茶叶本身的色香味，容器太大或放置太久香气会散失，因此对茶壶非常讲究。

在紫砂壶尚未广泛流行之前，茶壶主要以瓷质为佳，但随着紫砂壶的出现和普及，其优点逐渐被人们所认识和赞赏。前人总结紫砂壶有六大优点：第一，用以泡茶不失原味，“盖既不夺香，又无熟汤气”，“色香味皆蕴”；第二，空壶注水，也有茶香，紫砂壶的胎体有一定的吸水率，用久了之后生成“茶锈”，注入沸水也能有茶味；第三，泡茶不易变味，由于紫砂透气性能好，茶水不易变质；第四，耐热好，冬天注入沸水，不会因温度突变而炸裂；第五，导热慢，泡茶后持握不会烫手；第六，使用越久器表越发温润光亮，且泥色多变，耐人寻味。

① 龙团：一种专供宫廷饮用的茶饼。是在茶饼制作过程中通过图案模具在茶饼上压印出龙纹的一种团茶。印盘龙者称“龙团”或龙茶、盘龙茶、龙焙、小团龙；印凤者称“凤团”或凤饼、小凤团等。《北苑别录》记载制龙凤团茶的六道工序：蒸茶、榨茶、研茶、造茶、过黄、烘茶。即采下鲜叶浸泡水中，在蒸后用冷水清洗，小榨去水，大榨去茶汁，后放在瓦盆内磨细，再制入龙凤模压饼。

② 饼茶：唐宋茶类之一，一种压制茶，须煎饮之。因经过压制形状似饼而得名，有圆形、方形、菱形或其他花式。根据形状和工艺可细分为团茶、片茶等。陆羽在《茶经》中提到制茶工序：“晴采之，蒸之，捣之，拍之，焙之，穿之，封之，茶之干矣。”晴天采摘芽叶，上甑蒸熟，用杵臼捣烂，放到模型里用手拍压成一定的形状，接着焙干，最后穿成串，包装好，茶就可以保持干燥了。

③ 散茶：亦称“散叶茶”，是由较细嫩的茶叶制成的，芽叶完整，且未压制成片、成饼、成团。《宋史·食货志》载：“茶有二类，曰片茶，曰散茶……散茶出淮南、归州、江南、荆湖，有龙溪、雨前、雨后之类十一等。”

由于紫砂陶器本身泥料的颜色多变，因此在装饰上主要结合坯体造型，采用刻划、印纹、捏塑、堆贴等技法来增强装饰效果。刻划装饰（图 1–99）是先在坯体上描摹好图案或诗文，再用刻划工具刻出纹样；捏塑装饰（图 1–100）是在壶身上进行捏、雕、琢，进而塑造出各种形象，上文讲到的塑器即采用这种装饰手法；堆贴装饰（图 1–101）是采用模印或手工捏雕的手法塑造出立体的装饰形态，后粘贴在壶体上需要装饰的部位；泥绘装饰（图 1–102）是在具有一定湿度的成型坯体上，运用其他颜色的紫砂泥料调制成泥浆，在坯体上堆画出一定厚度的纹样，类似薄浮雕；绞胎装饰（图 1–103）是将两种不同的泥料挤压、糅合，使之形成不同的纹样；包漆装饰（图 1–104）是以紫砂陶器作为内胎，在外表髹饰漆器，有的还在漆器表面描绘金银；釉彩装饰（图 1–105）是在烧成的紫砂素壶上施以釉彩绘画，再二次烧成，例如紫砂珐琅彩、紫砂粉彩等。

紫砂陶器自问世以来，便迸发出蓬勃的生命力。直至今日，紫砂陶器依旧是众多爱茶之人的首选，其发展历程与中国传统文化紧密相连，作为茶文化的重要载体，逐渐演变成集诗书画印、金银镶嵌、包漆、雕刻等多种艺术表现形式于一体的文化符号。紫砂陶器还承载着深厚的工艺传统，作为至今仍在使用的日用陶器，它保留并展示了原始陶器工艺的诸多制作技法，如“打身筒”这种技法，是新石器时代最常用的陶器成型手法。另外，紫砂陶器中的堆贴和捏塑装饰技法亦能在原始陶器中找到对应的手法。

图 1–99　清道光　邵景南款宜兴窑紫砂圆壶
英国维多利亚与阿尔伯特博物馆藏

图 1–100　清乾隆
宜兴窑紫砂百果诗句铭砚滴壶
故宫博物院藏

图 1–101　清初　宜兴窑贴花紫砂壶　英国维多利亚与阿尔伯特博物馆藏

图 1–102　清雍正
宜兴窑紫砂描金堆绘携琴访友图大笔筒
故宫博物院藏

图 1–103　明
宜兴紫砂绞胎壶
泰州市博物馆藏

图 1–104　清乾隆
宜兴窑紫砂黑漆描金菊花图执壶
故宫博物院藏

图 1–105　清康熙
宜兴窑“邵邦祐”款紫砂珐琅彩壶（残件）
故宫博物院藏

唐代三彩陶器与明代紫砂陶器是隋唐及其以后中国陶器发展的两大亮点，各自展现了制陶技术的创新和艺术水平的提升。唐三彩以其多彩的釉色和逼真的造型著称，成为唐代陶器的典范；紫砂陶器以其质朴的色泽和温润的材质闻名，为茶文化的繁荣注入了活力。这两种陶器，不仅是中国古代陶瓷艺术辉煌成就的生动体现，更是深刻烙印着多元文化特色与高雅审美价值的艺术瑰宝。

码 1–7　紫砂壶的造型分类

码 1–8　明清紫砂名家

第二章
瓷器的诞生与成熟

学习目标：

（1）了解从陶到瓷的历程，理解陶器与瓷器的区别，掌握中国瓷器诞生的历史背景和主要技术变革。

（2）了解魏晋南北朝时期青瓷和黑瓷的生产情况与产品特点，理解白瓷诞生对后世瓷业发展的重要意义。

（3）掌握隋唐时期瓷器的主要类型、特点和代表性作品，理解隋唐瓷器制作工艺的进步，如釉色、造型、装饰等方面的创新。

本章重要词汇：

原始瓷器、青瓷、黑瓷、白瓷、越窑、邢窑、釉下彩、秘色瓷。

本章主要梳理介绍中国瓷器从诞生至成熟的发展脉络，聚焦于东汉、魏晋南北朝及隋唐三个关键时期，带领读者逐一了解各时期瓷器所展现的独特风貌，领略中国瓷器从萌芽到初绽的绚丽历程。

本章共分为四个小节：第一节“从陶到瓷的历程”，主要介绍陶器向瓷器转变的历史，并剖析促成这一转变的关键因素；第二节“瓷器的诞生”，主要讲述原始瓷器和小仙坛青瓷的相关内容；第三节“魏晋南北朝时期的瓷器”，主要阐述青瓷、黑瓷这两个代表性品种的生产情况，并简要介绍了白瓷的诞生；第四节“隋唐时期的瓷器”，则分别讲述隋、唐两代我国瓷器的发展情况。

第一节　从陶到瓷的历程

在前文第一章介绍了陶器的诞生，新石器时代人类在编织工艺的基础上，发展出“黏土＋火”的组合，真正意义上的陶器就此诞生。但是陶器有一个主要缺陷，那就是陶器具有吸水性和渗水性，所以严格意义上来说陶器并不完美。从陶器到瓷器的历程，其实就是从不完美到完美的过程，这种对完美的追求，就是瓷器诞生的原动力。

从现有的考古成果中可以发现：陶器自新石器时代被创造出来后，迅速成为史前各文明圈重要的生活、祭祀用品，但之后随着人类社会的发展，在文明程度相对较高的国家，上层社会都慢慢失去了对陶器的青睐，转而使用没有渗水和吸水缺陷的其他材质容器。

以古代两河流域和古埃及为例。在世界最早的城邦——乌尔城外几公里处，曾考古发现过16座美索不达米亚文明[①]时期的王陵。在这些王陵中出土了大量古代帝王使用的容器，多以黄金器皿和镶嵌蓝宝石

① 美索不达米亚文明：是指在底格里斯河和幼发拉底河两河流域之间的美索不达米亚平原（现今叙利亚东部伊拉克境内）所发展出来的文明，是西亚最早的文明。主要由苏美尔、阿卡德、巴比伦、亚述等文明组成。

的鸵鸟蛋壳为主，并没有出现大量陶器。在埃及阿斯旺以南 290 千米处，建于公元前 1300 至前 1233 年的阿布辛贝神庙内，有大量刻画当时宗教仪式的壁画，其中有描述拉美西斯二世向太阳神献酒的画面。通过壁画内容可以得知，当时拉美西斯二世所使用的容器不是陶器，而是古埃及当地用石头制作而成的器皿。这种石制器皿叫作“雪花石膏①石器”，埃及当地的少数石匠至今仍在制作这类器皿。

这种使用石头器皿的情况，在古波斯文明中也有出现。位于伊朗扎格罗斯山区的波斯波利斯宫殿群，始建于大流士一世（公元前 522—前 486 年在位）时期。在雕刻有向大流士王进献图的阿帕达纳宫石壁上，波斯人手中捧着的容器也是石头器皿，而不是陶器。后来，波斯人还进一步发明了不会渗水的玻璃器皿。

在瓷器诞生之前的中国，上层社会主要使用的是青铜器与漆器。青铜器是一种由红铜与锡的合金铸造成的器具，漆器则是将漆树所分泌的天然生漆涂抹在各种器物表面上所制成的日常器具及工艺品。

为了解决陶器渗水和吸水的问题，西亚人率先尝试用玻璃来解决陶器的缺陷，进而发明了玻璃釉陶器。这是一种把玻璃碾磨成粉末施在陶器表面，然后放进窑炉中烧造而成的玻璃釉陶。这种利用玻璃解决陶器渗水的想法，催生了“上釉”工艺，因此，西亚人在陶瓷上进行上釉的传统比中国人早约 1000 年。

这种利用玻璃弥补陶器不足的办法，效果并不理想。德国帕加马博物馆复原收藏的伊什塔尔城门②，是新巴比伦王国③在美术建筑方面的最大成就。正是由于使用了玻璃釉陶砖，城墙上的图案装饰才能历经几千年还能向后人展示其绚烂的文化。虽然玻璃釉在陶砖上的使用获得了成功，但作用在日用器皿上的效果却并不理想。日用器皿不像墙砖，在使用过程中难免磕碰，玻璃釉层容易大面积从陶器表面剥落，所以用玻璃辅助陶器解决渗水的办法并非行之有效。

中国古代先民曾尝试用漆来解决陶器渗水的问题，进而发明了陶胎漆器④，也叫漆绘陶，或漆陶。1957 年在江苏吴江的良渚文化遗址中，出土了珍贵的漆绘彩陶杯与漆绘黑陶罐，它们被确认为迄今为止发现年代最早的陶胎漆器。这些黑陶杯、罐呈灰黑色，用生漆描绘粗线纹，杯的口缘处有大面积的涂饰，有的漆呈赭黄色，线条较宽，整体色彩以朱、黑二色为主。

20 世纪 70 年代，在湖南省长沙市芙蓉区东郊的马王堆乡发现了西汉初期长沙王丞相利苍及其家属的墓葬，在马王堆一号汉墓——辛追夫人墓中出土了一件 T 形帛画（图 2-1）。在这幅帛画的下半部分（图 2-2），生动地记录了当时对辛追夫人进行祭祀的场景。祭祀时使用了大量的漆器，这些漆器也在陪葬品中被大量发现。与漆器一同被发现的还有作为备用器皿的漆绘陶器，同样是埋葬了 2000 多年，出土的漆器光鲜如新，而出土的漆绘陶器却出现

图 2-1　西汉 T 形帛画
湖南博物院藏

① 雪花石膏：细粒的块状石膏。常用于雕塑、雕刻及其他装饰品。一般是雪白色，半透明，外表类似大理石，可以人工染色，也可以通过热处理变成不透明。

② 伊什塔尔城门：是公元前 6 世纪前半叶建设起来的新巴比伦城的八座城门之一。该城城门都用诸神的名字来命名，伊什塔尔即为爱和战争女神。伊什塔尔城门曾耸立在通往巴比伦城神庙和王宫区的仪仗大道上，城墙上饰有龙、狮子和公牛等用陶砖拼接出的浮雕图案。

③ 新巴比伦王国：公元前 626 年至公元前 539 年存在的西亚国家。由居住在两河流域南部的迦勒底人所建，故又称迦勒底王国，全盛时期统治整个两河流域。该国大约于公元前 539 年被波斯帝国灭亡。

④ 陶胎漆器：与一般漆器以木为胎、在木器上进行上漆不同，陶胎漆器是在已烧造的陶器上上漆。

图 2–2　T 形帛画局部

了漆面严重脱落起皮的情况。由于黏土和漆不是同一类物质，所以用漆辅助陶器解决渗水的方法，短时间内有效，但长时间过后，器皿表面的漆层会起皮脱落，所以这一方法并不成功。

既然利用其他材料从外部辅助陶器的方法不能彻底解决问题，那么从陶器自身出发解决渗水问题，就成了另一个探索方向。在第一章的“陶器的诞生”一节中曾介绍，陶器的本质其实就是“黏土＋火”的组合，陶瓷是“土与火的艺术”。所以从黏土与火这两个要素入手，或许是提升陶器密实度和隔水性的有效途径。

其实，古人很早就发现了高温可以使陶器变得更加坚硬的特点。陶胎越坚硬，代表胎体孔洞结构越小，越不会渗水和吸水。于是古人通过不断改进烧造方法来提高烧造温度。最原始的烧造方式是露天烧造法，温度通常只能达到 800 ℃左右。在露天烧造法基础上又发展出了地下穴式烧造法，温度可以达到 1000 ℃左右。在新石器时代，中国先民就是用这种方法烧制出了红陶、灰陶、白陶和黑陶等不同颜色和大小的陶器。

商代至战国时期，窑炉经历了重要的发展变革，由地下结构逐渐演变为地面建造的形式。将窑炉建在地面上可以避免地下潮湿环境的影响，从而延长窑炉的使用寿命。同时，窑炉的结构得到优化，如窑室扩大和窑炉高度增加，这一类窑炉被称为圆窑或直焰窑，窑温可以达到 1200 ℃，从而促成了高温硬陶和原始瓷器的诞生。

自战国时代起，我国北方的窑工们在圆窑的基础上发展出馒头窑。馒头窑因其结构设计上的优势，适合烧制大件及厚胎产品，如著名的秦砖、汉瓦等建筑构件，就是用这种窑烧制而成。值得一提的是，馒头窑的使用对秦兵马俑的烧制也具有特殊的贡献。

在北方发展馒头窑的同时，南方也出现了龙窑。龙窑多依山而建，与地平线构成 7°～23°度的斜角，烧造温度可达 1300 ℃，因窑身宛如一条火龙，所以叫龙窑。龙窑的发明为之后东汉时期南方越窑生产出成熟的瓷器提供了技术基础。

那么是不是只要追求高温，就能烧制出瓷器？其实不然，陶瓷是“黏土＋火”的组合，除了高温，从陶器发展到瓷器还需要黏土的配合，即需要有耐高温的黏土。

西亚的赫梯人①是全世界最早进入“冶铁时代”的民族，借助冶炼兵器的烧制工艺，陶窑烧造温度已达到 1100 ℃以上。但西亚并没有像中国一样推动陶器演变成瓷器，原因就在其使用的陶土有缺陷。整个西亚地区的黏土都含有大量的铁，而 1100 ℃正好是冶铁的温度。这就是为什么同样作为世界陶器发源地之一的西亚地区，没有像中国一样发展出瓷器。

中国是世界上最早使用高岭土烧制器皿的国家，早在夏商时期就开始利用瓷土和高岭土来制作陶瓷。学者们在对河南安阳殷墟出土的白陶进行研究后，发现其化学成分与瓷土、高岭土的成分极为相似，说明至少在龙山文化时期和夏商时期就已经开始利用瓷土和高岭土作为制陶原料。但由于当时的烧造技术不发达，烧成温度通常在 1000 ℃左右，低于 1250 ℃的成瓷温度，因此没有烧成瓷器。

瓷土和高岭土的主要成分是铝，耐火温度一般可达 1780 ℃左右。所以，在具备了高温和耐高温黏土这两个关键要素之后，东汉时期，我国诞生了真正意义上的瓷器，完成了陶器到瓷器的演变过程，从某种角度上来说，这个过程也是古人弥补陶器渗水、吸水缺陷，创造发明出完美的黏土器皿的过程。

① 赫梯人：古代居于安纳托利亚高原（即现在的土耳其北部）的一个民族。公元前 3000 年，该民族利用安纳托利亚高原拥有的丰富铜矿和锡矿资源，发明了降低铜熔点的铜锡合金冶炼术——青铜术。

综而述之，古人曾尝试过创造玻璃釉陶器、陶胎漆器解决陶器的渗水问题，这些努力虽有所成效，却未能完全消除陶器的缺陷。因此，古代先民不断探索，深刻洞察材料和工艺，发现了陶器向瓷器转变的关键，即高温和耐高温黏土的使用。先民们不仅实现了技术上的突破，而且推动了陶瓷艺术的发展和人类文明的进步。

码 2–1 瓷器诞生于中国的历史必然性

第二节　瓷器的诞生

瓷器，这个承载着千年历史的名词，宛如一部厚重的史诗，其中蕴藏着无数的故事与智慧。它不仅是我国古代工艺美术的瑰宝，更是世界文明史上的一颗璀璨明珠。瓷器的诞生，是人类文明史上的一次伟大变革。从新石器时代开始，先民们就制作陶瓷，经过不断地发展与创新，在商代晚期出现了原始瓷器，在东汉时期诞生了真正意义上的瓷器。本节主要讲述原始瓷器和小仙坛青瓷的相关内容，通过学习本节内容，读者可以深刻了解瓷器诞生的历史过程及其文化意义。

一、原始瓷器

原始瓷器，也称原始青瓷，是瓷器诞生前由陶器过渡到瓷器的阶段性产物，是瓷器发展的初级阶段，但还不是真正意义上的瓷器。过去认为，大约在公元前 16 世纪的商代中期，我国古代劳动人民在烧制白陶和印纹硬陶的实践基础上，通过精心选择和改进原料、提高窑炉温度以及发展施釉技术，创造出了原始瓷器。但根据最新考古遗址发掘成果，部分学者提出原始瓷器的出现可能要早于商代，最早可能出现于夏代晚期，成熟于商代，发展于西周早期，兴盛于战国早期，战国晚期开始衰落。其地域分布广泛，横跨我国南北，北至河南、河北、山东、山西、甘肃，南及浙江、江苏、江西、湖北、湖南、福建、广东等地。其中，以浙江及江苏南部的古代吴越文化地区生产的原始瓷器最为精湛，这也为浙江地区在东汉时期发明成熟的瓷器奠定了基础。

商代，随着王朝疆域的逐步扩大以及与周边族群间文化交流的日益频繁，原始瓷器的制作技术在长江中下游和黄河中下游地区得到了普及。原始瓷器的形制特点，多和同时期的印纹硬陶、一般陶器相一致，也有少数模仿同期青铜器的器型。同白陶和印纹硬陶相比，原始瓷器烧成温度更高且器表有釉。

商代的原始瓷器主要有尊、罍、罐、瓮、豆、簋等，出土地点广泛，包括河南安阳殷墟、辉县琉璃阁，山东济南大辛庄、青州益都，河北藁城及江西吴城等地。这一时期的原始瓷器胎体普遍较为坚硬，颜色以灰白色和灰褐色为主，少量胎质为纯白稍黄。器表的釉色以青绿色最为常见，还有一些豆绿色、淡黄色、绛紫色、深绿色和黄绿色。器表的釉下除少数为素面外，大多采用了拍印技法，形成了各式各样的几何纹饰，如方格纹、锯齿纹、水波纹、云雷纹、叶脉纹、S 形纹、网纹、翼形纹、圆点纹、划纹、弦纹和附加堆纹等。如原始瓷青釉弦纹罐（图 2–3），高 31.4 cm，口径 20 cm，底径 9.3 cm，罐口外折，颈部较短，溜肩，肩以下内收，平底。肩与腹部的过渡有明显的折角，口内外均饰以弦纹，其中肩部饰凸起弦纹和锯齿纹共十道，表面施青釉，釉层薄且分布不均。

到了西周时期，原始瓷器的烧制工艺在商代的基础上有了新的发展和提高，产区范围也有所扩大。在北京、河北、山东、河南、山西、陕西、安徽、湖北、江苏、浙江、江西等地的西周文化遗址与墓葬考古发掘中，都曾发现有原始瓷器。常见的器型有豆、罍、瓮、簋、碗、罐、盘、盂、尊、瓶和钵等。胎色仍以灰白色为多，釉色主要是青绿色和豆绿色，并有少量黄绿色与灰青色。器表除了简洁的素面外，还广泛运用了各种几何形图案进行装饰，如方格纹、篮纹、云雷纹、席纹、齿状纹、叶脉纹、弦纹、划纹、“S”

图 2-3　商
原始瓷青釉弦纹罐
故宫博物院藏

图 2-4　西周
原始瓷青釉划花双系罐
故宫博物院藏

图 2-5　西周
原始瓷盘口罐
衢州市博物馆藏

图 2-6　春秋
棘刺纹原始瓷鼎
萧山博物馆藏

形纹、乳丁纹、圆圈纹及曲折纹等。原始瓷青釉划花双系罐（图 2-4）就是这一时期的典型器物。此罐出土于河南洛阳，高 13.1 cm，口径 8.4 cm，底径 8.3 cm。罐体敛口，折腹，束腰，圈足，肩部两侧各设一横系，既实用又美观。肩部刻划水波纹和弦纹，罐身满施青釉。此罐的整体造型宛如一只精巧的鱼篓，小口大腹，以增其容积，展现了西周早期原始瓷器的造型风格与艺术特色。

西周末期到春秋早期，原始瓷器也取得了一定的发展。这一时期原始瓷器的种类颇为丰富，不仅涵盖了日常所需的碗、盂、钵、盘等生活用器，还涌现出大量用于祭祀或礼仪场合的平底尊形器、大型罐、尊、鼎、簋、卣等礼器类制品。在釉质方面，釉色较深且变化较大，以酱褐、青褐、黄褐等色为主。釉层相对较厚，施釉不均匀，常出现凝釉与流釉现象，胎釉结合不够紧密，剥釉现象较为严重。衢州市博物馆收藏有衢州西山土墩墓出土的西周原始瓷盘口罐（图 2-5），为浅盘口，束颈，斜肩，鼓腹，平底。颈至肩部饰十周凹弦纹，腹部拍印曲折纹，腹以下至近底外拍印直弦纹。全器内外均施满酱色釉，且都有流釉痕迹。

在成型工艺方面，一些大型卣类器物的底部不见有使用轮制成型法留下的旋纹，腹部一般隐约可见较粗的泥条纹，所以可以判定使用的是泥条盘筑成型工艺。而一些小型器物使用了轮制成型法，内底往往出现旋纹，基本都以顺时针方向旋转，但较为粗疏，可见轮制技术与过去相比变化不大。在底足的处理上，大型器物多在器物主体成型之后，拼接底足成器；而类似碗、罐这类小型器物，底部外圈不再用手捏制出假圈足，底部直接用线平割，保留线割后外凸的不规则泥痕。

装饰上，除碗外，鼎、簋、绝大部分的卣以及大部分的钵、器盖、小盂、平底尊形器等都饰有纹样。这一时期的纹饰总体风格显得较为粗犷，布局略显杂乱。不过，其中少量的双勾线“S”形纹饰、勾连双勾线“S”形纹以及云雷纹的排列则相对较为整齐有序。常见的“S”形纹均为剔刻，并在剔刻的收笔处积泥形成小泥点，产生独特的装饰与质地效果。萧山长山土墩墓出土的春秋棘刺纹原始瓷鼎（图 2-6），就是使用坯体剔刻的方式来模仿编织效果，在每笔剔刻的末端堆积起的泥点使整体纹饰更加逼真、更具立体感，施釉烧成后还起到了手捧防滑的作用。除了单“S”呈左右方向连续勾连排列之外，还有从中间向两头分别剔刻的“S”形纹，在首尾两头积泥形成小泥点。

春秋中晚期的原始瓷器在质量上比前期有所提高。这一时期原始瓷器的胎色和胎质更加稳定，施釉更加均匀，剥釉现象明显减少，但种类大量减少，像卣这类礼器数量减少，且器形变小。日用器则开始占据了主流，绝大多数都是碗类，少量为罐、盘类器物。在装饰方面，这一时期原始瓷器的纹饰较少，基本为素面，少量纹饰如对称弧形纹、米筛纹等细密规矩，排列整齐，一改春秋早期粗放风格。长兴弁山土墩墓出土的原始瓷带盖盅式碗（图 2-7）就很好地展现了这一时期的原始瓷器的特点。

图 2-7　春秋
原始瓷带盖盅式碗
长兴县博物馆藏

图 2-8　战国
直棱纹原始瓷兽首双系瓿
绍兴博物馆藏

图 2-9　战国
原始瓷盖鼎
绍兴柯桥区博物馆藏

战国时期原始瓷器在胎质、釉色、器型设计、装饰艺术、制作工艺及烧造技术等方面均达到了发展的顶峰。这一时期，绝大多数器物胎质细腻匀净，胎色呈稳定的灰白色；釉层薄且分布均匀，釉色多青中泛黄，胎釉结合良好，几乎不见脱釉与生烧现象；部分精品更是釉面匀净莹润，玻璃质感强，质量上乘，可与东汉成熟青瓷媲美；器形规整，内外壁光洁如一，内底旋纹与外底的弧形线割痕迹较为细密，快轮成型技术成为时代主流，除小型碗、杯类器物外，大型罐、瓿类器物亦一次拉坯成型。绍兴博物馆收藏的战国直棱纹原始瓷兽首双系瓿（图 2-8）就是这一时期器皿类的巅峰代表作之一，该瓿直口微侈，短颈，广斜肩，上腹圆鼓，下腹斜收，平底微内凹。胎色灰白。器表施青黄色釉，釉面有较好的玻光感，底部无釉。肩部饰戳印“C”形纹。肩上有两只对称兽形耳，此外，肩部和腹部各装饰一周直线竖条状的划纹，视觉上更显庄重与挺拔。

战国早期，原始瓷器在春秋中晚期成熟的工艺基础上，发展至一个新的高度。这一时期器物类型的丰富程度远超以往任何时期。除碗、杯、盅等日用器皿外，还大量生产鼎、尊、簋、罍等原始瓷礼器。如绍兴柯桥区博物馆藏有战国时期的原始瓷盖鼎（图 2-9）、甬钟、钮钟、镈钟等乐器；浙江省博物馆藏有战国时期的原始瓷甬钟（图 2-10）、矛、斧等兵器，斤、凿等工具及镭等农具。这一时期的纹饰主要见于较大型的器物上，如礼器、乐器等，但纹饰种类比较单一，以云雷纹、“C”形纹为主，还有少量的水波纹（图 2-11）。此外，这一时期的器物上流行铺首[①]，而且出现了釉下彩。

烧制工艺上，更加成熟。这一时期出现了大量的支烧具，形式多样，主要为粗大的筒形与低矮的盘形。窑具的胎泥和制作有精粗之分，精者由瓷土制成，胎质细腻，制作规整，表面平整光洁；粗者一般由黏土制成，胎泥中夹有粗沙，器形不甚规整，表面粗糙。体形较小的碗类日用器，直接置于窑床上叠烧，套叠器物数量一般只有 2 至 3 件。礼器、乐器多使用各类支烧具单件支烧。

战国中期，原始瓷器制作逐渐衰落，至秦和西汉时期原始瓷器的制作发生明显变化。制作工艺方面，秦汉原始瓷器由战国时期的拉坯成型、线割器底的方式改为器物底、身分开制作，然后再粘接成型。胎釉方面，与战国时期相比，这一时期原始瓷器的原料加工不够精细，含铝含铁量增多，多数器物胎土淘洗不精，胎质疏松。釉中氧化铁的含量偏高，器物釉色普遍较深，呈青绿或黄绿色，又由于釉料中还含

① 铺首：指古代铜器上衔耳环的兽头。

图 2-10　战国
原始瓷甬钟
浙江省博物馆藏

图 2-11　战国
原始青釉刻划水波纹三足洗
故宫博物院藏

有一定量的氧化钛，釉的色调因而偏灰。施釉工艺上则以刷釉①为主，施釉范围大大缩小，由战国时期的通体施釉变化为只在肩部或最大口径以上施釉。西汉中期以前盛行仿铜陶礼器，以鼎、敦、壶、钫、钟、瓿等最为常见。西汉中期之后仿铜陶礼器减少，礼器本身的形制也开始减少，日常生活用品急剧增多，同时像生动物与房屋模型等明器增加。

值得注意的是，曾经原始瓷器生产非常发达的浙江和苏南的吴楚文化地区，因楚灭越的兼并战争，战国中期原始瓷器的制造曾一度中断，直到战国末年和秦代才重新建立窑场开始新的生产，并在西汉至东汉中期的三百年间，获得了迅速的发展，掀起了一个复兴小高潮。故在今浙江和江苏、安徽南部的汉代墓葬和遗址中都有大量原始瓷器出土。原始瓷器在越国故地的复兴，其原因可以从两个方面进行分析：一方面，这一地区的手工艺传统和历史底蕴深厚，为原始瓷器的制作提供了坚实的基础；另一方面，该地拥有丰富的瓷土、木材和水等自然资源，为瓷器的烧造提供了必要的物质条件。所以原始瓷器才能在短期中辍后，又得以重新烧造。

秦汉与商周战国时期的原始瓷器，是两个不同时期各具特色的历史性产物。无论是胎料中所含氧化铁和氧化铝的比例，还是上釉的程序、工艺，抑或烧成温度，都不完全相同。其中，胎体中氧化铝含量的不同是造成两者具有差异的核心因素。

通过对两个时期的标本进行成分测验，西汉原始瓷器胎料中氧化铝的含量高达 17.23%，而春秋战国时期的萧山茅湾里②和绍兴富盛③窑址的原始瓷器的氧化铝含量分别是 13.69% 与 5.19%。增加坯体中氧化铝的含量，可以使陶瓷坯体承受更高的温度，生成较多的莫来石晶体④，从而提高陶瓷器的机械强度⑤和减少制品在烧成中的变形现象。但倘若在烧成时窑温不能达到与高铝比例黏土相匹配的高度，不仅无法通过增加氧化铝的含量来提高制品的机械强度，反而会导致坯体疏松，烧结⑥效果不佳。这就是秦汉时期的原始瓷器多数胎质粗松，存在大量的气孔，吸水率高，不及战国时期原始瓷器细腻的原因。有些制品严格意义上来说只能算是釉陶，但也有部分烧成温度比较高的产品，胎骨致密，击之有铿锵声，这种情况与黏土中氧化铝比例的增高有着直接的关系。

在上一节“从陶到瓷的历程”中有提过：陶器演变为瓷器的关键，离不开陶瓷是“黏土 + 火”组合的本质，高温和耐高温黏土的使用是瓷器诞生的关键要素。秦汉原始瓷器虽然提高了氧化铝的比例，

① 刷釉：陶瓷施釉技法之一，又称“涂釉”。即用毛笔蘸釉浆涂于器坯上。
② 茅湾里窑址：位于浙江省杭州市萧山区进化镇大汤坞新村茅湾里裘家山东坡，是周至战国时期烧制印纹硬陶与原始瓷器的烧窑遗址。
③ 富盛窑址：位于浙江省绍兴市越城区富盛镇倪家溇村南 300 米瓜岭长竹园，占地面积约 4000 平方米。富盛窑址发现了南北并列的 2 条龙窑，对研究中国瓷业生产，尤其是绍兴地区早期制瓷业发展提供了重要的实物资料。
④ 莫来石：莫来石是 Al_2O_3-SiO_2 系中稳定的二元化合物，它是铝硅酸盐在高温下会生成的物质，但天然的莫来石晶体这一类矿物比较稀少，而人工高温加热铝硅酸盐时也会形成莫来石晶体。
⑤ 机械强度：材料受外力作用时，其单位面积上所能承受的最大负荷。
⑥ 烧结：在高温下（不高于熔点），陶瓷生坯固体颗粒相互键联，晶粒长大，空隙和晶界渐趋减少，其总体积收缩，密度增加，最后成为具有某种显微结构的致密多晶烧结体，这种现象称为烧结。

图 2-12　上虞小仙坛东汉窑址出土的青瓷残片

但未达到与之匹配的烧成高温，因而成品质量反倒不如商周战国原始瓷器。只要窑炉烧造技术提高，高温这一条件得到满足，真正的瓷器就会诞生。终于，在东汉中晚期，在具有原始瓷器制造传统的越国故地，也就是今天的浙江境内，原始瓷器发展为成熟的瓷器，创造了我国陶瓷史上乃至世界陶瓷史上划时代的伟大成就。

二、小仙坛青瓷

图 2-13　上虞小仙坛东汉窑址

过去很长一段时间，陶瓷界普遍认为我国真正意义上的瓷器生产始于魏晋时期，直到小仙坛窑址的发现，这一观点才被纠正。20 世纪 50 年代，浙江上虞地区大兴农田水利，当地文物部门在各类水利基建工地开展了抢救性文物发掘，获得了大量珍贵文物。1974 年，当地县文化馆的朱瑞钱运用排比法①对这些收集来的文物进行了分析，发现在上虞小仙坛岙②里捡回的瓷片（图 2-12）与其他瓷片不同，纹饰罕见、釉色清亮、胎质坚硬。通过分析纹饰，断定这些瓷片的生产年代应早于三国时期。同年，古陶瓷学家朱伯谦在上虞指导工作时，对这批小仙坛岙里瓷片也十分关注，挑选了一些送往中国科学院上海硅酸盐研究所进行测试，结论是这些瓷片的各项数据都已达到成熟瓷器的标准。于是上虞小仙坛（图 2-13）这处早于三国时期的瓷窑遗址便引起了陶瓷界的关注。

小仙坛窑场遗址出土的残片是东汉晚期的瓷器制品。相比东汉早中期上虞地区生产的原始瓷器，这些残片的烧成温度在 1260 ℃至 1310 ℃之间，采用还原气氛烧造，器表具有瓷质光泽，透光性较好，吸水率低。瓷片通体施釉，釉层相较于原始瓷器显著增厚，有着较强的光泽度，釉层通透，淡雅清澈，胎釉结合紧密。

除了上虞小仙坛遗址，在浙江宁波、慈溪、永嘉等市县也先后发现了汉代瓷窑遗址，就目前考古掌握的资料而言，浙江地区是中国乃至世界最先烧造瓷器的地方。当然，随着我国各地区地下文物的不断出土以及我国古陶瓷的考证和研究工作的不断深入，是否会发现比浙江更早的制瓷产区还有待新的考古发现。

小仙坛窑场地处上虞城南 16 公里的四峰山南麓小仙坛山岙，是会稽山南伸余脉，山岙北、东、西三面环山，尤其是北面山峰层峦叠嶂，四周森林资源丰富。这些森林资源不仅是陶瓷生产的烧窑燃料，也是制瓷作坊的建筑材料，如窑房、坯房、辘轳车、坯板等的制作都需要大量的木材。此外，森林资源还是生产过程中各种木制工具的原料，如木刀、刮片、擀泥杖、托板等。

山谷中，两条溪流交汇于岙西侧的小溪，终年流水潺潺。小溪东流而下，汇入岭下湖，与曹娥江第

① 排比法：利用已知的标准器（例如窑址标本、纪年墓出土古董或器物本身带有年款的陶瓷器），与彼此有某种联系的鉴定对象加以对照，从各个方面进行研究和比较，从已知比未知，得出合乎事实的判断。
② 岙：读 ào，中国浙江、福建等沿海一带称山间平地（多用于地名）为岙。

一大支流小舜江相接，曹娥江南北贯穿上虞全境，汇入杭州湾。丰富的水资源为陶瓷制作带来了三方面的优势：第一，为古代先民们提供了便捷的水上运输途径，不仅便于将周边地区的原材料引入制瓷区，也便于将陶瓷产品运往各地销售；第二，水资源的丰富促使人们利用水利设施，如用水碓①粉碎瓷土矿，与脚踏碓②相比，水碓不仅提高了坯土的精细度，也降低了制瓷工人的劳动强度；第三，人们能够利用充沛的水资源淘洗瓷土，使瓷土杂质减少，更加纯净。

值得注意的是，经中国科学院上海硅酸盐研究所测定，小仙坛窑址的瓷片与岙东北侧瓷石化学成分十分相近，说明该处窑场就是采用东坡瓷石做原料。这里瓷土资源丰富，与窑址相隔仅几十米，小仙坛窑址有就地取材的便利条件。

在前文“原始瓷器”相关内容中曾介绍，浙江地区的原始瓷器生产在战国中期一度中断，到了战国末秦初重新复兴，生产出的秦汉原始瓷器与断烧前的原始瓷器有巨大的差异。这种差异主要体现在坯体中氧化铝含量的提高，很有可能与开始使用当地含有瓷土的黏土有关。因为浙江地区有着非常丰富的瓷土矿藏，而且一般埋藏距地表不深，易于获取。由于烧成温度不足，坯体掺入了瓷土导致氧化铝含量增加却未能得到充分烧结，造成胎体疏松。但这一坯体成分的变化却为瓷器的出现提供了耐高温黏土这一关键要素，只要提高窑炉烧造温度，便能生产出胎骨致密、击之有铿锵声的瓷器。

那么高温烧造的问题是如何解决的呢？根据上虞地区发现的东汉瓷窑遗址，可以推断当时浙江地区的窑场普遍采用龙窑。浙江地区早在商代就已经出现了龙窑，东汉时期使用较为广泛。龙窑结构为长条形，窑身前后有较大的高差，一般是利用山坡的自然高差来建造，因地制宜，窑基修筑比较省事，形成一定的自然抽力，不用另外砌筑烟囱。龙窑的窑炉设计较低矮，但延长了窑室的长度，到了东汉时期，窑炉进一步加长，增加了装烧的件数，提高了产量。此外，这种设计还延长了火焰在窑内的停留时间，这有利于提高和均匀分布窑内温度，使窑温最终可达到 1300 ℃左右。

从挖掘出土的瓷片来看，这一时期的窑工在青瓷烧造技术上已经达到了成熟的水平，釉呈现出较为纯正的青色，没有流釉现象，也少见开片。相比之前原始瓷器的氧化烧造，这一时期为还原烧造，烧成的过程分为氧化、还原和冷却三个阶段，基本掌握了控制还原和冷却阶段的烧成气氛。这一时期的釉料以铁为着色剂，在氧化气氛中釉色呈黄色调，在还原气氛中釉色根据气氛强弱呈现不同程度的青色。因此，纯正淡青釉色的烧制对窑内的气氛控制要求非常高，若控制不当则容易产生熏烟现象，或因温度过高造成流釉或变形，或温度过低而未烧结。此外，在冷却的过程中，控制冷却速度也至关重要，太慢会使釉色青中带黄，太快会使胎壁开裂。东汉时期，窑工们掌握了控制氧化还原气氛的方法，提高了烧造技术，生产出了釉色青翠淡雅、胎釉结合紧密的瓷器。

东汉晚期瓷器，器型丰富多样，主要包括碗、盘、盏、匜、钵、壶（图 2-14）、瓿等，此外，还有少量的砚、唾壶和五联罐（图 2-15）。在装饰上，此时瓷器的装饰花纹，依然沿用了弦纹、水波纹以及贴印铺首等传统纹饰，与原始青瓷的装饰手法一脉相承。值得一提的是，利用泥条盘筑法制作的瓿、罄等器物，其外壁装饰着麻布纹、窗棂纹、网纹、杉叶纹、重线三角纹、方格纹以及独特的“蝶形纹”等纹样，这些装饰图案也与印纹陶的传统装饰图案风格高度相似。这些都表明，东汉的瓷器，无论是造型艺术还是装饰手法，都明显带有原始瓷器和印纹陶的印记，尚未形成自己独特的艺术风格。这一点反映出东汉晚期是原始瓷器演进到成熟瓷器的初期阶段，是一个新时代的起点。

---

① 水碓：早期用于农业，是利用水流力量来自动舂米的机具，以河水流过水车进而转动轮轴，再拨动碓杆上下舂米。后发展用于制瓷业，用于敲击粉碎瓷土矿石。

② 脚踏碓：碓的一种，出现比水碓早，也是先广泛用于农业，后发展用于制瓷业。脚踏碓是木质的，底部长木一端有一个凹坑，放入待加工物，上部长木臂一端安装击锤，人踩踏另一端，使击锤冲待加工物，达到敲击粉碎的加工目的。

图 2-14　东汉
青釉刻划弦纹双系瓷壶
故宫博物院藏

图 2-15　东汉
越窑青瓷五联罐
浙江省博物馆藏

总的来说，东汉瓷器是在原始瓷器的基础上逐步演化而来，经过对原料处理工艺和成型工艺的改革，胎釉配制方法、窑炉结构的改进以及烧成技术的提高，成功生产出了真正意义上的瓷器。为魏晋南北朝时期瓷业的蓬勃发展奠定了坚实的基础，是我国陶瓷发展史上一个重要的里程碑。

瓷器作为我国古代劳动人民的一项重大发明和创造，对世界物质文明作出了伟大贡献。由原始瓷器发展到瓷器，是陶瓷工艺上的一大飞跃。由于瓷器比陶器坚固耐用，清洁美观，又远比铜、漆器造价低廉，而且原料分布极广，蕴藏丰富，各地可以因地制宜，广为烧造。这种新兴的事物一经出现，迅速获得了人们的喜爱，广受追捧。

码 2-2　古代陶瓷窑炉类型

第三节　魏晋南北朝时期的瓷器

魏晋南北朝是我国瓷器发展的跃进时期，瓷器制造业在汉代的工艺基础上取得了突破性进展，造型多样，装饰技艺日趋成熟，制瓷区也从南方逐渐扩大到了北方，形成了南方和北方两大青瓷系统，促进了陶瓷文化的广泛传播。这一时期的青瓷釉色晶莹纯净，胎质坚硬细腻；黑瓷色泽黑亮如漆，釉层厚实滋润如玉；白瓷初创，历史意义非凡，为之后唐代“南青北白”的瓷业格局奠定了基础。本节将着重介绍这一时期的青瓷和黑瓷的生产情况，并简要介绍白瓷的诞生，帮助读者理解魏晋南北朝时期的社会审美趣味和制瓷技术水平。

一、青瓷

从原始青瓷到成熟青瓷的演变，标志着陶瓷制作技术的显著进步。魏晋至南北朝时期的青瓷技艺进一步发展，无论在品质上还是在产量上都有较大提升。魏晋南北朝时期，南北方青瓷在风格上各有千秋，下面对这一时期南北方青瓷发展的整体脉络分别展开介绍。

1. 南方地区的青瓷生产

魏晋南北朝时期，青瓷的产地仍然以浙江地区为中心，并形成了各具特色的越窑、瓯窑、婺州窑、德清窑四大窑系。到了南朝晚期，制瓷手工业在今天的江苏、四川、湖南、江西、广东、广西、福建等地都得到了发展，其中，浙江地区的制瓷规模最大。在今浙江境内的上虞、萧山、丽水、金华、临海、永嘉、绍兴等地，都有这一时期的窑址。由原始瓷器发展过来的青瓷是这一时期的主要品种，在南方地区，几乎有瓷器生产的地方就有青瓷。通过了解南方青瓷产区的标志性窑口，能够洞察当时南方青瓷的生产特征与工艺水平。

（1）越窑

越窑地处越州，其名称来源于唐代，因唐代窑场通常以所在地来命名，故“越窑”实际上是“越州窑”的简称。越州窑的窑场主要分布在今浙江东部的广大地区，其中，重要的窑场主要分布在上虞、绍兴、慈溪、余姚等地。

三国、西晋时期，越窑发展迅速，瓷窑数量激增，仅浙江上虞地区的窑址就有130多处，产品质量也显著提高。这一时期的青瓷胎体致密坚硬，较之东汉稍厚，胎色较深，釉层也变厚，且釉面均匀，普遍呈现出青灰色。烧造工艺上，龙窑的长度比东汉时期更长，并在窑壁上增加了投柴孔，实行分段烧造，使窑炉的后半段也能达到所需温度，从而提高了烧造效率和产品质量。

这一时期的器物品种和造型比之前更为丰富。日用器主要有碗、碟、罂、罐、壶等饮食器具；灯、熏炉、虎子等生活器具；以及水丞、砚、砚滴等文房器具。除大量常见的日用器物外，还大量生产青瓷明器，有反映日常生活的井、灶、磨、杵、扫帚等；有反映庄园环境的猪圈、鸡舍等；还有反映佛教文化的堆塑罐、五管瓶等。如美国大都会艺术博物馆收藏的越窑青瓷堆塑罐（图2-16），罐中部环绕着一排佛像，往上是一个宫殿般富丽堂皇的建筑（图2-17），宫殿周围环绕着众多动物，包括大象、鹿、羊，还坐着怒目而视的罗汉。顶部有一群鸟儿高高举起，仿佛高耸入云。整个堆塑罐塑造出了中国早期的部分佛教形象，体现了佛教思想在中国的传播。

另外，装饰手法与装饰纹样也丰富多样。装饰手法有压印、刻划、戳印、堆贴、堆塑、镂雕等，纹样上除常见的云气纹、网格带纹等外，还有各种动物纹样。有的把瓷器的局部塑造成动物形状，如蛙、兔、鹰、鸡等；有的使用模塑，将瓷器的整体做成动物形，如羊形器、狮形器、熊形器等。英国维多利亚与阿尔伯特博物馆收藏的越窑青瓷狮形器（图2-18），背部凸起一口部，或作烛台使用。狮子呈蹲伏状，双目直视，咧嘴吐舌，颌下饰长须，头部、脊背为纤细的鬃毛，耳朵下方，以及腿部、腹部贴合狮子的肢体作卷云纹装饰，线条流畅优美。器体全身釉色翠绿均匀，温润肥厚。整个狮形器造型优美，兼具实用与趣味性。现藏大英博物馆的越窑青瓷熊形灯（图2-19），灯柱部分被塑造成一只熊头顶着灯盘的形状，熊的腹部采用刻划和戳印的装饰，表现出了熊的皮毛与肌肉线条。

图2-16　西晋
越窑青瓷堆塑罐
美国大都会艺术博物馆藏

图2-17　越窑青瓷堆塑罐局部

图2-18　西晋
越窑青瓷狮形器
英国维多利亚与阿尔伯特博物馆藏

东晋至南北朝时期，由于战乱以及厚葬之风衰落，越窑基本已经停止烧造各类随葬的明器，窑场数量也大大减少。尽管瓷器的产量大幅度下降，但其品质并未受到影响。青瓷釉色多呈青绿色，胎质大多比较细腻，烧结良好。

（2）瓯窑

瓯窑位于今天的浙江省南部，因其主要窑址广泛分布于温州市瓯江的两岸，故得名。除瓯江外，飞云江和楠溪江两岸也多有分布。瓯窑地理位置得天独厚，沿江建窑，交通便利，背靠群山，燃料丰富。自汉代起，瓯江沿岸已经开始生产原始瓷器，之后进一步烧制青瓷。

六朝时期的瓯窑窑址主要分布于永嘉的朱涂乡水井湾、罗溪乡夏甓山、东岸乡赤头山等地，这时期的制瓷技术和瓷器质量均有显著提升。在胎釉上，瓯窑瓷器胎质坚硬，胎体色泽白中微带灰色，釉色以淡青为主，亦有青黄色调，与西晋之后越瓷的灰胎深青釉的风格形成了鲜明的对比。

这一时期瓯窑的器物种类也极为丰富，涵盖了壶、罐、钵、碗、碟、笔筒、砚台、水盂、桶、洗、烛台、灯盏、熏炉、唾壶以及虎子等多种器型，这些器物的精美程度足以与同时期的越窑相媲美。然而，在瓯窑的明器中，出现的主要是灶、井、鐎斗、火盆、鸡笼、狗圈和猪栏等，很少见到如砻、磨、碓、扫帚和米筛等谷物加工工具。此外，扁壶和狮形烛台等造型也比较少见。

在装饰方面，瓯窑采用压印、刻划、堆塑等手法，与越窑相似。但也发展出了自己的特色，如褐彩装饰，即在坯体上使用比青釉含铁更高的原料点画出纹样，形成褐色装饰图案。瓯窑青釉褐彩瓜形盖罐（图2-20）即采用这种装饰手法，罐体呈瓜形，盖和盖钮为瓜蒂造型。罐的腹部绘有长条形褐彩纹，模拟出瓜皮纹路，形制与纹样协调统一。

六朝时期的瓯窑在制瓷技术、产品种类、装饰工艺等方面取得的显著成就，不仅体现在技术传承和产品创新上，更体现在文化内涵和艺术风格的延续与发展上。

（3）婺州窑

婺州窑位于今浙江中部，产地主要分布在金华、义乌、东阳等地，唐代这一地区属于婺州，因此得名。同浙江地区的其他窑口一样，婺州窑自商周时期便开始烧制原始瓷器，在东汉晚期烧制出青瓷。魏晋南北朝时期，婺州窑在前代的基础上得到了进一步的发展。

从胎釉来看，六朝时期的婺州窑青瓷，早期胎体不够细腻，普遍呈现浅灰色调，尚未完全烧结。釉色呈青灰、淡青或青中泛黄，釉层厚薄不匀，往往凝结成芝麻点状，在胎釉结合不紧密和釉面开裂处往

图2-19　西晋
越窑青瓷熊形灯
大英博物馆藏

图2-20　南朝
瓯窑青釉褐彩瓜形盖罐
温州博物馆藏

往有奶白或奶黄色的结晶体析出，这是婺州窑青瓷固有的一种现象。至西晋晚期，由于这一地区瓷土矿的矿层很窄、很薄，而且比较分散，不易开采，因此婺州窑的瓷工们便就地取材，利用当地易于获取与加工的红色黏土做坯料，这种黏土具有良好的可塑性。由于黏土中含有较高含量的氧化铁和氧化钛，故烧成后的胎体呈深灰色或深紫色。这样的胎体会影响青釉的呈色，为了弥补这一缺陷，婺州窑的匠人们巧妙地在胎体表面敷施一层细腻洁白的化妆土，此举不仅有效遮掩了胎体原色，更赋予了青釉温润如玉的质感。烧成后的釉色为青灰或青黄色中微泛褐色，但釉面容易开裂，开裂之处析出晶体的情况同早期用瓷土做胎时相比更为严重。到南朝时，婺州窑青瓷釉层普遍为青黄色，胎釉的结合程度较差，容易剥落。

婺州窑的瓷器种类较越窑少，三国、西晋时期以生产盘口壶、罐、水盂、虎子、唾壶、碗、碟等日用器物为主，也烧制猪圈、鸡笼、谷仓、水井等明器。东晋以后则主要生产壶、罐、碗、碟、水盂等日用器，明器则极为少见。到南朝时期，瓷器品种减少，碗、盏的数量增多，并出现了盏托。总体来看，六朝时期婺州窑烧制的瓷器品种，与越窑、瓯窑的产品有很多相似之处。

装饰上，婺州窑瓷器在六朝时取得了新的突破。除继承传统的刻划、贴塑、雕刻、捏塑等技法展现各种人物、动物形象外，在三国时期，婺州窑发明了釉下褐彩装饰。此外，在西晋时期，婺州窑又创造性地引入了化妆土。化妆土的应用，使瓷器的装饰技法趋于多元化。首先，它显著改善了瓷胎表面的光洁度，使瓷器触感细腻，观感优雅；其次，化妆土还改变了瓷器的呈色效果，尤其对于原本胎色较深的瓷器，化妆土的使用为婺州窑生产高品质和色泽淡雅的青瓷，发挥了至关重要的作用；最后，化妆土还被创造性地用于乳浊釉、结晶釉及黑釉等特殊釉色的器物上，特别是在器物底部等未施釉区域，既有效掩盖了露胎部分的不平整，又提升了瓷器的整体美观度。

婺州窑自三国时期创烧以来，制瓷工艺不断提高，产品远销各地，至唐宋时，成为我国著名的青瓷生产窑口。

（4）德清窑

德清窑位于今浙江省的德清县，故而得名。根据最新考古发现，其在商代便开始烧制原始青瓷，春秋战国时，不仅规模大、产品质量高，而且大量烧造仿青铜礼器与乐器的产品，许多器物几乎可以与汉代青瓷相媲美。经过三国与西晋时期的发展，在东晋和南朝时期，德清窑进入了发展的鼎盛阶段。

根据考古发掘，西晋时期的窑址数量并不多。南朝时期窑址数量明显增多，规模也较大，这一时期德清窑不仅烧制青瓷还烧制黑瓷（关于黑瓷，下文将会介绍）。青瓷产品主要有碗、壶、罐、灯、砚、虎子、洗等，造型多朴素实用，装饰上也较为简单，通常只在器物的口沿或肩腹部刻划弦纹。

在胎釉上，德清窑在西晋时期烧制的青瓷胎体呈灰白色，胎质细腻，釉色青翠，釉面分布均匀，胎釉结合较好，玻璃质感强。东晋时期胎色以紫红色、青灰色为主，少量为灰白色。对于胎色较深、胎体粗糙的坯体，用化妆土修饰表面，能够使釉面光洁，青翠的釉色得以呈现，这一手法可能是从婺州窑借鉴而来。

2. 北方地区的青瓷生产

北方青瓷的生产到底源于何时，尚没有确切的材料可以证明。随着南方青瓷的普遍发展，青瓷的生产工艺很有可能逐渐北传。1948 年，河北省景县封氏墓群出土了一批从北魏、北齐到隋代的青瓷器，有瓶、壶、杯、碗、尊、罐等。这为研究北方青瓷的发展情况提供了宝贵的资料，证明北方青瓷不但可以和南方青瓷相媲美，而且在制作形制和釉色各方面，都有它的独特风格。

在封氏墓群出土的瓷器中，最引人注目的是祖氏墓和封子绘墓分别出土的北朝仰覆莲花尊，共计四件，现故宫博物院收藏两件、中国国家博物馆收藏一件、河北博物院收藏一件。现藏故宫博物院的一件（图 2-21），尊高 67 cm，口径 19 cm，足径 20 cm。盖丢失，侈口，束颈，大圈足，外撇。从口部到颈部的纹饰以弦纹分隔为三层，上层均匀贴塑六个不同姿态的飞天，间以云纹，中间一层贴塑宝相花，最下面一层贴塑团龙图案。腹部装饰五层莲瓣纹，上部三层，为覆莲，下部分两层，为仰莲，上覆下仰的莲瓣，层层叠压，向腹中部汇集，其中第二层与第三层莲瓣之间贴塑菩提叶，尊足部也堆塑出两层覆莲。整个莲花尊釉面分布均匀，釉色青翠，胎釉结合牢固。由于器覆中间的覆莲和足部两层覆莲的莲花瓣尖向外翘起，莲瓣尖部堆积厚厚的釉层，呈现出墨绿色，显得温厚莹润。

封氏墓的仰覆莲花尊被认为是北方青瓷的代表作品。经鉴定，封氏墓的青瓷胎釉也同越窑青瓷有明显区别。封氏墓的青瓷釉色灰中略带黄绿，非常薄，且有细纹片，胎体粗糙呈灰色，有黑点和气孔。越窑青瓷釉色为灰黄微绿，呈现出厚薄不匀的斑块，胎体粗疏，断面呈瓦灰色。此外，它们的胎釉化学成分也大不相同，因此并不可能为南方所产，但遗憾的是目前尚未找到这批青瓷尊的烧造地。另外，与这种形制类似的莲花尊在南方地区也有出土，且数量更多，制作也相当精美，有的装饰更为华缛，这些莲花尊同景县封氏墓群出土的莲花尊之间的联系有待进一步研究。

寨里窑是目前已知的北朝时期北方重要青瓷产地，位于山东省淄博市淄川区东北部的寨里镇寨里村。除山东以外的其他地区均未发现北朝时期青瓷生产的窑址。根据调查发掘，寨里窑青瓷的胎体呈灰白色，紧密坚实，釉色呈淡青褐色或淡青色，早期釉层较薄，釉色深浅不一，后期釉层较厚，釉面光洁。器物种类繁多，以碗、盘、盆、罐等实用器物较为常见。总的来说，寨里窑所制青瓷在技艺上尚未成熟，对还原气氛的掌控还较差，因此烧出的青瓷釉色青黄不一，胎釉结合不够紧密。

值得注意的是，1982 年在淄博市淄川区龙泉的北朝墓葬中出土了一件青釉莲花尊（图 2-22），釉面呈青黄色，部分釉面有剥落现象。尊上的忍冬图案与寨里窑瓷片上的忍冬图案相同。同墓出土的青瓷碗，在釉色、胎质和纹饰上与寨里窑出土的青瓷碗相同，被认为是寨里窑所产。因此，推断该青釉莲花尊很可能产自寨里窑。

纵观北方各地出土的青瓷，在品种、形制、装饰方面都有许多共同特征。北方青瓷胎色较浅，多呈灰白色或黄白色，断面可见黑色杂质和气孔，胎质不如南方青瓷细腻，多数呈现出厚重感。釉色主要为青绿色和青黄色，釉的流动性较大，釉面多有纹片。品种除仰覆莲花尊外，几乎都为日用器皿。装饰上，北方青瓷同南方青瓷相似，采用刻划、戳印、模印堆贴等手法，多数器物的装饰都比较简单，有的仅在器壁上刻划几道弦纹作为装饰。

总的来说，魏晋南北朝时期青瓷的品类和造型已摆脱了陶器的影响，同时借鉴了青铜器和漆器的样式，创造了许多新的造型种类。这时期青瓷的生产主要集中于南方而非北方，为日后唐代陶瓷生产出现“南青北白”的局面定下了基调。

二、黑瓷

黑瓷是在青瓷的基础上发展起来的施黑色高温釉的瓷器。黑瓷和青瓷使用的釉都是以铁为着色剂，铁含量的多少决定了颜色的深浅。青瓷釉色受氧化亚铁含量影响，在还原气氛中烧制，含量的差异造就多变的色泽。釉中氧化亚铁的含量达到 0.8% 时，烧制后便会呈现淡绿色；达到 1% ~ 3% 时，便会呈现青绿色；达到 5% 时，便会呈现黄褐色；达到 8% 时，便会呈现暗褐色，如果再增加氧化铁的含量，就会呈现黑色的效果。这一时期，工匠们可以通过调节釉料中铁含量的比例来控制青瓷和黑瓷的釉色深浅。因此，许多生产青瓷的窑场也生产黑瓷。

考古发现，南方的德清窑是目前已知最早烧造黑瓷的窑口，以烧造黑釉瓷和带有褐斑的青釉瓷为主。德清窑烧制的黑瓷，瓷胎较薄，颜色多呈砖红、紫色或浅褐色。釉面光亮，尤其是其中的精品，釉面滋润，色黑如漆，氧化铁含量高达 6% ~ 8%。现藏故宫博物院的东晋德清窑黑釉鸡头壶（图 2-23），壶口为洗口，

图 2-21　北朝
青釉莲花尊
故宫博物院藏

图 2-22　北朝
青釉莲花尊
淄博陶瓷琉璃博物馆藏

图 2-23　东晋
德清窑黑釉鸡头壶
故宫博物院藏

图 2-24　北齐
黑褐釉四系罐
河北博物院藏

短颈，溜肩，鼓腹。肩部一侧的壶嘴做成鸡头的形状，头上鸡冠高耸，两侧双目圆睁，与鸡头相对的另一侧饰有一弯形圆柄，上接口沿、下连肩部，便于握持倾倒。肩部的另外两侧各附有一拱桥形的系，可以穿上绳子提拿。壶的表面施有黑釉，釉层丰厚温润，釉面光亮透澈。外壁施釉不到底，靠近足部的地方露出褐色的胎体。整体器形典雅庄重，比例和谐，散发着独特的艺术魅力。

魏晋南北朝时期德清窑的黑釉，并没有达到纯黑的程度，但它的出现，丰富了瓷釉的色彩，为后来的乌金釉、铁锈花釉等釉色的发展提供了启示，具有十分重要的意义。

随着南方黑瓷的兴盛，北方地区在大约一个世纪后也开始掌握烧造黑瓷的技术。关于北方黑瓷最早的兴起时间，目前尚无确切的定论，然而有据可考的是 1971 年在河北平山北齐崔昂墓出土的一件黑褐釉四系罐（图 2-24）。该罐直口微敛，广肩，最大直径在肩部有四个系的部位，腹的上部刻划有两道弦纹，下腹部分作反弧形收缩，足部微微外撇。器物轮廓线条挺拔有力，造型端庄别致，同南方德清窑产品的形制有显著差别。器体内外满施黑釉，上浓下淡，上半部分釉色较深，呈黑褐色，下半部分釉色较浅，为茶褐色。严格上来讲，这件四系罐还不算纯黑釉瓷器，但整体釉色莹亮润泽，标志着这一时期北方黑瓷的生产工艺已经达到了一定的水平。

从整体上看，这一时期生产的黑瓷，在造型和装饰上与青瓷存在诸多相似之处。常见的器物除鸡头壶、四系罐外，还有碗、盘、钵、盘口壶等日用器皿。装饰手法有刻划、模印堆贴、捏塑等技法。

综上所述，魏晋南北朝时期，南方与北方地区所生产的瓷器在风格和特点上虽有差异，但在造型、纹饰以及制作工艺上，却共同映射出鲜明的时代风貌。

三、白瓷

白瓷最早出现于我国北方，一般认为是由青瓷过渡而来。白瓷源于青瓷，又自成一脉。白瓷的出现打破了青瓷独步天下的局面，同时，其在工艺发展成熟过程中所取得的技术突破，也成为后世彩绘瓷、颜色釉瓷等创烧及发展的必要条件。

2006 年，安阳高陵被发现。2008 年 12 月 12 日至 2009 年 12 月下旬，河南省文物考古研究所对安阳高陵进行了发掘。2009 年，经中国考古学界相关学者确认，国家文物局最终认定安阳高陵墓主为曹操。在曹操高陵遗址中出土了一件白色瓷罐（图 2-25），罐高 13.4 cm，口径 8.7 cm，色泽温润，是墓中的陪葬品。该罐胎体纯净，白色微微泛红，莹润发亮，有细小冰裂。瓷罐表面上了一层透明釉，高温烧制后形成了玻璃质釉层，具有典型的早期白瓷特点。这件白瓷罐比被学界公认的范粹墓出土的白瓷还要白，或许是迄今为止所发现的世界上最古老的白色瓷器制品。

高陵的这件白色瓷器在当时应是珍贵器物。汉代是中国瓷器由原始瓷器向成熟瓷器发展的重要阶段，这一时期，北方的制瓷业由于连年战争发展缓慢，而南方的社会环境则更为稳定，因此，东汉时期成熟瓷器首先在南方地区出现。高陵的这件瓷罐应为南方产品，其制作工艺特点是在胎釉间施一层化妆土，使得釉面光洁，釉色清丽浅淡。1952 年，湖南省长沙丝茅冲军营基地东汉墓出土了“疑似白瓷”的湘阴窑青瓷（图 2-26），也采用了以白色化妆土增强胎体白度的做法。之后，上海博物馆对这批器物的胎釉成分进行了检测，发现其胎釉氧化铁含量均超过 1%，其中釉的氧化铁含量在 1.07% ~ 1.48%，氧化钛含量在 0.82% ~ 1.17%。虽然这并不符合白瓷的标准，但足以说明早在东汉三国时期，中国人已经踏上了探索发明白色瓷器的道路。

进入魏晋南北朝时期，北方地区受南方地区的影响开始生产青瓷器，这种影响渗透到了瓷器生产的各个方面，不仅涵盖了一般瓷器的制作，也涉及了精品瓷器的生产。北方精品青瓷的生产和改进主要采取了两种方法：一种是选用优质原料，设法使胎色变浅、胎质细腻，加上晶莹透明的玻璃质釉，生产出釉色美观的青瓷器；另一种则与南方地区相似，是在胎釉间施一层化妆土，使得釉面光洁，釉色清新淡雅。因此，瓷器在北方地区出现伊始就有精致和粗放产品的等级差别，并且迅速地在生产领域专注于打造精致的青瓷器。

魏晋北朝时期，北方各地窑工利用北方的原料优势，发展出了多种改良青瓷质量的方法，并在此过程中创烧了早期白瓷。

以巩县窑（今亦称“巩义窑”）和邢窑等为代表的窑场，采用含铁量偏低的瓷土烧制色浅偏白的胎体，加之透明釉的使用，使瓷器外观色调有别于青瓷，呈现出独特的青绿色。在此基础上，窑工们继续降低胎釉原料中的铁含量、改良釉料配方、尝试不同工艺，进一步提高了瓷器的白度，烧成了一种视觉效果介于青瓷和成熟白瓷之间的器物，即所谓的“早期白瓷”。早期白瓷胎釉的白度和烧成的硬度较低、吸水率较高，特别是釉还未完全解除氧化铁的干扰，呈乳浊的淡青色，是白瓷处于创烧与探索阶段的一个过渡品种。

目前学术界普遍认为，最早生产白瓷的窑场一般包括河南安阳相州窑、河南巩义白河窑及河北内丘邢窑，生产早期白瓷的时间最迟不过北朝晚期。

相州窑，位于河南省安阳市北郊洹河安阳桥南岸，其始烧不晚于北齐，隋代发展至鼎盛，产品主要为青瓷、白瓷。根据考古发掘与整理的结果，最初被归类为青瓷的相州窑器物中，有少部分胎体精细灰白，釉质细腻光亮，玻璃质感较强，釉色白中泛黄，釉厚处泛青，胎釉之间明显施化妆土，已呈现若干白瓷特征，后被认为是早期白瓷。

巩县窑，是河南省巩义市白河两岸的白河窑、黄冶窑、铁匠炉窑等系列瓷窑窑址的统称。2005 至 2008 年期间，在对巩义白河窑的考古发掘中，清理出窑炉 6 座，灰坑、灶、沟等 110 余个。该窑址首次发现了烧制白瓷和青瓷的北魏窑炉及其产品。白河窑出土的“北魏白瓷”（图 2-27）胎体厚重细白，器

图 2-25　东汉
白色瓷罐
曹操高陵遗址博物馆藏

图 2-26　东汉
白瓷豆
湖南博物院藏

图 2-27　北魏
白釉瓷杯
河南省文物考古研究院藏

图 2-28　北魏
白河窑带支烧白釉碗和青釉碗
河南省文物考古研究院藏

壁厚薄均匀，器内满釉，常见积釉，器外施釉过腹，少见垂釉，釉色多为白中泛青、泛黄，部分器物施化妆土。

巩义白河窑窑址出土的白釉瓷器，尽管数量相较于青釉瓷器而言不算丰富，但常与北魏青釉瓷器伴出，并发现有白釉瓷器与青釉瓷器同窑装烧的现象，反映出这一时期北方制瓷业正由烧制青釉瓷器向烧制白釉瓷器转化。此外，据考古发掘实物推测，当时采用了将白釉瓷器放在青釉瓷器上层的支烧方式（图 2-28），这种方式一方面增加了瓷器的产量，另一方面，也使得白釉瓷器的器内均不带支垫痕，保证了白瓷釉面的洁净与品质。特别值得一提的是，该窑址还清理出一座烧制白釉瓷器和青釉瓷器的窑炉，这是迄今为止发现的最早烧制白釉瓷器的窑炉，具有重要的历史意义。

邢窑，是中国白瓷最有名的窑口之一，因在唐代隶属邢州管辖，故名邢窑。邢窑创烧于北朝，盛于中唐，衰于唐末五代时期。2012 年在内丘邢窑遗址发掘中，首次发现了北朝时期的邢窑窑炉，窑门、火膛、窑床、烟道、烟囱等大都尚存，十分难得。窑炉遗址中有一组北朝至隋代的“连体窑炉”（图 2-29），5 座窑炉毗邻而居，每座窑炉间只有一墙之隔，环绕在工作坑周围。这种窑炉的优点，一方面是省时省力，一名窑工可以同时照看几座窑炉，提高工作效率；另一方面是提高烧制温度，连体设计可以让窑炉之间相互传导热量，达到聚温节能的效果。窑炉周围有北朝遗物的灰坑[①]20 余个，其中不乏青中泛白的瓷器残片，

① 灰坑：考古学术语，是考古发掘中常见的遗迹。因坑中填满灰色土壤，故称灰坑。灰坑是由于古代人们利用废弃的窖穴、水井或建筑取土后的凹坑倾倒垃圾，垃圾中土壤变成灰色而形成的。灰坑中的土一般较文化层的土松软、色深，包含物更为丰富。根据坑的形状、特征和遗物可以判定灰坑的性质和时代，是研究古代人们经济生活的重要资料。

图 2-29　北朝至隋代
连体窑炉
邢窑遗址博物馆藏

是邢窑区域窑炉历史可上推至北朝的重要证据。根据内丘遗址发现的瓷器产品可知，北朝时期邢窑以青釉瓷为主，白釉瓷次之。其中，白瓷胎质粗糙厚重，略优于青瓷，胎色泛灰、泛黄，施化妆土，釉白度较低。

除了窑址中新近发现的早期白瓷，北方地区部分北朝至隋初的墓葬、城址等遗址中也有外观特征大同小异的早期白瓷出土，与北方窑业发展情况基本吻合。

北齐范粹墓曾出土多件早期白瓷，包括三系瓷罐 2 件、长颈瓶 1 件（图 2-30）、四系罐 2 件（图 2-31）、瓷壶 1 件和瓷碗 2 件。这些白釉器胎质洁白细腻，釉质莹润，呈乳浊状淡青色，釉薄处呈乳白色。范粹墓白瓷长期以来都被视为中国最早的白瓷，但从制作工艺上来看，实则为瓷胎低温铅釉的“铅釉瓷”，是工匠创造性地使用“白色铅釉”来增强白度的器物。

安阳县固岸墓地也曾出土 1 件北齐白瓷罐（图 2-32），侈口，圆唇，束颈，圆肩，小底，最大径在肩部。白胎通体施白釉，但胎质较粗，釉色偏青，表面釉层很薄，与胎体结合不牢，应是青瓷向成熟白瓷过渡阶段的产品。

2006 年，在对汉魏洛阳故城北魏内城的津阳门内大道及相关遗迹的抢救性发掘中，也出土了多件白瓷直口杯（图 2-33）。杯白胎，胎质细腻，白釉清亮，积釉处略泛黄、泛青。胎壁较薄，造型轻盈规整，直口微敛，尖唇深腹，上腹较直，下腹弧收，饼状足较高且略外撇，足底内凹，足跟外削去一周。器内施满釉，器外施釉不到底，下腹和外底露胎无釉，釉面有细密的开片。

图 2-31　北齐
白釉四鼻罐
河南博物院藏

图 2-33　洛阳城津阳门内大道遗址出土的北魏白瓷直口杯

图 2-30　北齐
白釉绿彩长颈瓶
河南博物院藏

图 2-32　安阳固安墓地 2 号墓出土的北齐白瓷罐

与同遗址出土的青瓷器相比，出土的白瓷器器壁较薄，造型轻盈，不似青瓷器那样厚重；胎色也更浅，多为灰白色或近白色，其中包含杂质也相对更少；釉色更为清亮，釉层也薄，通常只是足底露胎，外壁施釉到下腹部。这些差异表明，这一时期的白瓷与青瓷在胎土和釉料的选择上都已经有了明显的区别。由此可推测，最迟到北朝晚期，洛阳及附近地区已经有了较为完善的白瓷烧造技术，并作为一个独立的技术系统与青瓷制作有所区别。

综上所述，北方白瓷的诞生与青瓷生产中技术的改良、南方制瓷工艺技术的北传，以及北方天然的瓷土优势密不可分。在对瓷器不断改良和探索的实践中，魏晋南北朝工匠可能意识到可通过控制胎釉中的某些成分来改变釉色，从而不断提升制瓷技术。最终随着生产实践，作为“过渡品”的“早期白瓷”在隋代便成了真正意义上的“白瓷”。

码 2-3　魏晋南北朝时期陶瓷艺术的审美取向

魏晋南北朝时期，“早期白瓷”的诞生是我国北方瓷器生产技术的一个重要进步，体现了当时工匠对坯釉原料和烧制技术的不断探索。尽管“早期白瓷”从制作工艺以及最终呈色上未达到“白瓷”的标准，但它的出现为隋唐时期生产出“类银类雪”的白瓷奠定了坚实的基础。

第四节　隋唐时期的瓷器

隋唐时期的瓷器在技术和艺术上达到了新高度，标志着中国瓷器的发展进入成熟阶段，对后世瓷器的制作产生了深远的影响。本节将对隋唐两代的瓷器生产情况作简要介绍。

南北朝末期，贵族杨坚夺取了北周政权，建立了隋朝。589 年，又消灭了南方的陈朝，结束了近 300 年南北分裂的局面，重新建立起统一的封建国家。隋代虽然只有 38 年的短暂历史，但在实现国家统一后，社会生产力得到了显著增强，为陶瓷艺术的发展提供了良好的社会环境。这一时期，南北方的陶瓷生产都取得了突破，窑场增多，瓷器品种和风格日益丰富。

隋代陶瓷在继承传统青瓷制作的基础上，成功烧造出了成熟的白瓷，为彩瓷的发展创造了条件。古代工匠通过提纯瓷土、降低铁含量并精确控制烧制温度，创制出白瓷。虽然北齐时期已经萌发了早期的白瓷，但直到隋代白瓷的烧造技术才成熟。

隋代陶瓷的品种相较于六朝时期显著增多。这一时期的瓷器，逐渐代替金属、漆器等，制成各式各样的生活用品，按用途分有饮食器、盛贮器、生活用器、文具、家具等。饮食器有碗、盘、杯、尊等；盛贮器有壶、罐、盆、缸、盒等；生活用器有灯、炉、烛台、唾盂等；文具有砚台、水盂等；家具有枕、柜、凳等。各种器皿的造型和六朝时期相比有明显的变化与不同。比如鸡首壶（图 2–34），隋代壶身更高，壶颈变细，鸡首形式采取更为写实的手法，鸡的颈不仅更长，而且作仰首啼鸣状，鸡尾柄变为塑贴龙首柄，系的开关也更加复杂。

在装饰上，纹样丰富。植物纹有莲瓣、忍冬、葵瓣、团花、宝相花、梅花、树叶等。动物纹有龙纹、凤纹、蟠螭、象首等。此外，还有人物纹、几何纹、弦纹、绳纹、双圈纹、联珠纹等。装饰纹样以花草为多，并常在布局上巧妙地穿插替换，组成新颖图案；盘碗类器物多在中心装饰，由花和卷叶组成圆形图纹；瓶罐类器物的装饰主要集中在肩部和腹部，一般用花朵、卷叶纹组成带状图案。装饰手法有印花、刻花、贴花、堆塑等，其中，印花的应用最为广泛。

隋代的陶瓷制作技术有较大提高，胎体细腻洁白，轻薄，有别于六朝的厚重。其中，护胎釉的运用是技术上的一大突破，不仅能够有效掩盖胎体上的细孔和斑点，还能提高瓷器的洁白度，使釉面更加光润。

图 2-34　隋
青釉环形鸡首壶
河南博物院藏

图 2-35　唐
越窑海棠式杯
故宫博物院藏

图 2-36　唐
越窑青釉八棱瓶
故宫博物院藏

隋代的陶瓷生产只有短短数十年，因此在中国陶瓷史上并不算突出。但这一时期见证了南北瓷器技艺的融合与发展，也为唐代瓷器艺术的辉煌成就打下了坚实的基础。

618 年，唐朝取代了隋朝，之后历经"贞观之治"和"开元之治"两个高度发展阶段，在初唐至盛唐的 100 多年中，经济和文化都得到了很大的发展。特别是在开元、天宝年间，封建社会经济出现了空前繁荣的景象，促使陶瓷艺术的发展达到了一个较高的水平。

唐代，中国瓷器的生产在北方形成了以邢窑为代表的白瓷系统，南方形成了以越窑为代表的青瓷系统，一青一白两大瓷窑系统并驾齐驱，形成了"南青北白"的生产格局。此外，还出现了釉下彩瓷、花瓷等特色瓷器品种。下面通过介绍唐代的越窑、邢窑和长沙窑这三个重要的瓷窑，带领读者了解唐代瓷器的生产状况。

一、越窑

越窑是中国古代南方著名的青瓷窑口。早在东汉时期，浙江余姚上林湖一带的越窑，就已经掌握了青瓷的烧制技术，因此具有深厚的制瓷基础和传统技术力量。唐代，越窑的制瓷工艺达到了巅峰，被称为"诸窑之冠"。越窑青瓷的特点是胎骨较薄，施釉均匀，釉色青翠莹润。

唐代越窑生产的瓷器品种十分丰富，有水盂、注子、杯、碗、罐、盘、洗、碟等。此外，越窑青瓷在造型设计上也颇具特色，在唐代推出了众多新颖的样式，如执壶、瓯、盏托等。这些器物有的模仿瓜果的形态，有的模拟海棠花的样式制作碗、盘、碟等，还有的将碗、杯、盘的边缘设计成花瓣形状（图 2-35），打破了传统的圆形设计，尽显活泼自然之态。

唐代越窑在装饰上以釉色为美，晚期出现有刻花、划花、印花、堆贴等多种装饰方法。越窑早期青瓷釉色青中带黄，犹如初秋时期的松柏叶，晚唐五代时期釉色葱绿青翠，又似盛夏时的湖光潋滟。故宫博物院收藏的越窑青釉八棱瓶（图 2-36）就是晚唐时期的代表作，胎质细腻，釉色清亮透彻，青绿如湖面波光粼粼，瓶身凸起的棱线处釉色略显淡雅，突出几何之美。越窑的釉色之美，赢得了唐代文人墨客的竞相夸赞，如许浑作诗"越瓶秋水澄"，孟郊吟道："蒙茗玉花尽，越瓯荷叶空。"

在装饰技法上，刻花工艺以精湛细腻著称，运用流畅而生动的线条精妙地勾勒出狮子、鸾凤、鹦鹉、鸳鸯、大雁、龙水、双鱼、牡丹、莲花、卷草以及人物、山水等纹样。装饰题材面向现实，非常广泛。

堆贴工艺也别具一格，往往在壶、罐等器皿上堆贴出浮雕式的各种花纹，充满了立体感和视觉冲击力，这类器物在西安、太原等地都有出土。

值得一提的是，晚唐五代越窑生产的精品青瓷，被称作“秘色瓷”，这是中国最早专供皇家使用的贡瓷之一。有人认为秘色即“稀见之色”，有人认为秘色是一种香草色，也有人说秘色实为“碧色”，多数人同意“秘”字系指釉色。迄今为止，近代学者未能统一“秘色”的含义。

“秘色瓷”名源自皇宫，通过文人士大夫向社会传播，窑场所在地始终未见有“秘色瓷”名的实物遗存。直到 1987 年，陕西扶风法门寺地宫出土了 14 件越窑精品，一同出土的《监送真身使随真身供养道具及恩赐金银衣物帐碑》中明确记载其中有 13 件为“秘色瓷”，分别是银扣碗 2 件、碗 5 件（图 2-37）、盘 6 件（图 2-38）。上面清楚地记载着：

瓷秘色碗七口，内二口银棱。瓷秘色盘子、叠（碟）子共六枚。

这些秘色瓷器的出土，是中国陶瓷考古史上的一个重大突破，为现代人认识和判断秘色瓷器提供了重要标准器。

秘色瓷制作精湛，多数作品精致轻巧，展现了高超的艺术造诣。在造型设计上，秘色瓷呈现出一种端庄而不失灵动的韵律美，从器物的口沿、腹部至底部，乃至每一处转角与凸棱，均经过精心雕琢，展现出一种近乎苛刻的严谨与细致。器物造型讲究线条美，长短曲折，自然赋形，无不妥帖得体。此外，胎体轻重厚薄亦经过精心考量，与器物的用途完美协调。

装饰上，秘色瓷巧妙地汲取了唐代金银器、铜器及漆器的装饰精髓，并将这些元素精妙融合，从而孕育出自身独具魅力的艺术风格。装饰纹样上，题材广泛，内容丰富，有各种对称的蝴蝶、凤凰、云中飞鹤、草中小兔等图案，又有寥寥几笔勾画出的各种花卉纹样，如牡丹、荷花、菊花等，花纹富于变化而不落俗套，生机盎然。

烧造上，秘色瓷采用唐代越窑瓷质匣钵窑具装烧方法。唐代中后期越窑创新使用匣钵窑具，改变以往明火裸烧的技法，生产出器面更加均匀、釉色青莹透明、质地“类冰”“类玉”的精品越瓷。

唐代青瓷生产除越窑外，陆羽在《茶经》中还提及了鼎州、婺州、岳州、寿州、洪州等地亦为青瓷的重要产地。新中国成立后，经过深入的实地考察，发现了多处与唐代青瓷生产相关的窑址，有浙江婺州所属的金华窑，湖南岳州所属的湘阴窑，江西景德镇的湘湖窑、湖田窑，江西永和镇吉州窑，广东广州皇帝岗窑、潮州窑、上埠窑，等等。虽然部分窑址还未确定是否为唐代的瓷场，但已反映了唐代青瓷工艺的广泛传播和深远影响，映射出当时青瓷制造业的繁荣景象。

图 2-37　唐
秘色瓷碗
中国国家博物馆藏

图 2-38　唐
秘色瓷五曲花口盘
陕西历史博物馆藏

图 2-39　唐
邢窑白釉罐
故宫博物院藏

图 2-40　唐
邢窑白釉皮囊式壶
故宫博物院藏

二、邢窑

邢窑是隋代至五代时期重要的窑场，现存遗址位于河北省邢台市内丘、临城两县境内的太行山东麓丘陵和平原地带，然而迄今仍未发现它主要的窑址。据考证，邢窑始烧于北朝，衰于五代，终于元代，唐时为制瓷业七大名窑之一，与越窑齐名，是我国北方最早烧制白瓷的窑场。

唐代邢窑在隋代的基础上进一步发展，这一时期邢窑生产的器物种类增多，制瓷工艺日臻成熟，产量也大大超过隋代。李肇在《唐国史补》中记载：

内邱白瓷瓯，端溪紫石砚，天下无贵贱通用之。

这句话从侧面反映了邢窑白瓷在当时的普及程度。另外，邢窑白瓷也远销海外，在中亚、西亚地区的国家也曾出土过邢窑白瓷器物，可见其生产之盛。

唐代邢窑白瓷以其丰富的造型品类著称，涵盖了从日常餐饮到生活储物的各个方面，品种有杯、碗、盘、盂、罐（图 2-39）、瓶、壶（图 2-40）等，甚至还出现了专为女性妆奁设计的胭脂水粉瓷盒。以生活中最常见的碗为例，唐代邢窑白瓷碗的形态各异，既有口大，碗壁斜削，底部洁白如玉，釉面均匀的玉璧底碗；也有碗口仿海棠花瓣形状，底部椭圆，釉色洁白纯净，胎质细腻坚硬的海棠式碗；还有碗口形如葵花，胎体细密，表面光亮，底部坚硬的葵花碗等。总之，邢窑白瓷日用品类型众多，涉及人们生活的方方面面。

邢窑白瓷以其“类银类雪”的釉色著称，釉色洁白而微闪淡黄或淡青。在制作过程中，工匠们会先在胎上涂以护胎釉，即化妆土，以增加胎体白度并使釉面更加光滑细洁。器物内部施以满釉，而外釉不到足，使器物显得光素大方。

唐代邢窑瓷器装饰手法相对简约，多数器物朴素无纹，仅有少数器物采用划花、贴花装饰，常见的纹样大致可以分为五种：几何纹样、植物纹样、人物纹样、文字纹样和动物纹样。几何纹样主要以水波纹、旋纹、叶形纹和戳点纹为主；植物纹样有牡丹、梅花、莲、松树纹等；人物纹样有小孩、女佣、胡人等；文字纹样有“盈”“井”等；动物纹样以鱼纹、蝴蝶纹、鸳鸯纹为主，都蕴含了美好的寓意，鱼一般寓意年年有余，鸳鸯则是成双成对，象征形影不离的爱情。

除邢窑外，唐代烧造白瓷的地方，还有平定、平阳、霍州等地。杜甫在诗歌《又于韦处乞大邑瓷碗》中赞颂的四川大邑窑也产白瓷：“大邑烧瓷轻且坚，扣如哀玉锦城传。君家白碗胜霜雪，急送茅斋也可怜。”此外，河北曲阳的定窑、河南的巩县窑、四川成都的青羊宫窑、江西景德镇的石虎湾窑和胜梅亭窑等在唐时都已烧制白瓷，可见唐代白瓷的生产已达到了一个繁荣的阶段。

三、长沙窑

在唐代陶瓷的发展历程中，越窑和邢窑形成了著名的“南青北白”生产格局，展现了中国早期瓷器南北两大流派的风貌。同时，这一时期也涌现出众多制作釉下彩瓷的窑口，它们在陶瓷装饰艺术上取得了非凡的成就，极大地丰富了唐代陶瓷的多样性。如湖南的长沙窑、四川的邛窑、福建的怀安窑等，其中，长沙窑的釉下彩瓷最为著名。

长沙窑窑址在湖南长沙铜官镇，因此又名“铜官窑”，于1956年被首次发现。长沙窑在初唐时期开始烧造，五代后衰落。其早期主要烧造青瓷，唐中期才开始烧制釉下彩，包括青釉褐彩、青釉绿彩、白釉绿彩以及白釉褐绿彩。青瓷釉下彩绘早期使用单色褐彩，后期通常会出现多种颜色，并结合模印贴花，层次分明（图2-41）。长沙窑釉下彩瓷常运用褐色、绿色抑或两色结合，用以描绘动植物装饰图案（图2-42）。现藏扬州博物馆的唐长沙窑青釉褐绿点彩云纹双耳罐（图2-43），高29.8 cm，口径16.3 cm，底径19.5 cm，器物造型整体厚重端庄，器身绘有莲花、云纹装饰，使用的是褐、绿两彩，构图饱满，线条圆润流畅，颜色浓淡相宜，形象生动清新。

长沙窑瓷器种类繁多，造型别致美观，样式新颖多变，有壶、瓶、杯、盘、碗、碟、砚、盂、坛、熏炉、脉枕等，还有许多人物、动物（图2-44）等造型玩具，部分玩具巧妙设计有三眼吹孔，可作口哨使用，能够吹奏出简单的旋律。这些动物造型各异，几乎无一雷同，表情生动，栩栩如生，展现了匠人非凡的艺术创造力和高超的技艺水平。在器物形态上，除了传统的圆形设计外，还模仿了花形、瓜蒂形、梭形等多种形态，丰富了器物的视觉效果和艺术表现力。

唐代长沙窑瓷器在发展过程中，其胎体和釉色不仅彰显了技术的显著提升，还体现了风格的多样化和创新。早期作品，胎色多呈现褐红色，胎质相对粗犷，釉色以灰黄或灰青为主，部分瓷器因为胎与釉的化学成分差异较大，导致烧制后二者结合不够紧密，常出现釉层剥落的现象。后期，随着制作工艺的

图2-41　唐
长沙窑模印贴花褐斑注子
故宫博物院藏

图2-42　唐
长沙窑青釉褐绿彩花鸟纹执壶
湖南博物院藏

图2-43　唐
青釉褐绿点彩云纹双耳罐
扬州博物馆藏

图 2-44　唐
长沙窑青釉褐彩瓷狮
长沙博物馆藏

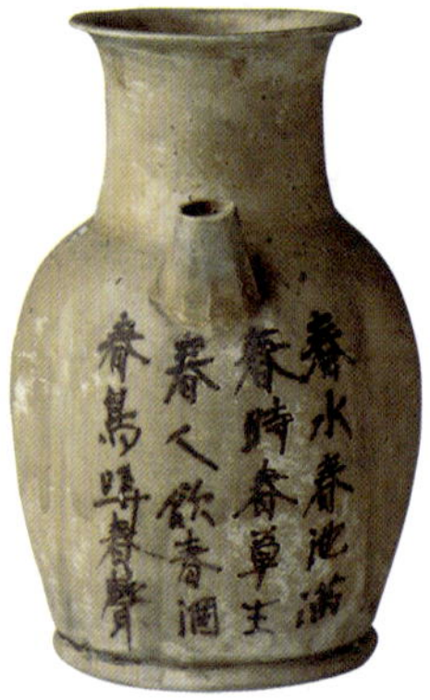

图 2-45　唐
青釉褐彩“春水春池满”诗文壶
湖南博物院藏

日益精湛，瓷器胎色为灰青色，胎质细腻。釉色也变得更加丰富，有黄色与青色，有的通体施乳白釉，釉面白中微微泛青，有的通体施蓝釉或绿釉，极少数施红釉。后期瓷器的胎釉之所以结合紧密，是因为胎料和釉料的化学成分配比合理。

装饰方面，长沙窑主要有釉下彩绘、模印贴花、刻划花、印花和镂空等装饰技法，其中以釉下彩绘最具特色。长沙窑釉下彩绘多以动、植物纹样为装饰，并采用没骨画法，从写实到写意，线条简洁，逸趣横生。此外，诗文装饰也是长沙窑的一大特色，其中有民谣、谚语、警世名言，抑或俗语等。如有描写春日景象的诗句“春水春池满，春时春草生。春人饮春酒，春鸟弄春声”（图 2-45），也有激励上进的“白玉非为宝，千金我不须”等警世名言。这种装饰手法将书法艺术与陶瓷完美融合，开创了在陶瓷上题写文字的先河，不仅赋予了器物文化内涵，也展现了书法艺术的魅力，成为中国陶瓷装饰的一种重要风格。

长沙窑生产的釉下彩瓷器不仅在国内市场需求较大，同时也远销海外。为了迎合不同市场的喜好，长沙窑生产了一些带有异国风情的陶瓷作品，如在器物上描绘葡萄、鸟类、胡人、狮子等具有波斯风格的装饰图案。这些作品的造型与装饰风格很受西亚和中亚国家消费者的青睐，使得长沙窑逐渐脱颖而出，甚至超越邢窑和越窑成为我国早期外销瓷器中的佼佼者。

总之，隋唐时期的瓷器生产，不仅提升了瓷器制作技艺，还丰富了瓷器艺术的风格和内涵，为中国古代陶瓷的发展注入了新的活力。同时，隋唐瓷器的广泛传播，也为世界文化的交流和融合作出了重要贡献。

码 2-4　邢窑衰败的原因

第三章
瓷器发展的第一段高峰（宋元时期）

学习目标：

（1）了解宋元时期瓷器生产的总体概况，理解这一时期汝窑、官窑、哥窑、钧窑、定窑等著名窑场的基本情况，以及磁州窑、耀州窑、建窑、龙泉窑等重要窑系的产品特点。

（2）掌握宋元时期景德镇窑的代表性产品，如青白瓷、青花瓷、釉里红瓷等。

（3）以釉色、造型、装饰等为切入点，理解宋代瓷器的美学追求；掌握通过形式分析阐释作品背后社会文化和审美趋势的方法。

（4）了解宋瓷在制瓷工艺上的创新，如釉下彩、窑变、覆烧等，理解宋代瓷器对后世陶瓷发展的影响。

本章重要词汇：

定窑、覆烧、汝窑、支钉烧、官窑、紫口铁足、金丝铁线、钧窑、磁州窑、耀州窑、景德镇窑、青白瓷、卵白瓷、青花、釉里红、建窑、龙泉窑。

宋元时期在中国陶瓷发展史上占据了举足轻重的地位。宋代不仅是中国陶瓷艺术转型的关键时期，也是艺术风格演进的重要分界线。继唐代富丽堂皇的装饰风格之后，两宋时期士族阶层的崛起带来了社会审美观念的转变，他们推崇简约与本真的“平淡”风格，为陶瓷艺术注入了新的生命力。同时，宋代经济的繁荣和工艺技术的持续进步，推动了陶瓷制造业的蓬勃发展，催生了众多著名的窑口，使宋代的陶瓷艺术呈现出一派繁荣景象。元代的制瓷业在宋、金制瓷业的基础上继续发展，一方面，磁州窑、钧窑、景德镇窑、龙泉窑等窑口仍在继续烧造，特别是龙泉窑，由于外销的需要，大件器皿增多，生产规模普遍扩大；另一方面，元代中晚期景德镇烧出了青花、釉里红、卵白釉等成熟品种，体现了当时陶瓷艺术的卓越成就与高超技艺。因此，这一时期被广泛认为是我国瓷器发展的第一个高峰。

本章共分为十一节，第一节深入探讨了宋元时期的社会背景，以及瓷器工艺在这一时期的发展和演变，之后的十节则分别介绍了宋元时期的代表性窑场。其中，包括广受赞誉的五大名窑——定窑、汝窑、官窑、哥窑和钧窑，以及具有鲜明地方特色的磁州窑、耀州窑、景德镇窑、建窑和龙泉窑。通过分析各个窑口瓷器在造型、装饰和釉色等方面的特点，帮助读者更全面地理解宋元时期陶瓷的发展脉络。

第一节　宋元时期瓷器发展总概

宋代瓷业在唐代“南青北白”的基础上进一步发展，形成了众多具有独特艺术风格和技术特色的瓷窑体系。官窑所产的瓷器专供皇室御用，而“定、汝、哥、钧”等名窑产品不仅受到了文人雅士的青睐，还作为贡器进献皇室。与此同时，磁州窑、耀州窑等地方窑口的产品则广泛流通于民间市场。

宋瓷之美，在于其精致和多样性，各个窑场所产瓷器各有所长。定窑、景德镇窑以清新脱俗的瓷器著称；汝窑、耀州窑瓷器以釉色的深沉和厚重受到赞誉；官窑、哥窑的瓷器典雅大气；钧窑的瓷器色彩斑斓；建窑的瓷器朴素自然；磁州窑、龙泉窑则因其贴近民间生活而备受喜爱。这些窑口的瓷器不仅在艺术表现上各具特色，而且在烧制技术、造型、装饰、原料选择等方面也展现了当时工匠们卓越的工艺水平和对细节的严格把控。

宋代瓷器在烧造技术上取得了重要突破，为了提高产量与降低成本，瓷窑普遍用“火照”①来检查烧制过程中窑炉的温度与气氛，以保证尽可能高的成品率。此外，北宋中期定窑创制了覆烧②工艺，即以垫圈组合的匣钵取代普通匣钵，先在较厚的底圈内放置一个或两个碗坯，其上再放一个支圈和一个碗坯，依次类推，当支圈和碗坯叠置到一定高度后入窑烧制，这种工艺一次能装烧多件碗类瓷器。覆烧工艺充分利用了窑炉空间，在降低成本的同时也有效提高了产量，后来为其他瓷窑所采用。

造型方面，这一时期除继承传统的器型之外，也出现了许多新的器物样式，且器皿比例得当，匀称秀美，达到了增一分则长、减一分则短的完美地步。宋瓷以其典雅秀美的造型、搭配绚丽多彩的釉色以及千变万化的结晶和纹理，常常让人赞叹不已。

釉色装饰上，各窑口争奇斗艳，尽显装饰之美。定窑白瓷，釉色温润如玉，纯净中透着高雅；汝窑釉色天青、粉青，如雨后初晴，静谧而深邃；哥窑釉面裂纹独特，金丝铁线交织，古朴而雅致；钧窑釉色窑变万彩，色彩斑斓，犹如绚烂云霞；官窑釉色莹润，月白、粉青交相辉映，尽显皇家风范；景德镇窑青白瓷，清新淡雅，釉面光润如玉，纹饰若隐若现，素雅恬静；磁州窑釉色丰富，黑白彩绘对比鲜明，生动活泼；耀州窑青瓷，釉色青幽，光润匀净，装饰繁复而不失流畅；建窑黑釉瓷，釉色凝厚似漆，窑变斑彩如星河倾泻，古朴浑厚中见天工之妙；龙泉窑青瓷，器形端庄挺拔，粉青、梅子青层层叠翠，温润如凝脂。除此之外，这些窑口还通过丰富多彩的釉色结合刻花、划花、印花等手法，使器物装饰清新典雅，富有层次与变化。

宋代瓷器的卓越成就，与当时繁荣稳定的政治环境及高度发展的经济背景密不可分。政治上，宋代实行“守内虚外”和“崇文抑武”的政策，这些政策不仅提升了文人的社会地位，也使得他们的审美标准和文化理想成为社会风尚的主导，塑造了宋代陶瓷艺术的独特风貌，使宋瓷展现出一种文雅含蓄、大道至简的风格。

经济上，宋代朝廷注重海外贸易，把贸易税收作为一项重要的政府收入。自唐代起，中国的瓷器便已大量走向海外市场，到了宋代，海外陶瓷贸易变得更加活跃和普遍。宋朝在东南沿海的一些港口城市，如广州、明州（今宁波）、杭州、泉州等处先后设立了管理对外贸易的机构，即市舶司，并派内侍官到日本、朝鲜、马来西亚、巴基斯坦、菲律宾、印度尼西亚等国家进行贸易交流。当时的陶瓷贸易不仅推动了国内经济的繁荣，还扩大了中国陶瓷文化的对外传播。

元代的陶瓷生产，在继承宋、金传统的基础上有所发展，特别是地方名窑，产品种类较前朝更为丰富。这一时期南北各地窑场一度出现了短暂的中兴，但随着瓷器生产重心的南移，逐渐形成了以景德镇为中心的瓷业格局。至元十五年（1278 年），也就是元朝大军攻占宋都临安（今杭州）后的第二年，重视经贸的忽必烈就立即下令在景德镇开设了全国唯一一所管理陶瓷产业的机构，即浮梁磁局，并委派色目人③担任浮梁县最高行政官员。浮梁磁局是当时全国唯一的官窑生产管理机构，隶属于将作院，以提领为督

---

① 火照：一种窑具，用以测定、观察窑炉内温度、火候和瓷器坯件瓷化及烧成情况的试片。

② 覆烧：古代瓷器装烧方法之一，也称反烧或伏烧，是把碗盘一类坯件反扣在窑具上的支烧方法。

③ 色目人：色目本义为“各色名目”，色目人即各色名目之人，是元代时对来自中西亚、西亚和欧洲的各民族的统称，也是元代人民的四种位阶之一。从广义上来讲，包括被蒙古人征服并带入大蒙古国的突厥人、粟特人、吐蕃人、党项人、波斯人（花剌子模人）、阿拉伯人等。

陶官，元代所有的御用器皿和官府用瓷，均通过浮梁磁局以“官监民烧”的形式在民窑中生产。这为景德镇的陶瓷产业提供了更大的发展空间，全国各窑口的优秀工匠在此汇聚，朝廷投入大量资金推动技术研发，产品线不断扩充，创新水平达到了一个历史新高度，并为景德镇之后“一枝独秀”的制瓷地位奠定了基础。

南方除景德镇窑之外，龙泉窑、婺州窑、吉州窑、建窑、德化窑等窑口也有一定的发展。特别是龙泉窑青瓷在元代拥有广阔的海外市场，为满足市场的需求，其生产规模和产量甚至远超景德镇窑，但整体质量相较宋代有所下降。另外，北方的窑场在入元之后，产品的质量有明显的下降，定窑、耀州窑走向衰落，钧窑和磁州窑则继续发展。

元代一统全国后，成为横跨欧亚大陆的四大汗国的宗主，与周边国家经济文化交流频繁。这一时期除延续了前朝的海上航线，陆上丝绸之路也焕发出新的活力，陶瓷贸易格外繁荣。在元代，贸易收入占国家总收入的近九成，为适应不同国家和地区的市场需求，外销瓷器的生产策略变得日益精细化。例如，景德镇窑生产的青花瓷，以其精美细腻的纹饰和清新雅致的色调，成为国际市场上备受追捧的商品。尤其是信仰伊斯兰教的国家与地区对青花瓷的需求量极为庞大，在这些国家与地区，蓝色被视为纯洁和神圣的象征，与伊斯兰文化中的信仰观念相契合。青花瓷的钴蓝色调满足了他们对色彩的审美偏好，同时，精致繁复的纹饰也与伊斯兰文化的装饰风格相呼应，深受当地人民的喜爱。综而述之，海外市场的需求激增，创造了元代制瓷业前所未有的繁荣景象。

相较宋代，元代陶瓷生产规模明显扩大，工艺技术取得了新的突破。这种突破主要体现在坯料和釉料两个方面：坯料方面，这一时期景德镇的瓷工采用瓷石加高岭土的“二元配方”法，提高了坯体耐高温的能力，降低了烧制过程中器物变形的概率，可以烧制出大型器皿；釉料方面，瓷工熟练掌握了各种呈色剂，如景德镇窑除了成功烧制青花和釉里红瓷器外，还创新出许多独特的颜色釉瓷，如卵白釉、红釉和蓝釉等。釉下青花与釉里红的大量烧制，标志着中国陶瓷从之前的“坯体与釉色装饰”时代走向了“彩绘装饰”时代，一系列颜色釉瓷的创新也为之后明清两代的工艺发展提供了宝贵的经验和灵感。正是基于这些历史性的技术革新和艺术探索，景德镇逐渐成为全国的制瓷中心。

与宋代偏好典雅、含蓄、秀丽的审美趣味不同，元代陶瓷展现出了宏伟、粗犷、大气的美学特征。宋瓷发展到元瓷的过程经历了一次审美取向的显著转变，即从原先主要由精英阶层引领的精致高雅风格，逐渐演变为以市民阶层为核心受众，更加广泛包容的雅俗共赏风尚。如元青花图案中的“萧何月下追韩信”“鬼谷子下山”“尉迟恭救主”等内容，多取材于民间喜闻乐见的著名历史人物故事，与宋元时期话本小说的流行及元代戏剧的发达有着密切的联系。无论南方还是北方的窑场，都相继颠覆了自宋代以来追求造型与质感的传统，而是更加注重图案的故事性、寓意性和装饰性，为明清以彩绘瓷为主流的发展格局奠定了基础。

第二节　定窑

定窑以生产白瓷而闻名，其烧造地点是今河北曲阳县涧磁村及东西燕山村，曲阳宋属定州，故名定窑。这里烧瓷历史悠久，自唐代创烧，经过五代的发展，宋时达到鼎盛。

定窑创烧于唐代中后期，至五代主要烧造白釉瓷和黄釉瓷，产品特征大体和邢窑相似。从窑址出土的瓷片标本来看，唐代中后期的定窑白瓷胎色仍较深，胎质和釉色差异大，需施化妆土提高白度，但胎质坚硬细腻，部分高档产品甚至已接近或达到了精白瓷的水平。这为后来定窑接替邢窑成为北方新的白瓷中心奠定了基础。五代中后期，定窑白瓷出现了一次质的飞跃，所烧瓷器不再施化妆土，胎釉呈现出精、白、薄的特征，有些器物的白度甚至超过了邢窑。如五代定窑白釉刻“易定”铭碗（图3-1），敞口、尖唇、腹斜收、圈足。胎体较薄，胎质细白，内外施白釉，釉面莹润。外底刻“易定”二字。该碗是五代后期定窑白瓷的精品。

至宋代，定窑进入发展的鼎盛时期。这一时期的定窑瓷器胎质轻薄，釉色纯净，白中泛青，光泽度高，给人一种清新脱俗的感觉。器型方面，规整而多样，不仅有日常生活用品，还有大量的陈设瓷。产品质量的提升使得定窑瓷器在北宋中后期荣升为皇家御用瓷器，并最终成为宋代五大名窑“哥、汝、官、定、钧”中唯一的白瓷代表。到了元代，定窑进入衰落期，最终停止烧造，但具体在元代的哪一个时期，学界尚没有定论。

要想了解宋代定窑瓷器的特点，可从器型、工艺、装饰三个方面进行分析。

器型上，定窑瓷器的造型十分丰富，除盘、碗等外，还有大量的军持、瓶、罐、熏炉、盒，以及海螺、水注、四人肩舆等罕见的艺术珍品。生产的器物胎质坚细，为乳白色。定窑器物中让人印象最深刻的是孩儿枕，之所以被称作孩儿枕，是因为瓷枕外形呈孩童卧躺的形态。宋代南北方的瓷场普遍烧造瓷枕，且形式多样，产量巨大，其中以定窑生产的孩儿枕最让人惊叹。瓷枕最早见于隋代，唐以后大量生产，宋元时期广为流行，尤以两宋和金代最为鼎盛。唐代已开始生产长方形和圆形瓷枕，宋代才开始烧造孩儿枕，孩儿枕设计精妙，形象生动，体现了这一时期陶瓷工匠敏锐的观察力和娴熟的技艺。现藏于台北故宫博物院的一件孩儿枕（图3-2）便是其中的精品，该瓷枕通体施加白釉，运用刻划、贴花装饰，展现出肌体的丰满润泽。孩童上穿长衣坎肩、下着长裤，衣褶生动流畅。孩童的动作神态也刻画得极其生动，以手枕头，呈匍匐状，双脚向上抬起，活泼可爱，造型别致有趣。

定窑在烧造工艺方面，取得了多项创新。首先，北宋中期以后，定窑发明了覆烧工艺，产量大大提升。覆烧法，就是将器皿反扣过来焙烧，因此口沿不施釉，露出瓷胎，这种现象被称为“芒口”。对于露出的涩边，常用铜或金银镶口（图3-3），这种做法通常有两种用意：一是使器物更加美观，利用金属包镶口沿，以达到遮蔽缺陷、增强使用舒适度的目的；二是显示使用者尊贵的身份，在器物上包镶金银等贵金属的装饰手法，多见于五代宋初统治阶级使用的瓷器。如宋初的《吴越备史》内有所谓“金装定器”之说。其他如《宋会要辑稿》和《宋两朝贡奉录》等书都列有“金口”“银口”等名称。

图3-1　五代
定窑白釉刻“易定”铭碗
故宫博物院藏

图3-2　北宋
定窑白瓷婴儿枕
台北故宫博物院藏

图3-3　宋
定窑白釉刻花牡丹纹盘
故宫博物院藏

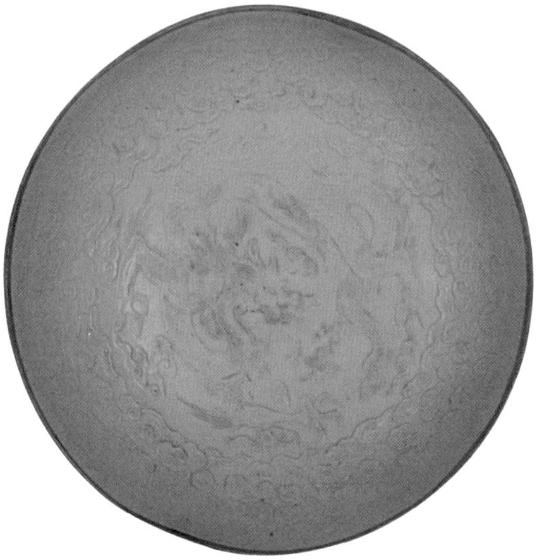

图 3-4　北宋
定窑白釉印花云龙纹盘
故宫博物院藏

其次，发明了“火照术”。在烧制瓷器时，火照会被放置在窑床前端靠近窑门处的观火孔附近。当窑工需要测定窑内温度时，会将长钩伸入观火孔，钩住火照上端的圆孔，将其从匣钵中钩出。通过观察火照的烧制情况，窑工可以判断窑内的温度和瓷器的烧成情况。

最后，宋代定窑创新性地使用煤作为燃料。煤的使用，一方面让定窑避免像邢窑一样因薪柴资源匮乏而走向衰败；另一方面，煤的火焰较低，外部空气能够有效地进入窑室，使窑内氧化气氛较强，烧制出的白瓷呈现出独特的乳白色调，釉面温润如玉，光泽度极佳。明代宋应星在《天工开物》中曾介绍用柴窑与煤窑烧制陶砖时的差异：

凡烧砖有柴薪窑，有煤炭窑。用薪者出火成青黑色，用煤者出火成白色。

在烧制建筑用陶砖时，若采用柴薪窑，砖块常因火焰特性而呈现青黑色；若使用煤炭窑，砖块则会呈现白色。这种颜色的差异，就是因燃料和窑炉类型不同而导致的气氛差异所致。同理，烧制瓷器时使用柴薪窑或煤炭窑也会带来不同的结果。

装饰方面，定瓷早期多为素地，北宋晚期多装饰有精美的花纹，装饰技法较常见的有刻花、印花和划花三种。刻花所用工具主要为竹片或铁质刀片，竹片所刻线条较宽，刀刻线条则较细。刻花时直角用刀，使得线条洗练流畅，有较强的立体感。如宋代定窑白釉刻花牡丹纹盘（图 3-3），折沿，浅腹，通体施白釉，釉面细润光滑，器口部分无釉，用铜镶嵌器口。盘的口沿处刻划一圈细腻的卷草纹，底部刻划缠枝牡丹纹，其上结两朵花心相对的牡丹，枝干矫健，花朵丰满，在温润莹泽的白色釉面映衬下，显得典雅优美，堪称定窑刻花白瓷的典范之作。

所谓印花，是用刻有花纹的印戳或陶模在瓷坯未干时印出花纹，一般多为模压阳纹。这一工艺始于北宋中期，成熟于北宋后期，纹饰多表现在盘碗的内部。花纹的部位往往具有一定的厚度，施釉后在烧制过程中，花纹的凸起部分与釉层之间会形成一种微妙的对比，使得釉面在花纹处呈现出光影交错、深浅不一的视觉效果，进一步增强了瓷器的立体感和装饰美感。印花图案多为花卉题材，也有禽鸟纹、龙纹、鱼纹、水波纹等纹饰。故宫博物院收藏的定窑白釉印花云龙纹盘（图 3-4），敞口，浅弧壁，圈足，胎体轻薄，胎色洁白，内外施白釉，釉色白中闪牙黄，口沿无釉。盘外壁光素，内模印花装饰，内壁饰祥云纹，内底为一矫健行龙。定窑瓷器上龙凤纹饰的频繁出现，不仅彰显了定窑工艺的精湛，也暗示了定窑长期为宫廷生产贡器。关于这一点，可以从宋徽宗赵佶所绘的《文会图》（图 3-5）中得到辅证，该作品描绘了文人雅士会集于庭院饮酒赋诗的场面，经年的老柳古槐下，文人们铺陈巨案，案上的盘碟酒卮排列有序。巨案上摆设的白色果盘、酒樽、杯盏、执壶等，很有可能是当时定窑所产。

划花，是斜角用刀在尚未干透的胎体表面划出线条纹饰，其纹饰呈阴纹线条状。划花在线刻处往往呈现深浅不同的斜面，使纹样产生较为丰富的变化。同刻花相比，划花的纹饰更具立体感。如定窑划花团螭莲花纹碗（图 3-6），六瓣葵花口，带铜扣，侈口深壁，圆底矮圈足，胎骨轻薄，釉色匀润。器内、外壁勒划六道凹痕且各刻划缠枝牡丹花纹四朵，内底心划蟠龙一条，间饰云纹，纹线刻画清晰，可见工巧之精湛。

图 3-5　北宋
赵佶《文会图》局部
台北故宫博物院藏

宋代定窑除生产白瓷外，也生产黑釉、酱釉瓷器，俗称“黑定”　“紫定”。与生产的白瓷相比，黑釉、酱釉类器物数量较少，因此弥足珍贵。正如明代曹昭《格古要论·古窑器论》中记载：

有紫定，色紫，有墨定，色黑如漆。土俱白，其价高于白定，俱出定州。

定窑生产的黑瓷，胎质细腻，釉色光亮透黑，造型精巧，多为盘、碗一类，器物多素面无纹，也有少数作品有刻花、印花、剔花装饰。山东淄博陶瓷琉璃博物馆收藏的宋黑定碗（图 3-7），胎体轻薄，胎质细腻，通体施黑釉，釉色亮泽如漆，口沿棱角薄釉处呈酱黄色，是宋黑定中的代表。

紫定的色釉并不是专门配制而成。国家级非物质文化遗产代表性项目定瓷烧制技艺代表性传承人陈文增，在研究黑定烧成配料及成因后得出结论：“世传黑定、红定之说，并非色定中有专门釉色配方，而均为特定烧成气氛下的黑釉窑变。温度在 1280 ℃左右时，黑釉如点漆，沉着稳重，光泽厚实，釉面呈橘皮状，即黑定。温度在 1290 ℃左右时，釉由黑色趋向紫色，俗称酱釉，即紫定。温度在 1300 ℃时，釉面由紫色变红褐色或红色，即红定。”图 3-8 是宋代定窑生产的酱釉盖碗，通高 6 cm，口径 12 cm，足径 5.3 cm。直口，深腹，圈足。盖顶置瓜蒂形钮。通体施酱色釉，口沿及圈足无釉，露胎处呈白色。

此外，定窑也有装饰金花的器物，即用大蒜汁调金描绘纹样，纹样牢固不脱落。宋人周密在《志雅堂杂钞》中记载：

金花定碗用大蒜汁调金描画，然后再入窑烧之，永不复脱。

现藏日本东京国立博物馆的定窑柿釉金银彩牡丹纹碗（图 3-9），碗内金彩已部分脱落，可见并非如周密所言真的“永不复脱”，然而透过隐约可见的纹样，依然能够窥见该碗昔日的辉煌与光彩。

图 3-6　北宋
定窑划花团螭莲花纹碗
台北故宫博物院藏

图 3-7　宋
黑定碗
淄博陶瓷琉璃博物馆藏

图 3-8　宋
定窑酱釉盖碗
故宫博物院藏

图 3-9　北宋
定窑柿釉金银彩牡丹纹碗
日本东京国立博物馆藏

图 3-10　北宋—金
定窑印花云龙纹盘
上海博物馆藏

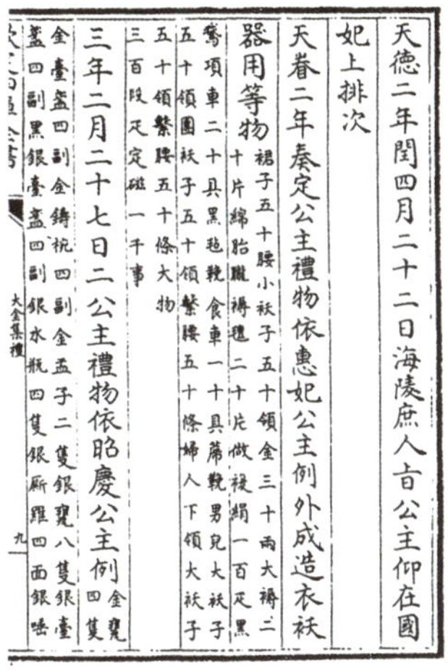

天德二年閏四月二十二日海陵庶人旨公主仰在國
妃上排次
天眷二年奏定公主禮物依惠妃公主例外成造衣袄
器用等物 裙子五十腰小袄子五十領金三十兩大褥二十片綿胎襯褥毯二十片做被絹一百疋黑鶩項車二十具黑毡靴食車一十具席靴男兒大袄子五十領團袄子五十領緊腰五十條婦人下領大袄子五十領緊腰五十條大物三百段疋定磁一千事
三年二月二十七日二公主禮物依昭慶公主例 金甆四隻金臺盞四副金鑄柷四副金盂子二隻銀甆八隻銀臺盞四副黑銀臺盞四副銀水瓶四隻銀厮羅四面銀唾
大金集禮　九

图 3-11　《文渊阁四库全书》收录的《大金集礼》卷九“公主条”

定瓷对宋代南北方的制瓷业都有着较大的影响，在当时，河北的磁州，河南的禹县（今禹州市）、登封、修武，山西的介休、平定，陕西的耀州，都仿照定瓷生产。南宋时景德镇所仿的定瓷被称为“南定”，以区别于北方定州所产定瓷。值得一提的是，定窑的影响还远至朝鲜半岛，如宋代徐兢曾在《宣和奉使高丽图经》中记载：

碗、碟、杯、瓯、花瓶、汤盏，皆窃仿定器制度。

这是徐兢在出使高丽国时见到高丽青瓷后的一段描述，认为当时的高丽青瓷有在模仿定瓷制度，可见当时定窑影响力之大。这一点可以在南宋张仲文的《袖中锦》中得到印证，该书详细罗列了诸多广受追捧的“天下第一”名品，定瓷就位列其中：

监书、内酒、端砚、洛阳花、建州茶、蜀锦、定瓷……皆为天下第一，他处虽效之，终不及。

“靖康之变”前后，定窑因连年战乱而逐步走向衰败。但随着金朝控制北方政权趋于稳定后，定窑得到一定程度上的复兴，其部分产品的制作工艺甚至恢复到了北宋时期的水平。南宋周煇在《清波杂志》中记载：

出疆时，见虏中所用定器，色莹净可爱。

周煇在出使金朝期间目睹了当时定窑瓷器的风采，所见定瓷釉色莹净可爱，这也在一定程度上反映了金朝管理下的定窑，生产能力恢复到了一定水平。

金朝定窑产品主要以盘、碗、洗为主，装饰手法包括印花、刻花、剔花等，装烧工艺沿用了北宋中后期发明的支圈覆烧法。从饰有龙凤纹饰的一些器物上看，定窑产品也是金代统治者喜爱的瓷器品种。如定窑印花云龙纹盘（图 3-10），此盘圈足满釉，口沿包镶铜边。盘面之上，细腻的印花工艺勾勒出祥云瑞气，缭绕不绝，一条游龙蜿蜒盘旋，舞动于云雾之间，龙鳞清晰可辨，栩栩如生，神韵飘逸。盘外壁有定窑瓷上常见的“泪痕”，从底部则可看到流釉的痕迹，证明它在烧造时采用了覆烧的方式。《大金集礼》曾记载：天眷二年（1139 年），金国以“定磁一千事”（图 3-11）作为礼物赏赐给公主。这件精美的印花云龙纹盘，很可能就是金代高等级定窑的代表作。

图 3-12　元
定窑模印金鱼纹碗
大英博物馆藏

图 3-13　元
定窑划花鱼藻纹板沿洗
大英博物馆藏

图 3-14　元
定窑白釉饕餮纹四足炉
海外收藏

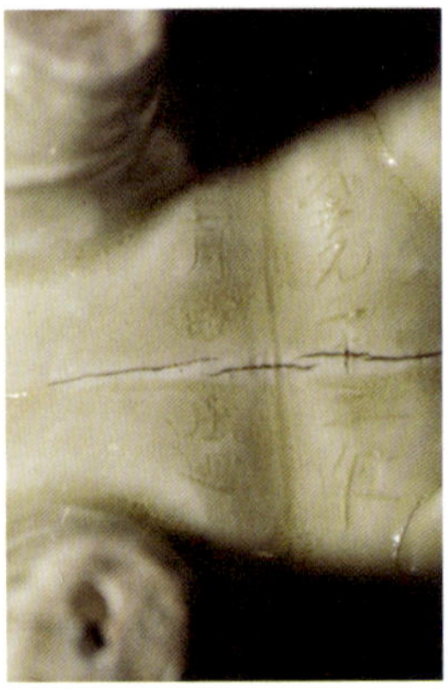

图 3-15　定窑白釉饕餮纹四足炉底部

到了元代，定窑快速衰落。这一时期定窑以生产碗、盘等日用器为主，宋金时的精美产品已属罕见，所烧之物，大部分胎质粗糙，釉色白中泛黄，毫无洁白莹润之感（图 3-12）。从整个元代定窑来看，考古资料少，具有纪年性质的实物遗存少。大英博物馆藏有一件元至元八年（1271 年）定窑划花鱼藻纹板沿洗（图 3-13），器物内底有鱼藻纹饰，画面构图简单，所划纹饰流露出一种随性与质朴的气息，恰如一幅儿童画，与定窑鼎盛时期的华丽富美相去较远。

此外，还有一件元至元二十二年（1285 年）的定窑白釉饕餮纹四足炉（图 3-14），炉身呈正方形，四角内收，厚唇口，内外口沿之间板沿较宽，不甚规整，最宽处为 2.8 cm，最窄处为 2 cm，器身厚重。炉身刻有印花纹饰，口沿下周刻有蔓草纹，器腹四面主题纹饰为模印变体纹，纹饰微凸。器物胎质白中微泛灰青，施白釉，四底足无釉，器内底施半釉，釉面莹润光净，局部有泪痕和黑褐色斑点，全器内外窑裂现象明显。外底四足间釉下刻有“至元二十二年三月造”（图 3-15），字体草率而拙稚。

总体而言，定窑是中国古代继邢窑之后最具代表性的白瓷窑场，在邢窑日渐衰微之时，定窑白瓷后来居上，取而代之，成为“天下第一”的白瓷，在宋元制瓷生产体系中占有重要地位。其在薄胎瓷器成型、覆烧工艺、以煤为燃料等方面均有开创之功，对南北方诸多窑场产生了重大影响，许多窑场都生产定窑类型的精细白瓷，因此形成了一个庞大的瓷窑体系，被后世称为“定窑系”。

码 3-1　古代文献中有关定窑的记载

第三节　汝窑

汝窑是宋代的五大名窑之一，坐落于古代河南汝州之地，因此得名。古代河南窑口众多，制瓷条件良好，北魏时期的洛京窑①、北朝至隋唐时期的安阳相州窑②，以及巩义的隋代铁匠炉窑③均已烧制出质量较好的青釉瓷器，而地处汝州的鲁山段店窑，更是在初唐创制出了“鲁山花瓷”④，这些窑口的发展都为后来汝窑的形成奠定了良好的基础。

有学者认为汝窑的发展也受越窑的影响。越窑早在东汉时期就已经掌握了烧造青瓷的技术，南北方的制瓷业都深受其影响。汝窑和越窑的联系可从釉料和工艺上来分析：从釉料上看，不同于北方其他青瓷，汝窑用的釉属于“高铝低硅釉”，这与越窑青瓷釉很接近；从工艺上看，汝窑的“裹足支烧”特征也同越窑工艺一脉相承。因此，可以推断汝窑与越窑在技术上有着密切的交流。然而，关于这种交流的具体时间以及最初是在哪个窑场开始的，目前尚无确切的证据。

根据现有考古资料，汝窑在宋初创烧，发展到北宋晚期进入鼎盛，曾一度为宫廷烧制御器。至金元，汝窑传统的制瓷技术逐渐失传，生产规模缩小，品质下降，发展到元末逐渐凋零。

宋代是汝窑发展的主要阶段，北宋早期是汝窑的创烧期，这一时期的汝瓷，烧制方法比较简单，产品种类单一，多为盘、碗等器物；釉层很薄，发色尚不稳定，部分好的釉色较为莹润；器物以素面为主，不太重视装饰，个别器物内壁以简练的凸线划分区域，还有个别模印花纹，打破器表素净单一的格局。北宋中期是汝窑的发展期，这一阶段汝窑的工艺水平显著提升，造型丰富多样，有碗、壶、盘、瓶、枕等；除白瓷外，青釉瓷产量明显增多，釉色莹润，开片密布；产品注重装饰，碗、盘内壁常用几道凸线划分成六个等份，有些产品还采取刻花、印花的手法，刻印缠枝牡丹、菊瓣、团菊、海水游鱼等纹样，线条流畅自然，花纹图案清晰。至北宋晚期，汝窑进入全盛时期，此时的汝瓷制作工艺精湛，印花技法广为流传，各地窑口竞相争辉，已成为名瓷之首，享有极高的声誉，并为宫廷烧制御用汝瓷。宋人叶寘在《坦斋笔衡》中记载：

本朝以定州白磁器有芒，不堪用，遂命汝州造青窑器，故河北唐、邓、耀州悉有之，汝窑为魁。

叶寘讲的“汝窑为魁”正是指北宋后期的汝官窑。该段文字表明，由于定窑白瓷有“芒口”，朝廷命令汝州烧造青瓷，汝窑以其精湛的工艺和优雅的青瓷制品，赢得了美誉并成为贡瓷，供皇室使用。

早期只有汝窑的瓷器传世，并未发现其烧造的确切遗址。1986 年末，考古工作者根据在河南宝丰清凉寺采集的天青釉瓷片，发现了传世汝窑的窑址。清凉寺汝窑遗址位于河南省宝丰县大营镇西南 2.5 千米的清凉寺、韩庄两村之间的台地上。经过多次发掘，发现了大量的瓷片以及一些完整器物，除天青釉汝瓷外，还有白釉、豆青釉、黑釉、酱釉黑瓷和三彩瓷等。器物主要为日用器皿一类，有碗、盘、碟、盏、套盒、瓶、壶等。如 1987 年 11 月在清凉寺村窑址附近窖藏坑出土的一件北宋汝窑天蓝釉刻花鹅颈瓶（图 3-16），釉色天蓝，颈部和腹部刻划缠枝莲花纹。

宝丰清凉寺汝窑除奉命为北宋宫廷烧制御用汝瓷外，也生产民用瓷。有学者认为，清凉寺窑场是在民窑的基础上逐步发展起来的一处受命承烧青瓷的地方官窑。正如宋人叶寘所提及，这里生产的瓷器与

---

① 洛京窑：民国时期著名陶瓷学家叶麟趾在《古今中外陶瓷汇编》中记载：“洛京窑，亦元魏烧造，即今河南洛阳县也。初都云中，后迁都此，故亦曰洛京，所烧即供御物。”即元魏时期烧制贡瓷的窑口。

② 相州窑：相州窑源于北朝，兴盛于隋，衰落于唐，是中国北方早期青瓷烧造的代表窑口之一。

③ 隋代铁匠炉窑：位于河南巩县窑，巩县窑主要包括黄冶窑、白河窑和铁匠炉窑三处窑口。铁匠炉窑的遗址规模最大，主要烧制白瓷。

④ 鲁山花瓷：“花瓷”即花釉瓷器，鲁山花瓷又名“唐代钧瓷”“黑唐钧”，因唐代鲁山所产的黑地、乳白、蓝斑一器三色的花釉瓷器而得名。

图 3-16　北宋
汝窑天蓝釉刻花鹅颈瓶
河南博物院藏

图 3-17　北宋
汝窑青瓷无纹水仙盆
台北故宫博物院藏

图 3-18　宋
汝窑天青釉圆洗
故宫博物院藏

同时受命烧造青瓷的唐州、耀州等地的窑场产品相比起来品质最优，使得清凉寺窑场为皇家所垄断，成为专门供御的窑场。由于汝窑既生产民用瓷，又生产御用瓷，所以在区分二者时多将为民间生产的瓷器称为“汝民窑”，将专为宫廷烧制的御用瓷称为“汝官窑”，二者在器型、胎釉特征以及精细程度上均存在很大的区别，汝官窑瓷器胎质细腻，釉层匀净，造型端庄；汝民窑瓷器注重器表装饰，刻划或模印花纹，图案丰富，线条流畅，具有浓郁的民间艺术特色。下文主要介绍作为“汝官窑”的传世汝窑。

汝窑为宫廷烧瓷的历史相对短暂，主要集中在北宋中期的二十余年里，除此之外的大部分时间，汝窑都处于民窑时期。值得注意的是，即使在汝官窑时期，它也是与民窑并存的，而且民窑所产的器物数量更多。因此，汝官窑的传世瓷器数量稀少。目前，全世界完整的传世汝窑器不足百件，其中故宫博物院藏 20 件，台北故宫博物院藏 21 件，英国大英博物馆（含大卫德基金会）藏 16 件，上海博物馆藏 9 件，其他公、私立博物馆藏 20 余件。与宋代其他著名窑系相比，汝窑瓷器的现存作品极为罕见，更显珍贵。

从传世的器物来看，汝官窑瓷器造型秀美，种类丰富。按形制分类，主要有实用器皿、陈设器皿、礼器三类。实用器皿主要有碗、钵、盘、盆（图 3-17）、杯、碟、盏、盏托等；陈设器皿主要有瓷瓶、笔洗、笔掭、印盒等；礼器有奁式炉、贯耳瓶、鬲式炉、簋式炉、方壶等。其中，瓶和洗的造型较为多样，瓶有纸槌瓶、胆式瓶、玉壶春瓶等；洗有圆形（图 3-18）、椭圆形及三足等形式，另外还有椭圆形四足洗，这类洗仅见于宋汝窑，其他窑场尚未见过。

在胎釉上，汝官窑瓷器胎质细腻，釉层莹润，胎釉结合紧密。汝官窑胎体较薄，颜色呈浅灰色、灰色等，色如灰烬，因此又被称为“香灰胎”。汝官窑釉色以天青色为主色调，呈现出一种接近蔚蓝天空的清新色调，此外，亦有虾青、粉青、豆青、卵青、灰青、茶青、葱青等多种变化，每种颜色虽都有细微的不同，但皆是青中泛蓝，是汝瓷独特美感的关键所在。传说汝官窑采用玛瑙作为釉料配方，宋人周煇在《清波杂志》中记述道：

汝窑宫中禁烧，内有玛瑙末为油（釉），唯供御，拣退方许出卖，近尤艰得。

此外，汝官窑瓷器表层的釉面有肉眼可见的稀疏的气泡，犹如晨星，别具特色。釉中密布细小开片，有蟹爪纹、鱼子纹、鱼鳞纹、冰裂纹、蝉翼纹等。汝瓷以其细腻、变化丰富的纹理著称，与同时代其他窑口瓷器相比，独树一帜。如宋代汝窑淡天青釉弦纹三足樽式炉（图 3-19），器形典雅大方，造型上仿汉代铜樽，通体施淡天青色釉，釉色温润光洁。从它的局部图（图 3-20）可以看到釉面密布细碎纹片，如同层层冰裂。

图 3-19　宋
汝窑淡天青釉弦纹三足樽式炉
故宫博物院藏

图 3-20　汝窑天青釉
弦纹三足樽式炉局部

图 3-21　宋
汝窑天青釉三足樽承盘
故宫博物院藏

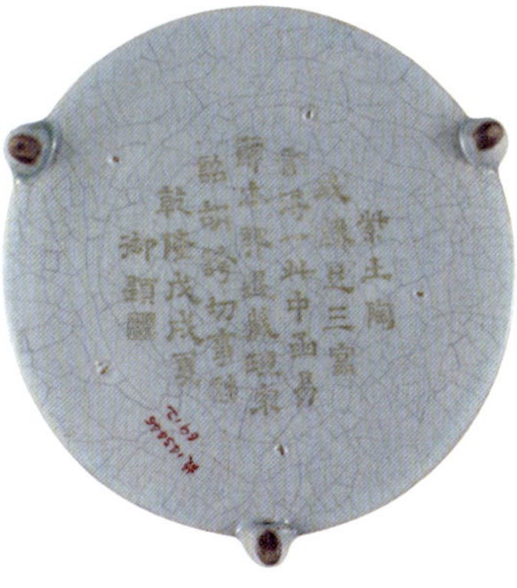

图 3-22　汝窑天青釉
三足樽承盘底部

汝官窑的制作工艺也非常讲究，从原料配方到成型、烧制工艺均有严格的要求。在原料配方上，汝官窑瓷器在北宋民汝青瓷釉料配方的基础上，适度提高釉中铝和钙的含量，形成了大量弥散分布的钙长石晶体，这些晶体对照射进釉层的光线产生较强的反射和散射，增加了釉层的乳浊度，使之呈现出似玉的质感。在成型工艺上，汝官窑瓷器绝大多数采用模制成型，比手制的拉坯成型更费时费工，但可以使器皿造型规整端庄。在烧制工艺上，汝官窑产品少数采用垫饼烧制，绝大多数用支烧法生产，裹足满釉，底部留有 3 到 5 个支钉痕，支钉痕很小，因此被描述为“芝麻支钉”。宋汝窑天青釉三足樽承盘（图 3-21），造型规整，里外均施有天青色釉，釉面细润温和，密布细碎纹片。底部可以看到 5 个细小的支烧钉痕，如同洒落的几粒芝麻。清代乾隆皇帝得此盘后非常喜爱，特为该盘题诗，由宫廷匠师用隶书镌刻于器物底部（图 3-22）。

此外，由于汝官釉烧成温度范围较窄，而且在最高温时的保温时间不能太长，所以汝官窑采用的是椭圆形小窑炉，以便于严格控制烧成温度和烧制气氛，更好地烧制出具有玉质感的天青釉瓷器。

北宋末年，汝窑生产逐渐走向衰弱。这一时期宋金对峙，战事不断，对制瓷业造成了沉重打击，中原地区的瓷窑大都停烧。直到南宋绍兴十二年（1142 年），即金熙宗皇统二年，宋进表于金，自此战乱平息，汝窑产区被纳入金国统治范围。之后，汝窑开始按照传统制瓷技艺恢复生产，但由于大量的制瓷艺人南迁，技艺荒废失传，生产状况每况愈下，这一时期的产品有碗、盘、瓶、钵等，器饰满釉，圈足和底芯露胎无釉，口沿或腹底常有流釉现象，呈蜡泪状，釉色为豆青或梅子青，并有稀疏开片，釉层不匀净，有明显的棕眼，胎体粗笨。至金哀宗天兴元年（1232 年），蒙古军队围攻汴京，中原再次陷入战争，汝窑再次停烧。直到元代至元十六年（1279 年），南宋灭亡，元朝完成了对中国的统一，汝窑得以再次复烧，但产品质量已大不如前。生产的器物釉色光泽欠佳，胎质粗松，器表光素无纹，里外皆上半截釉，盘芯和底足全部露胎，釉色深绿，有的泛黄，胎厚粗笨，造型单调，品种单一，多为简单的一般日用青色釉瓷器。

作为宋代瓷艺的巅峰代表，汝窑独特的美学价值与工艺成就，奠定了其在陶瓷史上的崇高地位。汝窑瓷器不仅是技术与艺术的完美融合，更是宋代社会审美、文化观念及工艺水平的集中体现，由于传世作品较少，其独特性与稀缺性使之成为后世研究宋代陶瓷艺术不可或缺的珍贵实物资料。

码 3-2　汝窑真的是引玛瑙入釉吗?

第四节 官窑

在介绍官窑之前，有必要先对民窑、贡窑、官窑这三个概念加以区分。民窑是由民间经营并服务于民间的窑场；贡窑是为官府烧造贡器或直接接受朝廷定制瓷器的民间窑场；官窑是由官府管理烧造瓷器的窑口，分为地方官窑和中央官窑，地方官窑是地方官府管理烧造的窑场，中央官窑则是中央政府设立的窑场。广义上的官窑包含地方官窑和中央官窑，本节所说的官窑是狭义上的官窑，也就是作为宋代五大名窑之一的官窑。宋代记载的官窑先后有三处，即汴京官窑、修内司官窑和郊坛下官窑。

由于宋代分为北宋和南宋两个时期，因此官窑也相应地有南北之分。关于北宋官窑，目前尚未发现其确切的窑址，南宋学者顾文荐在《负暄杂录》中记载道：

宣政间，京师自置窑烧造，名曰官窑。

其中，“宣政间”指的是宋徽宗时期的政和到宣和年间（1111—1125年）。关于“京师”，目前有两种说法：一种说法认为是指代都城，也就是汴京（今河南省开封市），由于历史上黄河多次泛滥，宋代的汴京城遗址被埋在地下约六米深处，窑址的发掘工作很难展开；另一种说法认为“京师”不是指代具体的地方，而是指代朝廷，持这种观点的学者认为汴京瓷土资源和燃料都比较缺乏，并不具备设窑烧造的物质条件，因此不可能在汴京设立窑场。

南宋官窑有两处，分别设于临安修内司和郊坛下（皆在今浙江杭州）。南宋叶寘的《坦斋笔衡》中载：

政和间，京师自置窑烧造，名曰官窑。中兴渡江，有邵成章提举后苑，号邵局，袭故京遗制，置窑于修内司，造青器，名内窑。澄泥为范，极其精致，油色莹徹（澈），为世所珍。后郊坛下别立新窑，亦曰官窑，比旧窑大不侔矣。

由此可知，宋室南渡临安后承袭了北宋汴京旧制，在修内司设官窑，名为内窑。后又在郊坛下另设新窑，也称官窑。

关于修内司官窑，明代曹昭在《格古要论·古窑器论》中进行了详细描述：

官窑器，宋修内司烧者，土脉细润，色青带粉红，浓淡不一。有蟹爪纹，紫口铁足，色好者与汝窑相类；有黑土者谓之乌泥窑。伪者皆龙泉，所烧者无纹路。

修内司官窑位于杭州凤凰山，1996年因暴雨冲刷，其窑址在杭州市上城区凤凰山老虎洞被偶然发现。浙江省杭州市文物考古研究所对杭州凤凰山老虎洞窑遗址进行了科学发掘，出土的青瓷标本中有一件刻有“修内司窑置庚子年……匠师造记”等铭文的荡箍①（图3-23），经测试分析，荡箍的胎、釉都显示在南宋层瓷片的成分范围内，表明该荡箍为南宋时期的产品，故而这件荡箍应被视为老虎洞窑也就是南宋“修内司官窑”的一个实物证明。因此得出结论：老虎洞窑遗址即为古文献中记载的南宋修内司官窑。

考古学家还将该遗址出土的青瓷与乌龟山郊坛下官窑瓷进行了化学成分比对，得出结论：老虎洞窑和郊坛下窑的瓷器都是利用杭州当地所产原料烧制而成。另外，二者瓷釉的化学组成非常接近，且郊坛下官窑器物在工艺上比老虎洞窑出土的器物更加成熟，说明两者之间可能存在继承关系，即郊坛下窑是在老虎洞窑建立之后发展起来的。这也符合先在修内司设立“内窑”，而后在郊坛下“别立新窑”的历史记载。

郊坛下官窑的窑址位于杭州市南郊的乌龟山一带，于20世纪初期被发现。1956年，浙江省文管会对该窑址进行了小规模的挖掘；1985—1986年，南宋临安城考古队对窑址进行了全面考古发掘，发现了作坊遗迹1处、龙窑1处，出土的器物与传世官窑器相符。这些器物可分为生活用瓷和陈设用瓷两大类，

① 荡箍：是制陶工具陶车上的一个部件，它的功能类似于现在机器上的轴承。

图 3-23　南宋
官窑“修内司”铭文荡箍
南宋官窑博物馆藏

生活用瓷有盘、碟、洗、盒、盆、罐、瓶等，陈设用瓷主要仿商周秦汉青铜及玉器造型，有鼎、鬲、簋、奁等形式的香炉以及琮式的瓶、觚、尊、贯耳壶、花口壶、花盆等，这可能与当时帝王提倡复古的风气有关。在窑址发掘中发现：郊坛下官窑以烧制生活用瓷为主，这与现有传世官窑作品以陈设用瓷居多的情况不同，可能是因为生活用瓷使用频率较高，容易损坏，所以少有保存。

南宋官窑的迅速发展，一方面因南方地区拥有得天独厚的制瓷原料和烧瓷技术，为官窑的发展提供了良好的物质条件；另一方面，随着宋室南迁，宫廷在进行祭祀等重要仪式时，面临着礼器短缺的困境，同时，国库并不充裕，无法大量使用金银等贵重金属制作礼器，因此转而将瓷器作为替代品，这一需求也极大地推动了官窑瓷器的生产。

《宋史》卷二十三《钦宗本纪》记载：

金人以帝及皇后、皇太子北归。凡法驾、卤簿，皇后以下车辂、卤簿，冠服、礼器、法物，大乐、教坊乐器，祭器、八宝、九鼎、圭璧，浑天仪、铜人、刻漏，古器、景灵宫供器，太清楼秘阁三馆书、天下州府图及官吏、内人、内侍、技艺、工匠、娼优，府库畜积，为之一空。

“靖康之变”时，金人洗劫了北宋皇宫，包括祭器在内的所有贵重物品和技艺工匠都被掳掠至金国。至高宗南渡临安建立南宋，朝廷需要通过各种形式的仪典来巩固皇权，但由于当时条件有限，无法重铸北宋朝廷被掠夺损毁的铜玉礼器，遂“祭器应用铜玉者，权以陶木……代之”①，即用瓷、木制造祭器，以代替铜玉礼器。这一重要历史事件提升了瓷器在中华文化中的地位，使之成为祭祀天地与祖先的“国之重器”，这种用瓷祭祀的传统一直延续至明清。

传世官窑瓷器造型丰富，做工精良。官窑瓷器大致可分为两类，一类为宫中陈设用瓷和祭祀用礼器，如瓶、炉、花盆、尊、鼎、觚等，另一类为生活用瓷，如碗、杯、盘、壶、盏、洗等，器身有葵瓣式、菱花式等。陈设用瓷的胎体相对来说更为厚重，生活用瓷的胎体则相对轻薄。一些器物的口沿部分因釉层在高温状态下熔融向下垂流后变薄，显露出釉层下方紫黑色的胎体。这一特征便是人们所称的“紫口铁足”，这是由于在胎泥中掺入了大量的紫金土，使得胎体中的含铁量增加，烧成后呈现出紫黑色。

官窑在烧制上，通常有三种形式。一是满釉支烧，底上留有圆形支钉痕，呈黑灰色，这种烧制法和北宋汝窑器相同，但器底的支钉痕相比汝窑更大且更圆，主要使用在盘、洗一类器物上。如南宋官窑青釉葵口洗（图 3-24），器口为十瓣葵花式，通体施偏灰的淡青色釉，釉面开纵横纹片，从器物的底部可见六个较大的支钉痕；二是用或宽或窄的圈足垫烧，足底露胎，呈黑灰或铁黑色，这种方法主要体现在碗、瓶、盏托一类带圈足的器皿上。如南宋官窑葵口盘（图 3-25）和宋官窑青釉圆洗（图 3-26），足底有明显的垫烧痕迹；三是圈足垫烧加支钉支烧（图 3-27），这种方法主要是为了进一步支撑器物，防止底部坍塌。

宋代官窑所烧釉色，以青为主，有粉青、天青、月白、翠青、米黄、灰青和黄褐等色。釉层也有厚薄之分，薄者釉层透明，胎体若隐若现，釉面光润似玉，纯正匀净。如宋官窑青釉蒜头瓶（图 3-28），通体施青灰色釉，釉面为大开片且遍布器身。再如宋官窑青釉方花盆（图 3-29），施粉青色釉，釉面肥厚，釉色青润，呈现出一种酥油般的光泽，具有独特的艺术魅力。

此外，官窑瓷器延续了北宋汝窑开片的特点，增加了器物的美观性。在官窑的传世品中，釉面有大

① 语出《咸淳临安志》卷三。

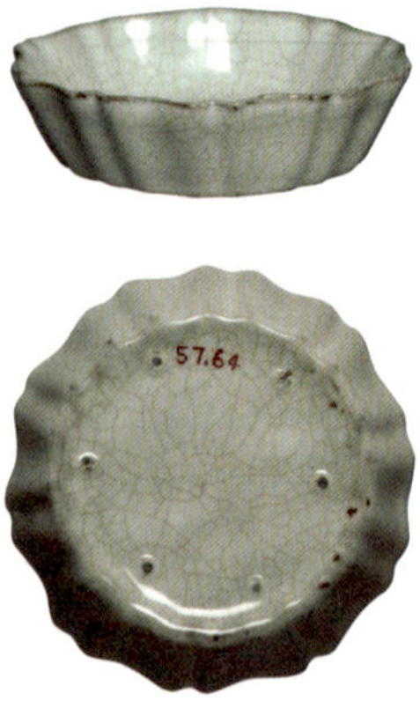

图 3-24　南宋
官窑青釉葵口洗
美国克利夫兰艺术博物馆藏

图 3-25　南宋
官窑葵口盘
美国大都会艺术博物馆藏

图 3-26　宋
官窑青釉圆洗
故宫博物院藏

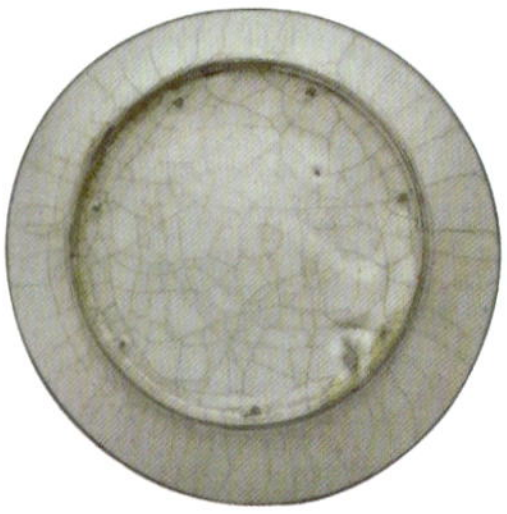

图 3-27　南宋
官窑青瓷盘
台北故宫博物院藏

图 3-28　宋
官窑青釉蒜头瓶（灰青釉）
故宫博物院藏

图 3-29　宋
官窑青釉方花盆（粉青釉）
故宫博物院藏

小不一的开片，如蟹爪纹、冰裂纹、百圾碎、鱼子纹、细碎纹等，大的开片纹路稀疏，小的开片纹路密集，千变万化，精彩纷呈。如现藏故宫博物院的官窑粉青釉瓶（图 3-30），体形硕大，高达 34.5 cm，造型庄重古朴，釉色青翠，釉面满布开片，上部开大片纹，口沿处和近底处纹片细碎。值得一提的是，宋代工匠为了增强釉面纹理的视觉效果，会使用着色剂，如用墨汁、茶叶水或金色、红色的颜料来对釉面开片进行着色，使釉面上形成深浅不一的层次感，这一方法在哥窑的制瓷过程中也得到了应用。

随着南宋王朝的灭亡，官窑的辉煌也随之消退。但根据杭州老虎洞窑址元代地层的出土情况来看，元代的老虎洞窑口并没有完全断烧。

老虎洞窑址的地层叠压关系可分为南宋时期、元代前期和元代后期三个时期。其中南宋时期的遗存是修内司官窑，而元代前期和元代后期的主要遗存仍为与官窑瓷器面貌很相似的产品，表明元代时老虎洞窑继续生产仿官窑的器物。元代层出土的仿官窑瓷片（图 3-31），与南宋层的瓷片相比，胎较粗，胎体厚重，以灰胎为主，黑胎次之，釉以米黄、灰青、月白等釉为主，器型以小型器为主，有碗、瓶、盘、洗、杯、器盖、鸟食罐等，烧制方法以支烧为主。

图 3–30　宋
官窑粉青釉瓶
故宫博物院藏

图 3–31　元
“官窑”款青瓷碗残片
杭州市文物考古研究所藏

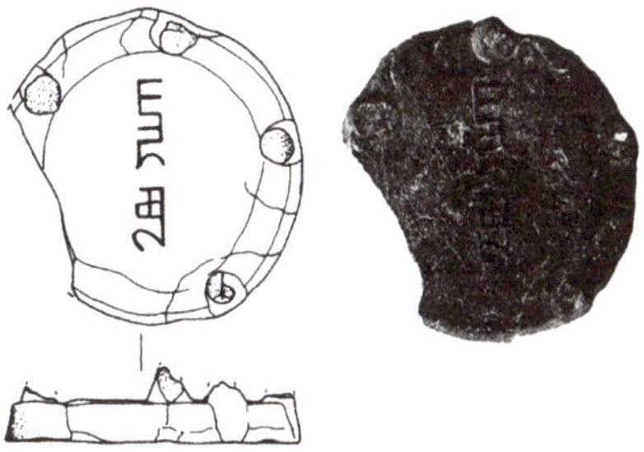

图 3–32
带有八思巴字铭的支钉

尤其重要的是在元代后期的地层中还出土了带有八思巴文[①]铭记的窑具（图 3–32），为这一时期文化的断代提供了可靠的依据。在元代晚期的遗存中有一类器物与传世哥窑十分相似，经中国科学院上海硅酸盐研究所科学测定，其化学成分和显微结构与传世哥窑比较接近，这不仅反映了元代晚期老虎洞窑生产的器物类型已发生巨大改变，与南宋官窑的器物大相径庭，也从侧面为哥窑的产地研究提供了重要的线索。

官窑，以其端庄典雅的造型设计、严谨精细的制作工艺和深厚的皇家文化底蕴，赢得了历史与时代的双重尊崇。它集天下能工巧匠之智慧，将制坯、上釉、烧制等工序雕琢至极致，不仅彰显了皇权的威严与尊贵，更在瓷器上精妙地融入了传统哲学、宗教象征及宫廷美学的精髓，使每一件作品都成为皇家文化与艺术追求的结晶。官窑树立了中国瓷器制作技艺的标杆，其对色、纹、形、质的极致追求，为明清时期官窑的发展提供了重要的参考和启示。

码 3–3　后世的仿宋官窑瓷器

第五节　哥窑

哥窑在陶瓷史上具有举足轻重的地位。最早记载“哥窑”的是元人孔齐的《静斋至正直记》，而真正确定哥窑为名窑的是明代皇室收藏目录《宣德鼎彝谱》中的一项记载：

内库所藏柴、汝、官、哥、均、定各窑器皿，款式典雅者，写图进呈。

但关于哥窑窑址的确切位置，目前学术界尚无定论，其中最为流行的说法认为其可能位于浙江杭州凤凰山附近。2017 年，故宫博物院对传世哥窑器与相关窑址瓷片胎釉元素进行对比分析，显示已测 30 件传世哥窑器物的釉与浙江杭州老虎洞窑址元代地层以及少数几个卷烟厂遗址出土瓷片的釉接近。相较于江西景德镇、河南、浙江龙泉等地，传世哥窑器的窑址更接近杭州，窑址有可能位于凤凰山老虎洞窑址附近。故可以推测，哥窑和上节介绍的南宋修内司官窑存在着某种联系，但有待考古进一步论证。

① 八思巴文：八思巴文是元朝忽必烈时期由国师八思巴创制的蒙古文字，世称“八思巴蒙古新字”，它的创制推广在一定程度上推进了蒙古人社会的文明进程。

哥窑器的典型特征为“紫口铁足”“攒珠聚球”和“金丝铁线”，正是这些鲜明独特的釉色和开片，使哥窑器深受人们的青睐与厚爱。下面对这三个特征分而述之。

“紫口铁足”这一特征，在前文介绍官窑器时已经提及，哥窑同样以“紫口铁足”著称。哥窑器坯体大都是紫黑色或棕黄色，器皿口缘釉薄处显露出黄褐色胎色，在底足未挂釉处呈现铁黑色，因此哥窑也有“紫口铁足”之说。这一特征配合“金丝铁线”的纹理极具古拙之气，形成了符合文人趣味、别具一格的审美价值。明代宣德时期的景德镇窑曾将其奉为经典恢复烧造（图 3-33），但由于景德镇窑使用的是白瓷土，而非青瓷土，所以在制作过程中会在白胎的口与足部位涂上一层含铁的酱釉，以达到“紫口铁足”的视觉效果。

“攒珠聚球”是指哥窑器的釉层中有大小不同的两种气泡（图 3-34），其排列形式不是间杂错落，而是较为整齐地排列在一起。聚球式的气泡比攒珠式的气泡数量要少得多，一般呈圈形排列在器物内壁，像一个很厚的环。“攒珠聚球”是哥窑器最为显著、最玄妙、广受赞誉却又常被低估的艺术特征。孙瀛洲在《元明清瓷器的鉴定》一文中谈道：“如官、哥釉泡之密似攒珠……这些都是不易仿作的特征，可以当作划分时代的一条线索。” 事实上，也确实如此，“攒珠聚球”是划分真假哥窑的一条必不可少的重要依据。

“金丝铁线”也是人们津津乐道的哥窑器的鲜明特征。“金丝”指的是浅黄色的细碎开片，“铁线”指的是器物上大块的灰黑色开片。“金丝铁线”原本是釉面的一种缺陷，然而，古代制瓷工人巧妙地利用其特性，化瑕为瑜，形成了错落有致、别具一格的釉面装饰。这种独特的艺术效果逐渐成为历代文人，特别是明代以后文人赏鉴哥窑器的重要焦点。“金丝铁线”的形成，实际上是由于在烧造过程中，胎与釉的膨胀系数不一致，釉面发生开裂现象，粗者如铁线，细者如蚕丝，纵横交错，变化万千，这种开裂现象，在瓷器的使用过程中，遇到冷热变化仍然会继续，十分令人称奇。开片的颜色丰富，有深黑色，也有黄色、褐色和鳝血色等多种。开片大小也有不同，大而疏的称“牛毛纹”，细小如珠的叫“鱼子纹”，大小参差错落的称“百圾碎”，此外，还有“柳叶纹”等。

现藏于故宫博物院的宋代哥窑灰青釉胆式瓶（图 3-35）便是典型的“金丝铁线”开片，该瓶通体施灰青色釉，釉色莹润，开片呈自右上向左下的斜纹，自然美观。从局部图（图 3-36）上可以看到，黑色的大开片中夹着淡黄色小开片，纹理清晰，错落有致。

图 3-33　明成化
仿哥釉八方高足杯
故宫博物院藏

图 3-34
哥窑瓷器釉层中的气泡

图 3-35　宋
哥窑灰青釉胆式瓶
故宫博物院藏

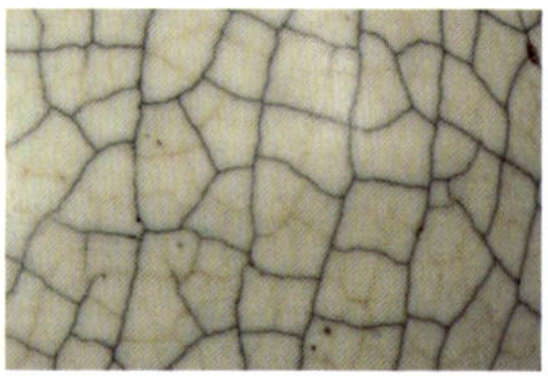

图 3-36　哥窑灰青釉
胆式瓶局部

图 3-37　宋
哥窑青釉贯耳瓶
故宫博物院藏

图 3-38　宋
哥窑青釉鱼耳炉
故宫博物院藏

在宋代的名窑中，哥窑器因工艺复杂、身世神秘，所以传世数量极为稀少。据统计，全世界仅有百余件，远少于元青花瓷的存世数量，现主要收藏于故宫博物院和台北故宫博物院。传世哥窑器釉色以炒米黄、灰青多见，造型多典雅端庄，较少大器，但制作十分精美。种类有日用器皿和陈设器皿，但主要以陈设器皿为主。日用器皿有碗、盘、洗、炉、瓶、樽等。陈设器皿样式丰富，常见的有簋式炉、鼎式炉、筒式炉等，器型多仿造商周时期的青铜礼器，所以具有古朴端庄的韵味。例如：故宫博物院收藏的宋哥窑青釉贯耳瓶（图 3-37），其造型来源于西周青铜礼器；另一件宋哥窑青釉鱼耳炉（图 3-38），因两侧置有鱼形耳而得名，其造型仿商周青铜礼器簋，“S”形轮廓线勾勒出端庄饱满的体态，整体造型古朴典雅，通体施青灰色釉，釉面密布“金丝铁线”开片，深浅不一，交织如网，使素净的釉面富有韵律美。

值得一提的是，哥窑生产的盘、碗，会在口部做丰富的变化，如除去传统常见的圆形，还有各式花口仿生形。如故宫博物院收藏的宋哥窑青釉葵瓣口盘（图 3-39）和宋哥窑青釉菊瓣式盘（图 3-40）。前者呈六瓣葵花式，浅腹，坦底，腹壁向里凸出 6 道棱线，圈足亦随腹壁起伏变化。后者通体作 14 瓣菊花形，弧腹，圈足，内、外及圈足内均施灰青色釉，釉面被“金丝铁线”般开片纹所分割，足底无釉，露出黑色胎骨。

宋代哥窑器备受后世喜爱，元明清仿制者颇多，且各有风格，被称为“仿哥窑器”或“哥釉器”，但制作工艺已不能与宋代哥窑器相媲美。明代曹昭撰《格古要论·古窑器论》记载：

哥哥窑，旧哥窑出，色青，浓淡不一，亦有铁足紫口，色好者类董窑，今亦少有。成群队者，是元末新烧，土脉粗燥，色亦不好。

这表明元末仍在烧造哥窑器，但与宋代哥窑器相比胎质粗糙、釉色不好。如大英博物馆收藏的元代哥窑青釉鱼耳炉（图 3-41），釉色沉闷晦暗，不够纯净，胎壁较厚，胎质较粗，开片纹理缺乏层次感，轮廓线条缺乏灵动流畅之美，整体显得厚重，不如宋代哥窑器有韵味。

元代哥窑器总体上胎体粗厚拙重，胎质较松且色呈灰黄，即使是小件器物整体轮廓也缺少曲折，较为生硬。釉色多呈月白色，釉层较薄，浑浊无光，釉面不太均匀干净，常含有一定杂质。开片细密且纹

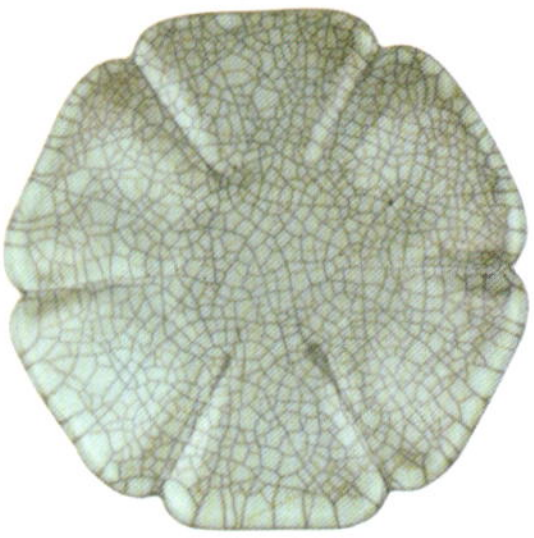

图 3-39　宋
哥窑青釉葵瓣口盘
故宫博物院藏

图 3-40　宋
哥窑青釉菊瓣式盘
故宫博物院藏

图 3-41　元
哥窑青釉鱼耳炉
大英博物馆藏

理粗细相近，较为呆板，已没有宋哥窑器那种自然明快、井然有序的效果。器物的器型较少，主要有鼎炉、鱼耳炉、盘和胆瓶等。

哥窑器以其独特的艺术魅力对后世产生了深远影响，自明清至今，一直被视作名瓷而被仿烧。历代匠人不断尝试复刻其独特韵味，通过对釉料配方、烧制工艺的精细探索，力求在传承中创新，展现出陶瓷艺术跨越时空的生命力与文化价值的延续。

码 3-4　哥窑的记载与传说

第六节　钧窑

钧窑是指在古代钧州范围内的一批陶瓷窑场，其窑址遍及今河南禹州境内各地，到目前为止，已发现 100 余处窑址，是北方地区比较发达的重要产瓷区之一。

在长期的流传中，钧窑本身及其在文献记载中的地位存在很大变化：宋元时期不见有钧窑的明确记载；明代中期出现了“钧州窑”的记载；明代晚期至清初，“钧窑”的概念正式形成；晚清至民国时期，钧窑因其较高的收藏价值而跻身于宋代名窑之列。

宋元时期并没有关于“钧窑”的明确记载，元代官方文献《元典章》中才出现一条关于钧州瓷器生产的记载：

至元五年七月初五日，制国用使司来申：均州管下各窑户合纳课程，除民户磁窑课程依例出纳外，军户韩玉、冯海依赖军户形势，告刘元帅文字拦当，止令将烧到窑货二十分取一，乞施行。……兼磁窑旧例二八抽分，办课难同三十分取一。

这条文献记录了至元时期钧州有民户和军户从事瓷器生产，并提到了关于窑业的税制，但是其中并未提到“钧窑”这一概念，也没有说到当时钧州所产瓷器的特点。

明代中期出现了“钧州窑”的记载。对钧窑的真正描述，目前所见最早的记载为明代宋诩所撰《宋氏家规部》的“窑类条”中记：

钧州窑，深紫色者，粉青色带微紫者，质甚厚。

这一记载中出现了“钧州窑”的称呼，同时也对该窑生产的器物颜色、质地进行了描述。

明晚期至清初，则出现了很多与钧窑相关的记载，且形成了“钧窑”的概念。明张应文撰《清秘藏》卷上《论窑器》中记载：

均州窑红若胭脂者为最，青若葱翠色、紫若墨色者次之，色纯而底有一、二数目字号者佳，其杂色者无足取。

钧州于明万历三年（1575 年）改称禹州，“钧州窑”“钧窑”亦被记作“均州窑”“均窑”。张应文认为钧窑产品以红如胭脂的瓷器最为上乘，青翠如葱或紫如墨色的瓷器次之。在挑选时，如果瓷器色泽纯正，且底部有一、二数目字号的品质更佳，而那些混杂多种颜色的瓷器，则相对不那么值得收藏。

又如清张九钺所著的《南窑笔记》中记载：

北宋均州所造，多盆奁、水底、花盆器皿。颜色大红、玫瑰紫、驴肝、马肺、月白、红霞等色。骨子粗黄泥色，底釉如淡牙色，有一、二数目字样于底足之间，盖配合一副之记号也。釉水葱蒨肥厚，光彩夺目。

张九钺在此指出了钧窑为宋代窑口，并详细介绍了钧窑所产器物的造型、釉色、胎质等特点。

晚清至民国时期，随着收藏热的兴起，人们对钧窑大加推崇，钧窑跃升为宋代名窑。如清末民初许之衡《饮流斋说瓷》之《概说第一》记：

吾华制瓷可分为三大时期，曰宋，曰明，曰清，宋最有名之窑有五，所谓柴、汝、官、哥、定是也，更有均窑，亦甚可贵，其余各窑则统名之曰小窑。

许之衡认为中国的瓷器制作可以分为三个主要时期，分别是宋代、明代和清代。宋代最有名的窑口有五个，分别是柴窑、汝窑、官窑、哥窑和定窑，这些窑口所产的瓷器极为著名，而钧窑也相当珍贵，至于其他的窑口则统称为小窑。

宋代的钧窑瓷器，可分为日用器和陈设器两类。日用器有盘（图 3-42）、碗（图 3-43）、碟、杯、注子、盏托、香炉（图 3-44）、钵、罐、枕、瓶等，造型精巧、釉色别致，日用器烧造地点主要分布于河南禹州、汝州等地。陈设器方面，以花盆、盆托和尊类器皿为主，风格古朴庄重，主要用于美化庭院和室内环境。花盆、盆托的外底一般刻有从“一”至“十”的数字，有学者认为其数字与器物的大小有关：数字越大器物越小，例如“一”字款器物通常是同类器物中最高或口径最大者，而“十”字款器物则是最低或口径最小者。还有学者认为数字的奇偶性和釉色有关：奇数代表红色及变色，偶数代表天蓝色及单色。钧窑花盆的样式种类较多，常见的有葵花式、菱花式、海棠式（图 3-45）、仰钟式、渣斗式、长方形、

图 3-43　宋
钧窑天蓝釉红斑花瓣式碗
故宫博物院藏

图 3-42　宋—金
钧窑天蓝釉紫红斑折沿盘
故宫博物院藏

图 3-44　北宋—金
钧窑天蓝釉红斑三足炉
故宫博物院藏

图 3-45　北宋
钧窑玫瑰紫釉海棠式花盆
故宫博物院藏

图 3-46　北宋
钧窑玫瑰紫釉葵花式三足花盆托
故宫博物院藏

六方形等。各式花盆配以相同样式的盆托（图 3-46），器形典雅、做工精巧，应是为满足宫廷需要所设计烧造，故也被称为“官钧”。故宫博物院和台北故宫博物院所藏数字款各式配套花盆、盆托以及出戟尊之类的花器，多以高温铜红釉的“窑变釉”为特色，烧造地点在河南省禹州旧城的东北角，因窑址邻近古代春秋战国的钧台，故又名“钧台窑”，该窑主要生产陈设类钧瓷，制瓷工艺居于诸钧瓷窑之首。

在中国陶瓷艺术的深厚传统中，流传着“钧瓷无双”的说法，指的是钧瓷的独特性和不可复制性。钧瓷的釉质浑厚滋润，通过控制釉中所含金属氧化物的配比，在高温烧制过程中，发生“窑变”现象，器物釉层表面呈现色彩斑斓的艺术效果，釉彩千变万化，神秘莫测，有的青如蓝天（图 3-47），有的月白如玉（图 3-48），有的红如玫瑰,更有奇者是青中带红、红里透紫,红紫蓝青相映生辉,绚丽多姿。古人以诗句“夕阳苍翠忽成岚”形容钧瓷釉色变化之美，与“入窑一色，出窑万彩”相辉映，共同描绘了钧瓷釉色万千的非凡魅力。

装饰上，钧窑最具代表性的是“蚯蚓走泥纹”，即在釉面中常有状如蚯蚓走泥后的痕迹，以钧窑玫瑰红釉鼓式洗（图 3-49）为例，该洗具有这一明显特征。经过实验研究，发现有两种情况可以形成“蚯蚓走泥纹”，一种情况是胎体施釉晾干后，釉层产生不规则的自然裂缝，由于钧瓷是多次施釉形成厚釉，当再次施面釉的时候，部分裂缝将会被面釉填充，这样，烧成后会因缝隙里边和周边釉层的成分差异，形成外观上的不同，最终形成清晰自然的蚯蚓走泥纹；另一种情况是釉层很厚，在烧成的前期低温阶段，釉层产生裂缝，达到一定温度后，熔融温度较低且黏度较低的部分釉会首先进入裂缝填补空隙，最终形成蚯蚓走泥纹。与汝、官、哥釉上的开片效果一样，“蚯蚓走泥纹”原本是在烧制过程中无意间形成的缺陷，却成为一种富有特色的装饰效果。

钧窑发展到元代，制作范围扩大，形成了庞大的钧窑系，部分器物还远销海外。元代烧制钧瓷的窑场分布在北方广大地区，如河南省的鹤壁、安阳、浚县、淇县、新安、汝州、禹州、郏县、宝丰、鲁山、内乡，河北省的磁县，山西省的浑源、介休等地都有钧瓷窑场。虽然这一时期的钧窑窑场扩大，但制瓷技术大不如前，与北宋末年禹州烧造的贡器相比逊色很多。

与宋代钧窑器相比较，元代钧窑器的特征是胎质粗松，由于胎体烧结不够充分，故釉质也不如以前细润，釉面多有棕眼及气泡，釉层较厚，光泽较差，瓷器釉色主要为天蓝色和月白色，带玫瑰紫色红斑的较少，即便偶有出现，亦多浮于釉层表面，不似宋钧瓷那般浸润自然。元代钧瓷往往施釉不到底，圈足内外无釉，足内胎面常留有尖状痕迹。如元代钧窑天蓝釉折沿盘（图 3-50），折沿，浅弧腹，圈足。该盘里、外施天蓝色釉，口沿处釉层较薄，映出酱黄色胎体，圈足内无釉（图 3-51），外底留有三个支烧钉痕。

鉴于无法复现宋钧瓷那般瑰丽的色彩，元代钧瓷便非常重视釉面的装饰，以满足人们的审美需求。装饰手法分为两种，一为红斑装饰，即在器物上涂抹含铜的釉料，经高温还原烧成后显现出红色，与蓝地相互衬托。例如元代钧窑天蓝釉紫红斑菊瓣盘（图 3-52），敞口，浅弧腹，圈足，盘里、外施天蓝色釉，盘内点缀四块玫瑰紫色斑块，造型优美，釉色鲜艳，天蓝色与玫瑰紫色交相辉映，绚丽典雅，是元代钧瓷中的工细之作。二为堆贴镂雕装饰，在素器上雕刻或堆贴图案，一般装饰在器物的肩部或腹部，图案主要有莲花、兽面、龙首等。例如元钧窑月白釉塑贴莲荷纹双耳三足炉（图 3-53），平口，深腹，内凹式圈足，底下承以三足。口沿上对称置冲耳。炉里、外施月白色釉，外底有垂釉痕，圈足无釉，铁褐色胎，胎质细腻坚致。外壁及耳面塑贴折枝花卉纹装饰，这种堆贴手法为元代钧瓷所特有，在宋钧瓷中不见。

钧窑虽然在釉色、纹理装饰、陶瓷工艺等方面取得了突破，但在宋代的地位并不高，直到晚明以后才因其鬼斧神工的艺术效果逐渐受到追捧。正如近代古瓷艺术研究专家邓白所赞："越瓷自古如冰玉，更喜钧窑夺化工。"钧瓷以其自然天成的窑变艺术让古今中外无数陶瓷爱好者如痴如醉。正所谓"纵有家财万贯，不如钧瓷一片""黄金有价钧无价"，钧窑不仅在中国陶瓷艺术中独树一帜，在世界陶瓷发展史中也占有举足轻重的地位。

码 3-5　宋代钧窑器物美学形成的时代背景

图 3-47　北宋—金
钧窑天蓝釉三足筒式炉
故宫博物院藏

图 3-48　北宋
钧窑月白釉渣斗式花盆
故宫博物院藏

图 3-49　北宋
钧窑玫瑰红釉鼓式洗
上海博物馆藏

图 3-50　元
钧窑天蓝釉折沿盘
故宫博物院藏

图 3-51　钧窑天蓝釉
折沿盘底部

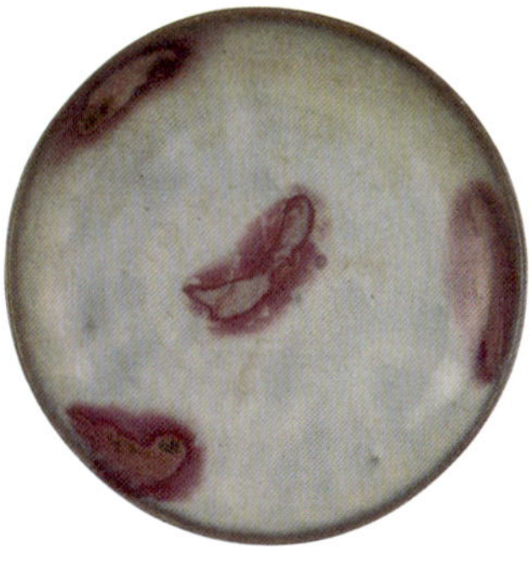

图 3-52　元
钧窑天蓝釉紫红斑菊瓣盘
故宫博物院藏

图 3-53　元
钧窑月白釉塑贴莲荷纹双耳三足炉
故宫博物院藏

第七节　磁州窑

磁州窑是宋代北方最具代表性的民间窑口之一，在今河北磁县漳河两岸的观台镇东艾口村、冶子村附近，古属磁州，故名。磁州窑早在北朝时就生产青瓷，到了五代末宋初开始生产白瓷，一直延续至今几乎未曾断烧，其产品以满足中下层民众需求的日用器为主，富于浓郁的民间色彩。

宋代的磁州窑继承了唐代的烧造传统。除白瓷外，还兼烧黑瓷、花瓷、青瓷和低温三彩等瓷器，品种繁多，满足了不同地区、不同社会阶层的用瓷需求。品种主要有盘、碗、壶、罐、瓶、枕等日用器物，其中最具特色的当数瓷枕。瓷枕创烧于隋代，盛行于宋、金、元时期，造型丰富，有长方形、八角形、圆形、豆形、弧边扇形等几何形，也有叶形、卧婴形、伏虎形等仿生形。值得注意的是，瓷枕上多印有文字标记，如“张家造”“张家枕”“王家造”“刘家造”等，这可能是当时私人制瓷作坊的名字，这些作坊以烧瓷为业，成为烧瓷“世家”。在这些文字标记中，“张家造”出现得最多，且标记样式多样，“张家造”三字有阴文、阳文；有竖写、横写；有带边框、不带边框等多种，可能是张氏大家族同一时期不同作坊的产品或同一作坊不同时期的产品。

磁州窑“张家造”的白地黑花枕数量较多，但带年款的却相当罕见。现藏甘肃省博物馆的磁州窑虎纹瓷枕（图 3-54），枕面上方题写“明道元年巧月造，青山道人醉笔于沙阳”十六字。“明道”为宋仁宗年号，“明道元年”即为 1032 年，这是“张家造”瓷枕中带纪年款最早的一件。瓷枕上的绘画线条流畅，老虎造型刻画生动，是众多磁州窑精品之一。

图 3-54　宋
磁州窑虎纹瓷枕
甘肃省博物馆藏

磁州窑以当地大青土或黄土制胎，由于瓷土的品质不高，烧成的瓷器胎质粗松，发色青灰，不甚美观。为了克服这一不足，同时降低生产成本，磁州窑工匠做到了“粗料细作”，即在制成的胎上施一层由质量良好的高岭土制成的白色泥浆料，使器物表面更加细腻，这层白色泥浆料被称为“化妆土”，同时发展出了在化妆土上划花、刻花、剔花、印塑、绘画、彩釉等装饰工艺。下文以几件典型器物为例，介绍宋元时期的磁州窑代表性装饰技法。

白釉剔花装饰是宋元时期北方制瓷业广泛使用的一种装饰手法，也是磁州窑最早采用的特色装饰技法之一。白釉剔花是在施加了化妆土的器表上先绘出花纹，然后用工具剔去花纹轮廓以外的化妆土，露出较深的胎色。由于胎体含铁量较高，剔去化妆土的部分烧成后呈现出褐色、灰色或黑褐色，而刷有化妆土的地方烧成后为白色，形成鲜明的对比。如美国印第安纳波利斯艺术博物馆收藏的北宋磁州窑白釉剔花缠枝牡丹纹盘口瓶（图 3-55），瓶的肩部与腹部剔出缠枝牡丹纹，底部为双层莲瓣纹，剔掉化妆土的地方露出褐色胎体，与白色花纹形成对比。器表的刻痕深邃有力，使纹饰呈现出浅浮雕的艺术效果。

图 3-55　北宋
磁州窑白釉剔花缠枝牡丹纹盘口瓶
美国印第安纳波利斯艺术博物馆藏

白地黑花是磁州窑重要的釉下彩绘装饰，是将含铁量很高的矿石研磨制备为彩绘颜料，然后用毛笔蘸取，施加在涂有化妆土的胎体上绘制图案或书写文字，最后罩以透明釉入窑烧制，烧成后呈现出黑白对比强烈的装饰效果。这一装饰手法深具传统民俗风情的韵味，广受民间喜爱与推崇，是磁州窑质朴无华、豪放洒脱的代表性装饰语言和风格之一。如故宫博物院收藏的宋代磁州窑白地黑花竹纹枕（图 3-56），枕面与

图 3–56　宋
磁州窑白地黑花竹纹枕
故宫博物院藏

图 3–57　北宋
磁州窑黑釉剔花折枝牡丹纹叶形枕
日本东京国立博物馆藏

图 3–58　北宋
磁州窑珍珠地缠枝牡丹花卉纹梅瓶
英国维多利亚与阿尔伯特博物馆藏

图 3–59　元
磁州窑黑釉剔花壶
大英博物馆藏

图 3–60　元
磁州窑红绿彩人物像
内蒙古自治区文物考古研究院藏

枕壁均绘有黑色图案，枕面为一丛竹子，枕壁为卷草纹。笔法简练流畅，形象地刻画出了竹子的挺拔与柔韧。

黑釉剔花也是磁州窑重要的装饰技法之一，又称为“黑剔花”或“剔黑留白”，是在坯体上先施以黑釉，然后用工具剔除部分黑釉，露出胎体或化妆土层，形成纹饰，最后用笔勾勒细节再施透明釉烧制而成。这种装饰技法使得纹饰与黑釉之间形成鲜明对比，纹样轮廓清晰，具有强烈的视觉冲击力和艺术表现力。如日本东京国立博物馆收藏的磁州窑黑釉剔花折枝牡丹纹叶形枕（图 3–57），枕面施黑釉，中间剔刻折枝牡丹纹饰，枕面设计成如意头形。该瓷枕纹饰简洁明快，线条粗犷豪放，造型朴素大方，兼具实用性和美观性。

珍珠地划花是唐末、宋初至金代末期北方窑系瓷器使用的一种装饰技法，在白釉划花瓷器的基础上发展而来。珍珠地划花装饰是在划花图案的空白处，运用管状工具，轻轻戳印出许多小圆圈，由于这些小圆圈密如攒珠，排列整齐有序，如珍珠般圆润光滑，故而被称为“珍珠地”。珍珠地划花装饰手法借鉴了唐代金银器的錾花工艺，赋予了瓷器更加丰富的层次感。如英国维多利亚与阿尔伯特博物馆收藏的北宋磁州窑珍珠地缠枝牡丹花卉纹梅瓶（图 3–58），瓶体施化妆土，肩部和底部划花瓣纹，腹部为珍珠地装饰缠枝牡丹纹，牡丹花瓣丰满硕大，刻划线条简练流畅。

元代磁州窑在宋代的基础上继续生产，仍以烧制白地黑花瓷器为主，但质量普遍下降。除河北省的磁州窑外，河南省的汤阴鹤壁、禹州、郏县，山西省的介休、霍州等地的窑场也在烧造这类产品。元代磁州窑器物的制作普遍显得粗率，造型高大，具有硕大、浑圆、厚重的特点。较宋代制品而言，通常胎体更为厚重，胎质更为粗松，且挂釉常不及底。常见的器型有大瓷盆、白地黑花大罐以及白地黑花瓷枕。元代磁州窑生产的瓷枕比宋、金时期生产的瓷枕尺寸更长，一般在 40 cm 以上。

装饰上，元代磁州窑继承了宋、金的风格，有白地绘黑花、白釉剔花、黑釉剔花（图 3–59）以及釉上红绿彩（图 3–60）等装饰技法，其中以烧造白釉黑花器物为主。常见的纹饰有龙凤（图 3–61）、花

图 3-61　元
磁州窑白地黑花龙凤纹罐
故宫博物院藏

图 3-62　元
磁州窑昭君出塞图瓷枕
大英博物馆藏

图 3-63　15—16 世纪
朝鲜粉青沙器剔花唐草纹瓶
日本东京国立博物馆藏

卉或云雁等动植物纹样，也有墨书诗句，较之宋金时期略显单调，但其丰富的装饰题材具有鲜明的时代色彩。元代磁州窑装饰题材中比较突出的是戏曲故事与人物、文学作品与书画艺术。如现藏大英博物馆的磁州窑昭君出塞图瓷枕（图 3-62），枕面上描绘的是昭君出塞的场景：画中五人或骑马或骑着骆驼迎风前行，天空阴云密布，左边第一人肩扛长旗，旗帜飘扬；紧随其后的一人手弹琵琶；中间王昭君骑着黑马，身着裘袍，掩面而泣；身后的侍女怀抱着昭君在汉宫时常弹奏的琵琶，可能因塞外风沙大，特意将琵琶包裹了起来；最后一人骑着骆驼，自顾前行。画面中还有两只猎犬前呼后应。画面构图得当，情景交融，场面宏大。

磁州窑在元代北方众窑场普遍出现衰退迹象时，凭借其自身良好的民众基础，仍能保持很高的产量和较强的市场竞争力。其白地黑花的装饰技法，不仅在北方窑场形成一种古朴典雅的风格，也对南方的江西吉州窑、广东西村窑、福建泉州窑等窑口产生了重要影响。随着元朝版图的扩大和海外贸易的逐渐发展，磁州窑的剔划花和白地黑花技法也逐渐推广开来，甚至影响到了朝鲜半岛（图 3-63）、日本及东南亚地区，并与其他民族的艺术形式相结合，出现了许多精品。

磁州窑以其豪放洒脱的装饰风格、精湛的制作技艺和深厚的文化内涵赢得了世人的广泛赞誉与喜爱。它巧妙地将刻、划、剔、填彩等多种技法融为一体，不仅展现了匠人们超凡的技艺与创造力，更在瓷器上生动地再现了戏曲故事、文学经典及书画艺术的精髓，使瓷器成为文化传承与艺术表达的双重载体。磁州窑不仅开辟了中国瓷器绘画装饰的新途径，同时也为景德镇元青花及之后的彩绘瓷器发展提供了创作启示。

码 3-6　磁州窑陶瓷纹饰中的宋元市井民俗意趣

第八节　耀州窑

耀州窑是宋代北方著名瓷窑之一，以生产青瓷著称于世，是北方青瓷的代表。耀州窑窑址以铜川市黄堡镇为中心，范围包括上店镇、立地坡、玉华宫、陈炉镇及耀州塔坡一带，因此地在宋代归耀州管辖，故名耀州窑，其产品称为耀州瓷或耀瓷。

耀州窑创烧于唐代，除烧造青釉瓷外，兼烧黑釉、白釉瓷器。唐代的耀州窑产品一般，其质量的巨大提升是在五代时期。五代耀州窑在唐代的基础上继续发展，以烧造青瓷为主，其产品釉色清淡，晶莹素洁。这一时期的耀州窑装饰工艺多样，包括模印、贴花、剔花、划花以及镂空等技法，使得装饰纹样更加精美且富有变化。器物种类也更加丰富，涵盖了碗、盘、壶、瓶、盒、盏、盏托、套盒等日常生活用品，以及文房用具和祭器。五代时耀州窑在成型、装饰、装烧等方面的成熟，为宋代耀州窑产品质量的爆发奠定了基础。

图 3-64　五代
耀州窑青瓷提梁倒灌壶
陕西历史博物馆藏

现藏于陕西历史博物馆的耀州窑青瓷提梁倒灌壶（图 3-64）是五代时期耀州窑青瓷的代表作之一，该壶高 18.3 cm，腹径 14.3 cm，底径 7.5 cm，通体施青绿釉，色泽清朗古雅。该壶的独特之处在于其逆向注水的功能，即倒持时水自壶底管口注入，之后倒水时可正常从壶嘴流出，因此又称倒流壶、倒装壶。其造型独特、构思巧妙，壶身圆润饱满，盖、梁、身连为一体。壶盖雕琢成柿蒂状，提梁塑造成一只安详俯卧的凤凰形象，圆眼短喙，栩栩如生，壶嘴为一侧卧张口的母狮。壶身周圈装饰着凸起的缠枝牡丹花纹样，花繁叶茂，下饰仰莲瓣，整体纹饰简洁明快。壶底部中心有五瓣梅花孔，是注水的秘密通道，灌水时将壶倒置，当有水从母狮口外溢时则表明壶内满容。再次放正时，因壶内有漏柱与水相隔，所以底部虽有孔却不会漏水。此壶制作工艺复杂，巧用“虹吸”原理（图 3-65），体现了五代末宋代初耀州窑制瓷工艺的高超水平。

图 3-65　倒灌壶原理示意图

宋代耀州窑发展进入鼎盛时期，所产青瓷器型丰富多样，胎质灰白细腻，釉色匀净温润，形成了耀州窑青瓷独有的特征。当时耀州窑的烧制规模很大，沿黄堡镇漆河上下十里都烧制瓷器，因而有“十里窑场”之称。《同官县志》上记载道：

> 南北沿河十里，皆其陶冶之地，所谓十里窑场是也。

图 3-66　宋
耀州窑青釉刻缠枝牡丹纹梅瓶
故宫博物院藏

耀州窑在当时以其卓越的艺术成就和精湛技艺，赢得了极高的声誉，其影响广泛而深远，促使南北方各地窑场竞相学习模仿，逐渐汇聚成一个规模宏大的“耀州窑系”。这个窑系以今陕西省铜川市黄堡镇为中心，覆盖河南的汝州、宜阳三里庙、宝丰清凉寺、锦屏山、红窑村、新安城关，广州西村，广西永福，陕西旬邑，甘肃华亭安口镇等广大地区。这些地区的窑场不仅继承了耀州窑的青瓷烧制技艺，还发展出了各自独特的工艺特色，共同构成了一个工艺特征鲜明的庞大窑系。

图 3-67　宋
耀州窑青瓷刻宝相花纹罐
韩国国立中央博物馆藏

宋代耀州窑瓷器以制作日用器物为主。根据出土文物来看，早期器型较简单，主要以碗为主。中期后的出土物和传世品都较为丰富，有瓶（图 3-66）、罐（图 3-67）、盘、钵、碗（图 3-68）、花插、盏托、灯、执壶等。同一种器皿也有多种样式，如瓶类器皿，瓶口有盘口、直口、花瓣形口，颈部有双系、四系，瓶身有胖有瘦。此时的制瓷技巧也更加成熟，如瓜棱、葵瓣等复杂的造型也能做到规整周正。如日本东京国立博物馆收藏的耀州窑青瓷六瓣瓜棱水盂（图 3-69），六个瓜瓣的距离与弧度均相等，造型端庄大方，轮廓线条流畅。

图 3-68　北宋
耀州窑青瓷印花菊花碗
台北故宫博物院藏

除了生产日用器物之外，耀州窑还生产瓷塑。如故宫博物院收藏的宋耀州窑青釉药王塑像（图 3-70），瓷像高 45 cm，底径 10.5 cm，通体施青黄色釉，塑造的人物形象是“药王”孙思邈。该塑像身着由树叶拼接而成的长衣，挺胸而立，左手托着一个葫芦瓶，右手执一草本植

图 3-69　北宋
耀州窑青瓷六瓣瓜棱水盂
日本东京国立博物馆藏

图 3-70　宋
耀州窑青釉药王塑像
故宫博物院藏

图 3-71　宋
耀州窑青釉刻海水鸭纹花式碗
故宫博物院藏

图 3-72　北宋
耀州窑青釉刻花薰炉
美国波士顿美术博物馆藏

物置于胸前，头戴蝴蝶结状的饰物，腰间系一布带，赤足立于圆托上。人物面部圆润柔和，双目炯炯有神，平视前方，两腮微鼓，双唇紧闭，神态安详，展现了孙思邈济世救人的慈悲形象。

在装饰上，耀州窑瓷器以刻花为主，刀法犀利灵锐，同时也会综合运用堆、雕、贴、塑、镂、划、印等技法，构图饱满大气，层次分明。装饰题材丰富多样，有植物、动物、人物及宗教题材等。如故宫博物院收藏的宋代耀州窑青釉刻海水鸭纹花式碗（图 3-71），造型优美，纹饰清晰，通体施青釉，釉色青中泛黄。碗腹巧妙设计成六花瓣状，内壁刻花兼蓖划细密的海水纹，碗中心部分刻划一游鸭，鸭纹栩栩如生，海水纹流畅自然，可见宋代耀州窑瓷艺的精湛与非凡。美国波士顿美术博物馆收藏的北宋耀州窑青釉刻花薰炉（图 3-72）所运用的装饰手法更为丰富，薰炉分为上下两部分，上部分为碗状，内有一球形镂空装置，雕镂蝙蝠纹，周边堆塑了 10 个张嘴仰视的龙首。薰炉碗状外壁和下部分承接处作刻花装饰，纹样为缠枝牡丹纹，腹部为镂空铜钱纹，底足部分塑造成兽面爪形。整件器物装饰精美，施釉均匀，釉色青翠，可谓耀州窑的上乘之作。

釉色上，耀州瓷在宋代不同时期有不同的特点。北宋早期多数为青灰或青黄色，少数有与五代近似的青绿和淡青色；中期几乎都为橄榄青色，透明度好，釉面光泽度强，釉虽薄，但很少出现唐五代耀州瓷上的流釉、堆釉和干釉现象，很少见到釉面无光和橘皮釉现象，胎釉结合非常紧密；晚期和南宋又出现了暗青、青绿、青黄、淡青、月白等多种色调。如故宫博物院收藏的宋代耀州窑青釉刻花莲花纹双耳瓶（图 3-73），该瓶为灰白胎，釉色青绿。瓶撇口，细颈，鼓腹，圈足。此造型的瓶式俗称“玉壶春瓶”。纹饰立体感强，花叶阴阳向背分明，刀锋犀利，线条流畅，别具风格。

北宋末年，随着宋金对峙格局的形成，北方大部分地区深陷战乱旋涡，众多窑场因战事频发而被迫停烧，整个行业陷入低谷。然而，在这一动荡背景下，耀州窑所在的关中地区，作为金人政权的重要统治中心之一，却相对保持了社会的稳定与安宁，较少受到战火侵扰。因此，耀州窑的瓷业生产非但没有停止，反而在宋代深厚的制瓷基础上有所发展。

金代瓷器生产无论是烧造方法还是施釉方法、装饰技法，均在继承北宋的制瓷基础上有所差异和创新，形成了自己独有的风格。金代耀州窑所产青瓷与北宋耀州窑有着较为明显的差异。釉色上，金代釉色以姜黄色青釉为主，也有黑釉、酱色釉和白釉黑花；宋代釉色翠绿。胎坯上，金代胎质浅灰而稍粗，素胎上很少施白色粉衣；宋代胎质细腻致密，素胎上多施粉衣。纹饰上，金代装饰纹饰更为简单，常见的题材为各种花卉、折枝等，婴戏牡丹、水波纹较为少见，以印花装饰技法为主，刻花次之，浮雕少见；宋代纹饰内容丰富，花卉、人物、鸟禽等一应俱全，划、刻、印、雕等装饰技法一应俱备。

耀州窑延续了宋代青瓷的烧造基础，在烧造工艺上，除了沿用前朝发明的单件匣钵仰烧法，还创造了砂圈叠烧工艺，这是为了满足社会日益增

图 3-73　宋
耀州窑青釉刻花莲花纹双耳瓶
故宫博物院藏

图 3-74　金
月白釉贴花夔龙纹三足炉
陕西历史博物馆藏

图 3-75　金
月白釉鋬耳洗
耀州窑博物馆藏

图 3-76　金
月白釉执壶
耀州窑博物馆藏

图 3-77　元
耀州窑青釉敛口凤纹碟
澄城县博物馆藏

图 3-78　元
耀州白地黑花坛
甘肃省博物馆藏

长的生活用瓷的需求而创造的一种烧造工艺，该工艺提高了生产效率，使得同一窑炉能够烧出更多数量的产品。

尤为值得一提的是，这一时期，耀州窑生产了大量的月白釉青瓷，且有所创新。月白釉青瓷，在宋代晚期开始烧造，其釉色以乳白色为基调，白中闪青或闪灰，因追求玉质效果，釉质乳浊失透，釉层肥厚，多素面无纹。月白釉青瓷以实用器为主，器型主要有碗、盏、碟、鼎、炉（图 3-74）、盘、洗（图 3-75）、杯、钵、盒、壶（图 3-76）、罐、瓶、器盖等。少量适合器型的碗、盘类有印刻纹饰，多见牡丹、莲花、鸭、鹅、犀牛等，纹饰简约、刻花生动，与同时期青瓷装饰风格类同。由于釉质乳浊失透，此类月白釉瓷器纹饰显得朦胧含蓄。烧造上，使用砂圈叠烧工艺，侧面反映了金代月白釉青瓷的产量较大。

元代耀州窑发展趋于衰落，一方面继续烧造姜黄釉青瓷，另一方面逐渐加强了黑、白、酱、茶叶末釉瓷和白地黑花瓷的烧造。这一时期烧造的青瓷胎体厚重粗笨，器型以碗、盘、缸、盆、瓶、壶、罐等日用器皿为主流。装饰上有印花、刻花、剔花、模印等技法，纹饰多见缠枝菊纹、卷草纹、荷叶纹、小瓣牡丹纹等，构图趋于简单粗糙，不及宋代的细腻精巧。如陕西省澄城县博物馆收藏的元耀州窑青釉敛口凤纹碟（图 3-77），口径 13.5 cm，足径 6.8 cm，高 3.5 cm。敞口内敛，浅弧壁，坦底，圈足，内底有乳丁状凸起。内外施釉，釉色姜黄，釉面不均，足及周边露胎，胎色白中发黄，胎质疏松。内壁饰三角形变形莲瓣纹，内底印饰凤穿牡丹纹，纹饰简单粗放，已无宋代华丽之感。

元代中后期，耀州窑工匠学习了磁州窑装饰方法，大量烧制白地黑花瓷，这也意味着耀州窑青瓷的烧制已明显衰落。耀州窑白地黑花瓷是在胎体上先施一层化妆土，然后以黑彩绘制烧成，所绘花纹多呈黑褐色。它与磁州窑白地绘黑花器的不同之处在于图案性更强，多以二方连续的放射形团花组成多种纹饰，线条飘逸自然，风格粗犷豪放，具有浓郁的北方民间艺术气息。如甘肃省博物馆收藏的元耀州白地黑花坛（图 3-78），高 36.1 cm，口径 16.2 cm，底径 13.3 cm。坛口为圆唇，口沿微敛，丰肩，深腹，肩以下渐内收。肩两侧对称饰双系，以双泥条捏塑而成。肩及上腹绘黑色花纹两层，线条流畅，黑彩上罩以透明釉，白中闪黄；下腹与器内满施黑釉，下底无釉。此坛体形硕大浑圆，花纹饱满，是元代耀州窑白地黑花瓷器中的代表作品。

至元末明初，制瓷原料采掘难度和成本加大，再加之景德镇成为全国的制瓷中心等原因，黄堡镇过去有规模、成体系的“十里窑场”逐渐凋零，大多已歇火停烧，唯有陈炉镇未曾断烧，延续至今，现仍是西北地区的制瓷重镇，被誉为“东方古陶瓷生产的活化石”。

总的来说，耀州窑是宋元时期北方地区重要的青瓷生产窑场，其“巧如范金，精比琢玉”的精湛工艺和独特的釉色对后世产生了深远影响，生产的产品不仅在国内广受欢迎，还远销海外，彰显了中华文化的独特魅力。

码 3-7　国外遗址出土的宋代耀州窑青瓷

第九节　景德镇窑

景德镇窑是中国古代最重要的南方窑场之一，据《浮梁县志》记载：“新平冶陶，始于汉世。”景德镇窑的烧造历史可以追溯到汉代。景德镇春秋时属楚东境，秦时为九江郡番县辖地，汉时属豫章郡鄱阳县，三国属吴，西晋属江州，东晋时设新平镇。唐武德二年（619 年），划鄱阳东部为新平乡，武德四年（621 年）置新平县。镇为县属，新平镇因为处于昌江之南，故又名“昌南镇”。武德八年（625 年），县被兼并入鄱阳县。玄宗开元四年（716 年），复置县，县治设在新昌江口，改名为新昌县。天宝元年（742 年），更名为“浮梁”。宋真宗景德元年（1004 年），因烧造瓷器贡于朝有名，置景德镇，属浮梁县。从此，景德镇名一直延续至今。清代蓝浦在《景德镇陶录》中记载：

景德窑，宋景德年间烧造，土白壤而埴，质薄腻，色滋润。真宗命进御瓷器，底书景德年制四字，其器尤光致茂美，当时则效著行海内，于是天下咸称景德镇瓷器。

由此可知，宋代景德镇生产的瓷器质量上乘，受到朝廷重视，奉命为朝廷进献御瓷，并在瓷器底部书写“景德年制”，御瓷尤为“光致茂美”，使景德镇瓷器声名远播。

景德镇窑自唐代起烧制青瓷。宋代，景德镇窑业生产高速发展，以烧制青白瓷为主，且工艺趋于成熟，主要分布于南河、小南河流域及景德镇市内，以湖田窑和落马桥窑址的烧造水平最为高超。代表性窑场主要有杨梅亭、湖田、湘湖、白虎湾、黄泥头、南市街、柳家湾等多处。元代，景德镇窑继续发展，烧造了青花、釉里红、红釉和高温蓝釉等成熟瓷器品种。下文就宋元时期景德镇窑生产的青白瓷、卵白釉瓷、青花瓷、釉里红瓷等四大标志性瓷器品种进行介绍。

一、青白瓷

北宋，景德镇烧制出了釉色介于青白二色之间、光致茂美、色质晶莹如玉的青白釉瓷器。宋元时期的文献中称其为“青白瓷”，晚清时又将其称为“影青”瓷。民国时期，称这种瓷器为“映青”“印青”“罩青”等。

宋代景德镇的青白瓷器是继承并发展了五代时期白瓷制作技术的产物，其发展经历了从不成熟到成熟的漫长演变过程。赵曰斌在《“饶玉”新证》中写道：“在景德镇地区晚唐至五代之际的窑业遗址上，从与支钉叠烧的青釉瓷共存的白瓷中，就可初见青白瓷釉的端倪；有的白瓷釉质在煅烧时的垂流痕呈青

图 3-79　北宋
景德镇窑青白釉瓜棱腹带盖执壶
陕西考古博物馆藏

图 3-80　宋
瓜形银壶
四川博物院藏

图 3-81　宋
景德镇窑青白釉观音像
上海博物馆藏

绿色，玻璃质很强，利用三十倍显微镜观察它的发泡率，与北宋中、晚期较成熟的青白釉质是一脉相承的，如同出一辙。由此可见在晚唐、五代之际景德镇青白釉瓷已初具雏形。”

宋代，景德镇窑在继承五代白瓷的基础上继续烧造，北宋中期制瓷技术渐趋成熟。当时社会对玉器的崇尚风气浓厚，玉石因其高洁和温润的特质被赋予深厚的文化内涵。青白瓷凭借其釉色和质地与玉石相似，常被赞誉为“玉”，有“饶玉”①之美称。如宋代彭汝砺在《送许屯田》中写道：“浮梁巧烧瓷，颜色比琼玖。”又如中国第一部陶瓷专著南宋蒋祈的《陶记》记载：“景德陶，昔三百余座。埏埴之器，洁白不疵，故鬻于他所，皆有‘饶玉’之称。”可见宋人对景德镇青白瓷有极高的赞誉。

宋元时期，景德镇青白瓷的传播范围十分广泛，在国内外都有极其广阔的市场。国内的墓葬、窖藏、塔基、城址等都发现了大量的景德镇青白瓷，北到内蒙古、东北地区，南到广东、福建地区等都有出土。北宋中晚期是景德镇青白瓷外销的繁荣期，在南宋直至元代中前期达到巅峰，行销于世界各个国家。目前在东亚、东南亚、南亚、西亚、非洲等地区都发现了景德镇青白瓷的残片，在中国的南海、东南亚海域、南亚海域、非洲海域等也发现了装载景德镇青白瓷的沉船。直至元代晚期，景德镇的青白瓷生产呈现衰退之势，在海外市场的销售逐渐减少。

宋代，景德镇青白瓷造型轻巧优美，样式丰富多彩，有瓶、罐、碗、壶、盘、杯、盏托、枕、灯、盒、碟等生活器皿。除延续先前的造型外，部分器物在装饰和造型上还融入了金属器皿的元素。如陕西考古博物馆收藏的景德镇窑青白釉瓜棱腹带盖执壶（图 3-79），由盖和壶身组成。盖为扁圆饼形，正面中心凹陷，有一个花形小钮，盖缘一侧有一个管状穿孔系。器身为侈口，弧唇外卷，锥形束颈，圆球形瓜棱深腹，圆肩，肩腹部有宽鋬，鋬柄上端也有一个管状穿孔系，鋬柄对应一侧有细长弯管流。通体施青白釉，釉质莹润。通过与同一时代的银器（图 3-80）作对比，可明显感受到瓷壶的鋬柄和管状穿孔系吸收了金属器的实用性设计，这种跨材质的艺术融合，丰富了瓷器的表现形式。

青白瓷除生产日常生活所需的器皿外，还囊括了文房用具、陈设器物、宗教供品以及各种瓷塑人物（图 3-81）、动物、植物等。

装饰上，景德镇窑青白瓷早期器表多朴素无纹，北宋中期以后多运用印花、刻划花、镂空、堆塑、点彩、篦划等技法。装饰纹样丰富，运笔舒展，疏朗有序，极具神韵，纹饰内容有缠枝荷莲、菊花、石榴、樱桃、四季花、回纹、云气、水波游鱼、游鹅戏水、婴戏、花鸟、人物、盆景、兰草、栀子花、枇杷及飞凤等。

青白瓷在装烧工艺上，因垫烧法生产量较小，借鉴了北方定窑的装烧工艺，催生了多级垫钵覆烧法（图 3-82）和支圈组合覆烧法（图 3-83），多级垫钵覆烧法仅在南宋初期流行过一段时间。为了增加窑室装烧密度，节约烧制成本，景德镇窑工们大量采用支圈组合覆烧法，即把大而厚的垫钵作底，把一个断面

① 饶玉：据《景德镇陶录》记载：“唐武德中，镇民陶玉者载瓷入关中，称为假玉器，且贡于朝。”又因景德镇古属饶州管辖，所以将这种似玉的瓷器称为“饶玉”。

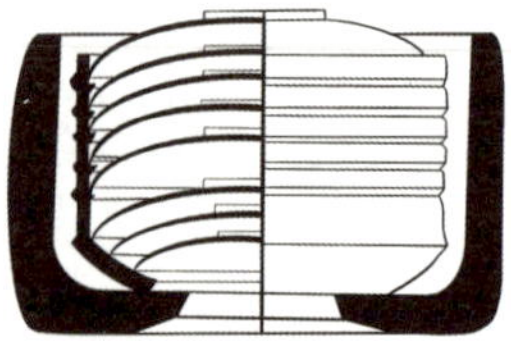

图 3-82　多级垫钵覆烧法

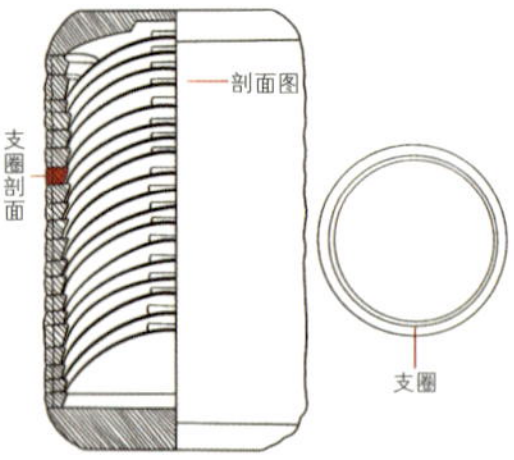

图 3-83　支圈组合覆烧法

图 3-84　元
景德镇窑青白釉玉壶春瓶
大英博物馆藏

图 3-85　元
景德镇窑卵白釉高足碗
大英博物馆藏

图 3-86　元
景德镇窑青白釉堆雕玉壶春瓶
大英博物馆藏

呈“L”形的支圈置于垫钵上，将碗盘的口沿扣置在支圈上，芒口与支圈之间撒上一层薄谷壳灰，这样依次把坯件与支圈，一圈一器覆置，最后用一个内心下凹的垫钵覆盖最上面一个器坯，外壁用泥糨糊裹后即可入窑装烧。

1279 年，南宋王朝彻底覆灭，元朝大一统结束了中国长期分裂割据的局面。元代早、中期景德镇继承了宋代的烧造传统，仍继续烧制青白瓷。但与宋代相比，元代器物普遍增厚，具有透影效果的薄胎器物比较少见。在釉色上，不同于宋代青白瓷釉面青中闪白、白中闪青的特点，元代青白瓷器青色的比重增大，部分青白瓷釉面从具有玻璃质感逐步演变成一种失透无光的釉面，接近卵白釉瓷器的釉面特征，使人不易分辨。如图 3-84 和图 3-85 分别是元代景德镇窑青白瓷和卵白釉瓷，可以看到青白釉瓷已不似宋时剔透。

在装饰上，由于元代青白瓷胎厚，釉质也没有宋代清澈润泽，所以很多时候会采用镂雕或堆贴等技法来装饰。如大英博物馆收藏的元景德镇窑青白釉堆雕玉壶春瓶（图 3-86），瓶颈被切短，瓶身为梨形，带有浮雕装饰。四个凹陷的四叶形饰物，带有双串珠轮廓，装饰腹部并构筑四种高浮雕设计的开花植物，包括菊花、牡丹和木兰等。

元代青白瓷虽然在胎釉方面并未达到宋代青白瓷如玉般的质地，但在造型工艺上却有很大进步，在延续宋代造型的基础上，还发展出了一些新样式，如僧帽壶（图 3-87）、多穆壶（图 3-88）等。同一品种的造型繁复多变，极尽巧思，且极其重视装饰效果，将实用功能与审美价值巧妙融合，达到了实用与观赏的双重高峰，令人叹为观止。以瓶为例，瓶是元代青白瓷中数量最多、最具特色的器物，就瓶口而论，有敞口、洗口、直口、撇口、花口等，瓶身又有瓜棱形、莲座形、玉壶春形、琮式形、扁方形、八棱形等。

元代后期，青白瓷的烧制规模逐渐缩小，青花瓷生产规模扩大，逐渐成为市场主流，究其原因，可归为以下几点：

在政治方面，元朝政府为了加强对外贸易、扩大财政收入和满足皇室需求，对于瓷器的生产涉入颇深，设立专门的生产机构即浮梁磁局，组织和管理生产并控制产品的流向。元朝统治阶级的审美偏好影响着瓷器的生产，进而推动了青花瓷的迅速发展。

在经贸方面，中国与西亚、东南亚、非洲乃至欧洲的陆上贸易联系加强，加之传统海上交通发达，对外贸易格外繁荣。青花瓷是东西方商人共同策划出的创新商品，西亚的商人沿着丝绸之路把钴料带到中国进行“来料加工”，再通过贸易航线销售到世界各地。

在文化方面，青花瓷的蓝色不仅符合国外市场的色彩偏好，其鲜明的色彩对比和强烈的视觉冲击，也深受进口国人民的喜爱。因此，青花瓷的外销份额逐渐加大，挤占了青白瓷的市场，导致其生产数量减少，发展逐渐式微。

在工艺方面，青白瓷的装饰手法以刻、划、印为主，工艺难度高于用毛笔蘸颜料在胎体上进行彩绘。所以，相较于青白瓷，青花瓷工艺更为简单，

图 3–87　元
景德镇窑青白釉僧帽壶
首都博物馆藏

图 3–88　元
景德镇窑青白瓷多穆壶
首都博物馆藏

图 3–89　元
卵白釉印花龙纹菱花口盘
河北博物院藏

图 3–90　元
卵白釉印花缠枝花纹高足碗
故宫博物院藏

生产效率更高，生产风险和成本更低，多方面的优势使其逐渐取代了青白瓷。

青白瓷虽不再占据瓷器生产的主流地位，但几乎未曾断烧，其制作工艺和烧制技术仍然得以延续并发展至今。青白瓷澄澈如水的釉色、温润如玉的质感、清丽隽永的文化底蕴，承载着千年的工艺精髓与文化韵味，是中国瓷器史上一抹独特的风景。

二、卵白釉瓷

卵白釉为元代景德镇窑创新烧制的一种高温釉色。由于釉料中含有铁元素，使得釉色白中微泛青，温润如鹅卵，釉面透明度较低或呈失透状，釉层均匀纯净，因此这种釉色被形象地称为“卵白釉”。

卵白釉瓷的造型主要以盘（图 3–89）、碗（图 3–90）、高足杯等小件器型为主，还有炉、水盂、注子、瓶、壶等诸多造型，其中尤以小足、平底、敞口、深腹折腰的碗和高足、敞口、浅腹的高足杯最具代表性。在烧造过程中，这些器物多采用沙渣垫烧的方式，因此底足常留有粘沙痕迹，部分区域还可能呈现出红褐色的小斑点。器皿内外均施釉，但圈足底部多不施釉，底心处常有乳丁状突起。碗、盘类器物多表现为大口小足的形态，口沿部分胎体较薄，而圈足相对厚重。同时，圈足的边缘经过斜刀修削，因此足端呈斜面状。

元代的卵白釉瓷，胎釉细腻润泽。卵白釉的瓷胎使用的是南宋泥胎原料，同时采用了“二元配方”法，即将耐高温、含铝量高的高岭土与瓷石相结合，提高了胎中氧化铝的含量和烧成温度，烧制过程中瓷器的变形率下降，质量更好。在釉色方面，卵白釉最显著的特点就是乳浊性，这是因为卵白釉中含有少量的石英和钙长石，使得釉质温润不透明。在景德镇白釉的基础上减少釉灰①，增加釉石和氧化物，以增加釉的黏度和厚度，其配方中氧化铝含量降低，氧化钾、氧化钠含量增加，使釉料黏度大、烧成范围广，釉质紧密，釉层厚润失透、光泽内敛。元代早期的卵白釉瓷，由于技术原因无法完全去除釉料中的铁，釉色泛青未达纯净，晚期釉料中含铁量降低，釉色趋于纯正。

元卵白釉瓷的装饰工艺继承了南宋青白瓷装饰工艺，纹样较为简单，以印花为主，刻划花为辅。盘、碗等圆器一般采用压模印花装饰，纹饰规格统一，离口沿较远，几乎接近腹中部，由于印花纹饰较浅、卵白釉釉层较厚，呈失透状，因此盘、碗内壁模印的纹饰往往不够清晰，有凹凸不平之感，若隐若现，从而显得温婉含蓄，朦胧雅致。常见的主要纹饰有缠枝花纹、菊花纹、莲花纹、云龙纹、云凤纹、云鹤纹、花鸟纹、缠枝莲托八吉祥纹等。除了主纹外，还有用于边饰或间饰的纹样，其中常见的有卷草纹、弦纹、

① 釉灰：传统“灰釉”的主要原料。用石灰石与狼尾巴草或凤尾草层叠烧炼数次后，用人溲浸渍陈腐，后经过粉碎过筛、清水淘洗而成。主要成分是碳酸钙，另有石英、钾、钠等化合物。

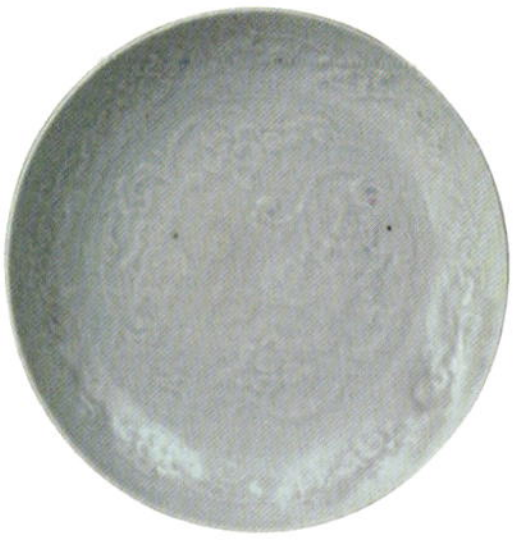

图 3–91　元
卵白釉“枢府”铭印花纹盘
英国维多利亚与阿尔伯特博物馆藏

图 3–92　卵白釉“枢府”铭印花纹盘局部

图 3–93　元
景德镇窑卵白釉印花“太禧”铭云龙纹盘
故宫博物院藏

波浪纹、莲瓣纹等，纹样的搭配与装饰可以展现不同的阶级等级。还出现了一些花纹间模印官府铭文或吉祥文字的器物，其中较为多见的是“枢府”铭，枢府是掌管国家军权的重要机构枢密院的简称。带有“枢府”铭款的卵白釉瓷，在明代被视为佳作，正如明代王佐的《新增格古要论》中记载：

元朝烧小足印花者，内有枢府字者高。

明代嘉靖时期还出现了“枢府窑”“枢府瓷”的称谓。《宣德鼎彝谱》卷八记载：

仿元朝枢府窑欵（款）式……仿枢府瓷欵（款）式……

20 世纪 60 年代至 20 世纪 70 年代，中国社会科学院（中国历史研究院）考古研究所陆续对元大都一系列遗迹进行了考古发掘，遗址中出土了不少带有“枢府”铭款的卵白釉瓷（图 3–91），于是发掘者将这一类瓷器统称为“枢府瓷”，将其釉色称为“枢府釉”。

在元代白瓷上模印“枢府”字样（图 3–92）的瓷器，一般被认为是景德镇为枢密院烧制的专用瓷器。但需要注意的是，枢府瓷并不只是枢密院专用器，还曾为其他部门定烧，这一点从已发掘的“东卫”“昌江”“国用”等特殊铭款的器物中得以证实。这些特殊铭款表明当时官府机构、皇亲贵族等社会上层通过一定途径定制枢府瓷，并要求模印特定字样。此外，湖田窑的考察结果和相关文献资料均显示，部分印有“枢府”字样的器皿也用于民间贸易，还作为外销瓷远销海外，如在印度尼西亚、马来西亚、新加坡和菲律宾等地都曾出现过这种瓷器。

除了“枢府”铭之外，传世品中还有“太禧”“福禄”“东卫”“昌江”“南水”“福寿”“白王”“天顺年造”等铭款。“太禧”指“太禧宗禋院”，是元代专掌宫廷祭祀的机构。一般说来，印有“枢府”“太禧”等铭款的器物，无论胎质、釉色还是制作工艺都令人惊叹。

“太禧”铭卵白釉瓷器甚为罕见，故宫博物院藏有一件景德镇窑卵白釉印花“太禧”铭云龙纹盘（图 3–93），是为皇家定制烧造的祭祀用具。盘敞口、浅弧壁、圈足，胎体细腻洁白，内外施釉，釉层较厚，釉面莹润，呈失透状，釉色白中泛青，恰似鹅卵色泽。盘外壁刻划有一周变形莲瓣纹，共 16 瓣，盘内为阳纹印花装饰，盘心是一龙戏珠，张口露齿五爪，舞动着身躯，显得凶猛异常，四周衬以朵云和火珠。盘内壁为缠枝莲托八吉祥纹，花间对称印有“太禧”二字。八吉祥的顺序，从“太”字往左按逆时针方向依次为“肠、螺、轮、盖、花、珠、鱼、伞”。

元代卵白釉的出现，无疑为中国陶瓷艺术的发展翻开了新的一页，无论是造型、胎釉还是装饰工艺都彰显了元代陶瓷工匠的高超技艺。同时，卵白釉瓷为明代烧制出釉面洁白、匀润光泽的高质量甜白釉瓷奠定了坚实的基础。

三、青花瓷

青花瓷是以钴料为着色剂，在坯体上绘制纹饰后，再罩透明釉经高温 1300 ℃左右一次性烧制而成的呈蓝色花纹的釉下彩瓷器。钴料烧成后呈蓝色，具有着色力强、发色鲜艳、烧成率高、呈色稳定的特点，赋予了青花瓷独特的艺术特色，使其深受人们的喜爱和追捧，成为中华文化重要的形象符号之一。

图 3–94　“黑石号”沉船出水的三件青花瓷盘

关于青花瓷的创烧时间，近年来的考古发现，尤其是 1975 年在扬州唐城遗址首次出土的青花瓷残片，以及 1998 年前后由德国海底探险公司在印尼海域“黑石号”沉船打捞出来的三件唐代青花瓷盘（图 3–94），连同发现的载有唐“宝历二年”题铭的长沙窑瓷器，直接为扬州出土相同类型的青花瓷盘提供了断代依据，可将青花瓷的萌发上推至唐代。

目前学界公认元代是烧造青花瓷的成熟时期，烧造地点主要在景德镇。为何在景德镇烧造青花瓷，究其原因，有以下几点：

第一，景德镇拥有优越的地理位置，三面环山一面水，远离兵家必争之地。宋元之际，在各大瓷窑纷纷遭受重创之时，景德镇窑躲过了战火的侵扰，成为元代制作青花瓷的首选窑口。

第二，景德镇制瓷原料丰富，质量优，矿藏大。特别是景德镇高岭村的高岭土是优质的制瓷原料，工匠将其引入胎釉配方，提高了瓷胎的耐高温性能，为烧造青花瓷提供了优质的原材料。

第三，元政府设立浮梁磁局后，景德镇的工匠构成发生巨大变化，形成了“匠从八方来，器成天下走”的局面。大量北方工匠来到景德镇，对景德镇制瓷业的釉下彩绘技法、装饰风格、纹饰构图和烧造工艺等方面产生了重要影响，推动了釉下彩绘技术的创新和发展，促使景德镇青花瓷迅猛发展并大放异彩。

第四，元代景德镇获得了充足的青花料。随着元代版图的扩张，对外交流得到加强，这一时期西亚商人通过丝绸之路将大量的钴料带到中国，选择当时未受战乱侵扰、制瓷基础成熟的景德镇进行“来料加工”，定制带有钴蓝纹饰的瓷器。同时，一些色目人作为官员参与管理浮梁磁局，他们的介入促进了瓷器生产过程中的对外交流。这些因素共同为景德镇烧造出成熟的青花瓷提供了原料和管理上的基础。

综上所述，元代景德镇汇聚天时、地利、人和的优势，成功孕育并生产出了成熟的青花瓷，巩固了其举足轻重的陶瓷生产地位。

至正型青花云龙纹象耳瓶（图 3–95）是元代青花瓷中最重要的代表作品，也是迄今发现极为罕见的带有明确纪年的青花瓷。该瓶高达 63.6 cm，现藏于英国大英博物馆，瓶身主体部分绘制四爪龙纹，四周云气缭绕，下方海水波涛翻滚。瓶口绘制缠枝菊，瓶颈分为上下两部分，上部分（图 3–96）为蕉叶纹，蕉叶中间留白处题有铭文。铭文开头，即“信州路、玉山县、顺城乡、德教里、荆塘社”，是此瓶定制者张文进的住址。每三个字为一组，该五组文字是元代地方行政组织，相当于今天的市、县、乡、村等概念，对应现今的地址，张文进的家可能在江西省上饶市玉山县冰溪镇七里街附近。该瓶原产景德镇，与玉山县的直线距离仅 120 公里，有学者推断，张文进可能从事景德镇瓷器的海外贸易，积累了一定财富后，在至正十一年（1351 年）元末农民战争的大背景下，专门定做烧造了一对花瓶和香炉，敬奉在婺源[①]的星源祖殿庙宇（即婺源五显[②]庙祖庭——灵顺庙）中，祈求神明胡净一元帅[③]保佑合家清吉、子女平安。

瓶的颈部下方绘有一对飞凤，肩部为缠枝莲纹，足部为缠枝牡丹及杂宝变形莲瓣等八层图案。龙纹象耳瓷瓶纹饰精美，青花发色纯正，20 世纪 50 年代，美国波普博士以此瓶为依据，对伊朗阿德比尔陵

① 婺源：今属江西省上饶市，距离景德镇约 68 公里。婺源别称“星源”，即婺女星之源，传说婺女在此乘鳙升天，唐开元二十八年（740 年）建县时，据此命名为婺源。

② 五显：即“五显神”——显聪、显明、显正、显直、显德。五显神信仰起源于婺源，后扩展到邻近省份。宋明时期，五显神信仰受历代官方赐予封号，民间百姓多建庙祭祀。

③ 胡净一元帅：灵顺庙供奉的一尊从神。相传他生前侍候于灵顺庙，羽化之后入庙奉侍，朝廷曾赐尊号，所以地位尊崇，单独供奉。

寺和土耳其托布卡比宫博物馆所藏的元代青花瓷器进行了对比分析，最终以“至正十一年”铭青花瓶为标准器，将与之相似的景德镇元青花称作“至正型”产品。这表明最晚在元至正十一年（1351 年），青花瓷的烧造技术已经非常成熟。

图 3-95　元
至正型青花云龙纹象耳瓶
大英博物馆藏

元代青花瓷的造型特点受蒙古和伊斯兰文化影响较大。普遍来说，元青花瓷器型种类丰富，胎体厚重，形制较大。种类主要包括常器、明器和礼器。常器是元青花种类最多的类型，包括瓶、盘、碗、壶、罐等。元代最具代表性的造型主要有大碗、大盘、大壶、扁壶、大罐、玉壶春瓶、高足杯、僧帽壶，以及各种便于携带的多系器皿等。一些器型巧妙融入了金属器皿的设计元素，如元青花松竹梅纹八棱罐（图 3-97），是元代首次出现的八棱瓷罐，与中亚、西亚多角棱边的金属器十分接近，应是中西亚文化相互影响的结果。从整体看，此瓶造型较为特殊，从正视图看呈轴对称形，上腹部、下腹部均为八棱，增加了器物的厚重感，青花发色浓艳翠丽，装饰繁缛精美。再如小口四系扁壶（图 3-98），其造型便能在金属器中找到类似的典范，是模仿游牧民族挂在马背上使用的金属器或皮囊壶制作而成，壶身两侧巧妙设置的系孔，原是为穿绳悬挂，便于随身携带。

图 3-96　至正型青花云龙纹象耳瓶局部

此外，景德镇窑生产的青花外销瓷器型，是为适应地域特殊性，根据不同地域的生活习惯制作的专门类型。如在伊斯兰地区有使用 40 cm 左右的大盘、大碗和大钵的习惯，为了契合这一地域性的生活习惯，景德镇窑特别生产了大尺寸的盘和钵，以满足中东地区市场的需求。在土耳其、伊朗的博物馆中所藏元青花碗的口径均为 30 cm 至 40 cm，便是一个例证。再如在印尼、菲律宾等东南亚地区，多见形制较小的青花器，常见的小件器有水注、小罐、小碗等，高度多在 5 cm 至 7 cm，有洋桃果实小罐、枢府式折腰碗、军持及小船模型等，这类小件器在其他地方极为罕见，应是景德镇窑根据销售地区的不同需求而生产的。

图 3-97　元
青花松竹梅纹八棱罐
辽宁省博物馆藏

元青花的装饰风格受到伊斯兰装饰艺术的影响。装饰手法以绘画平涂为主，纹饰分为主题纹饰和辅助纹饰，构成整体装饰。主题纹饰多位于瓶腹、盘心、碗壁等处，纹样主要有动物纹、植物纹、人物纹等。动物纹有凤纹、龙纹、鹤纹、鹿纹、鱼纹、鸳鸯纹、麒麟纹等。植物纹有牡丹纹、莲花纹、菊花纹、瓜果纹、松竹梅组合纹等。其中，数量较少但极具代表性的是人物纹，题材主要是秦汉至隋唐时期的著名历史人物故事，以及元代戏曲小说人物。如英国维多利亚与阿尔伯特博物馆收藏的元青花人物梅瓶（图 3-99），一面描绘的便是元代戏曲《西厢记》中“拷问红娘”一幕，画面中老夫人高高举起家法板，拷问红娘有关崔莺莺和张生的事，一旁的红娘掩面做哭泣状；瓶体另一面描绘的是崔莺莺在花园中点香拜月的场景（图 3-100）。

图 3-98　元
青花云龙纹四系扁壶
英国维多利亚与阿尔伯特博物馆藏

在辅助纹方面，主要有缠枝花纹、变形莲瓣纹、水波纹、杂宝纹、开光纹、云纹、云肩纹等，多绘制于器物的口沿、肩部及下腹部，不仅用于分隔和衬托主体纹饰，还增添了作品的层次感和视觉美感。纹饰多繁缛华丽、细密工整，具有平面化、图案化等特点。

图 3-99　元
青花《西厢记》故事图梅瓶
英国维多利亚与阿尔伯特博物馆藏

图 3-100　青花《西厢记》
故事图梅瓶局部

图 3-101　元
景德镇窑青花鸳鸯荷花（“满池娇”）纹花口盘
故宫博物院藏

元青花重视构图，装饰图案往往分为较多层次，其繁复的横向装饰带和同心圆的构图，受到了西亚追求均衡与块面分割等审美情趣的影响，在 13 至 14 世纪的伊斯兰式金银器以及更早的萨珊①、粟特②银器中常见。元青花一般绘有五到六层装饰带，有的多达十几层，层次多而不乱、主次分明、浑然一体，既有形式感又有韵律美。如景德镇窑青花鸳鸯荷花（“满池娇”）纹花口盘（图 3-101），就是一件运用同心圆装饰带构图的典型器，采用同心圆环装饰图案，从中心装饰逐步向外扩展，每一同心环的纹饰大都不同，环间有一圈留白，构图井然有序，呈现了极强的秩序感。

在颜料上，元青花主要使用进口钴料，即“苏麻离青”，或称“苏泥勃青”“苏料”，是一种高铁低锰的钴矿物质，由于含铁量高，往往出现结晶斑，呈色青翠浓重，略含不同程度的紫色。青花料积聚处多蓝黑或蓝褐色斑点，勾线处较深，填色处较浅。青花纹饰呈色会受窑温影响，展现出层次分明的深浅变化，使用放大镜观察，更觉其色泽清澈深邃。

元青花瓷以一种前所未有的大胆与张扬，融合了多种文化元素，革新了传统瓷器内敛的审美范式，它以鲜明生动的色彩和图案，直触人心，带来一种明快而纯粹的艺术体验。这一创举不仅标志着青花绘画技艺达到了巅峰，更为青花瓷艺术的持续繁荣与广泛传播铺设了坚实的道路，使得其在历史长河中熠熠生辉，历久弥新。

四、釉里红瓷

釉里红瓷是以铜为着色剂，在坯体上进行绘画装饰，然后罩以透明釉，于 1250 ℃ ~1280 ℃高温还原气氛中一次烧成。釉里红瓷和青花瓷一样，属釉下彩瓷，制作工序大同小异，最主要的区别是所用呈色剂的不同，发色有红、蓝之分。

---

① 萨珊：即萨珊王朝或萨桑王朝，也称波斯第二帝国，是最后一个前伊斯兰时期的波斯帝国，国祚始自 226 年，651 年亡。
② 粟特：中亚细亚古地区名，约当阿姆河、锡尔河之间的泽拉夫尚河流域。语言属伊朗语族，居民主要经营农牧业，商业发达，为古丝绸之路所经地区，与中国有悠久的经济和文化联系。

图 3-102　元
釉里红彩斑贴塑蟠螭龙纹
高足转杯
高安市博物馆藏

图 3-103　元
釉里红地白花暗刻云龙纹
四系扁壶
故宫博物院藏

釉里红瓷的烧造工艺相较于青花瓷更为复杂，烧造条件更加苛刻，人们常用“十窑九不成”和“百里挑一”来形容其烧造难度。铜离子烧制温度范围狭窄，难以把握，温度过高时，铜离子易烧飞或出现流釉现象，温度过低则呈色发灰、发黑。铜的发色因温度千差万别，有艳红色、粉红色、紫红色和黑红色等，所绘纹饰也可能呈现晕染的效果。因此，要烧制出色彩亮丽的艳红色，难度非常之大。在当时的技术条件下，窑工们要准确控制烧成温度和烧成气氛实属不易，釉里红瓷的烧造成功概率相对较低，发展更为缓慢，出土与传世的元代釉里红瓷器数量十分稀少，珍贵异常。

釉里红瓷的器型与同时期的青花瓷相比，种类较少，常见的有碗、盘、瓶、高足杯、匜等，其中，高足杯的烧造达到了一个新的高度。如江西高安市博物馆所藏的一件元釉里红彩斑贴塑蟠螭龙纹高足转杯（图 3-102），杯身印坯成型，杯身与把柄分成两段制作，撇口，斜壁，深腹，下部高足呈喇叭形、竹节状，高足与杯身结合处无釉，杯在高足上可自由转动，因而称为“转杯”。器壁内压印梅花和缠枝菊纹，口沿、杯心及外腹涂釉里红斑，外壁贴捏塑一条蟠螭龙。该高足杯设计巧妙新奇，造型装饰别致有趣，便于握持，完美适应了蒙古族的饮酒传统。

虽然元代釉里红瓷出土数量不多，但其纹饰题材却十分丰富，主要有动物、植物、人物和历史故事等。植物纹饰常见牡丹纹、莲花纹、菊花纹、灵芝纹等；动物纹有云龙纹（图 3-103）、凤纹、云鹤纹等；人物题材有彭祖焚香图、祈雨图、渔人晚归图等。装饰手法也多种多样，如将器物分为几个装饰层，在腹部绘以主题纹饰，在底部绘以云纹，在颈部绘以芭蕉纹等，每层装饰内容各异，繁而不缛，和谐统一。

釉里红瓷的诞生，不仅丰富了陶瓷的艺术形式，还催生了一种融合青花和釉里红工艺的新品种，即青花釉里红瓷，标志着陶瓷工艺的一次重大飞跃。

元代中期，景德镇窑创烧了青花釉里红瓷，运用钴蓝料和铜红料在素胎上描绘纹饰，再施一层透明釉，放入窑中经高温一次烧成，这一装饰手法巧妙地将典雅清新的青花与鲜艳热烈的釉里红融为一体。由于青花与釉里红对窑温的要求不同，所以想要在一件器物上成功烧制青、红两色，并非易事。青花釉里红瓷在发展初期质量并不高，呈色也不纯正，生产相对较少，发展速度也较缓慢，在元代晚期逐渐增加。但元代晚期，社会动乱，战火纷飞，青花釉里红瓷的烧制深受影响，青花呈色由明丽变为灰暗，釉里红也出现了发灰、发黑的现象。

元代青花釉里红的存世瓷器并不多，其中较为著名的是 1965 年河北保定出土的景德镇窑青花釉里红镂雕盖罐（图 3-104），直口，短颈，溜肩，圆腹，圈足。此罐器形较大，丰满浑厚，使用青花釉里红装饰技法，青花色泽浓郁鲜亮，釉里红略暗，纹饰层次分明。罐盖绘青花莲瓣纹、卷草纹、回纹各一周。罐身近口沿处绘青花缠枝花纹、卷草纹各一周。肩部下垂的如意云头纹内，青花水波纹轻轻托起洁白的莲花，云头纹间隙则以折枝牡丹纹点缀。腹部四面堆塑双菱形串珠开光，开光内镂雕山石、牡丹、菊花等四季园景，以釉里红绘山石、花卉，以青花绘花叶，纹饰有浮雕效果。腹下部，青花折枝莲花与肩部云头纹遥相呼应。近底处卷草纹与变形莲瓣纹交织，莲瓣纹内还绘有倒垂的宝相花纹。这是一件综合了绘、镂、塑、贴等多种技法的罕见精品，制作精雕细琢，弥足珍贵。

此外，1974 年景德镇市郊凌氏墓出土的元代青花釉里红堆塑楼阁式人物谷仓（图 3-105）也是十分

图 3-104　元
景德镇窑青花釉里红镂雕盖罐
故宫博物院藏

图 3-105　元
青花釉里红堆塑楼阁式人物谷仓

图 3-106　青花釉里红堆塑楼阁式人物谷仓铭文

珍贵的青花釉里红典范器，这件谷仓的造型气势雄伟，结构繁复精巧，前代未见，后世亦无，是目前仅见的重檐庑殿顶楼阁式谷仓，成为元代瓷器雕塑最高水平的代表之一。此仓集青白釉、红釉、青花、釉里红四种高温釉（彩）于一器，是目前发现的两件带纪年的元代青花釉里红器之一。

谷仓分上下两层，上层为戏台，正面内置宝座，位居中心，全器共 18 俑，布局合理，以主人宝座为中心，戏者立于前方，乐人则在背后和两侧，侍仆立于楼下，分区清楚，安排有序。谷仓前后侧面多处书写文字，正中大门青花书写对联一副，上联“禾黍丰而仓廪实”，下联“子孙盛而福禄崇”，横批“南山宝象庄五谷之仓”。两侧壁釉里红书写文字，竖直排列，左侧“凌氏墓用”，右侧“五谷仓所”。谷仓的背面用钴蓝料书写长达 159 字的墓志铭（图 3-106），记载了墓主的家世背景。

总的来说，宋元时期，景德镇窑经历了从发展到变革的重要阶段，逐渐形成了独树一帜的艺术风格。宋代，景德镇窑的青白瓷闻名于世，深受皇室和民间喜爱。元代，朝廷在景德镇设立了全国唯一的官办瓷业管理机构——浮梁磁局，进一步巩固了景德镇窑业在全国的地位，特别是青花、釉里红的烧造，开启了陶瓷彩绘装饰的新篇章。元末，随着社会动荡和抗元运动的兴起，景德镇陶瓷产业受到了巨大冲击，浮梁磁局无法继续运营，于至正十二年（1352 年）倒闭。虽然元代国祚仅 98 年，但景德镇窑在此期间取得的发展成就巨大，为之后成为明清时期的御窑奠定了坚实的基础，凭借其精湛的制瓷技艺和不可撼动的影响力屹立于中国陶瓷艺术之巅。

码 3-8　景德镇窑崛起的原因

第十节　建窑

建窑，又称建阳窑，主要生产黑瓷。建窑窑址位于福建省南平市建阳区水吉镇后井村与池中村盆地周边一带山坡上，包括庵尾山、大路后门山、芦花坪、源头坑、营长墘和牛皮仑等多个地点，面积约 12 万平方米。这里地处闽北建溪上游，境内山峦起伏，森林资源丰富，制瓷所需的矿藏也不少，加之溪流纵横，为烧制瓷器提供了燃料、原料和便利的交通运输条件。

建窑创烧于晚唐五代，宋代是其发展的鼎盛时期。唐代，建阳已经能够烧制造型粗朴的青釉瓷器。建阳将口窑窑址出土的瓷器主要品种有碗、碟、灯盏、壶、罐、钵等，碗、碟、盘口壶、双耳罐等是福建省唐墓中常见的随葬品。

宋代，建窑生产达到高峰，生产的器皿种类丰富，有碗、盘、碟、罐、盏、盒、灯盏洗等。其中，生产的黑色茶盏，即“建盏”，广受人们的喜爱。这与当时饮茶之风的盛行有着密不可分的联系。宋代饮茶以点茶法为主流，茶叶加工成饼状固体，饮用前取一部分碾成细末。"点茶"就是将研磨成末的茶置于茶盏中，一边不停注入沸水，一边不停以筅（圆形竹刷）击拂，使水与茶末混合均匀并生出细沫。宋人通过"斗茶"来评判茶的冲泡质量，主要是看盏中的茶和水是否充分融合，同时看盏面汤花的色泽、均匀程度以及持续时间。"点茶之色，以纯白为上"，而白色的茶汤在黑色瓷盏的映衬下，更为醒目分明，也就是宋代祝穆《方舆胜览》所说：

茶色白，入黑盏，其痕易验。

建盏的造型分为束口、撇口、敛口、盅式四类（图 3–107），每类又分为大、中、小型，其中小圆碗归入小型敛口碗类。"束口"顾名思义就是在口沿下方略向内凹，其中又有尖唇斜沿，深腹（图 3–107：a）；尖唇斜沿外撇，斜腹较浅，内外底心有乳突（图 3–107：b）；尖唇短斜沿，斜弧浅腹（图 3–107：c）。"撇口"就是口沿向外撇，建窑的撇口盏分为两类，一类为口沿平直，腹部直而微鼓（图 3–107：e）；一类为口沿带一定弧度外撇，腹部也有一定弧度外鼓（图 3–107：f）。敛口碗也是口沿向内收敛，建窑产此类器物口沿平直内收，腹部呈圆弧状（图 3–107：d）。总的来看，建盏多呈大、小的敛口、敞口等，底部与圈足小，整体如漏斗状，足底部位微挖浅，表面平整，造型古朴。

从瓷胎上看，建盏胎体厚实坚硬。宋代建盏使用当地富含铁质的瓷土，烧制过程中由于受一氧化碳的影响，烧成后多呈深灰、黑灰或黑褐色，因为胎中含铁量高，被称为"铁骨胎"。受限于当时较为落后的坯料加工技术与机械工具，胎土中不免留存了较多没有完全粉碎的颗粒，使建盏的质地略为粗糙。盏壁厚度约 0.2 cm 至 0.8 cm，底部最厚处甚至超过 1 cm，因此建盏的胎体较为厚重。然而，正是由于胎体厚重，加之胎内含有细小的气孔，利于茶汤的保温，满足了当时社会斗茶的需求。

建盏的装饰以釉色为主，少有其他纹饰，釉色以黑色最为著名，其中兔毫、鹧鸪斑、油滴、曜变等品种尤为珍贵。

兔毫盏因其釉面透出黄棕色或铁锈色流釉丝状纹路如兔毛的肌理而得名。其形成的釉纹肌理与胎釉有关，由于瓷土含氧化铁成分高，在高温烧制过程中，釉受热产生的气泡将熔入釉中的铁微粒带至釉面，当温度达到 1300 ℃以上时，釉层流动，富含铁质的部分便流成细长似兔毫的条纹。由于"窑变"等因素影响，兔毫形状既有长、短之分，粗、细之别，颜色还有金黄色、银白色、褐色等变化，具体产品包括"金兔毫""银兔毫""灰兔毫"和"蓝兔毫"等。宋徽宗赵佶在《大观茶论》评：

盏色贵青黑，玉毫条达者为上。

宋徽宗认为，优质的茶盏应当以色泽青黑、纹理如玉毫般条达清晰的为上品。其中，"玉毫"便指的是银兔毫。如日本东京国立博物馆收藏的宋建窑兔毫盏（图 3–108），器型朴拙端庄，口沿外撇，束口，斜深腹，矮圈足，胎体黑灰，毫纹根根分明（图 3–109），泛着银光，显现出静谧沉稳之美。

鹧鸪斑盏，因其肌理似鹧鸪鸟羽毛的圆点斑纹而得名，宋陶穀在《清异录》中曾记载：

闽中造盏，花纹鹧鸪斑点，试茶家珍之。

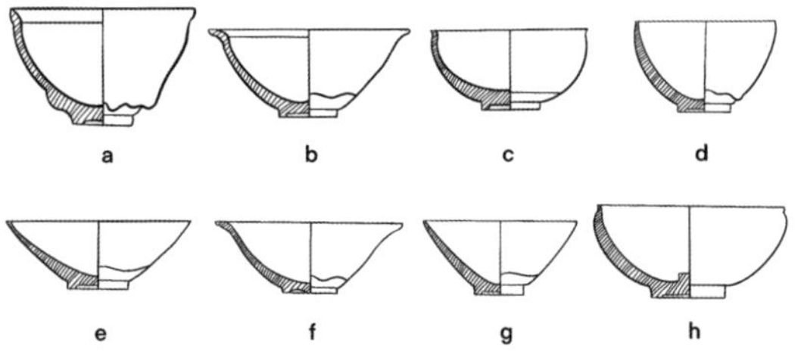

图 3–107　建盏造型

建盏上的鹧鸪斑点呈圆形或卵圆形，色彩呈银白、纯白、卵白、酱色，圆点较大，分布疏朗错落。如上海御承堂博物馆所藏宋建窑鹧鸪盏（图 3–110），敞口，深弧腹，圈足较浅。碗内满施黑釉，外壁施釉近底，釉质凝厚，乌黑发亮。内壁散落数枚凸起白点（图 3–111），晶莹饱满。黑如漆，白如珠，黑白分明，似鹧鸪羽毛，活泼灵动。

图 3-108　宋
建窑兔毫盏
日本东京国立博物馆藏

图 3-109　建窑兔毫盏局部

图 3-110　宋
建窑鹧鸪盏
上海御承堂博物馆藏

图 3-111　建窑鹧鸪盏局部

图 3-112　南宋
建窑油滴天目
日本九州国立博物馆藏

图 3-113　建窑油滴天目局部

油滴盏（图 3-112），因其釉面上遍布着许多银灰色金属光泽小圆点（图 3-113），如沸腾的油滴，或如水面浮起的油珠一样，因此得名。油滴纹的形成，是因为在烧制过程中，釉料中主要的着色剂氧化铁发生分解，生成气泡，致使气泡周围氧化铁的含量比其他部位高。随着温度的升高，气泡不断产生和聚集，且气泡越来越大，当达到一定程度时气泡爆裂，富含水量铁质的熔体升至釉面于原气泡处密集，当釉冷却收缩变平时，釉面形成饱和状态，并以赤铁矿和磁铁矿的形式析出结晶体，即形成富金属光泽的油滴状斑点。油滴盏的斑点大小不一，呈银灰、灰褐、黄褐赭色，分布或密集或疏朗。

曜变盏，其釉面散布稀疏圆点，偶有几处数点相聚如珊瑚状，焕发出彩虹般绚丽多变的光芒，曜变盏正因这种特殊的光耀色彩变化而得名。“曜”字同“耀”，有光辉、日光、星光的意思，生动地描绘了此类建盏釉色所特有的光泽和深邃感。曜变盏深受日本人的喜爱，日本国内珍藏的三件曜变釉茶盏被定为“国宝”。如日本藤田美术馆收藏的南宋曜变天目盏（图 3-114），色彩异常绚丽，通体施有光泽的黑色釉，表面呈现出大大小小的蓝色或绿色的斑纹（图 3-115），这种蓝绿色光从黑釉表层中闪耀出来，被形容为“神秘的光芒”。

宋代建窑的黑釉盏制作技艺精湛，品种繁多，装饰风格更是异彩纷呈，瑰丽璀璨，摆脱了传统的单纯黑色釉阶段。受建窑影响，周围地区竞相仿制其黑釉茶盏，从而形成了庞大的建窑体系，促进了宋代黑釉瓷器的普遍发展。建窑系的窑址集中分布在闽北、闽东以及江西、浙江、安徽等地，主要的窑址有武夷山遇林亭窑（图 3-116）、建阳白马前窑、光泽茅店窑、松溪回场窑、建瓯小松窑、浦城半路窑、南平茶洋窑、长汀南山窑、福清东张窑、闽侯南屿窑、宁德飞鸾窑以及江西铅山窑、浙江武义窑、安徽霞涧窑等。这些窑口在建盏备受瞩目的同时，也开始大量地仿制黑釉茶盏。除此之外，吉州窑也或多或少地受到建窑的影响，生产出了大量优秀的兔毫、鹧鸪斑等黑釉茶盏。

建窑产品不仅在国内市场备受欢迎，也通过海外贸易远销世界各地。宋元时期，经济繁荣，瓷业兴旺，也带来了对外文化交流和海外贸易的大发展，福建泉州港和福州港迅速崛起并成为对外贸易的重要港口，瓷器成为重要的出口商品之一，大量销往海外。1975 年，在韩国西南木浦市新安海域发现了一艘元代沉船，船内发现了数以万计的瓷器，其中也包括一定数量的建窑瓷器。2018 年，韩国国立中央博物馆举办了“新安沉船发现的黑釉瓷”专题展，并出版展览图录《黑釉磁》。据《黑釉磁》介绍，新安沉船发现的完整黑釉瓷数量共计 726 件，器型包括茶碗、碟、壶、瓶、盖、花盆、盒等，其中黑釉茶碗 449 件，有 429 件产自福建窑口，计有建盏 64 件（2 件带底与口沿残片的不计在内，图 3-117）。由此可见，在宋元时期，建盏也被作为贸易陶瓷，通过海运销往各地。目前，不仅在日本、朝鲜半岛有大量建窑黑釉瓷出土，在东南亚的马来半岛、菲律宾、印尼等地也发现了建窑黑釉瓷。

图 3-114　南宋
曜变天目盏
日本藤田美术馆藏

图 3-117　新安沉船出土的建盏
韩国国立中央博物馆藏

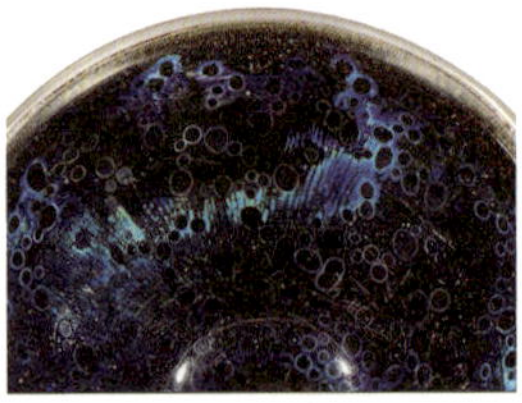

图 3-115　曜变天目盏局部

图 3-116　宋
遇林亭窑“寿山福海”黑釉盏
中国茶叶博物馆藏

图 3-118　建窑遗址出土的“供御”铭垫饼盏底部

图 3-119　南宋
黑釉“进盏”铭盏
上海博物馆藏

建窑烧制的黑瓷因其卓越的适用性和美观性，完美迎合了宋代斗茶文化的需要，从而广受各阶层的喜爱。据统计，在宋元陶瓷诗歌中与鹧鸪斑纹有关的诗歌共 9 首，如宋黄庭坚在《和答梅子明王扬休点密云龙》中写道：“建安瓮碗鹧鸪斑，谷帘水与月共色”；宋晁补之在《次韵提刑毅甫送茶》中写道：“健步远梅安用插，鹧鸪金盏有余春”；元王恽在《好事近・尝点东坡桔乐汤作》中写道：“唤起雪堂清兴，瀹鹧斑金屑”。与兔毫纹有关的诗歌共 24 首，如宋杨万里在《以六一泉煮双井茶》中写道：“鹰爪新茶蟹眼汤，松风鸣雪兔毫霜”；宋梅尧臣在《次韵和永叔尝新茶杂言》中写道：“兔毛紫盏自相称，清泉不必求虾蟆”；元周权在《次春日即事韵》中写道：“枕书睡足午窗明，雪乳浮浮翻兔褐”。这些诗句不仅描绘了建窑茶盏的美学特征，也在一定程度上反映了当时文人对建窑瓷器的推崇。

此外，建窑瓷器也因其独特的艺术魅力和实用价值，被皇室所青睐。从窑址发掘来看，有刻“供御”字样的垫饼盏（图 3-118），和刻有“進琖（进盏）”二字的黑釉茶盏（图 3-119），说明是专为宫廷所烧。建窑黑瓷的流行，不仅体现了宋代社会对茶文化和瓷器艺术的重视，也反映了当时高度发展的陶瓷工艺技术。但在宋代以后，随着点茶这种饮茶方式逐渐衰退，最能体现点茶特色的黑釉茶盏也随之逐渐淡出了人们的视野。

码 3-9　建窑黑釉瓷停烧与青白瓷生产

第十一节 龙泉窑

龙泉窑位于浙江省龙泉市，以烧制青瓷而闻名，其窑址遍布于龙泉境内的大窑、金村、溪口、大白岸、小白岸等三百余处，还有云和县的赤石埠、遂昌县的湖山。其中规模最大、产量最丰、质量最精者当数大窑和金村。

在中国陶瓷史上，龙泉青瓷是最具影响力的瓷器产品之一。龙泉窑的烧造历史悠久，在五代时便开始创烧青瓷，鼎盛于南宋和元，衰于明，终于清代道光年间。1957 年，国家号召：要恢复五大民窑生产，首先要恢复龙泉窑和汝窑。1959 年，龙泉青瓷得以复烧。2009 年，龙泉青瓷传统烧制技艺被列入“联合国人类非物质文化遗产代表作名录”。

史料记载，北宋早期，龙泉窑可能承担着朝廷御用瓷器的生产任务，因此得到了快速发展。宋人庄绰在《鸡肋编》中记载：

处州龙泉县多佳树，地名豫章，以木而著也……又出青瓷器，谓之秘色，钱氏所贡，盖取于此。宣和中，禁庭制样须索，益加工巧。

这段文字记载说明当时龙泉窑可能为朝廷生产“秘色”瓷器。据《宋史》卷四八〇《列传世家二（吴越钱氏）》记载：

太平兴国三年三月来朝，俶进……越器五万事……金扣越器百五十事。

又据《宋会要》记载：

太平兴国三年四月二日朝，俶进……瓷器五万事，金扣瓷器百五十事。

由上述记载可知，太平兴国三年（978 年），即宋太宗三年，越窑扮演着为朝廷烧制贡器的重要角色，当时朝廷对“秘色瓷”的需求多达十万件。然而，北宋时期越窑产量有限，无法承担如此庞大的贡瓷需求，又据前文提到，处州龙泉县（今龙泉市）为青瓷生产提供了充足的原料基础，龙泉窑可能为朝廷生产“秘色”瓷器。因此推断，龙泉窑所产青瓷很有可能在越窑无法满足需求时，被进献至朝廷。

据现有文献资料来看，龙泉窑的兴起与越窑有着密不可分的联系。以古陶瓷专家陈万里和古瓷艺术研究专家邓白为代表，他们认为龙泉青瓷是在五代、北宋初年受越窑影响发展起来的民窑。

越窑产品在北宋中期几乎不再外销，亚、非各国出土的越窑瓷器中，年代最晚的是北宋中期。在宁波东门宋代码头遗址的南宋文化层里，已不见越窑瓷器的踪迹。越窑青瓷的质量大不如前，日渐衰落，据资料推断，越窑至迟在南宋早期就已停烧。当越窑的供求关系不平衡时，龙泉窑蓬勃而起，其所处位置森林、瓷土资源丰富，水利交通便利。龙泉窑在北宋时继承了越窑的制瓷传统，无论在造型、纹饰还是在釉色、釉质方面都与越窑一脉相承，应是越窑衰落后，浙江的瓷业中心从浙北的上虞、余姚转移到了位于南部山区之中的龙泉，部分掌握技术的工匠迁往龙泉一带立窑烧瓷。众多技艺精湛的匠人陆续迁往龙泉定居，使得龙泉窑的产品质量不断提升。北宋末年以后，龙泉青瓷大量外销。到了南宋时期，龙泉窑成为当时南方首屈一指的青瓷窑场。元代早期和中期，龙泉青瓷持续发展，这一时期基本上继承了南宋晚期龙泉青瓷的水准和风格，并发扬光大，形成了自己的艺术特色。

宋代龙泉窑瓷器品种造型丰富多样，可分为生活用瓷、陈设用瓷、文房用瓷、宗教供瓷等，主要有碗、盘、碟、杯、执壶、灯、渣斗、香薰、瓶、烛台、香炉、洗、水注、罐、八仙塑像、观音塑像及其他佛像等。同一类器皿，功能不同，样式也不同，如瓶分有胆瓶、鹅颈瓶、玉壶春、盘口瓶（图 3-120）、琮式瓶、多管瓶（图 3-121）等，炉有鼎式炉、奁式炉、八卦炉、四足炉、鬲式三足炉（图 3-122）等。

龙泉窑青瓷以釉色闻名天下，其釉层透明，釉色淡青中微带灰色，温润无浮光。北宋早期，釉为石灰釉，釉质透明，釉层很薄，普遍施一道釉，釉色淡青，青中泛黄。北宋中后期，因改烧青黄釉瓷，釉色也是青中带黄。如北宋龙泉窑青瓷盖瓶（图 3-123），施青黄色釉，玻璃质感强，有冰裂缩釉现象。盖的内壁、器身口沿及外底无釉，胎作青灰色。至南宋时期，釉色纯正，青翠如玉，这种釉色之所以能烧制成功，归因于釉的配方。南宋以前，龙泉窑青瓷生产主要采用玻璃质和透明性强的石灰釉，釉的流动性大，不易控制。南宋以后，龙泉窑青瓷工艺上的主要变化是薄胎厚釉，采用石灰碱釉，釉的黏度增大，未熔解的石英等杂质和气泡增加，出现失透现象，从而产生丰厚柔和的釉层，呈现出温润如玉般质感。配方的改进使得龙泉窑青瓷色质无与伦比，烧成粉青、梅子青两种釉色，二者代表着中国青釉烧制的最高水平，是青瓷在美学上的巅峰。粉青重在色粉，青中泛蓝，梅子青青中透绿，犹如青梅。如故宫博物院收藏的龙泉窑青釉弦纹瓶（图 3-124），洗口内敛，细长颈，斜肩，扁圆垂腹，圈足外撇。器身凸起 7 道弦纹，胎体洁白，里外满施粉青釉，青翠碧绿，汁水莹澈，温润如玉。又如四川宋瓷博物馆收藏的南宋龙泉窑青釉荷叶盖罐（图 3-125），分为荷叶形盖和罐体两部分，通身施梅子青釉，釉面光洁平整，罐体圆润饱满，盖边起伏的荷叶呈卷曲状，碧绿如翡翠，温润如春水。

在装饰方面，宋代龙泉窑瓷器技法多样，纹饰丰富。北宋时期装饰纹样主要采用刻花、划花等技法，大量采用篦纹，线条纤细秀美，纹饰题材和图案相对简单。至南宋，装饰手法日趋灵活，有刻花、划花、模印、堆贴等，纹饰更为精致生动。装饰题材主要有水草、莲瓣、团花、牡丹、鱼纹、缠枝纹、云龙纹、龙凤、梅、菊等。此外，还有一类装饰是在器皿中心贴塑纹样，较为常见的是双鱼纹。如故宫博物院藏南宋龙泉窑青釉塑贴双鱼纹洗（图 3-126），敞口，折沿，弧壁，圈足。内底部塑贴两条游鱼，鱼纹清晰，首尾相对，鱼尾向上扬起，鱼鳞层层排列，活泼可爱，外壁刻凸菊瓣纹一周。口沿两侧各有两个穿孔，相互对应，可用于穿饰提环，以便于提携。通体施青釉，釉色青翠，是南宋龙泉窑的典型作品。

元代青瓷的窑场数量和分布范围都超过了南宋时期，居历代之首。元代早期和中期基本上继承了南宋晚期龙泉青瓷的水准和风格，但在器型和装饰上有所创新。

图 3-120　北宋
龙泉窑青瓷盘口瓶
浙江省博物馆藏

图 3-121　北宋
龙泉窑青瓷五管盖瓶
浙江省博物馆藏

图 3-122　南宋
龙泉窑青釉鬲式三足炉
故宫博物院藏

图 3-123　北宋
龙泉窑青瓷盖瓶
浙江省博物馆藏

图 3-124　南宋
龙泉窑青釉弦纹瓶
故宫博物院藏

图 3-125　南宋
龙泉窑青釉荷叶盖罐
四川宋瓷博物馆藏

图 3-126 南宋
龙泉窑青釉塑贴双鱼纹洗
故宫博物院藏

图 3-127 元
龙泉窑青釉净瓶
故宫博物院藏

图 3-128 元
龙泉窑青釉点褐彩撇口瓶
大英博物馆藏

图 3-129 元 龙泉窑粉青釉
开光露胎贴塑八仙纹八角瓶
大英博物馆藏

图 3-130 元
龙泉窑印龙纹青釉盘
故宫博物院藏

图 3-131 太仓樊村泾元代遗址出土“福禄”瓷片

造型上，元代新增的器型有高足杯、菱口盘、环耳瓶、“吉字”净瓶（图 3-127）、凤尾尊、荷叶盖罐、双系小口罐等。元代早期，龙泉青瓷与南宋时期青瓷颇为接近，器型整体端庄，胎体相对轻薄，圈足小巧。元代中期，因窑炉结构改革，得以烧成形制较大的器物，推出了尺寸较大的海碗、大盘、大瓶和大罐，标志着中国制瓷技术达到了一个新高度。龙泉窑瓷器型高大、胎体逐渐趋于厚重，胎色多为青灰色。这一转变可能受到元代审美的影响，迎合了草原民族大气和粗犷的审美偏好。元代晚期，瓷器的下半部分开始逐渐增宽，底部逐渐变得更为宽平，器物胎体一般都很大且笨重，有别于宋代造型的秀雅精巧。

装饰上，元代早期釉色以粉青为主，中晚期釉层变薄，釉色青中带黄，玉质感强，以青灰色为主，不似梅子青和粉青的莹润浓翠。这时的龙泉窑瓷器盛行釉面装饰，也大量使用褐色点彩（图 3-128）、贴塑（图 3-129）、镂雕、刻印等多种装饰技法，普遍饰有花纹且具有鲜明的时代特色。纹饰题材的内容也相当丰富，元代早期延续南宋的莲瓣、双鱼等装饰，后期还有云龙（图 3-130）、飞凤、云鹤、龟、鱼虾、昆虫、八仙、八卦、云雷、马上封侯、百花朝王等。在瓷器上还出现了大量的文字装饰，如“太”“张”“天”“富”“宝”“寿”“福”“大吉”“金玉满堂”等，这些文字大致可以分为窑业主、工匠姓氏商标和吉语二类。如太仓樊村泾元代遗址出土“福禄”瓷片（图 3-131），其上镌刻的“福禄”二字，不仅字体隽永，更蕴含着古人对幸福、吉祥生活的深切向往与美好祈愿，也反映了当时社会民众朴素而真挚的生活理想和精神追求。

码 3-10 龙泉窑的海外传播

龙泉窑，从北宋的初露锋芒，到南宋的鼎盛繁荣，再到元明时期的广泛传播，不仅见证了中国陶瓷艺术的发展历程，也成为中外文化交流的使者。对于中国陶瓷输出、对外贸易交流来说，龙泉窑产品是中国历史上第一个全球性的输出产品。龙泉青瓷的外销不仅在经济上对中国产生了重要影响，而且在文化交流和技术创新上也发挥了关键作用，推动了全球陶瓷文化的发展和多样性。

码 3-11 “龙泉天下”——宋元时期龙泉窑产品的对外输出

第四章
瓷器发展的第二段高峰（明清时期）

学习目标：

（1）了解明清时期的代表性瓷器品种，理解青花瓷、五彩瓷、珐琅彩瓷、粉彩瓷等不同类型彩瓷的兴起原因。

（2）理解明清时期瓷器制作技术上的重大突破，如青花钴料的改进、高温釉下彩技术的成熟、珐琅彩的引入与本土化创新等，了解这些技术进步如何促进了瓷器艺术的多样化发展。

（3）掌握明清不同类型瓷器的造型与装饰特征，理解明清瓷器对世界文化艺术的影响。

本章重要词汇：

青花瓷、甜白釉瓷、德化白瓷、斗彩瓷、五彩瓷、珐琅彩瓷、粉彩瓷、颜色釉瓷。

在中国瓷器发展的浩瀚长河中，明清时期无疑是继宋元之后的又一璀璨高峰。这一时期，瓷器艺术不仅在前朝的基础上实现了飞跃式的发展，更以其独特的工艺技法和绚丽多彩的装饰风格，将中国瓷器推向了前所未有的高度。明清瓷器是东西方文化交流的重要媒介，作为象征社会地位和文化品位的奢侈品以及先进的“高科技产品”，在西方掀起了风靡欧洲 400 年的“中国风潮”和“瓷器收集热”。

明代，随着经济的繁荣和技术的革新，瓷器制作迎来了新的春天。景德镇作为全国瓷器烧造的中心，其地位得到了空前的巩固与提升。官窑与民窑并存的格局，不仅满足了皇室贵族对精美瓷器的需求，也推动了民间瓷器的普及与发展。青花瓷、釉里红等经典品种在这一时期大放异彩，彩瓷技术更是达到了炉火纯青的地步，为后世留下了无数珍贵的艺术瑰宝。

清代，瓷器艺术更是进入了一个黄金时代。帝王对瓷器的热爱与重视，促使制瓷技术不断创新与突破。祭红、窑变、豇豆红等新釉色的出现，极大地丰富了瓷器的色彩表现。同时，斗彩、五彩、粉彩等彩瓷品种的发展，使得瓷器装饰更加细腻繁复，充满了浓厚的艺术气息。这一时期的瓷器，不仅在国内深受喜爱，更是通过全球贸易航线远销海外，受到了欧洲上至王室贵族、下至中产阶层的追捧，出现了对中国瓷器痴迷成瘾的现象。仅 18 世纪，经荷兰、英国、法国、瑞典等国贸易至欧洲的中国瓷器，大约在 6000 万件至 1 亿件之间，当时的西方学者将这种现象称为“瓷器瘾”。

本章共划分为九节，第一节为明清时期瓷器发展总概，主要介绍明清时期瓷器发展的大致脉络；后面八节则详细介绍明清瓷器的一些重要品种，如青花瓷、甜白釉瓷、德化白瓷、五彩瓷、粉彩瓷等。通过学习不同瓷器品种的相关知识，带领读者探索明清瓷器的独特魅力，揭示其背后的技术革新、文化交融与艺术价值。

第一节　明清时期瓷器发展总概

1368 年，朱元璋推翻元朝统治建立了明朝。为了巩固统治、恢复经济，明朝初期，政府采取了一系

图 4-1　明正德
青花人物图罐
故宫博物院藏

图 4-2　明永乐
青花园景花卉纹盘
故宫博物院藏

图 4-3　明万历
五彩鸳莲纹提梁壶
故宫博物院藏

列有力的措施发展生产，积极奖励开垦荒地，大力兴修水利设施，推广棉花种植，提振手工业经济。这些政策的实施，为之后长期的政治稳定和经济繁荣奠定了基础。到了 16 世纪，明朝国力达到鼎盛，成为当时世界上最强大的国家之一。

在这样的时代背景下，明代陶瓷业迎来了前所未有的发展机遇。明代的陶瓷发展，几乎形成了景德镇一枝独秀的局面，尽管其他地区也在生产各类陶瓷，但在质量和数量上都无法和景德镇相提并论。明洪武二年（1369 年），朝廷在景德镇设立了官办陶厂“御器厂”，为宫廷、皇室提供最优质的瓷器。为了满足宫廷需要，朝廷不惜成本，促使陶瓷技艺不断创新，推动了景德镇制瓷业蓬勃发展，不仅在产品质量上实现了质的飞跃，还不断孕育出新颖品种。

明代瓷器进入了一个以彩瓷为主流的时代。这一时期景德镇的瓷器以青花（图 4-1）为主，其他各类产品如三彩瓷、红绿彩瓷、斗彩瓷、五彩瓷等也都十分出色。当时景德镇的瓷器不仅满足了国内市场的需求，还通过海上与陆上丝绸之路大量出口，成为当时中国对外贸易的重要商品之一。特别是 16 世纪以后，伴随着太平洋—印度洋—大西洋全球航线的开通，景德镇瓷器成为人类贸易史上第一件全球化商品。

明代早期，景德镇瓷器在继承前代的基础上，开始展现出新的风貌。洪武时期的瓷器，虽受元代影响，但已逐渐摆脱其厚重粗犷的风格，向着更加细腻、秀美的方向发展。青花瓷器作为当时的主流，色泽偏于灰蓝，纹饰上趋向清淡，多留空白地，与元代的繁复风格形成鲜明对比。到了永乐、宣德年间，青花瓷的发展达到了巅峰，以胎釉精细、青色浓艳、造型多样和纹饰优美而著称于世。这一时期，进口的苏泥勃青钴料的使用，使得青花发色更加鲜艳，层次分明，如同水墨画般含蓄而生动。例如明永乐青花园景花卉纹盘（图 4-2），形制硕大，造型规整，构图雅致，青花发色浓艳。该盘高 8.5 cm，口径 63.5 cm，足径 49.5 cm，敞口，浅弧壁，圈足。盘内外均施以青花装饰，盘心处青花勾勒的三重线圈内，精心绘制了挺拔的松树、摇曳的棕榈、嶙峋的奇石、起伏的坡地以及繁盛的花草等景象，共同构成了一幅错落有致、层次分明的园林风光画卷。盘的内外壁则饰以折枝菊花、山茶、石榴、栀子、牡丹以及束莲等纹样，繁而不乱，生机盎然。

中期，景德镇窑在保持青花瓷优势的同时，彩瓷也开始盛行。成化年间，斗彩瓷器的出现，标志着彩瓷艺术的新飞跃。此外，釉上彩如红、黄、绿、蓝等颜色也开始广泛应用于瓷器装饰，使瓷器更加丰富多彩。正德年间，青花瓷器继续发展，胎薄釉白，青料改用国产的平等青①，颜色淡雅，别有一番风味。

明代晚期，五彩瓷器（图 4-3）达到了新的高度，以红、淡绿、深绿、黄、褐、紫及釉下蓝色为常见，

① 平等青：亦称“陂塘青”，国产青花料中的一种，明代成化、弘治、正德早期景德镇窑青花多用此料。平等青含铁量较少，烧成后，色泽淡雅、清丽而明澈、晕散不严重，呈色淡雅清亮。

色彩浓重，尤其是红色特别突出，使得五彩瓷器在视觉上极具冲击力。此外，这一时期还出现了许多创新性的器型，如观音瓶、棒槌瓶等，展现了明代瓷器造型艺术的多样性。天启、崇祯年间，虽然社会动荡不安，但瓷器制作仍有所发展，青花瓷器蓝中泛灰，青料为国产浙料，虽不及前朝，但仍具较高的艺术价值。

1644年明朝灭亡，清顺治帝迁都北京，清朝取代明朝成为全国的统治政权。清初，社会趋于安定，政治、经济、文化等各方面都得到了较大的发展，瓷器业也迎来了新的繁荣期。清代的陶瓷生产继承了明代的传统，继续沿用明代景德镇“御器厂”的官窑生产制度，并在康熙年间，将“御器厂”更名为“御窑厂”。瓷器生产在工艺技术和产量上都迅速提高，将官窑瓷器的生产推向了历史的高峰。

康熙、雍正、乾隆三朝是清代瓷器发展的鼎盛时期。这一时期，景德镇瓷器制作技术达到了历史的最高峰。青花瓷器（图4-4）在继承前朝风格的基础上，又有了新的突破和发展。珐琅彩（图4-5）、粉彩等新品种的出现，使得瓷器装饰更加丰富多彩。尤其是粉彩瓷器，以其色彩柔和、层次丰富、立体感强而著称于世。如清雍正粉彩牡丹纹盘口瓶（图4-6），高27.5 cm，口径6.3 cm，足径8.6 cm，盘口，细长颈，长圆腹，近足处外撇，圈足。瓶身以粉红、橘红、翠绿、草绿及褐色彩料描绘牡丹纹。此瓶比例匀称，线条流畅，轮廓过渡自然。画面构图开阔有序，色彩搭配清新脱俗，给人以宁静雅致之感。每一片花瓣和叶片的绘制都极为精细，质感逼真，堪称雍正粉彩瓷器中的佳作。

此外，这一时期的瓷器不仅在国内市场占据举足轻重的地位，还广泛出口至世界各地。当时的外销瓷（图4-7）实行来图来样定制，按照国外指定的器型、釉色及图案装饰进行制作，这对民窑瓷器的生

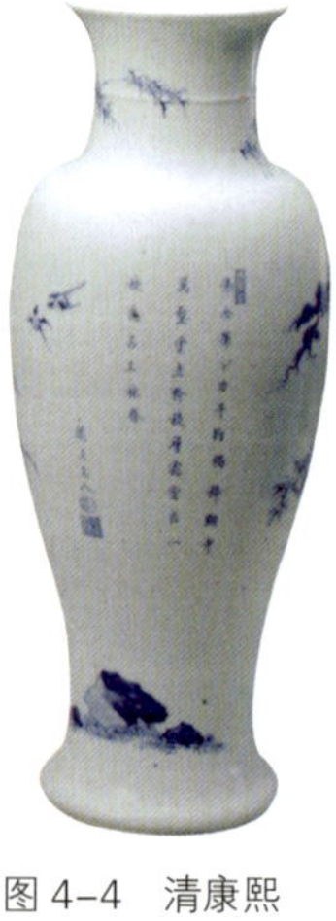

图4-4　清康熙
青花松竹梅纹诗句观音尊
故宫博物院藏

图4-5　清乾隆
珐琅彩双环瓶
故宫博物院藏

图4-6　清雍正
粉彩牡丹纹盘口瓶
故宫博物院藏

图4-7　清
粉彩描金圣经故事图盘
上海博物馆藏

产发展及制瓷技术的提高起到了很大的促进作用。清初在景德镇从事制瓷的工人有数万之众，正如《景德镇陶录》中记载：

昌南镇陶器行于九域，施及外洋。事陶之人动以数万计。

嘉庆以后，随着清王朝的衰落和西方列强的入侵，瓷器业也开始走下坡路。瓷器制作虽然仍有一定成就，但已无法与康雍乾三朝相提并论。青花瓷器以日用瓷为主，陈设瓷减少；五彩瓷器虽仍有烧造，但已不复前朝之盛。咸丰、同治年间，由于战乱频仍和政局动荡，瓷器制作更是受到了严重影响。到了光绪年间，虽然曾有一度中兴之象，但终难挽回颓势。宣统三年（1911 年），随着清王朝的灭亡，御窑厂倒闭，大批陶瓷工匠转入民间，景德镇瓷器制作也迈入了一个新的发展阶段。

第二节　青花瓷

青花瓷，是一种在瓷坯上用钴料绘制图案，然后施以透明釉，在 1300 ℃左右的高温下一次烧成的釉下彩瓷器。钴料烧成后呈蓝色，具有着色力强、发色鲜艳、烧成率高、呈色稳定的特点，赋予了青花瓷独特的艺术特色，使其深受人们的喜爱和追捧，成为中华文化重要的形象符号之一。

青花瓷发展到明代，已成为景德镇陶瓷的主流产品。明朝的青花瓷发展经历了三个阶段，起初是浓艳的风格，随后转变为淡雅，最后又回归至浓艳。这三个阶段分别与永宣时期（永乐朝、宣德朝）、成弘时期（成化朝、弘治朝）以及嘉万时期（嘉靖朝、万历朝）对应。明代各时期青花瓷各有千秋，但其发展鼎盛当数永乐、宣德时期。因此，明代青花瓷的艺术特征，可以通过聚焦这两个时期的具体作品进行把握。

永乐朝是明代国力强盛时期。这一时期景德镇的青花瓷出现了一个新的高峰，也为明代早期的青花瓷奠定了基调。永乐青花端庄秀丽，器物线条柔美流畅，注重修胎，器形十分规整。瓷胎由于注意淘炼，胎质纯净，含杂质少，质地细腻，色泽洁白，胎体厚薄适度，灵巧凝重。下文将通过几件代表性作品进行具体介绍。

压手杯是永乐时期最受青睐的青花器皿，敞口折腰，杯小而胎厚，圈足较宽，置于手中，有厚重感，杯心绘有彩绘。清初谷应泰《博物要览》云：

若我明永乐年造压手杯，坦口折腰，沙足滑底，中心画有双狮滚球，球内篆书大明永乐年制六字或白字，细若粒米，此为上品。鸳鸯心者次之，花心者又其次也。杯外青花深翠，式样精妙，传世可久，价亦甚高。

由此可见，压手杯在当时的珍贵及受追捧程度。故宫博物院藏有四件此种压手杯，其中一件杯心绘有双狮戏球纹（图 4-8），杯体古朴敦厚，制作精美，青花色泽深厚青翠，杯心单圈内绘双狮戏球图案（图 4-9），球内署青花篆体“永乐年制”四字款，外壁口沿下绘一圈梅花纹，腹部绘缠枝莲纹，圈足外绘卷草纹。

永乐时期的“一束莲纹盘”是当时常见的青花器物，烧造数量较多。盘中青莲，取其谐音“清廉”，在官窑瓷器里这种莲花纹有警示之意。如中国国家博物馆珍藏的明青花束莲纹盘（图 4-10），收口，圆唇，弧壁，广底，圈足。通体青花装饰，内口沿巧妙绘以水波纹，内壁则细腻地勾勒出缠枝花卉的柔美姿态，盘心则精心布局一束莲花图案，寓意高洁清雅。外壁绘回纹、缠枝花卉纹、卷草纹。盘所用的青花料为苏泥勃青，色泽浓郁深邃，釉质细润莹洁，白中闪青。

此外，永乐时期创制的莲子碗，也是这一时期的代表性器物。莲子碗因碗形颇似莲房而得名，碗大口，圆唇，弧腹斜收，圈足外撇，足底心凸成尖棱状，碗心凹成尖底状，碗壁从口沿至底逐渐加厚，造型规整，

图 4-8　明永乐
青花压手杯（狮球心）
故宫博物院藏

图 4-9　青花压手杯（狮球心）局部

图 4-10　明
青花束莲纹盘
中国国家博物馆藏

图 4-11　明永乐
青花四季花卉纹莲子碗
台北故宫博物院藏

图 4-12　青花四季花卉纹
莲子碗局部

浑实厚重。明永乐青花四季花卉纹莲子碗（图 4-11），碗心绘画折枝枇杷纹（图 4-12）。青瓷碗的外壁为莲瓣，内壁口沿下为一圈回纹，碗心另有五瓣葵花纹。莲子碗在明代非常流行，是当时重要的外销瓷之一。

值得一提的是，受外来文化的影响，许多永乐青花瓷造型吸收借鉴了西亚伊斯兰文明的金银器、玻璃器和陶器的特点。如天球瓶、无当尊、抱月瓶、折洗、执壶、烛台、花浇等。（表 4-1）

表 4-1　永乐青花与西亚伊斯兰文明工艺品互鉴

 A. 明永乐 青花云龙纹天球瓶	 a.9 世纪 阿巴斯王朝玻璃刻花瓶	 B. 明永乐 青花书阿拉伯文缠枝花卉纹无当尊	 b.14 世纪 马穆鲁克王朝黄铜盘座	 C. 明永乐 青花花卉锦纹如意耳扁壶	 c.13 世纪　伊拉克或叙利亚黄铜错银抱月瓶
 D. 明永乐 青花缠枝四季花卉纹折沿洗	 d.16 世纪初期 叙利亚铜盆	 E. 明永乐 青花四季花卉执壶	 e.1200 年 伊朗执壶	 F. 明永乐 青花折枝花纹八方烛台	 f.14 世纪中期 波斯嵌银烛台
 G. 明永乐 青花缠枝莲纹花浇	 g.16 世纪初 阿富汗黄铜龙树壶	 H. 明永乐 青花缠枝花纹鱼篓尊	 h.14 世纪 伊朗镶银黄铜碗	 I. 明永乐 青花锦地花卉壮罐	 i.1375—1400 年 瓦伦西亚阿尔巴雷罗罐

宣德时期的青花瓷在永乐青花瓷的基础上进一步发展，以古朴高雅的器型、晶莹温润的釉色、丰富多样的纹饰著称，是中国瓷器的杰出代表之一。历代评瓷家对宣德青花瓷予以高度评价，清代朱琰在《陶说》中讲到宣德青花瓷时盛赞道：

此明窑极盛时也。选料、制样、画器、题款、无一不精……故论青花，宣窑为最。

下面将从胎质与用料、器型、纹饰这几个方面介绍宣德时期青花瓷器的特点。胎质上，宣德青花瓷用景德镇的麻仓土制胎，洁白细腻，胎体比永乐时厚重。在青花料的使用上，仍以郑和下西洋时所带回的苏麻离青为主。苏麻离青含铁量特别高，含锰量低，故又称“高铁低锰”料。苏麻离青的色泽深邃浓艳，当炉火气氛适宜时，烧制出的瓷器具有类似宝石般璀璨的色泽，其高铁含量使得瓷器颜色偏深蓝，在颜料凝聚较厚的区域，会形成黑褐色的结晶斑点，在一定光线下有锡光色，而且呈三角形结晶，用手抚摸釉面有细微凹凸不平。这原本是一种烧造上的缺陷，经过文人的美学诠释，逐渐成为一种独特的审美追求。

宣德青花瓷在器型上展现出极高的丰富性与多样性，器型繁多，形体变化万千。从几厘米的鸟食罐到几十厘米的大罐、大缸应有尽有。在瓶类中，有胆瓶、梅瓶、玉壶春瓶、贯耳瓶等多种样式；壶类除一般执壶外，还有葫芦口执壶、方流执壶等不同形态；盘类有敞口盘、撇口盘、折沿盘、菱花口盘等多种设计；碗类则涵盖了撇口碗、花口碗、墩式碗、菊瓣形碗、鸡心碗等各式形状。除此之外，还有砚滴、笔管、油灯、八角烛台、香薰、渣斗、水盂等多样化的器物。

宣德青花瓷在纹饰设计上极为讲究，严格遵循图案规范，笔触从不超越边界。绘画技巧上，采用了实笔和勾勒渲染两种手法：实笔以细腻的线条为主，而勾勒渲染则运用了较为粗犷的线条，两者均呈现出流畅自如、清晰可辨的视觉效果，给人以连贯统一的艺术感受。纹饰题材丰富，花鸟鱼虫，人物山水

图 4–13　明宣德
青花海水龙纹钵
故宫博物院藏

图 4–14　明宣德
青花缠枝花卉纹梅瓶
故宫博物院藏

无所不有。动物纹有海水云龙（图 4–13）、团凤、鱼藻纹、麻鹊纹等；植物纹有缠枝牡丹（图 4–14）、松竹梅、宝相花、束莲、山茶等；人物纹有仕女、吹箫引凤、仙人乘凤、婴戏图等，另外，庭园小景、山石栏杆、莲托八宝、阿拉伯文字、梵文等也经常出现于青花瓷器上。

纵观明代永宣两朝在三十余年里烧造的青花瓷，无论是在原料选择上还是在制作工艺上，都达到了非常高的水准。因此永宣时期烧造的青花瓷在历史上堪称稀世珍品，其独特的异域风情造型、浓艳鲜明的色泽、超凡脱俗的纹饰，被后世奉为经典。

入清之后，青花瓷器仍是景德镇瓷器最主要的产品。尤其是康熙时期，青花瓷的发展突飞猛进，形成了层次多变、色调鲜明的艺术特色。可以说康熙时期是我国青花瓷器生产史上继明代永宣之后的又一个黄金期，清人寂园叟（即陈浏）在其著作《匋雅》中这样评价：

雍乾两朝之青花，盖远不逮康窑。然则青花一类，康青虽不及明青之秾美者，亦可以独步本朝矣。

那么，康熙青花到底有什么魅力被认为“独步本朝”？下面将从色料、绘画技法、器型及纹样等几方面对康熙青花进行介绍。

在青花色料的运用上，康熙早期的青花瓷器采用了浙江地区的青料，色泽灰蓝，部分发色略显灰暗，这与顺治年间青花瓷的特点较为相似。中期使用云南省的珠明料，由天然钴土矿煅烧而成，是一种典型的青花料。煅烧提炼过的珠明料，在质量和色彩稳定性上均优于生料。根据成分不同，珠明料也有等级之分，一般品的氧化钴含量在 2% 以下，而上品的氧化钴含量可达 8% ~ 9%。使用这种料烧制的青花瓷器，呈色鲜蓝青翠，明净艳丽，清朗不浑，艳而不俗，有的也呈宝石蓝色。

在绘画技法上，康熙青花改变了明代青花先勾勒纹样轮廓，然后涂色的传统方法，即单线平涂，而是采用渲染的技法。这时的工匠们已能熟练地掌握钴料的特性，并创新性地借鉴国画皴法[①]发展出“分水皴法”“斧劈皴法”“披麻皴法”等一系列精细的绘画技巧。绘画技法的成熟使得康熙青花层次分明，装饰的精巧程度堪称清朝之冠，即使是使用同一种青花料，也可以利用浓淡变化，产生色彩上的不同感受，甚至在一笔中也能分出不同的浓淡笔韵，以料代墨、以瓷为纸，达到了中国画所崇尚的“墨分五色”效果。

① 皴（cūn）法：中国画技法名，是表现山石、峰峦和树皮的脉络纹理的画法。画时先勾出轮廓，再用淡干墨侧笔而画。表现山石峰峦的，主要有披麻皴、雨点皴、卷云皴、解索皴、牛毛皴、大斧劈皴、小斧劈皴等；表现树皮的，有鳞皴、绳皴、横皴、锤头皴等。

《匋雅》中这样记载：

青花又名淡描，同一色也，见深见浅，有一瓶一罐而分之七色、九色之多者，娇翠欲滴。

这种层次分明的青花着色方法，为更好地表现瓷器画面中的山水、人物主题提供了工艺支持，山水远近、衣褶里外显得更具情致意境，为康熙青花创新更丰富的画面题材创造了有利条件。如清康熙青花山水人物图盖罐（图 4-15），罐通体饰青花山水人物图案，青花娇艳青翠，清新明快，具有水墨画的艺术效果。画面层次分明，富有立体感，画中的文人高士、独钓老翁等形象生动。

康熙青花瓷器在器型上千姿百态，承古创新，既有陈设瓷，也有日常生活用瓷、外销瓷、祭瓷等。器物有杯、盘、碗、瓶、壶、钵缸、香薰、笔筒等。在康熙青花的造型中，瓶类尤其丰富，多为陈设观赏用瓷。长颈瓶在早期有高颈和粗颈的特点，而到了晚期则颈部变矮且较短；梅瓶则以其小唇口、短颈和丰满的瓶身而著称，通常底部呈玉璧形；棒槌瓶（图 4-16），有圆棒槌和方棒槌两种，前者数量多，后者数量少。此外，还有胆瓶、天球瓶、蒜头瓶、荸荠扁瓶、八方瓶等。

装饰纹样上，题材宽泛，有人物纹、动物纹、植物纹、历史故事纹、山水纹、诗文纹等。人物纹有耕织图、渔家乐、刀马人、仕女图、婴戏图、八仙图等；动物纹有龙、凤、鹤、鹿、麒麟、蝙蝠等；植物纹有菊花、牡丹、莲花、兰花、葡萄、石榴、桃子等；历史故事纹有三国演义、西游记、四十六妃子图、十八学士图、博古图、郭子仪祝寿图等；山水纹以四季风光和远山近水为题，有的加绘人物，如数老对弈、秋山草庐、东坡赏古、观瀑泛舟等；以诗文进行装饰是康熙青花瓷器的一大特点，如《前后出师表》《赤壁赋》《圣主得贤臣颂》《兰亭序》等，有的以文字饰满全身，有的是一面书写文字，另一面绘画相应的图案纹饰。

如康熙青花十二月花卉纹诗句杯（图 4-17），撇口、深腹、圈足。胎体轻薄，釉质莹亮。杯内、外和圈足内均施白釉，足端无釉。外壁有青花装饰，画工精湛。12 个杯子上分别绘有象征十二个月份的时令花卉，并巧妙搭配了与花卉意境相契合的优美诗句。如一月迎春花以“金英翠萼带春寒，黄色花中有几般”道出初春之生机；二月杏花则以“清香和宿雨，佳色出晴烟”描绘其粉嫩欲滴；三月桃花则是“风花新社燕，时节旧春农”，春意盎然；四月牡丹“晓艳远分金掌露，暮香深惹玉堂风”，富丽堂皇；五

图 4-15　清康熙
青花山水人物图盖罐
故宫博物院藏

图 4-16　清康熙
青花山水人物棒槌瓶
故宫博物院藏

图 4-17　清康熙　青花十二月花卉纹诗句杯　故宫博物院藏

月石榴花“露色珠帘映，香风粉壁遮”，热烈奔放；六月荷花“根是泥中玉，心承露下珠”，清雅高洁；七月兰花“广殿轻香发，高台远吹吟”，幽远飘逸；八月桂花“枝生无限月，花满自然秋”，馨香四溢；九月菊花“千载白衣酒，一生青女香”，傲霜斗寒；十月月季“不随千种尽，独放一年红”，月月常新；十一月梅花“素艳雪凝树，清香风满枝”，凌寒独放；而十二月水仙则是“春风弄玉来清昼，夜月凌波上大堤”，清雅脱俗。此套杯均修坯规整、纹饰规范、款识书写精致，是康熙时期青花瓷器中颇具代表性的玲珑小品。

码 4-1　克拉克瓷

总体而言，明清时期的青花瓷器不仅继承了前代工艺，更在技法、造型和装饰上达到了新的高度。明代的永乐、宣德年间，青花瓷器以其深沉的色泽、精致的做工，展现了极高的艺术价值。到了清代康熙时期，青花瓷器在仿古与创新中并行发展，以细腻的笔触和丰富的层次，形成了独特的艺术风格。

码 4-2　明代各时期青花瓷的特点

第三节　甜白釉瓷

甜白釉瓷是明永乐时期景德镇御窑在元代卵白釉瓷基础上成功创烧的新品种。甜白釉瓷胎质轻薄，釉质莹润，洁白无瑕，故被称为“甜白”。永乐时期成功创烧的甜白釉瓷，以其洁白莹润的釉色广受世人喜爱，代表了中国古代白瓷的巅峰工艺水平。

永乐甜白釉瓷器创烧成功后，一直以来都被世人所称道。要想了解这一时期甜白釉瓷的特征，可以从胎釉、造型、纹饰这几个方面进行分析。

在胎釉上，永乐甜白釉瓷胎质细腻洁白，轻薄似脱壳，细薄如纸，几乎是见釉不见胎，光照见人，迎光透视，胎上刻划的龙纹、凤纹、缠枝纹清晰可见，故也称为“脱胎白瓷”。在胎上施加的白釉，釉色细白润洁，釉层肥厚纯净、温润肥腴、柔和甜美。如台北故宫博物院收藏的一件明永乐甜白釉高足杯（图 4-18），口部外撇，深弧壁，高圈足。胎壁十分细薄，器底与圈足则稍厚，通体施洁白温润的白釉，只在足底着地处露胎，胎质细腻洁白。器外壁平素无纹，内壁则隐约可见暗花五爪双龙及云纹。

永乐甜白釉瓷造型丰富，种类繁多，主要有瓶、壶、罐、僧帽壶（图 4-19）、温器、炉、盘、碗、钵、高足杯、渣斗等，且同一品种有不同造型，如碗类有收口碗、敞口碗、鸡心碗，瓶类有梅瓶、玉壶春瓶等。现藏故宫博物院的甜白釉划花缠枝莲纹梅瓶（图 4-20），通体施甜白釉，釉面从上到下暗划 3 组纹饰，

图 4-18　明永乐
甜白釉高足杯
台北故宫博物院藏

肩部为卷草纹、腹部为缠枝莲花纹、足部为折枝花卉纹，中间以弦纹间隔。该梅瓶继承了宋代梅瓶的优雅形态，以修长且挺立的轮廓为特点，同时在设计上做了适度的调整：降低了瓶身的整体高度，拓宽了瓶的肩部和底部，从而使各部分的比例更加和谐，赋予了器物一种更加均衡与稳重的视觉效果。瓶身所施甜白釉纯净柔和，纹饰雕刻细致入微，展现了永乐时期甜白釉瓷的卓越工艺。

图 4-19　明永乐
甜白釉僧帽壶
故宫博物院藏

在纹饰方面，永乐甜白釉瓷大多配合刻划或印纹进行装饰，有动物纹、植物纹、具有美好寓意内涵的传统纹饰以及文字等。值得一提的是，由于永乐甜白釉瓷是景德镇御窑专门烧造、专供宫廷使用的瓷器品种，其装饰中的动物纹均为龙纹、凤纹等瑞兽纹。目前所见永乐甜白釉瓷上的动物纹可分为云龙纹、双龙纹、五龙纹、龙凤纹、凤穿花纹等 5 种。如明永乐甜白釉云凤纹碗（图 4-21），敞口，斜壁，浅腹，小圈足。内壁近口缘处有一圈回纹，周壁则环以模印而成的纹样，依稀可见双凤展翅相缠，并以卷曲的云气衬其背景。该碗造型别致，纹饰生动，做工精美，堪称佳作。

永乐甜白釉瓷釉色恬静柔润，胎体细薄如纸，洁净如玉，为其他任何时代白瓷所不可比拟。虽后世有大量仿制类似的白瓷，但其釉色和胎薄体轻的程度均不如永乐甜白釉瓷。

码 4-3　甜白釉瓷
在明代盛行的原因

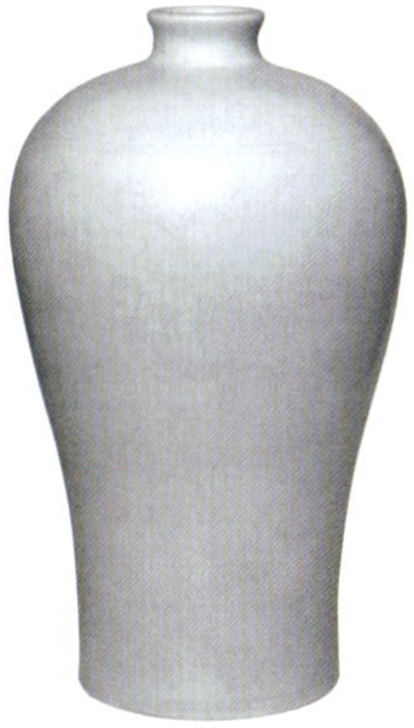

图 4-20　明永乐
甜白釉划花缠枝莲纹梅瓶
故宫博物院藏

第四节　德化白瓷

德化窑位于福建省中部，是宋代至清代沿海地区外销瓷最重要的产地之一，其生产的白瓷大量出口至东南亚与欧洲等地区。德化窑在宋代主要烧造青釉、青白釉和黑釉，明代以后以烧制白瓷著称。德化白瓷釉色不像景德镇白瓷那样白中泛青，也不似北方白瓷白中泛黄，而是白中微微闪红，犹如凝脂、象牙，其色泽被形容为“猪油白”“象牙白”，外国人士称作“中国白”。明清两代，尤其是明代，德化白瓷以其温润如玉的质感、纯净无瑕的色泽，不仅在国内赢得了极高的声誉，更跨越重洋，成为欧洲皇室贵族竞相追捧的珍品，被誉为“白色黄金”。

明代德化白瓷在种类上，主要有日用器皿、供器和瓷塑三种。日用器皿有酒杯、碗、碟、炉、文房用具等，其中以各种造型和花纹的小杯最具特色。小杯造型各异，外壁堆塑各种花纹，如梅花（图 4-22）、菊花（图 4-23）、玉兰花等。供器有烛台、香炉、花瓶及仿玉和青铜的礼器。德化白瓷多瓷塑，又以瓷塑人物最为著名。明代宋应星在其著作《天工开物》中写道：

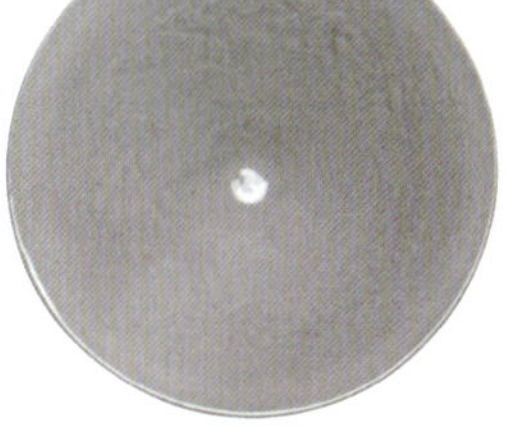

图 4-21　明永乐
甜白釉云凤纹碗
台北故宫博物院藏

凡白土曰垩土，为陶家精美器用。中国出惟五六处，北则真定定州……南则泉郡德化……德化窑惟以烧造瓷仙、精巧人物、玩器，不适实用。

当时的德化瓷塑多以道神像、佛神像为主，如达摩、观音（图 4-24）、弥勒佛、释迦牟尼、关帝像等，并涌现出众多瓷塑名家，如何朝宗、林朝景、张素山等。

对于德化白瓷生产中供器和瓷塑占据主要地位的原因，可归结于市场需求的推动。这种需求不仅来自民间，也源自宫廷。在明代，宗教活动成为宫廷生活中不可或缺的一环，每逢重要的宗教节日，无论是皇帝还是后妃，都会参与朝拜活动。因此，宫廷对宗教活动用品的需求极大地推动了德化供器和瓷塑的发展。

根据德化窑传世白瓷来看，作为贡品进入宫廷的产品，从品相和质量上看，都是当时的极精之作，对比同时期的一般民间产品，高下立判。如德化窑白釉鹤鹿仙人雕像（图 4-25），仙人形象和蔼亲切，头微偏，眉目含笑，双目微睁，面带笑容，和蔼慈祥。他身披长袍，双手相交抱胸，放于几案上，右手执经卷。下方洞石右侧立一仙鹤，曲颈前探，左侧一只幼鹿跪卧仰首，整体勾勒出一个远离世俗、潇洒自由的仙人形象。

装饰上，德化白瓷风格简约而典雅，少用繁复的彩饰。装饰主要为刻花（图 4-26）、堆贴、浮雕、透雕四类。常见纹饰有八卦纹、凤鸟纹、连续回纹、蕉叶纹、莲瓣纹、梅花纹、松竹纹、牡丹纹、龙虎纹、鹤鹿纹、八仙纹、如意纹等，寓意吉祥、耐人寻味。另外，还有仿造青铜器的兽面纹与道教的太极图等。

明代德化白瓷在胎质上细腻致密。德化白瓷的瓷土含铁、钛等杂质成分少，氧化硅含量较高，氧化钾含量高达 6%，烧成后玻璃相较多，胎质致密，往往带有颗粒状珍珠般的闪光，洁白细腻，宛如蒸熟的糯米粉糕，因此被称为“糯米胎”。这种胎体与釉水结合后，釉面洁净且均匀，器物的色泽温润如玉，表面剔透光滑，光线照射下可见指影，叩之声音清悦悠扬，犹如敲击金属，铿然作响。

图 4-22　明
德化窑堆梅花纹杯
英国维多利亚与阿尔伯特博物馆藏

图 4-23　明
德化窑堆菊花纹杯
英国维多利亚与阿尔伯特博物馆藏

图 4-24　明
德化窑白釉观音坐像
故宫博物院藏

图 4-25　明
德化窑白釉鹤鹿仙人雕像
故宫博物院藏

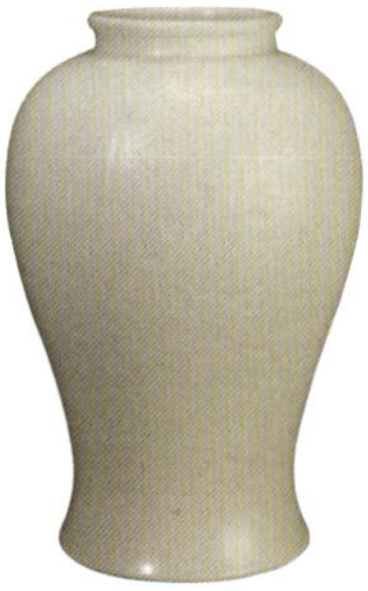

图 4-26　明
德化窑白釉刻花玉兰纹尊
故宫博物院藏

图 4-27　清康熙
德化窑白釉楸叶式洗
故宫博物院藏

图 4-28　清
德化窑白釉暗花胆式瓶
故宫博物院藏

图 4-29　清
德化窑白釉葫芦式壶
故宫博物院藏

清代德化窑的生产在明代的基础上得到了进一步的发展。与明代相比，它的产量有了显著提升，同时，产品的生产结构也发生了变化，不再以瓷雕和祭祀用具为主，而是转向了生产日常用品。各种供器及观音、弥勒佛之类的瓷塑虽仍继续烧造，但更多的是各式洗（图 4-27）、瓶（图 4-28）、杯、碗、壶（图 4-29）等日用器皿。

清代德化白瓷的釉色与明代相比，也有一个显著的区别，即白瓷釉层的色泽一般微微泛青，不像明代那样釉中微微闪红，缺少温润的感觉。这很可能是胎、釉中氧化铁的含量有所增加，或者还原气氛掌握不当所致。

清嘉道以后至民国，德化白瓷质量日渐下降，工艺趋于衰落。清《闽产录异》记载：

老窑所制佛像、尊、罍、瓶、盘、盏、斝，皆精致古雅，其色洁白中现出粉红，至今价翔矣……近胎地厚而粗，釉水莹而薄，渐不足贵。

可见，晚清的德化白瓷胎质粗陋，釉水莹薄，已经开始衰落。民国《德化县志》则将德化窑衰败的原因归结于燃料殆尽。该县志记载：

德化素号产木之区，盖穷岩邃谷，水道隔越，砍运维艰，故得老其材也。迩来人稠用杂，旦旦斧斤，兼以铁灶、磁窑，广需柴炭，几并万林而赭之。贾木者于是不入矣。

由此可知，造成德化白瓷陋劣的原因是之前瓷窑厂过多，导致作为烧窑燃料的森林木材严重匮乏，难以满足高质量的制瓷需求。这一时期的德化白瓷釉色以青白、灰白釉为主，釉层中常伴有铁锈斑点，釉面较为粗糙，肉眼下可见一些细小砂粒。

码 4-4　探析德化白瓷雕塑在明代兴盛的原因

码 4-5　风靡欧洲的“中国白”

第五节　斗彩瓷

斗彩瓷，是以斗彩为主要装饰手法的瓷器品种。“斗彩”是釉下青花和釉上彩绘相结合的一种装饰手法。其制作方法是在坯体上先用青花描绘出图案的完整轮廓线，然后施以透明釉入窑高温烧制，后在釉面上以各种彩料填绘，经低温彩炉二次烧成。斗彩的彩绘方式分釉上、釉下两部分，上下斗合，构成全体，“斗”在景德镇方言中是斗拢凑集之意，故名“斗彩”。

码 4-6　明清时期的斗彩瓷

第六节　五彩瓷

五彩瓷是明代景德镇窑创烧的一种釉上彩瓷，又称为“硬彩”，含多彩之意，特点是颜色艳丽，五彩斑斓。五彩瓷是在已经烧成的素器上以多种彩料绘画图案花纹，再于700 ℃至800 ℃的炉中二次烧成，其基本色调以红、黄、绿、蓝、紫等为主，主要着色剂为铜、铁、锰等金属盐类。

五彩可分为青花五彩和釉上五彩两大类。青花五彩是釉下青花和釉上五彩相结合，而上一节讲到的斗彩也是釉下青花与釉上彩绘的结合，但二者在艺术表现上有很大区别。斗彩是先在生坯上用青花料勾勒出完整图案的轮廓线，类似于白描线稿，然后施透明釉经高温烧成，再于釉面上参考所绘青花料轮廓线，内填各种色彩。相比之下，青花五彩是在生坯上以青花料绘制整个装饰图案的某一局部，不作整体画面的轮廓勾勒。青花五彩中的釉下青花部分只作为整体画面中的钴蓝色彩来使用，同时为烧成之后继续绘制釉上彩起定位作用，施透明釉经高温烧成后，再于图案纹饰不完整的空白釉面上用彩料将纹样补全，构成完整图案，最后经低温烧制，青花五彩瓷才完全制作完成。

相比之下，釉上五彩没有釉下青花绘制的环节，是在已经烧制成瓷的白瓷素胎上，用红、黄、紫、绿、褐等釉上彩颜料进行彩绘，后再入窑以700 ℃至800 ℃的低温烧制而成。明代釉上五彩瓷没有钴蓝色和纯黑色，直到清康熙时，才发展出釉上蓝彩和黑彩两种颜料。

五彩瓷创烧于宋元，明代中期烧制数量并不多，直到明晚期的嘉靖、隆庆、万历三朝才颇为流行。明代各个时期的五彩瓷呈现出不同的特点：成化时期五彩瓷用青花作衬托的作品较少见，色彩以红、绿、黄及姹紫为主；弘治时所用彩料主要有红、绿、赭黑、孔雀绿等色，色调淡雅；正德时期以红、黄、绿色为主，部分器物上的红、绿彩浓重鲜明；嘉靖时期的五彩瓷突出大红、大绿、大黄、大紫、大蓝的满密热闹的视觉冲击效果，色彩饱和度高是这一时期五彩瓷的显著特征。如明嘉靖五彩鱼藻纹盖罐（图4-30），高33.2 cm，口径19.5 cm，足径24.1 cm。罐直口，短颈，丰肩，硕腹，圈足。通体以釉上红、黄、绿彩及釉下青花装饰。肩部装饰精巧的变形莲瓣纹，腹部中心饰以生动的莲池鱼藻图，莲荷亭亭、水草摇曳、浮萍点点，其间八尾红色鲤鱼形态各异，栩栩如生，仿佛正穿梭于碧波之中。近底部以釉下青花勾勒出一圈蕉叶纹，增添了几分清雅之气。盖面绘璎珞纹，中心置火焰纹宝珠钮，盖沿饰鱼藻纹。此罐构图密集又富有层次，色彩对比强烈且不失和谐，是明嘉靖官窑五彩瓷中的精品。

此外，嘉靖时期的五彩瓷除了使用红、绿、黄、赭黑、紫、孔雀蓝等釉上彩料之外，还会在一些器物上使用金彩，显得格外富丽辉煌。这一时期的加金装饰作为一个新品种深受日本人喜爱，在日本被称为“金栏手”。例如现藏于日本东京博物馆的明嘉靖五彩金栏手水注（图4-31），是一件明嘉靖时期景德镇民窑的精品，细颈斜肩，扁圆形腹上小下大，腹部有一弯曲长流和扁带形高执柄，流和颈之间有短梁连接，底作圈足略往外撇。腹部心形，心内作红地金饰孔雀牡丹纹，牡丹盛开枝叶缠绕，成为该器的主题纹饰，心形外锦地纹繁密工整、华丽精致。“五彩金栏手”深刻地影响了日本有田烧、锅岛烧、九谷烧等诸多彩瓷窑口，其中被誉为日本古代陶瓷高峰的“古伊万里”风格瓷器（图4-32）就是其典型作品。

隆庆一朝时间较短，五彩瓷的烧制数量较前朝少，这一时期的五彩瓷多为青花五彩，造型和纹饰均延续嘉靖御窑五彩瓷器风格。发展到万历时期，五彩瓷造型多样，图案布局繁密，显得艳丽夺目，色彩华丽胜于嘉靖。如明万历五彩镂空云凤纹瓶（图4-33），高49.5 cm，口径15 cm，足径17.2 cm。瓶洗口，长颈，垂腹，圈足。颈两侧贴饰狮耳，通体以褐色或赤褐色勾勒轮廓，用釉下青花及红、黄、绿、茄紫、孔雀绿诸彩装饰，全器共绘8层纹饰。瓶腹镂雕9只凤凰飞翔于祥云之间，构成了器物的主题纹样。瓶口镂空如意云头纹，颈部环绘五彩蕉叶纹，并镂雕若干飞舞的蝴蝶。颈部两侧堆雕的狮耳上有青花篆书“寿”

图 4-30　明嘉靖
五彩鱼藻纹盖罐
故宫博物院藏

图 4-31　明嘉靖
五彩金栏手水注
日本东京博物馆藏

图 4-32　18 世纪
日本伊万里彩绘松鸟图轮花盘
日本九州国立博物馆藏

图 4-33　明万历
五彩镂空云凤纹瓶
故宫博物院藏

字，颈下饰朵花和八宝纹。该瓶纹饰繁密，华丽俗艳，是明万历五彩瓷器中的典型器物。

天启时期的五彩瓷一般色彩鲜艳柔和，多由釉下青花与釉上红、黄、绿彩组成，淡雅宜人，构图疏落有致，不如嘉万时期的色泽浓重，但有些则比嘉万时期更深重浓艳，画笔粗放，色调沉闷。崇祯时期的五彩瓷发现较少，用彩多为红、绿二色。

图 4-34　明崇祯
五彩云龙纹盘
中国国家博物馆藏

图 4-35　明万历
五彩张天师驱五毒图盘
中国国家博物馆藏

图 4-36　明嘉靖
五彩灵芝桃树纹盘
故宫博物院藏

总的来说，明代五彩瓷器造型种类较多，除盘、碗、杯外，还盛产大件器。如梅瓶、盖罐、葫芦瓶、觚等，另外还有文房用具，如笔山、印泥盒、笔管等。装饰题材也丰富多彩，沿袭了传统的题材，有龙（图 4-34）、凤、飞鹤、璎珞、缠枝莲、折枝花、狮子、博古纹、山水，以及以戏曲、小说为创作题材的人物画（图 4-35）等，除此之外，还开创了一种以树枝缠绕出“福”“寿”等吉祥文字的新纹饰（图 4-36）。

到了清代，五彩已不再是彩瓷的主流，只在清初的一段时间内有所发展，其中以康熙五彩最为突出。

在彩料方面，康熙时期出现了钴蓝色的釉上蓝彩和墨黑如漆的釉上黑彩，丰富了釉上颜料的种类。正如上文所介绍，在清康熙以前，五彩瓷上的蓝色只能用釉下青花来表现，而蓝彩的出现意味着可直接在釉上绘制蓝色，无须借用釉下工艺。从某种意义上来说，大大降低了烧成难度，提高了成功率，节约了成本。釉下工序的减少，促使五彩彩绘工匠可以集中精力专攻釉上彩绘技法，使这一时期的釉上五彩画工细致、轮廓清晰、图面生动，彩绘工艺达到前所未有的高度。

釉上蓝彩烧成的色调，其浓艳程度超过青花，呈紫灰色，彩层很厚，四周有一层光晕，这也成为鉴定康熙五彩的手段之一。釉上黑彩则具有黑漆般的光泽，与其他颜色相互映衬，使得装饰色彩艳丽中更显沉稳。康熙五彩巧用蓝彩，并搭配黑彩、金彩和红彩，清丽鲜明。后人把它和雍正时期所盛行的带有柔软感的粉彩相比，因其具有强烈的色调，风格劲利硬朗，烧成温度又比粉彩要高，故又名为“硬彩”，之后由于粉彩瓷盛行，五彩瓷多成为仿古的蓝本，故也将其称为“古彩”。

在造型方面，康熙五彩器型仿古与创新并重，式样繁多，制作精巧。常见的品种有盘、碗、碟、杯、花盆、盖盒、将军罐、鱼缸、壁瓶、筒瓶、观音瓶、油槌瓶、棒槌瓶、葫芦瓶、马蹄尊、橄榄尊、琵琶尊、花觚、香薰、香炉等。各类器物制作规范，极少变形，形体线条流畅且富于变化，既展现出转折的灵动，又不失挺拔向上的气势，整体风格朴实无华，浑厚中透露着粗犷与豪放之美。如清康熙五彩加金鹭莲纹尊（图4-37），高 44 cm，口径 22.4 cm，足径 14.2 cm。尊侈口外撇，长颈，溜肩，鼓腹，腹下内收至近足处外撇，形似凤尾，又称“凤尾尊”。器物通体以白釉为地，上以红、黄、绿、蓝、紫、金等色彩绘制了一幅鹭鸶莲塘图。此尊器型秀美，色彩丰富，尤其是金彩的应用，使之更显富丽堂皇。

图 4-37　清康熙
五彩加金鹭莲纹尊
故宫博物院藏

在装饰方面，康熙五彩除了白地彩绘外，还有各种色地彩绘，如黄地、绿地、黑地及米色地等。官窑器中特别珍贵的有“康熙御制”款的珊瑚红地五彩器。如清康熙景德镇窑珊瑚红地五彩花卉纹碗（图4-38），侈口，弧形深腹，外撇圈足，器形简洁大方，外壁红釉为地，满饰花卉纹，底款有“御制”青花款。

图 4-38　清康熙
景德镇窑珊瑚红地五彩花卉纹碗
上海博物馆藏

康熙五彩装饰题材广泛，纹样丰富。尤其是民窑五彩，图案不像官窑那样受到束缚，题材丰富多样，除花、蝶、鱼、鸟、畜兽、草木、仕女以外，还大量采用以戏曲、小说为创作题材的人物故事画主题，如《耕织图》（图4-39）、《水浒传》、《西厢记》，乃至《列国志》等。其中以描绘武士的所谓“刀马人”最具有代表性，如图4-40的五彩攻城图长方瓷板。瓷板上以五彩绘攻城图，城门前两军将领身披盔甲，手

图 4-39　清康熙
五彩耕织图瓶
故宫博物院藏

图 4-40　清康熙
五彩攻城图长方瓷板
故宫博物院藏

拿大刀、长戟，骑在战马上迎面而战，另有两军士兵手持长枪、盾牌紧随其后。画面以黑彩勾勒人物、马匹、山石、屋顶、战旗轮廓，人物形象栩栩如生。

至清雍正朝时，五彩瓷开始转衰。这一时期的御窑釉上彩瓷生产转向关注粉彩和珐琅彩，五彩瓷主要在民窑中发展。雍正五彩瓷在色彩上改变了过去以浓艳为主的特点，趋于淡雅清新，常用的颜色有红、黄、绿、紫、蓝、黑、白等色，施色较薄，少用大红大绿，画面温婉柔和，别具特色。乾隆以后则基本上不见单独的五彩瓷，多与粉彩、珐琅彩等并用。

码 4-7 解码五彩鱼藻纹盖罐的“中国式浪漫”

第七节 珐琅彩瓷

珐琅彩瓷是将铜胎画珐琅技法移植到瓷胎上而形成的一种瓷器品种，因此清宫内务府将其称为“瓷胎画珐琅”，国外称其为“蔷薇彩”。早期的珐琅彩瓷是先在景德镇挑好瓷胎，再送到北京清宫内务府造办处绘彩，最后以低温烧成。珐琅彩瓷作为清宫御用瓷，烧造数量有限，传世品不多，故而十分珍贵。

珐琅彩瓷创烧于康熙时期，雍正至乾隆时期达到鼎盛。康熙时期，随着外国使臣和传教士的来访，来自欧洲各地的工艺美术品大量涌入清朝宫廷，在诸多“洋货”之中，华丽而高雅的珐琅彩赢得了康熙帝的青睐。当时传入清宫廷的西洋珐琅彩器物多为金属材质，为了将画珐琅这种装饰手法在瓷器上展现，康熙帝派人进行了长期的研制。

康熙二十五年（1686 年），康熙帝召陈廷敬、徐乾学、张英、高士奇、杜讷五人，在西苑秋云亭一同用膳，并赏赐朝臣“内制”珐琅器。这件事被当事人陈廷敬记录在《午亭文编》中：

遣中使就赐御书及内制法瑯（珐琅）涂金垆瓶、匙箸、香合各一。

文中所言“内制”指的是清宫廷养心殿造办处作坊所制，说明这一时期宫中就已经在制作珐琅器了。

此外，康熙帝也曾让西方的传教士参与珐琅彩的研制。康熙五十五年（1716 年），马国贤在一封信中写道：

康熙皇帝对我们欧洲的珐琅器以及珐琅彩绘的新技法着了迷，想尽办法要将画珐琅的技术引进到他早已为此目的在宫中设立的作坊中，由过去瓷器上用来施彩的颜料，以及他设法得到的几件欧洲珐琅器，制作画珐琅这件事变得可行，为了也要有欧洲的画匠，他指派我和郎世宁（1715 年抵达澳门）用珐琅料来彩绘，然而我们两个考虑到可能要和一群腐败的人从早到晚在宫中作坊中相处，就觉得无可忍受，就推脱说我们从来未曾学过此项技术，但即使如此，在命令的强迫下，我们只好遵从，一直画到本月的 31 日，在我们从来未学习此项艺术的前提下，我们毅然下定决心，永远也不想习得此项艺术，我们故意画得很差，当皇帝看到我们的作品时，说“够了”，我们因此从被奴役的状态下得到解脱。

这封信虽然写得有些诙谐，但是通过信中的内容，可以了解到康熙帝指派马国贤和郎世宁研制珐琅彩器物时参照了西洋珐琅器。

上述文献记载中的珐琅并不能判断其材质为瓷器，但一般认为，真正意义上的瓷胎画珐琅应该产生于康熙末年。康熙五十九年（1720 年），康熙帝在江宁织造曹頫的奏折《奏请圣安并报江南米价》上的朱批中就明确提到了瓷器珐琅（图 4-41）。

对于这一记载，历史学家朱家溍据此推断曹家很可能经手造办过瓷胎画珐琅器。学者周思中根据这段记载，在其《清宫瓷胎画珐琅研究》一书中，也推断江南织造的曹家很有可能在康熙五十九年（1720 年）左右直接受命参与景德镇或宜兴的瓷胎或陶胎画珐琅的研制工作。

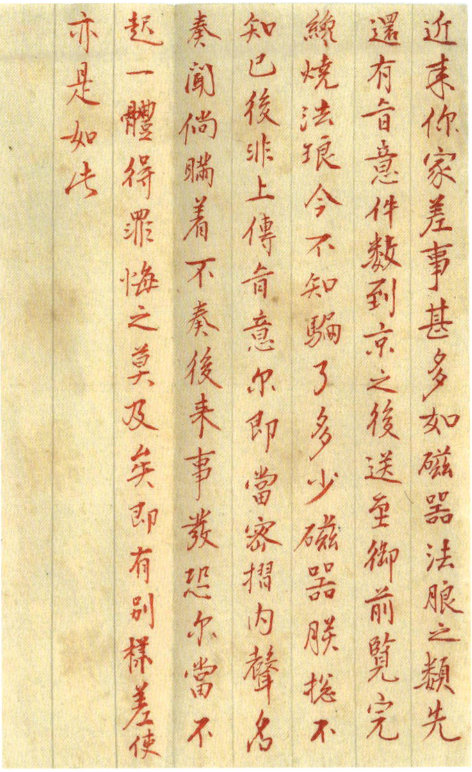

近來你家差事甚多如磁器法瑯之類先
還有旨意件數到京之後送至御前覽完
纔燒法瑯今不知騙了多少磁器朕總不
知已後非上傳旨意尔即當密摺内聲名
奏聞倘瞞着不奏後來事發恐尔當不
起一體得罪悔之莫及矣即有別樣差使
亦是如此

图 4-41　康熙在曹頫《奏请圣安并报江南米价》奏折上的朱批

图 4-42　清康熙
胭脂红地珐琅彩开光花卉纹碗
故宫博物院藏

图 4-43　胭脂红地珐琅彩开光花卉纹碗底部

康熙时期，珐琅彩瓷处于初创阶段，尚未形成自己独特的风格，其色彩与纹饰主要模仿铜胎画珐琅。这时期的珐琅彩瓷是以景德镇御窑厂烧制的内壁施釉、外壁无釉的“反瓷”为胎，多在瓷胎上通体施满色地，再用西洋进口珐琅彩料绘画纹饰而成，色地有紫、黄、红、蓝等。纹饰通常装饰于器物的外壁，而内壁及圈足内部则施以高温透明釉。纹饰以写生或图案化的各种花卉为主，其中以牡丹和莲花最为常见。此外，还有菊花、梅花、月季花、牵牛花和宝相花等，一般呈现为“大花大叶、有花无鸟”的特点。如清康熙胭脂红地珐琅彩开光花卉纹碗（图 4-42），内施白釉，外壁则以胭脂红彩为底色，精心设计了三个花形的开光区域，开光之间由缠枝花纹作分隔。三个开光内均以黄料彩作地，各绘牡丹花一朵，以工笔技法绘制出牡丹花，极具写实感。外底部（图 4-43）有楷体的“康熙御制”四字方款，有别于御窑瓷器常书“大清康熙年制”六字款。落料彩“御制”者由造办处珐琅作烧造，器物的造型、纹样、烧造均需御览批示，方可落实进行，在康熙一朝诸多美瓷佳器中，这种器物最能反映当时帝王的审美情趣。

到了雍正时期，珐琅彩瓷脱离了铜胎珐琅彩的羁绊，从追求金属效果发展为追求瓷器本质的表现，装饰艺术趋向中国化，技术上也达到了鼎盛时期。在瓷胎上，雍正珐琅彩瓷的胎体不再用“反瓷”，而是改用景德镇御窑厂新烧成功的优质细白釉瓷为胎体，胎质洁白细腻，釉面晶莹洁白。在彩料上，康熙时期，珐琅颜料的供应主要依赖于进口，且种类有限，只有 7 到 8 种颜色。雍正时期则自主研制成功了珐琅彩颜料，色彩种类丰富，多达 20 余种。这使得珐琅彩瓷的艺术效果逐渐发展到与工笔重彩画相媲美的程度。在装饰上，雍正朝珐琅彩瓷改变了康熙时只绘花枝、有花无鸟的单独图案，增加了花鸟（图 4-44）、竹石、山水等各种图案，使得画面更加生动多彩，富有层次感。此外，雍正珐琅彩瓷上还添加了诗句和印章，使画面更加图文并茂，发展成为集诗、书、画、印于一体的独特艺术形式。

如藏于大英博物馆的珐琅彩梅花图碗（图 4-45），一面用深浅不一的墨彩描绘冬季盛开的梅花，一面题诗句“月幌见疎影，墨池闻暗香”（图 4-46），以及

图 4-44　清雍正
珐琅彩雉鸡牡丹纹碗
故宫博物院藏

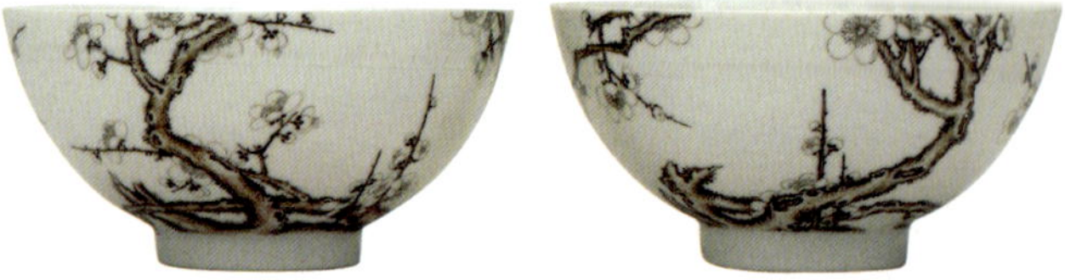

图 4-45　清雍正
珐琅彩梅花图碗
大英博物馆藏

图 4-46　珐琅彩梅花图碗另一面

三枚印章款“先春”“多古”“香清”。由于水墨珐琅瓷墨色浓淡有致，画意高雅，再配以诗句、印章，俨然一幅中国画。

乾隆时期，珐琅彩瓷在继承康雍时期传统技法的基础上，又有创新和发展，形成了特有的艺术风格。这一时期珐琅彩瓷极为盛行，烧造的数量超过康雍两朝。瓷胎方面，乾隆时期的珐琅彩瓷继续采用景德镇御窑厂烧制的优质细白釉瓷，但在造型上，更加奇巧、繁多。除传统的盘、瓶、碗、碟等外，又出现了观音瓶、玉壶春瓶、灯笼瓶、胆式瓶、螭耳瓶、蒜头瓶、双连瓶、葵花式盘、海棠式盘、双耳尊、笔筒、花觚、渣斗等形制。

如珐琅彩缠枝花卉蒜头瓶（图 4-47），高 18 cm，口径 2.6 cm，足径 5.5 cm。瓶口呈蒜头状、长颈、溜肩、硕腹、圈足。瓶内壁及圈足内施绿釉。通体以金彩绘锦纹为地，其上以珐琅彩绘制西洋卷草缠枝花卉，花叶翻转卷曲，色彩艳丽。口、足、颈部饰以多道金彩，愈显金碧辉煌，华贵典雅，灵动优美。其中，东方与西方的艺术相结合、大小纹饰的相互映衬、色彩的组合、空间的构造布置等都是属于顶尖水准。

再如清乾隆珐琅彩缠枝莲纹双连瓶（图 4-48），高 17.5 cm，口径 4.8 ~ 6.8 cm，足径 5.1 ~ 7.5 cm。瓶体双身连体式、洗口、束颈、溜肩、圆鼓腹、下腹内收、圈足微外撇。附盖，盖钮、边及口均涂金彩。瓶里和足内施豆青釉。瓶外通体以蓝、紫两色为主体进行彩绘，左右两边由盖至足色彩相互交错，并使用轧道工艺，其上绘黄、白、绿、红等折枝花。此瓶设计精巧，造型秀美，是乾隆珐琅彩瓷的创新佳作。

乾隆时期珐琅彩瓷的纹饰较康雍时期也更为丰富，除雍正时期花鸟、山水等图案外，还增加了人物、仙山楼阁、龙纹以及西洋花卉等，特别是仿西洋画艺，将透视与中国画融为一体，画面繁缛精巧，形成乾隆时期珐琅彩瓷的独特装饰风格。正如《清稗类钞》中记载：

至乾隆，则华缛极矣。精巧之致，几若鬼斧神工。

乾隆后期，珐琅彩瓷的制作走向了衰落。这一时期，人口激增和土地兼并等问题加剧，社会矛盾日益尖锐，民生疾苦，影响了财政收入，国库空虚，宫廷不得不减少对这类奢侈品的财政支持。同时，朝廷内部的腐败问题也日益严重，官员的贪污行为和奢侈风气的盛行，进一步削弱了国家财政状况，影响了对珐琅彩瓷制作的持续投入。此外，随着社会审美趋势和市场需求的变化，珐琅彩瓷的受欢迎程度也在逐渐下降。据《造办处各作成做活计清档》中记载：

乾隆五十四年十月十三日，因珐琅处现无活计、分别将官员匠役等人、俱归并造办处，画珐琅人归如意馆。

图 4–47　清乾隆
珐琅彩缠枝花卉蒜头瓶
故宫博物院藏

图 4–48　清乾隆
珐琅彩缠枝莲纹双连瓶
故宫博物院藏

由此可知，乾隆五十四年（1789 年），清宫造办处的珐琅作因“无活计”被裁撤，且珐琅作的工匠被派往宫内其他机构当差，这也意味着珐琅彩瓷的受重视程度已不复往日。

码 4–8　乾隆珐琅彩瓷上的西洋元素

作为清代瓷器中的极品，珐琅彩瓷制作工艺复杂，色彩鲜艳，绘画精细，每一件作品都是工匠技艺和皇家审美的完美结合。它不仅在艺术上代表了中国古代陶瓷技艺的高峰，也在文化交流上展现了中西合璧的独特风貌。

第八节　粉彩瓷

粉彩瓷是一种釉上彩瓷，是在烧好的白瓷胎上用珠明料绘画装饰，填好粉彩颜料后再经 750 ℃左右的温度烧制而成。烧成后的粉彩瓷色泽光亮晶莹、粉润柔和，触摸表面有明显的凸起感。

粉彩瓷是在康熙五彩瓷的基础上，受珐琅彩瓷制作工艺的影响而创制的一种釉上彩新品种。通过借鉴珐琅彩瓷的制法，工匠们在含铅的玻璃质熔剂[①]中，加入了砷元素，研制发明了“玻璃白”，其主要成分是二氧化硅，还加入了作为熔剂的氧化铅和作为乳浊剂的氧化砷。玻璃白的用途主要有两种：一是使用玻璃白对各种粉彩色料进行“粉化”，增加色料的色调丰富性，以粉彩绿色色料为例，若加入玻璃白可调出粉大绿、粉苦绿、淡苦绿、淡水绿等，形成一系列深浅浓淡不同的色调；二是在装饰的某些部分，采用玻璃白进行打底，好似中国工笔画中的用粉，在玻璃白上进行色彩洗染，可表现出明暗深浅、阴阳向背的艺术效果。

不仅如此，粉彩瓷还将传统工笔画的构图、用线技法与西洋素描写生技法相结合，把明暗关系与透视关系的概念带入瓷绘当中，突破了过去陶瓷装饰习惯单线平涂的传统，描绘对象精细入微、栩栩如生，寄神似于形似。

粉彩瓷创烧于康熙年间，到雍正时期，趋于成熟，并形成粉彩装饰的独特风格，乾隆时期粉彩瓷已非常兴盛，工艺达到了炉火纯青的地步。嘉庆、道光、咸丰、同治期间，粉彩瓷虽保持了精良的瓷质、

① 熔剂：是熔点较低的高温玻璃态物质，和色基配合可以制备成陶瓷颜料。

精细的彩工，但艺术水平与乾隆中前期相比，则相形见绌，纹样日益烦琐堆叠，粉绘多纤弱无力。光绪朝粉彩瓷仍墨守嘉庆、道光风格，且远逊色于雍正、乾隆朝的作品。清末，由于战乱，粉彩瓷的发展每况愈下，产品制作粗糙，艺术水平不高。

纵观清代粉彩瓷的发展，自创烧以来便备受瞩目，不仅受到皇室贵族们的喜爱和追捧，其文化艺术上的影响力还辐射到民间。清代粉彩瓷的发展历程更像是清代封建社会发展史的缩影：康熙、雍正、乾隆时期社会经济发展迅速，国力强盛，这一阶段的粉彩瓷做工精致，技艺高超，可谓巧夺天工，直到现代，人们一提起粉彩瓷还总是以清中期粉彩瓷的水平为标准看齐；清晚期，国家经济由盛转衰，战乱动荡，粉彩瓷虽然保存了下来，但其艺术水平与雍正、乾隆时期相比，已逊色很多。

码 4-9　康、雍、乾的粉彩瓷

码 4-10　近代粉彩瓷的发展

第九节　单色釉瓷

单色釉瓷是中国古代色釉瓷器的开端，也是颜色釉瓷的一种，是在陶瓷基础釉料中加入适量的含有铜、铁、钴、锰等呈色金属元素的颗粒或化合物，施釉于坯体后，经特定温度和气氛烧成后呈现出某种稳定色泽的瓷器。单色釉因只有一种装饰釉彩而得名，也被称为“一色釉”“纯色釉”或“一道釉”。按照烧造温度对釉进行划分，可将单色釉分为高温单色釉（烧造温度在 1250 ℃以上）、中温单色釉（烧造温度在 1150 ℃～ 1250 ℃）和低温单色釉（烧造温度低于 1150 ℃）。按照釉色可分为红色系、青色系、黄色系、黑色系、蓝色系、紫色系等，红似朝霞，青如碧玉，黄似鸡油，黑如漆墨，蓝比深海，紫如茄皮，五光十色。

单色釉瓷尽管颜色单一，却在其纯粹的表现中完美体现了大道至简和返璞归真的自然之美，是中国古代陶瓷体系的重要组成部分。

单色釉瓷的历史源远流长，最早可追溯到商代，这一时期的原始青瓷通过草木灰自然落釉，胎体表面出现了玻璃相，如商代淡黄釉原始瓷罐（图 4-49）。在唐代以前，中国瓷器的釉色主要以青、白、黑为主。宋代，单色釉瓷蓬勃发展，出现了汝窑的天青、官窑的粉青等稀有釉种。在清康熙、雍正、乾隆三代，单色釉瓷的烧造技术达到了巅峰，色釉瓷器品种集历代之大成，品种繁多，数量丰富，发色鲜明而稳定，取得了令人瞩目的成就。

在单色釉瓷的世界里，每一种色彩都被赋予了独特的情感和意境，它们不仅是瓷器的外衣，更是文化的载体，承载着中国数千年的陶瓷制造智慧和审美情趣。单色釉瓷以大道至简的美学理念，不仅深受宫廷青睐，也深刻影响了后世陶瓷艺术的发展方向，成为中国传统陶瓷文化中不可或缺的一部分。

图 4-49　商
淡黄釉原始瓷罐
安阳博物馆藏

码 4-11　明清时期的单色釉瓷

码 4-12　民国时期的景德镇颜色釉瓷发展概况

上篇参考文献

[1] 安金槐．郑州二里岗空心砖墓介绍 [J]. 文物参考资料，1954（6）.

[2] 白焜．宋·蒋祈《陶记》校注 [J]. 景德镇陶瓷，1981（S1）.

[3] 蔡全法．汝瓷渊源与宋南北官窑之关系 [J]. 江西文物，1991（4）.

[4] 常建华．康熙朝的珐琅器礼物与皇权 [J]. 中国史研究，2020（3）.

[5] 元典章（全四册）[M]. 陈高华，等点校．天津：天津古籍出版社，北京：中华书局，2011.

[6] 陈宁，钟粲宇，龙洲．景德镇颜色釉瓷发展史 [M]. 南昌：江西美术出版社，2023.

[7] 周礼·仪礼·礼记 [M]. 陈戍国，点校．长沙：岳麓书社，1989.

[8] 陈文正，徐徐．宋元时期龙泉青瓷外销路线探析 [J]. 丽水学院学报，2024，46（4）.

[9] 陈尧成，郭演仪，陈虹．中国元代青花钴料来源探讨 [J]. 中国陶瓷，1993（5）.

[10] 陈直．秦汉瓦当概述 [J]. 文物，1963（11）.

[11] 程晓中．明清黄釉瓷器浅说 [J]. 收藏家，2018（1）.

[12] 崔剑锋，吴小红，唐俊杰．杭州老虎洞窑址出土“修内司窑”铭款荡箍的化学成分分析 [J]. 文物，2009（12）.

[13] 丁新义．明清文献中的钧窑研究 [J]. 新西部（理论版），2015（12）.

[14] 杭州市文物考古所．杭州老虎洞南宋官窑址 [J]. 文物，2002（10）.

[15] 段鸿莺，丁银忠，韩倩，等．故宫博物院藏传世哥窑、明清仿哥瓷器及相关窑址瓷片的关联研究 [J]. 故宫博物院院刊，2018（6）.

[16] 方煜东．中国·上林湖青瓷 [M]. 北京：新华出版社，2009.

[17] 高宝萍．浙江上虞早期越窑窑址概述 [J]. 南方文物，2018（2）.

[18] 高付东，王元明，刘奔波．洛阳唐三彩 [M]. 北京：轻工业出版社，1985.

[19] 耿纪朋．中国美术史 [M]. 重庆：重庆出版社，2010.

[20] 耿朔，杨曼宁．试论南京石子冈南朝墓出土模印拼镶画像砖的相关问题 [J]. 考古，2019（4）.

[21] 龚巨平，许志强，常守帅，等．南京雨花台石子岗南朝砖印壁画墓（M5）发掘简报 [J]. 文物，2014（5）.

[22] 顾志洋．中国国家博物馆藏宋元景德镇窑瓷器研究 [J]. 文物天地，2024（6）.

[23] 郭炯伟．传统印纹硬陶的造型装饰语言和工艺及其当代价值 [J]. 陶瓷科学与艺术，2008（1）.

[24] 郭木森，赵文军，郁红亮，等．宝丰清凉寺汝窑址 2000 年发掘简报 [J]. 文物，2001（11）.

[25] 韩建红．紫禁城里的康熙五彩瓷 [J]. 东方收藏，2021（7）.

[26] 韩建业．马家窑文化半山期锯齿纹彩陶溯源 [J]. 考古与文物，2018（2）.

[27] 河北省文物研究所，邢窑考古队 .2012 年邢窑遗址发掘有重要收获 [N]. 中国文物报，2013-03-01（8）.
[28] 黄清华，黄薇 . 至正十一年铭青花云龙瓶考 [J]. 文物，2010（4）.
[29] 黄莹 . 早期镇墓兽研究 [J]. 史学月刊，2018（11）.
[30] 贾忠敏，贾永禄 . 河北省内丘县邢窑调查简报 [J]. 文物，1987（9）.
[31] 张暐 . 大金集礼 [M]. 北京：中华书局，2017.
[32] 康蕊君 . 天青—冬青—月白：耀州窑陶瓷五百年 [J]. 文物天地，2019（9）.
[33] 李刚 . 论越窑衰落与龙泉窑兴起 [J]. 文博，1987（2）.
[34] 李昊冰 . 关于汝窑若干问题的研究 [J]. 收藏家，2021（12）.
[35] 李林荫，郑建明 . 南宋官窑的古往今来 [J]. 文物天地，2017（11）.
[36] 李榕青 . 新安沉船上的福建酱黑釉陶瓷 [J]. 博物院，2020（1）.
[37] 李卫东 . 故宫博物院藏明清黄釉瓷器考略 [J]. 东方博物，2012（4）.
[38] 李卫东 . 御用色瓷之美——故宫博物院藏清代黄釉瓷器 [J]. 艺术市场，2020（9）.
[39] 李闻雷，魏春霞 . 说说黑陶的黑 [J]. 陶瓷科学与艺术，2020，54（7）.
[40] 李晓涓，王德 . 浅论汝窑的演变与发展 [J]. 决策探索（下半月），2012（10）.
[41] 李鑫 . 白瓷起源问题研究再思考 [J]. 华夏考古，2018（4）.
[42] 李焱 . 简述唐代“南青北白”陶瓷文化 [J]. 陶瓷科学与艺术，2022，56（11）.
[43] 李子博，程然 . 唐代邢窑白瓷艺术研究 [J]. 今古文创，2023（36）.
[44] 中国社会科学院考古研究所洛阳汉魏故城队 . 河南洛阳市北魏洛阳城津阳门内大道遗址发掘简报 [J]. 考古，2009（10）.
[45] 刘晓晨 . 试论清代皇帝尚黄与黄釉瓷的用途 [C]// 清代宫廷史研究会，文化部恭王府管理中心 . 清宫史研究（第十一辑）. 北京：文化艺术出版社，2013：382-394.
[46] 刘毅 . 商周印纹硬陶与原始瓷器研究 [J]. 华夏考古，2003（3）.
[47] 罗二平，陈雨前 . 景德镇青白瓷的兴起与审美特征研究 [J]. 中国陶瓷，2007（12）.
[48] 罗宏杰，李家治 . 试论原始瓷器的定义 [J]. 考古，1998（7）.
[49] 路昕 .10-14 世纪西亚金银器对中国金银器及陶瓷的影响 [D]. 景德镇：景德镇陶瓷大学，2021.
[50] 吕成龙 . 明代斗彩瓷器概论 [J]. 文物，2005（5）.
[51] 吕成龙 . 明清官窑瓷器 [M]. 北京：中央编译出版社，2008.
[52] 吕东亮 . 浅谈景德镇青白瓷的外销 [J]. 戏剧之家，2014（10）.
[53] 律海明 . 青白瓷为什么被青花瓷取代 [J]. 文物鉴定与鉴赏，2013（7）.
[54] 马骋 . 建窑 [M]. 上海：上海大学出版社，2011.
[55] 马骋，杨寒桥 . 龙泉窑 [M]. 上海：上海大学出版社，2012.
[56] 马琛 . 浅谈清康雍乾珐琅彩瓷器 [J]. 收藏家，2020（2）.
[57]〔明〕曹昭，王佐 . 格古要论 [M]. 北京：金城出版社，2012.
[58]〔明〕谷应泰 . 博物要览 [M]. 上海：商务印书馆，1939.
[59]〔明〕李东阳，等 . 大明会典 [M].〔明〕申时行，等重修 . 影印本 . 扬州：广陵书社，2007.
[60]〔明〕吕震，等 . 宣德鼎彝谱 [M]. 北京：中华书局，1985.

[61]〔明〕宋诩．宋氏家要部·家仪部·家规部·燕闲部[M]. 北京：书目文献出版社，1980.
[62]〔明〕宋应星．明本天工开物（全二册）[M]. 北京：国家图书馆出版社，2019.
[63]〔明〕文震亨．长物志[M]. 赵菁，编．北京：金城出版社，2010.
[64]〔明〕王佐．新增格古要论[M]. 杭州：浙江人民美术出版社，2011.
[65]〔明〕周高起，〔明〕董其昌．阳羡茗壶系[M]. 司开国，尚荣，编著．北京：中华书局，2012.
[66]〔明〕张应文．清秘藏（外六种）[M]. 上海：上海古籍出版社，1993.
[67]许之衡．饮流斋说瓷[M]. 杜斌，编著．北京：中华书局，2012.
[68]奈杰尔·武德，克里斯·多赫蒂，闻雯．十三至十五世纪伊斯兰地区对龙泉青瓷的仿制[J]. 紫禁城，2019（7）.
[69]〔清〕陈廷敬．午亭文编[M]. 台北：台湾商务印书馆，1986.
[70]〔清〕郭柏苍．闽产录异[M]. 长沙：岳麓书社，1986.
[71]〔清〕寂园叟．匋雅[M]. 杜斌，校注．济南：山东画报出版社，2010.
[72]〔清〕蓝浦，〔清〕郑廷桂．景德镇陶录[M]. 余柱青，编著．合肥：黄山书社，2016.
[73]〔清〕张九钺．南窑笔记[M]. 广州图书馆，主编．王婧，点校．桂林：广西师范大学出版社，2012.
[74]〔清〕朱琰．陶说[M]. 杜斌，校注．济南：山东画报出版社，2010.
[75]秦大树．钧窑始烧年代考[J]. 华夏考古，2004（2）.
[76]秦大树．探寻钧窑之路——2001 年神垕钧窑发掘追忆[J]. 许昌学院学报，2010，29（1）.
[77]秦鸣．秦俑坑兵马俑军阵内容及兵器试探[J]. 文物，1975（11）.
[78]裘晓翔，占翀，沈子珍，等．海上丝绸之路上的宋代龙泉青瓷——从龙泉青瓷海外流布看宋韵青瓷文化的对外影响[J]. 收藏家，2024（5）.
[79]〔宋〕潜说友．咸淳临安志[M]. 杭州：浙江古籍出版社，2012.
[80]〔宋〕陶穀，〔宋〕吴淑．清异录 江淮异人录[M]. 孔一，校点．上海：上海古籍出版社，2012.
[81]〔宋〕徐兢．宣和奉使高丽图经[M]. 徐鼎铭，刘培慧，校．上海：商务印书馆，1937.
[82]〔宋〕叶寘．坦斋笔衡[M]. 上海：商务印书馆，1927.
[83]〔宋〕庄绰．鸡肋编[M]. 萧鲁阳，点校．北京：中华书局，1983.
[84]〔宋〕周辉．清波杂志（外八种）[M]. 上海：上海古籍出版社，1991.
[85]〔宋〕赵佶，等．大观茶论（外二种）[M]. 沈冬梅，李涓，编著．北京：中华书局，2013.
[86]〔宋〕祝穆．宋本方舆胜览[M].〔宋〕祝洙，补订．上海：上海古籍出版社，1991.
[87]〔宋〕周密．志雅堂杂钞十卷[M]. 济南：齐鲁书社，1995.
[88]孙新民，刘兰华，赵志文，等．河南巩义市白河窑遗址发掘简报[J]. 华夏考古，2011（1）.

[89] 孙瀛洲 . 元明清瓷器的鉴定（续）[J]. 文物，1966（3）.
[90] 汤池 . 齐讴女乐曼舞轻歌—章丘女郎山战国乐舞陶俑赏析 [J]. 文物，1993（3）.
[91]〔唐〕杜佑 . 北宋版通典 [M].[日] 长泽规矩也，[日] 尾崎康，校 . 韩昇，译 . 上海：上海人民出版社，2008.
[92]〔唐〕李肇 . 唐国史补：新 1 版 [M]. 上海：上海古籍出版社，1979.
[93] 田自秉 . 中国工艺美术史 [M].2 版（修订本）. 上海：东方出版中心，2010.
[94] 王光尧 . 汝窑时代论稿 [J]. 华夏考古，2018（6）.
[95] 王珺英 . 论宋金孩儿枕 [J]. 装饰，2008（2）.
[96] 王丽雪，陈景风 . 浅谈元代卵白釉瓷器 [J]. 明日风尚，2016（12）.
[97] 王倩 . 试析北朝镇墓组合的形成与发展 [J]. 四川文物，2018（5）.
[98] 王仁湘 . 庙底沟文化鱼纹彩陶论（上）[J]. 四川文物，2009（2）.
[99] 王亦儒 . 秦砖汉瓦 [M]. 合肥：黄山书社，2016.
[100] 王志高，姜林海，陈钦龙，等 . 南京市玄武区板仓街明墓发掘简报 [J]. 东南文化，2018（4）.
[101] 仵录林，傅春玲 . 从出土窑炉看耀州窑元代陶瓷生产 [J]. 文博，1998（2）.
[102] 武夏，桂冠，张馨芳 . 论巩义白河窑出土的早期白瓷年代 [J]. 文物世界，2015(1).
[103] 吴永琪，杨绪敏，邱永生 . 秦汉文化比较研究：秦汉兵马俑比较暨两汉文化研究论文集 [M]. 西安：三秦出版社，2002.
[104] 夏燕靖 . 中国艺术设计史 [M]. 沈阳：辽宁美术出版社，2001.
[105] 中国第一历史档案馆，香港中文大学文物馆 . 清宫内务府造办处档案总汇 [M]. 北京：人民出版社，2005.
[106] 肖振松 . 珐琅彩瓷的工艺成就及美学价值(二)[J]. 陶瓷科学与艺术，2011，45(6).
[107] 谢文璇 . 元代青花瓷的伊斯兰风格及成因 [J]. 回族研究，2016，26（2）.
[108] 徐标，冯璐远 . 卵白釉瓷研究综述 [J]. 艺术品鉴，2017（7）：300.
[109] 徐华烽 . 钧窑概念的形成及其产品时代辨析 [J]. 故宫博物院院刊，2017（3）.
[110] 徐松 . 宋会要辑稿 [M]. 北京：中华书局，1957.
[111] 徐燕 . 阿拉伯文化熏染下的景德镇元代青花瓷装饰 [J]. 文物天地，2023（2）.
[112] 杨义东 . 宋代建盏的历史地位及其影响 [J]. 天工，2018（1）.
[113] 南京博物院发掘工作组，扬州博物馆发掘工作组，扬州师范学院发掘工作组 . 扬州唐城遗址 1975 年考古工作简报 [J]. 文物，1977（9）.
[114] 姚江波 . 颜色釉瓷 [M]. 北京：中国林业出版社，2019.
[115] 叶佩兰，李昊冰 . 如何通过纹饰鉴定古陶瓷（下）[J]. 收藏家，2017（7）.
[116] 叶文程 . 福建建阳水吉宋建窑发掘简报 [J]. 考古，1964（4）.
[117] 余丽萍 . 探析宋元龙泉青瓷工艺特点 [J]. 陶瓷研究，2023，38（3）.
[118] 喻芝琴 . 浙江上虞小仙坛古窑址 [J]. 南方文物，1995（3）.
[119] 袁文观 . 同官县志 [M]. 台北：成文出版社有限公司，1969.
[120]〔元〕脱脱，等 . 宋史 [M]. 北京：中华书局，1985.
[121] 张发颖 . 唐英督陶文档 [M]. 北京：学苑出版社，2012.
[122] 张福康 . 中国古陶瓷的科学 [M]. 上海人民美术出版社，2000.

[123] 张光明 . 淄博和庄北朝墓葬出土青釉莲花瓷尊 [J]. 文物，1984（12）.
[124] 张季 . 河北景县封氏墓群调查记 [J]. 考古通讯，1957（3）.
[125] 张玲霞，龙洲，赵芳 . 陶瓷粉彩装饰 [M]. 北京：北京理工大学出版社，2021.
[126] 张松林，廖永民 . 唐代青花瓷探析 [J]. 中原文物，2005（3）.
[127] 张义，宁建新，王洪伟，等 . 中国宋钧官瓷釉的实验与研究 [J]. 硅酸盐通报，2012，31（6）.
[128] 赵青云，王忠民，曹永智 . 汝瓷探源——兼谈汝窑与越窑的关系 [J]. 江西文物，1991（4）.
[129] 赵曰斌 .“饶玉”新证 [J]. 景德镇陶瓷，1990（4）.
[130] 浙江省文物考古研究所，德清县博物馆 . 德清亭子桥：战国原始瓷窑址发掘报告 [M]. 北京：文物出版社，2011.
[131] 浙江省文物考古研究所 . 浙江考古（1979 ~ 2019）[M]. 北京：文物出版社，2019.
[132] 郑建明，陈元甫，沈岳明，等 . 浙江东苕溪中游商代原始瓷窑址群 [J]. 考古，2011（7）.
[133] 郑建明 .21 世纪以来的原始瓷窑址考古新发现 [J]. 文物天地，2018（7）.
[134] 郑建民 . 吴瓷越釉五百年：东周原始瓷的兴衰与缘由 [J]. 美成在久，2018（2）.
[135] 中共中央马克思恩格斯列宁斯大林著作编译局 . 马克思恩格斯选集：第四卷 [M]. 北京：人民出版社，1995.
[136] 中国硅酸盐学会 . 中国陶瓷史 [M]. 北京：文物出版社，1982.
[137]〔明〕李时勉 . 明太宗实录 [M].“中央研究院”历史语言研究所，1962.
[138] 周仁，李家治 . 中国历代名窑陶瓷工艺的初步科学总结 [J]. 考古学报，1960（1）.
[139] 周思中 . 清宫瓷胎画珐琅研究（1716—1789）[M]. 北京：文物出版社，2008.

中篇

陶瓷鉴赏与批评

第五章
陶瓷鉴赏与批评的概念

学习目标：

（1）理解陶瓷鉴赏的主体与对象，并对相关概念和关系有清晰的认知。

（2）了解陶瓷批评的主体与对象，以及陶瓷批评过程中的主客转化关系。

本章重要词汇：

陶瓷鉴赏、陶瓷批评、主体、客体、主客转化关系。

自陶瓷作为生活器物被创造以来，就与人类文明产生了密切联系，在人类生产生活中扮演着重要的角色。中国陶瓷发展的每一个阶段，都深刻反映了当时社会的风俗习惯、科学技术和审美观念等信息，是追溯中华文化渊源的重要媒介。陶瓷作为中国传统艺术的重要代表，因其精湛的制作工艺和独特的装饰风格，具有极高的艺术价值。不同朝代和窑口的陶瓷各具特色，展现了不同的审美风尚和文化价值，反映了中国人不同时代的实用需求和精神追求。由此，针对陶瓷所开展的一系列欣赏与分析活动，都可以概括为陶瓷鉴赏与批评。

本章主要围绕陶瓷鉴赏与批评的概念，分别介绍陶瓷鉴赏与陶瓷批评的主体与对象。通过学习本章内容，可以了解陶瓷鉴赏与陶瓷批评之间的关系，同时把握两者中主体与对象的联系，为后面的鉴赏与批评实践打下坚实的基础。

第一节　陶瓷鉴赏的主体与对象

现代人常惊叹古人在陶瓷创作中所体现出的造物智慧，感叹一件件小小的陶瓷器竟能蕴含着如此丰富的艺术魅力与生命哲学。通过审美观照，人们能够从陶瓷器物上感知造物之美、生活之美、生命之美，甚至宇宙之美。陶瓷作为中华文化的瑰宝，其造型、色彩、纹饰等方面都蕴含着深厚的艺术价值。通过鉴赏，我们可以深入了解陶瓷的艺术特点，感受中华文化的魅力，提升个人的审美水平和文化素养，是增强文化自信和民族自豪感，以及传承和弘扬中华文化的重要途径。作为一种文化艺术活动，陶瓷鉴赏涉及对陶瓷作品进行深入的观察、理解和评价。这一过程不仅包含基于陶瓷物理形式进行的审美感知，还包含关于其造型、色彩、纹饰、工艺、历史、文化背景等多方面的综合考量。陶瓷鉴赏活动由鉴赏的主体和鉴赏的对象共同组成，了解二者的关系是科学地开展陶瓷鉴赏活动的重要前提。

一、陶瓷鉴赏的主体

陶瓷鉴赏的主体。从狭义上来说，通常是指对陶瓷进行鉴赏活动的人，即鉴赏者。鉴赏者需要具备一定的审美能力、陶瓷知识、艺术修养和文化背景，以便能感知陶瓷之美，并准确识别和理解陶瓷作品的风格、技艺和历史价值。鉴赏者通过自己的视觉、触觉等感知能力，以及过往的审美经验和陶瓷知识，对陶瓷作品进行深入的审美感知和恰当的解读评价。

从广义上来说，陶瓷鉴赏的主体是能与陶瓷建立审美关系，通过审美感知、联想想象、理解分析、判断评价等能力，从陶瓷上获得审美体验的一切社会人。即，每一个人都可以成为陶瓷鉴赏的主体。作为一项由人参与，对陶瓷进行感性认知和理性分析的审美活动。陶瓷鉴赏主体不仅包括欣赏、使用陶瓷的人，还包括创造陶瓷的人。那些陶瓷工匠、陶艺家和陶瓷设计师们，或是基于自身情感表达的需要，或是为了满足消费者的物质与精神的需求，将自己的审美经验、联想想象和观念意识等内容，通过设计与制作进行物化，通过反复修改与完善形成最终的陶瓷作品，在这一过程中他们已经对其作品进行了深度的鉴赏。

陶瓷鉴赏主体需要具备深厚的文化底蕴、敏锐的审美眼光、丰富的实践经验以及开放的心态和持续学习的精神。在鉴赏过程中，主体通过自身的感知和理解，与陶瓷作品进行互动，从而感受和理解陶瓷作品所蕴含的美学价值和文化内涵。这一过程既是对陶瓷作品本身的探索，也是对鉴赏者自身知识和修养的提升。

二、陶瓷鉴赏的对象

陶瓷鉴赏是关于陶瓷的认识和欣赏，所以陶瓷鉴赏的对象，狭义上就是陶瓷作品，是陶瓷创作者与观赏者、使用者之间沟通的桥梁。广义上除具体的陶瓷作品外，还广泛包含与陶瓷作品相关的图片、影像等。鉴赏主体在陶瓷鉴赏活动中通过对陶瓷作品进行感知、理解、联想、想象、分析、评价等心理活动，感受陶瓷作品的形式美、内容美、功能美等。

陶瓷是陶器和瓷器的总称，可按用途进行分类：第一类是日用陶瓷，如茶具、餐具、酒具、缸、盆、罐等；第二类是艺术陶瓷，如雕塑瓷、花瓶、瓷画、现代陶艺、环境陶艺等；第三类是产业陶瓷，如墙砖、地砖、卫生洁具等。这些都可以成为陶瓷鉴赏的对象，而本书主要聚焦前两种类型的陶瓷。

传统的鉴赏活动通常敛迹在和陶瓷相关的使用、审美、收藏、陈设等行为中。到了现代，随着艺术的社会性和公共性加强，陶瓷鉴赏活动逐渐具备了旨在提升公众对陶瓷艺术和文化认知的新内涵。其形式变得更加丰富，通常包括陶瓷展览、讲座、制作体验以及文化交流等环节，通过多样化的活动，让参与者深入了解陶瓷的历史、文化、艺术和工艺特点。陶瓷展览通常会展出各个时期、各种风格的陶瓷作品，包括珍贵的古董陶瓷和当代陶瓷艺术家的作品。这些作品不仅展示了陶瓷艺术的独特魅力，也反映了不同历史时期的文化内涵和审美观念。陶瓷讲座通常是邀请陶瓷专家或艺术家为参与者讲解陶瓷的历史发展、艺术特点和制作工艺，从文化、历史、艺术和科学等不同视域，介绍不同类型陶瓷作品的特点。通过专家的解读，参与者可以更加深入地了解陶瓷艺术的内涵和价值。陶瓷制作体验则是让参与者亲自动手体验陶瓷制作的乐趣，是一种体验性的科普，通过亲身实践，参与者可以更加直观地感受陶瓷工艺的流程与技法。陶瓷文化交流则是通过展览、讲座、工作坊、考察等丰富形式，就不同地区、国家或文化间的陶瓷艺术、技艺、历史等内容进行分享、交流与合作，较注重专业性与学术性。

总的来说，陶瓷鉴赏活动是一种集知识普及、艺术欣赏和文化交流于一体的活动，对于提升公众的审美素养和文化修养具有重要意义。

第二节　陶瓷批评的主体与对象

陶瓷批评是一项注重理论性与系统性的陶瓷研究活动。相对于鉴赏，陶瓷批评具有一定的客观性、系统性与标准性。从某种角度来说，陶瓷批评是陶瓷鉴赏的高级阶段，后者是前者的基础与前提。与鉴赏一样，批评的过程也是由批评的主体和批评的对象共同组成，通过批评主体与批评对象的相互作用关系，共同组成陶瓷批评的活动过程。

一、陶瓷批评的主体

陶瓷批评活动是一类理论性较强的文化创造活动，要求批评主体对陶瓷具有一定的理解、鉴赏、判断和评价的能力。除此之外，还要有一定的写作能力，需将自身的思考转化为文字，进而完成批评这一创作活动。

上文说到陶瓷鉴赏的主体是全体与陶瓷有接触的大众，而与之相比，陶瓷批评要求更高、专业性更强。所以有相当大一部分人很难进入陶瓷批评领域，需要进行一定的专业学习与训练，才能成为陶瓷批评的主体。即，只有那些对陶瓷有思考、有见解，并且具备文字表达或语言表达能力的部分专业群体，才能真正划入陶瓷批评的主体范围之内。可以根据所在领域和对陶瓷的专业认识程度，将其分为业余批评和专业批评两个批评队伍。

业余批评队伍人员庞大，包括所有职业或兴趣与陶瓷相关，并能表达观点的大众群体，如陶瓷消费者、销售员、企业家以及政府官员等。这些批评者基于个人或群体利益表达各自对陶瓷相关文化艺术的看法，具备既可以使用书面文字进行批评，又可以通过口头形式进行评价的能力。业余批评人员多以口头评价为主，能针对陶瓷作品提出自己的主张、观点和看法，具备一定的文化素养，对陶瓷有基本的文化认同感，且对陶瓷相关性能、材料、工艺、色彩、造型、结构等基本专业知识有所掌握。

专业批评队伍虽然人数较少，却是陶瓷批评队伍的主要力量，充当领头人和主心骨的角色。这些人包括陶瓷研究学者、专业评论家、陶艺家、设计师、鉴定师等。他们或是批评专业出身，具有较强的批判意识、独特的批评视角、成熟的批评方法，并在陶瓷领域有一定的话语权和影响力的专业人士；抑或是从事陶瓷相关研究工作，对陶瓷批评有极高的兴趣，具备丰富研究经验与交叉学科研究能力的跨界人士。专业批评者常通过与陶瓷相关的历史、理论和美学研究作为引导开展批评创作，从各个方面对陶瓷进行总结、阐释及评价，以促进陶瓷文化的长远发展为目标，通过批评文章向读者传播陶瓷的美学价值、社会意义、文化内涵和流行趋势等。

二、陶瓷批评的对象

陶瓷批评的对象，主要是陶瓷作品，但又不仅局限于陶瓷作品，还涉及与陶瓷相关的现象与思潮。陶瓷批评除了要对陶瓷作品进行分析外，还要深入分析陶瓷各个时期的历史形态，分析创作者背后的设计意图及表达的情感，挖掘作品的时代意义、人文价值、社会价值与符号寓意等。因此，陶瓷批评的对象就不仅限于作品表面的形态、装饰、功能等特征，而是需要通过分析作品来揭示其中蕴含的社会人文思想、美学与哲学意义等深层次的内涵信息。

与一般的艺术批评不同，陶瓷批评视角注重陶瓷的物质功能与精神价值。陶瓷批评需要立足陶瓷本身，从生产工艺、历史发展、符号演变等维度，分析陶瓷的形式、结构、功能、工艺、材料与装饰等特征。同时，还要思考陶瓷与自然环境的关系，包括地域、气候、原材料等自然因素，以及陶瓷与人的关系，包括经济、政治、风俗、宗教、交通等人为因素。并且，由于陶瓷最初是作为人类的生活器皿而产生，所以实用功能价值一直是陶瓷批评关注的问题。

陶瓷批评的目的在于深入剖析和评估陶瓷作品的艺术价值、文化内涵、技术难度以及创新程度等多个方面，并通过文章向大众传播。通过陶瓷批评文章，读者可以更全面地理解陶瓷作品所传达的思想和情感，了解其内在的艺术魅力，学习新的赏析视角，提升自身审美能力。同时，陶瓷批评也有助于推动陶瓷艺术的发展和创新，为艺术家提供有益的反馈和建议，促进他们不断提高自己的技艺和创作水平，创造出更优秀的、更符合时代特征的陶瓷作品。总而言之，陶瓷批评活动对增强公众对陶瓷艺术的认识和欣赏能力，提升陶瓷艺术在社会文化中的地位和影响力有着重要作用。

三、陶瓷批评中的主客转化关系

陶瓷批评主体对批评对象所进行的一系列评价活动，构成了所谓的陶瓷批评活动。所以，陶瓷批评对象也可以称为批评活动中的客体。

在批评活动中，主客体之间存在相互依存性。没有批评客体，批评主体就无从发挥其作用；同样，没有批评主体的解读和评价，批评客体的价值和意义可能不会被充分理解和认识。

主客体之间还存在互动性。批评主体在对批评客体进行分析和评价的过程中，不是单向的输出，而是一个互动的过程。批评者的观点、价值观和背景知识会影响其对作品的解读，而作品本身的特点和内涵也会激发批评者的思考和反应。

相较一般性的艺术批评，陶瓷批评的过程更能体现出主体与客体之间的相互转化。作为陶瓷批评家，不仅要关注陶瓷作品本身，还要关注陶瓷创作者。这时创作者就成了批评的客体，也就是陶瓷批评的对象。与此同时，陶瓷的创作者也可以是陶瓷批评的主体，他们从制作的视角对陶瓷作品进行接受、判断、评价。在这里，陶瓷创作者既是陶瓷批评的主体，又是陶瓷批评的客体。作为批评对象的陶瓷创作者与介入批评的陶瓷创作者统一于一身，陶瓷批评的主体与客体间相互转化、相互影响，共同促进陶瓷与陶瓷批评之间产生良性的互动关系。

此外，陶瓷批评主体对批评客体进行的一系列批评活动，必定要产生一个结果或定论。这个结果一般以语言文字的文本形式呈现，它可以代表批评主体的思想观点。当人们接收到主体传递的文本内容时，对其进行阅读、判断、思考，又使内容成为批评的客体，完成了主体与客体的相互转化。

总而言之，在陶瓷批评中，陶瓷创作者的双重身份和批评文章的可对象化，都恰如其分地显示出主体和客体是辩证统一、相互联系的关系。批评主体与客体的相互转化不断拓展了陶瓷批评的视角，将陶瓷的创新与发展推向更深的层面。

码 5-1　批评与创作之间的互动

第六章
陶瓷鉴赏的过程与方法

学习目标：

（1）了解陶瓷鉴赏的功能与目的，理解鉴赏活动的审美作用。

（2）理解陶瓷鉴赏的审美心理过程，了解感知觉、联想与想象、情绪与情感等心理特征。

（3）掌握陶瓷鉴赏的方法，包括美学鉴赏法、社会学式鉴赏法和比较式鉴赏法等。

本章重要词汇：

陶瓷鉴赏功能、审美作用、感知觉、联想与想象、情绪与情感、鉴赏方法。

陶瓷鉴赏的过程与方法，是指鉴赏者学习并掌握美学的基本要点后，以陶瓷艺术品为对象而进行的一系列审美活动和鉴赏方法。通常，每个鉴赏者都能够进行陶瓷鉴赏活动，但不同鉴赏者鉴赏水平的高低与方法千差万别。这往往与他们所掌握的陶瓷鉴赏专业知识息息相关。陶瓷鉴赏者应对鉴赏的功能和审美作用有较为清晰的认知，并在进行感性认识的同时，运用专业鉴赏知识进行理性判断。这意味着鉴赏者需要运用美学理论和科学方法对陶瓷进行分析和评价，进而更加全面地理解陶瓷艺术。本章以改善鉴赏方法、提高鉴赏能力为目的，通过系统的理论学习，帮助读者进一步拓展其在陶瓷鉴赏方面的深度与广度。

第一节　陶瓷鉴赏的功能与审美作用

在学习陶瓷鉴赏的方法与过程之前，我们必须先了解陶瓷鉴赏具体具备哪些功能，以及这些功能所能实现的目的。通过学习并掌握陶瓷鉴赏的功能与目的，鉴赏者能够更加系统地理解陶瓷艺术的多维性和复杂性，从而有效提升其在陶瓷鉴赏领域的学识水平。只有在全面理解陶瓷鉴赏的功能和目的后，鉴赏者才能在学习鉴赏过程与方法时，更加灵活地运用相关知识，进行深度的审美体验和科学的鉴赏分析，达到更高的鉴赏水平和研究能力。

一、陶瓷鉴赏的功能

陶瓷鉴赏的功能实质上是指陶瓷鉴赏的社会功能，主要包括：认识功能、实用功能、审美功能、教育功能以及娱乐功能。认识功能是指，通过鉴赏陶瓷，鉴赏者能够认知陶瓷背后的历史、人文以及文化，或是了解陶瓷本身的专业内容，等等；实用功能是指，鉴赏者凭借以往的经验性知识，对陶瓷进行实用性评估，从实用角度观察其是否满足人们的基本生活使用需求；审美功能是指，鉴赏者能够从陶瓷上发现其美学价值，例如陶瓷作品中装饰所蕴含的自然美、艺术美、意蕴美等，形态所蕴含的造型美、技术美、科学美、文化美等；教育功能是指，陶瓷寓教于乐的功能，鉴赏者通过陶瓷鉴赏能够获得一定的精神文

图 6-1　宋代
钧窑月白釉出戟尊
故宫博物院藏

化熏染；而娱乐功能主要是指通过陶瓷传递给鉴赏者视觉上或精神上的愉悦。接下来，我们将从这五个角度，逐一深入探讨这些功能。

1. 认识功能

鉴赏者在鉴赏陶瓷时，可以通过陶瓷的装饰及造型认识到不同时期的艺术特色及使用者的物质生活、精神生活等。例如，将北宋中期耀州窑的青瓷作为鉴赏对象，通过其独特的装饰形态即可识别出该时期的独特特点：在器身上运用刻花的方法装饰出的牡丹纹、莲花纹、鱼纹、鸳鸯纹、婴戏纹等图案往往展现出劲健洒脱的风格；青翠的釉色、繁满又不失严谨的构图给陶瓷带来莹润优雅的质感；而刻划刀的独特手法则给人以浅浮雕般的立体感受。

总体而言，耀州窑的青瓷釉色淡雅，纹饰生动，造型清秀。若从文化、历史角度来对北宋耀州窑的陶瓷进行分析，便可发现社会背景和文化传统对其艺术风格产生了深远的影响。宋朝重文轻武，为避免武将权力过分扩张，重用文臣担任要职并掌握军政大权，以此对武将进行抑制，使得文臣的地位和待遇皆高于武将。这样的政策也促成了宋人对文化热情的空前高涨，文人雅士逐渐崛起，他们成为社会的风向标，通过诗歌、文学、绘画等方式表达对文明的向往。

宋代士大夫不仅在文学方面造诣颇高，而且对绘画也保持了相当高程度的热爱，因此形成绘画性装饰和仿古制作的潮流，人人执笔握管，朝廷、士子搜集、研究古代铜器与玉器造型、装饰的活动，越发刺激了仿古制作潮流。宋代是文人阶层兴起的时代，士大夫和文人雅士对艺术的审美标准和趣味产生了很大的影响。他们追求简约、淡雅、自然的美学风格，这种审美观直接影响了陶瓷艺术的发展。

再例如，图 6-1 所示的宋代钧窑月白釉出戟尊，此尊釉面洁净，色泽柔和，呈现淡雅的月白色，给人以宁静之感。造型仿造古代青铜器的式样，呈现出喇叭形口、扁鼓形腹，以及外撇圈足的造型。器物四面均贴突出的条状方棱装饰，俗称“出戟”。该尊整体风格质朴典雅、造型端庄，是宋代宫廷用瓷。通过此尊，人们可以直观感受到宋代追求简约、自然与和谐美的艺术理念。独特的釉色和仿古的造型作为其艺术特点，完美融合了宋代文人审美和复古之风，具有极高的艺术成就和历史价值。

总体而言，中国绝大多数历史时期的陶瓷器物，都能够展现不同时代、不同阶层人们的物质生活和精神文化特征。因此，通过陶瓷鉴赏活动能够发现并了解古人的生活经验、生存智慧、生活方式与精神内涵。例如，原始社会仰韶文化的船形彩陶壶（图 1-9），该器皿口小、腹大，肩部有两个小耳便于垂挂，壶身两侧均绘有渔网，疑似反映出先人们渔猎的生活方式。从壶的特征上便可知是典型的盛酒器皿，口小利于酒香不散，减少酒的蒸发，肩部小耳便于系绳并垂挂于墙壁，从而防止动物污染美酒等。由此可以看出，原始社会时期的人们已经发现并掌握了酿酒的方法与技术，同时，器物挂耳的结构也能够反映出原始时期的人们建造房屋以定居的生活方式。

不同的时代会凝聚出不同的时代精神、风俗习惯、民族心理、地域特征和文化形态，而这些特征往往在艺术文化中得以呈现。以隋唐五代陶瓷体现的时代精神为例，因隋唐时期社会的繁荣与开放，陶瓷上的纹饰大多呈现饱满端庄、优雅富丽之状。相比之下，五代时期政权更迭，战事不断，政局动荡不安，人们对于和平的追求与渴望，反映在这个时期陶瓷的艺术风格上则大多呈温和清丽之态。到了两宋时期，陶瓷则追求含蓄天然，期望令人亲近，能于淡中见浓、浅中见深、平中寓奇，整个宋代陶瓷渴望典雅宁静，虽不沉雄，但极幽远，这与宋代追求典雅朴素的文学风尚息息相关。

若要谈到陶瓷所体现的风俗习性，唐代的低温铅釉三彩陶器，即唐三彩最具有代表性，由于唐代各区域、各民族交流趋深，唐三彩中出现了大量洋马、中亚种的双峰驼、胡人俑等，在器皿上出现了壶瓶、双耳扁壶、把杯等。关于陶瓷体现的民族心理、地域特征、文化形态则可以从辽代陶瓷器物中分析得出。由于辽国地处北方，辽人是以游牧为主的民族，马匹是其主要的交通工具，因此在陶瓷器皿的设计上呈现出明显的便携实用特征。例如，凤首瓶瓶身常饰有内凹弦纹，便于缠绕细绳；穿带壶的腹部则设有沟槽与环鼻，便于穿绳系挂。这些特殊设计充分反映了游牧民族在迁徙过程中对器物便捷携带功能的需求，体现了辽代陶瓷在地域文化与民族习俗方面的独特性。

通过科学、系统地鉴赏陶瓷，可以深入探析与研究不同历史时期下的意识形态、经济生活与社会面貌等内容，这使得对社会背景的认识得以从鉴赏与审美的角度进行，从而拓展我们对其时代认知的广度。因此，陶瓷鉴赏能够反映出人们的切实生活，对于那些精美的陶瓷作品，人们不仅可以从中感受到生活经验的凝结和丰富的审美创造力，还可以借此丰富鉴赏者的历史知识，了解人生，提高观察生活和认识生活的能力。

除了对陶瓷外在的装饰器型等内容进行鉴赏外，认识功能还体现在鉴赏者对陶瓷工艺的具体认识上。不同历史时期的生产力水平、科技水平、工艺技术水平都是不一样的，鉴赏者在鉴赏某件陶瓷时可以综合自身的学术素养，推测出该陶瓷所属的时期和窑口。纵观历史，科学技术与工艺技术水平往往随着时间的推移，以及前人对材料与手工艺技术的不断探索而逐渐发展壮大。不同时期的陶瓷作品在其特有的社会文化与工艺技术背景下，产生出不同的形式语言与审美品位。例如，秦汉时期祈求长生和升仙的观念浓厚，企盼长生不老是众多帝王与民众普遍的愿望。这种企盼往往与地位和生活水平的高低成正比，陶瓷作为当时的一种工艺品，大多模仿青铜器被用来作为上流阶层使用的殉葬品，希望死者能够来世享用。在秦汉陶瓷中，我们常见到一些带有象征长生不老、飞升成仙等寓意的装饰图案和造型，例如龙虎、仙鹤、羽人、祥云等。这些装饰不仅反映了当时的宗教信仰和哲学思想，也体现了人们对美好生活和永生的向往。总的来说，这是一种受宗教信仰、社会地位和文化观念等综合影响的结果。

陶瓷鉴赏的认识功能还反映在对陶瓷的审美品位、精神追求等深层次内涵的认识方面。在鉴赏的过程中，鉴赏者需要善于发现在陶瓷作品背后反映出的社会生产关系、道德伦理等社会与精神属性，从而在鉴赏陶瓷的过程中对其时代背景、制作地点以及社会风尚等有一个较为全面的认识。例如，唐五代时期，河南巩县窑、河北定窑等北方窑口大多生产白瓷，当人们看到一件造型饱满端庄、富丽华美的白瓷执壶时，是否能分辨出这是一件唐五代时期的陶瓷，是否可以大约推测出它的烧造窑口，以及在当时社会它所承载的作用和社会意义，从它本身的造型釉色是否可以推测出当时的社会风气与审美风格。这些都可以成为引导人们鉴赏陶瓷的切入点。

2. 实用功能

陶瓷产品通常兼具了实用功能与设计美感，是实用与审美的结合体。实用功能和审美功能是陶瓷的重要双重属性，其中，实用功能是其最基本的属性，即陶瓷的制作目的通常是满足特定的使用需求。因此，在陶瓷鉴赏活动中，揭示陶瓷产品的实用性意义非常重要。

实用功能是陶瓷的基本属性之一。简单来讲，陶工制作出来的陶瓷产品必须是具有特定功能或用途的实用性产品。从历史发展的角度来看，实用性贯穿于整个陶瓷发展的各个时期。美国著名心理学家马斯洛（Abraham Harold Maslow，1908—1970 年）在 1943 年发表的《人类动机的理论》（*A Theory of Human Motivation Psychological Review*）一书中提出了“马斯洛原理”。该原理将人的需求分为五

图 6-2　宋
建阳窑黑釉兔毫盏
故宫博物院藏

个层次，由低级向高级依次为生理需求、安全需求、社会需求、尊重需求、自我实现需求。马斯洛在构建需求组成时有三个基本假设：第一，人要生存，所以人的需求能够影响他的行为，只有未满足的需求能够影响行为，而满足了的需求不能充当激励工具；第二，人的需求按重要性和层次性排成一定的次序，从基本的（如食物和住房等）到复杂的（如自我实现等）；第三，当人的某一级的需求得到最低限度的满足后，才会追求高一级的需求，如此逐级上升，成为推动继续努力的内在动力。

由此可见，人只有在满足基本的物质需求之后，才会有更高层面的精神追求。人们在追求陶瓷多方面、多层次的功能之前，首先得满足人们的基本生存需求，即人的实用需求。例如，旧石器时代，先民的生存主要依靠男人渔猎、女人采集，生活颇为困苦。进入新石器时代后，耕种技术与蓄养能力逐渐提高，先民的生存条件得到了极大改善。部分学者认为，先民偶然发现经火烤后的泥土具有一定的硬度，结合泥土的可塑性，便可制作出坚硬且具备一定盛装功能的器皿，可用来储存食物与水，这就是陶瓷的实用性。在基本需求得到满足之后，先民开始将图腾等符号作为纹饰装饰到陶器表面，装饰性和艺术性的逐渐发展，体现了人们在更高层面上的精神追求。

因此，陶瓷鉴赏在认识具体的某一件实用型陶瓷时，必须先进行功能价值判断，判断其功能上是否具有实用性，是否符合当时人们的使用习惯，是否能够改善人们的生活质量、优化人们的生存状态、提高人们的审美情趣等。例如，在宋徽宗时代，上至皇帝，下至士大夫都十分痴迷斗茶。谈到斗茶，就不得不提宋代的建盏。由于宋代斗茶以茶汤乳花纯白鲜明、着盏无水痕或咬盏持久、水痕晚现为胜，完全由视觉感官来验定，因此，茶盏就要以易于观察茶色、水痕为宜，建盏黑色的釉面最能满足斗茶之需。

如图 6-2 所示的建阳窑黑釉兔毫盏，设计为撇口，器壁斜直状，小圈足，胎体呈铁黑色，内部满釉覆盖，外部施釉不到底部，釉面在腹部下方形成如泪痕般的垂流效果。碗口的釉为酱色，口下逐渐过渡为褐黑相间，靠近碗心的部分则呈纯黑色。釉面中有丝状的黑褐色结晶，形似兔毛，因此俗称为“兔毫”。宋金时期，兔毫盏在我国很多地方，如江西、山东、河南、河北等地都有烧制，以福建建窑所烧制的“建盏”最为著名。由于宋代建窑兔毫盏名气很大，所以一些宋代文人对它多有赞美之辞。斗茶不仅是对茶艺和茶器的欣赏，更是一种社交活动，增进了人与人之间的交流和互动。通过建盏进行斗茶这种文化活动，不仅提升了人们的审美情趣，还丰富了人们的精神生活。

3. 审美功能

在真正意义上的陶瓷鉴赏活动中，鉴赏者必须善于发现并解释体现在陶瓷作品中的技术美、艺术美和生态美等。对于鉴赏者来说，陶瓷鉴赏是一种艺术再创作活动，它具有多层次属性，并且能满足不同阶层的使用与审美需求。不同的陶瓷作品会给鉴赏者带来不同的审美感受，每一次的鉴赏活动都是一场全新的精神体验。陶瓷自身蕴含的美学特质，构成了陶瓷自身的精神属性，而鉴赏者必须把握作品的精神属性，从而感受作品独特的美感。

以明清时期的宜兴紫砂壶为例，紫砂壶的兴起与明朝人的饮茶习惯息息相关。紫砂的优点在于容易保存茶叶原味，并且不易霉馊、耐热性能好、导热速度慢、壶色美观等。正是这些功能和外观上的优点，使得紫砂壶在明清两代广受欢迎。如图 6-3 所示的宜兴窑紫砂百果壶。百果壶又名花果形壶，由清代初期名家陈鸣远首创，并在乾隆、嘉庆年间广为流行，成为当时的典型壶式。此宜兴窑紫砂百果壶壶身呈圆形，

图 6–3　清
宜兴窑紫砂百果壶
故宫博物院藏

装饰有瓜子、蚕豆、白果、莲子等果实，以辣椒作壶流，菱角作壶柄，蘑菇作壶盖。该壶采用紫红色砂泥制作，质地细腻光滑。这种精巧的设计不仅展示了工匠高超的技艺，也体现了当时人们对自然事物的热爱。

明清两代的宜兴地区，紫砂壶的制作受士大夫阶层影响极大，加之饮茶属文人雅事，因此，紫砂壶的制作和装饰大多倾向于符合文人的审美情趣，除上述百果装饰外，还有在壶身上刻画书法，或开窗布局小景等。通过使用和鉴赏紫砂壶，可以感受到壶身装饰中的书法和小景的艺术美，与古代文人的审美情趣产生共鸣。

因此，紫砂壶不仅在技术上满足了实用需求，更在艺术上提供了丰富的审美体验，充分体现了陶瓷鉴赏的多层次属性。鉴赏者通过观察和使用紫砂壶，可以在精神上与工匠进行“隔空交流”，达到神人合一的境界。

图 6–4　清
五彩开光“二十四孝”图瓷棒槌瓶
中山市博物馆藏

除了对陶瓷的使用价值进行鉴赏外，陶瓷鉴赏活动还涉及一种复杂的审美心理活动。陶瓷鉴赏的审美心理活动不仅作用于陶瓷工艺制作者，还在陶瓷使用者与观赏者的心理和生理上发挥影响作用，这种心理作用具体表现在以下情绪中：愉悦、喜爱、共鸣、厌恶、排斥等。在陶瓷鉴赏活动的心理功能中，最为重要的形式是审美。即，陶瓷鉴赏活动中包含着审美活动。在陶瓷鉴赏活动中，心理活动逐渐丰富并超越了陶瓷原本创造出来的价值，通过鉴赏过程中产生的不同心理活动，实现在审美层面上对陶瓷的再创造。

在所有鉴赏活动中，优秀的陶瓷作品可以从人们内心打动人、愉悦人、升华人的精神，还能培养人的审美能力，给鉴赏者带来精神上的舒适感、愉悦感和美感，使人从中获得特殊的审美享受。但不是所有的陶瓷都能够打动鉴赏者，那种只关注陶瓷的基本功能、粗制滥造的作品大多无法从审美角度打动鉴赏者。因为它们无法提升人的精神境界，并且无法满足人们对美的需求。

从文化传播的角度看，陶瓷不仅是一种文化符号，也是一种文化传播的方式。中国是最早制作瓷器的国家，陶瓷在文化交流中扮演着重要的角色，在其他国家尚未制造陶瓷的时候，中国的瓷器已经成为长期以来域外同类制品的楷模，产生了持久而广泛的世界性影响，也见证了文化的进步与文明的发展。

陶瓷既是物质文明的产物，也是精神文明的表现，二者统一于陶瓷之中。由于在当今社会中，人们对物质的要求越来越主观化，人的心理预期与精神慰藉较之过去已经发生了改变。因此，在陶瓷鉴赏活动中，鉴赏者通过对陶瓷产生文化认同感和心理归属感等精神共鸣，能够获得深刻的审美体验，从而在审美情感上得到极大的满足。

4. 教育功能

陶瓷是艺术创造的产物，这种艺术创造凝聚了制作者的智慧、灵感以及制作经验等，制作者将工艺、技术与材料之美发挥到极致，因此，在满足人们使用功能的前提下，陶瓷的教育功能可以愉悦人的感官、陶冶人的性情和增强人们的社会道德与伦理意识。如图 6-4 所示的清代五彩开光“二十四孝”图瓷棒槌瓶，盘口，直颈，折肩，直筒形腹，圈足。颈部绘通景山水人物图，肩部四个梅花锦纹开光内分别绘琴、

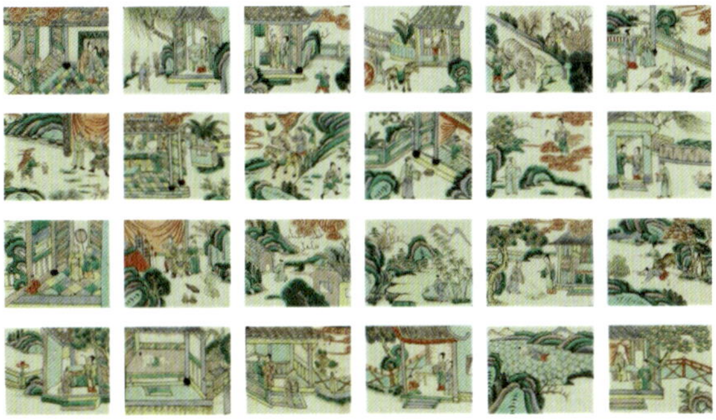

图6–5　五彩开光“二十四孝”图瓷棒槌瓶中的《二十四孝图》

棋、书、画。腹部开窗布局错落有致，内绘《二十四孝图》（图6-5）。《二十四孝》全名《全相二十四孝诗选》，由历代二十四个孝子行孝故事组成，后期印本大都配有图画，故又称《二十四孝图》。《二十四孝图》在我国古代是宣扬孝道的手段与途径，“孝”是儒家伦理思想的核心，也是维系家庭关系的道德准则。以陶瓷绘画的形式呈现《二十四孝图》，可以潜移默化地培养大众的儒家孝道观，进而达到宣扬孝道的目的。

在传统文化中，陶瓷是五行的象征，制陶人与自然的和谐统一，体现了中国传统朴素的唯物主义观点，并具有启迪人心和示范教育的意义。陶瓷不仅是一种艺术形式，还承载了对社会功能与价值体系的推崇与评价。治世者、设计师和工匠通过他们的作品表达了对社会和个人生活的主观感受、理解和审美意识。这些陶瓷作品蕴含着丰富的人文思想，会对使用者和鉴赏者产生深远的影响。特别是使用者，在使用陶瓷时，不仅能体验到其功能和美感，还能感受到创作者传达的思想和理念，从而受到思想上的教化和美学上的熏陶。

在陶瓷鉴赏的过程中，鉴赏者往往会通过拟人化与移情对陶瓷产生情感共鸣。以宋代青白瓷为例，其温润、儒雅的色泽很容易吸引人们的注意。中国自古以来就有“君子比德于玉”的说法，宋代景德镇青白瓷正是这种比德的体现。这些陶瓷作品不仅在视觉上令人愉悦，还在潜移默化中熏陶着整个民族，并具有教化的作用。

5. 娱乐功能

娱乐功能是指通过鉴赏活动，使人们的审美需要得到满足，获得精神享受和审美快感，愉心悦目、畅神益智，使身心得到愉悦和休息。事实上，不仅是鉴赏活动，生活中绝大多数人进行的看电影、听音乐、看展览等文艺活动，主要都是为了休息和娱乐。以获得知识和受教育为目的进行的鉴赏行为，其本质是学习与研究，仅存在于少数专业人士之中。

所以，鉴赏活动的娱乐功能主要体现在两个方面：一是获得精神上的享受；二是通过艺术欣赏得到积极的休息。前文说到，陶瓷作品能满足人们的审美需要，使其精神上产生一种愉悦。与艺术家在创作中一样，艺术欣赏者自由自觉地进行艺术欣赏，在欣赏过程中也同样处于一种忘我的状态，沉醉在艺术天地中流连忘返，获得极大的无功利的满足和快乐。从某种意义上来讲，精神享受给人带来的愉悦感可以远远超越物质享受。

陶瓷鉴赏确实是一种令人陶醉且积极的休息方式，具有畅神益智的功能。当代心理学家们也广泛认同艺术对欣赏者深层心理的宣泄作用或净化作用，认为艺术可以使人们在现实生活中受到的压抑情绪或无法实现的愿望、期待、理想，通过艺术创造的想象世界或梦幻世界得到完成和满足。值得一提的是，近年来在艺术治疗领域，陶瓷黏土治疗法被心理医学广泛运用，充分证明了艺术可以使人得到休息、放松，舒缓心境，抑制烦躁，减轻焦虑、愤怒和敌意。

鉴赏的娱乐功能、教育功能与认识功能其实是一个整体。教育功能要通过娱乐功能潜移默化、以情感人地实现，而娱乐功能中又要具有教育性才能让人们得到积极的快乐和放松，过度娱乐化反而会造成艺术内涵和人文精神的缺失，导致娱乐至死，变得麻木，艺术的价值无法实现。反之，不具备“寓教于乐”功能的艺术作品，无法提起人们的兴趣，徒增认知压力，令人反感。

陶瓷所体现的不仅仅是其精美、复杂的制作工艺和彩绘纹饰，在制作过程中也会融入各种丰富有趣的创作元素。如通过书法文字、绘画图像、综合材料运用等方式将陶瓷变成一种既有丰富内涵又有戏剧化形式效果的独特工艺品，呈现出肃穆、诙谐、戏谑等戏剧化形式，极大地丰富并拓展了陶瓷的题材，同时，在陶瓷鉴赏时又反馈给鉴赏者，将鉴赏活动变成一个个诙谐有趣的生活场景，使其具有良好的娱乐效果。

除了鉴赏本身具有娱乐性，历史上很多陶瓷作品也是为娱乐而生。古代与娱乐有关的陶瓷器皿大致为以下几种：蟋蟀罐、骰子碗、把玩件、乐器、玩具等。如图 6-6 所示的汉代陶埙，此埙球状外形，造型圆润，古朴浑厚，音色悠扬，其吹奏的音调由风箱尺寸和指孔的位置关系所决定。埙是我国古代用于吹奏的娱乐乐器，用陶土烧制而成，因此又叫“陶埙”，外形多为椭圆形，也有圆形、橄榄形不等。大小与鹅蛋相似，音有一至五个不等。最早的埙是一孔吹两个音，后来逐渐发展为六孔，是中音吹奏乐器。它的音色古朴、醇厚、浑圆，既能独奏又能同其他古乐器，如钟、琴、瑟等合奏。陶埙是历代宫廷的雅器，深受广大民众的喜爱。

图 6-7 是明宣德时期的澄泥蟋蟀罐。在中国历朝历代的皇帝之中，明代宣德皇帝最喜欢斗蟋蟀，于是朝野上下都以此为乐。为了满足宫廷上下养斗蟋蟀的娱乐需求，宣德皇帝下令景德镇御窑厂烧造了大量青花蟋蟀罐。再如，图 6-8 所示明宣德时期的洒蓝釉钵，它是掷骰子用的骰具。作为古代人们消遣娱乐的工具，这类器具极大地丰富了他们的精神生活。

陶瓷鉴赏所具备的娱乐效果与艺术感染力进一步激发了人们的审美愉悦和心理感受力，鉴赏过程中的“寓教于乐”“寓教于美”都是人们从陶瓷之美与娱乐趣味中获得巨大的精神享受和满足。娱乐和审美、心理活动等功能因素相互结合，有效地调动并提高了欣赏者的鉴赏品位，使具有设计意味的娱乐、休闲和精神调剂的功能充分地展现出来。欣赏者在欣赏具有显著娱乐性的陶瓷作品时，不仅受到了教育、熏陶与感染，更能得到身心的娱乐、消遣和休闲，欣赏者也会在生理、心理和精神上获得极大的快感与满足感。

二、鉴赏活动的审美作用

审美心理学认为人的审美是基于审美经验、审美体验、审美感知、审美情感、审美想象、审美理想等因素实现的。在鉴赏活动中，审美的作用主要包括：用秩序感减轻生理疲劳、用和谐感消除心理疲劳、用造型手段引导鉴赏活动和色彩予人的心理作用。下文将从这四个方面详细介绍陶瓷鉴赏活动中的审美作用。

1. 用秩序感减轻生理疲劳

人在工作和学习中的疲劳感与自身身体素质、工作强度、学习能力等息息相关，而美感作用可以激发人的兴趣和情绪，有助于发挥工作潜能并减轻生理疲劳。陶瓷鉴赏活动之所以能减轻生理疲劳感，是因为它在多个方面提供了独特的审美体验，并通过这些体验对身心产生积极影响。其背后的科学依据，主要包括以下几个方面：

首先，当审美对象是秩序且规律的时，人们可以更容易地获取和理解信息，这减少了大脑处理混乱信息的认知负荷。秩序感可以减少认知的负荷，有助于降低精神压力，从而间接减轻生理疲劳。

其次，事物的混乱和不确定性往往会引发人的应激反应，导致身体释放应激激素，长期应激会消耗精力，导致疲劳。相比之下，秩序感通过提供稳定性和可预测性，有助于减少这种应激反应。

再次，秩序感可以提升人们的情绪状态，增强人们对环境事物的控制感，使人们感到更有能力管理和预测环境对象，进而感到更加放松和愉悦。这种由控制感提升所带来的积极情绪有助于缓解焦虑和压力，从而减轻生理疲劳。

图 6-6　汉　陶埙
美国大都会艺术博物馆藏

图 6-7　明宣德
澄泥蟋蟀罐
故宫博物院藏

图 6-8　明宣德
洒蓝釉钵
首都博物馆藏

图 6-9　明洪武
青花花卉纹执壶
故宫博物院藏

最后，面对有序的环境和可以把握规律的事物，人们更容易集中注意力，进而减少因注意力分散导致的额外精力消耗。

以图 6-9 所示的青花花卉纹执壶为例，该壶具有撇口、细长颈、斜肩和丰腹的造型，下部饱满，圈足。一侧设有长流，流与颈之间有横片相连，另一侧配有曲柄，连接颈部和腹部。壶身通体以青花装饰，口沿下饰有回纹，颈部从上到下依次装饰有蕉叶纹、回纹、缠枝灵芝纹和如意云头纹。腹部绘有菊花和山茶花纹饰，近足处装饰莲瓣纹，壶流和柄部均绘有缠枝花卉纹。壶盖同样饰有缠枝花纹，圈足内施白釉。

从审美角度鉴赏此壶，秩序感的重要性不言而喻。首先，该壶不仅规格尺寸与壶把手的位置、大小、厚薄等符合人体握持要求，还与人的尺度、倒酒时的动作姿势及感官特性相互适应，从而达到人的感知与活动的协调，舒适的使用体验在无形中减轻了人的生理疲劳。此外，该陶瓷作品不仅在造型上给人带来舒适感，还在装饰组织上富有秩序感。壶身有秩序的装饰分割、规律排列的蕉叶纹和八大码[①]、颈部的缠枝等都会产生视觉上的节奏感。这种视觉上的节奏感和秩序感能够增强人的审美体验，使人感到愉悦和放松，有效降低人的紧张情绪，为人提供一种心理上的舒缓效果，从而有助于缓解疲劳和促进工作潜能的发挥。这种审美体验不仅能让人放松身心，还能提升专注力和创造力，使人在面对工作和生活的挑战时更加游刃有余。

因此，陶瓷鉴赏活动在提供美学享受的同时，实际上也对个人的整体健康和工作效率产生了积极影响。通过这种多层次的审美体验，陶瓷鉴赏活动能够在缓解生理疲劳的同时，激发人的潜在能力，提升工作质量。

① 八大码：系景德镇在元代瓷器上常用的一种边饰——变形莲瓣纹的称呼。这种莲瓣纹常画在器物的肩部、颈部，有的还在莲瓣内加绘犀角、银锭、珊瑚枝、花朵等杂宝，因常画八个莲瓣，且码放整齐，故俗称“八大码”。

2. 用和谐感消除心理疲劳

相较于生理疲劳主要表现为身体上的疲劳感、肌肉紧张和身体不适，心理疲劳则主要表现为精神上的疲劳、注意力难以集中和情绪低落。和谐感作为一种心理体验，能够对个体产生积极的影响，尤其在消除心理疲劳方面，其背后的心理学依据主要如下：

图 6–10　清雍正
窑变菊瓣式扁壶
故宫博物院藏

首先，和谐的事物往往符合人们的审美和心理预期，能够引起人们内心的平静和满足感。当人们面对和谐的事物时，他们的心理状态会趋向平衡，减少紧张和焦虑。这种平衡有助于缓解因压力和冲突引起的心理疲劳。

图 6–11　唐
鲁山窑花瓷腰鼓
故宫博物院藏

其次，和谐的事物能够激发人们的情感共鸣，使人们在情感上得到共鸣和支持。这种情感上的连接可以减少孤独感和疏离感，从而降低心理疲劳。人们在和谐的环境中更容易感受到归属和被理解，这有助于恢复心理能量。

最后，事物形式上的和谐往往能够引导人们进入放松状态。以赏析陶瓷为例，和谐的形式与色彩，为观赏者提供了极大的视觉享受，这种视觉上的愉悦能够帮助人们从日常压力中解脱出来，让人身心放松，降低紧张感，从而有助于身心的恢复。

除此之外，在鉴赏陶瓷艺术品时，观赏者需要集中注意力，这种专注可以将其从日常的烦恼和压力中解脱出来，使精神得到放松。将注意力集中于艺术品的细节和美感，可以让人进入一种专注的状态，从而感受到深层次的满足和放松。陶瓷艺术品的独创性和艺术价值能够激发观赏者的创造力和想象力。这种创造性的思考可以使人们在精神上获得新的体验和满足感，减轻精神压力。创造力的激发有助于个人寻找新的兴趣点，从而缓解心理上的单调感。

以图 6–10 窑变菊瓣式扁壶为例，该壶呈扁形，壶身通体装饰有菊瓣纹，底部为圈足。一侧设有短流，另一侧配有半环形曲柄。全壶施以钧釉，底部留有八处支钉烧痕。此壶主要以铜红釉为主，混合多种金属元素，在氧化还原过程中，呈现出月白、蓝、紫、绿、酱、青、褐等多种色彩，与红色交织在一起，形成了绚丽的色彩效果。

赏析该壶时，人们可以看到壶身有规律的凸起，与紫红月白的釉色和谐相处，变化丰富。这种有序的装饰和丰富的色彩变化，能够让观赏者感受到一种视觉上的节奏感和和谐美。细心观察，可以发现陶瓷作品釉色和开片纹理的千变万化，感受色彩韵律与和谐带来的美感。这种体验不仅使人从内心感叹陶瓷工艺的神奇，为忙碌的心灵带来活力，还让人不禁畅想，若用它品茗，悠悠茶香一定格外沁人心脾。

3. 用造型手段引导鉴赏活动

造型手段指的是作品中所运用的各种造型元素和装饰技巧，包括但不限于线条、色彩、形状、质感、空间和光线等，是审美体验的重要组成部分，它们会影响观众对美的感知和评价。

造型手段能首先吸引观众的注意力，色彩鲜明、线条流畅或形状独特的作品能够立即抓住观众的视线。不仅如此，造型手段可以强调作品的主题或中心思想，使观众能够更快地理解作品想要传达的信息。

通过对细节的精心处理，造型手段能够引导观众注意到作品的微妙之处，加深鉴赏的深度。艺术家们不仅能通过造型手段传达情感和情绪，如温暖或冷冽的色彩、柔和或尖锐的线条，都能引发观众的情感共鸣，还能通过创造直接的视觉冲击，激发观众的感官体验，色彩的冷暖或明暗对比，线条的流畅或断裂，形状的规则或不规则，以及质感的细腻或粗糙，都能够唤起观众的愉悦、激动、平静或不安等情感反应。

除此之外，不同的艺术家或艺术流派有其独特的造型手段，每个创作者都有自己独特的造型语言，这些语言成为他们作品的标识，有助于观众识别和区分不同的艺术风格与特征，更好地理解艺术家的创作理念和艺术追求。

以图 6-11 唐代鲁山窑花瓷腰鼓为例，其造型硕大而规整，广口，纤腰，线条柔和，纹饰奔放，鼓身凸起七道弦纹。通体施以漆黑的黑釉，与变幻多姿的蓝白色釉斑相互映衬，呈现出如云霞般缥缈、似水墨般浑融的效果，装饰性极强，堪称唐代瓷器中的传世佳作。该腰鼓不仅在视觉上给人以美的享受，更在使用上通过造型及体量大小，给人使用腰鼓的方法提供了明确的提示，即系于腰间进行演奏。凹凸的弦纹设计，则有助于人将腰鼓穿绳后绑至腰部时防止滑落。这些设计巧思不仅让人感受到和谐之美，同时在使用上给予明确的功能指导。通过观察这些造型特征，鉴赏者可以直观地理解作品的实际用途，并体验到造型和功能相结合所带来的独特美感。

总而言之，陶瓷艺术家们通过这些造型元素和技巧来表达特定的主题、情感和功能，从而引导鉴赏者对作品的理解和感受。造型手段能够给陶瓷鉴赏活动提供心理暗示和引导，使感知与活动协调统一起来，对人产生认知与审美的影响。

4. 色彩予人的心理作用

在陶瓷鉴赏中，色彩能够给予人四种心理作用，分别是：联觉效应、联想效应、情感效应和符号效应。

联觉效应是指不同感官之间的相互影响。以图 6-12 清代宜兴窑仿钧釉茶壶为例，鉴赏者可以很直观地看到该壶的颜色是青蓝色。根据色温效应，人们很容易感受到壶身色泽所带来的冰冷感。这种视觉上的冷色调不仅影响了观赏者的心理感受，还可能引发触觉上的联想，让茶壶仿佛具有冰凉的触感。联觉效应让观赏者不仅通过眼睛感受颜色，还通过这种感知联想，产生一种全身心的反应。

联想效应是指人们在看到特定色彩时，会联想到自己曾经与之相关的生活经历。比如，常年居住在海边的人们看到蓝色的茶壶，会很轻松地联想到大海和沙滩，这种视觉刺激能够唤起他们对海边生活的回忆，带来一种浩瀚和宁静的感觉。而居住在内陆高原地区的人们看到蓝色，则可能会联想到蓝天白云，感受到广阔和自由的意境。这种联想效应不仅仅是简单的记忆回溯，它能激发人们的情感共鸣，使人们在欣赏陶瓷作品时，获得更为丰富的心理体验。这些联想使单纯的视觉体验变得多层次化，带来一种全身心的愉悦感。通过这种联想效应，陶瓷作品不仅能在视觉上打动人心，还能通过唤起观赏者的个人经历和情感记忆，使他们与作品建立深层次的情感连接。这种情感连接提升了作品的审美价值，让观赏者在欣赏过程中获得层次更丰富的体验。

情感效应是指某些颜色能够激发人的生理反应，催生出情绪体验的一种效应。例如图 6-13 清代黄地描金红蝠纹盅，该盅是红黄交织的颜色，对比强烈，相比图 6-12 中的通体蓝色更能吸引人们视觉上的注意力，红和黄暖色调的搭配催生出喜庆、欢快的情绪体验。红色和黄色象征着热情和活力，常常与庆祝、吉祥等正面情感联系在一起。当这两种颜色组合在一起时，会产生一种强烈的视觉冲击力，使人们感到愉快和兴奋。这种视觉上的刺激不仅仅是简单的颜色感知，而且会通过视觉神经传递到大脑，激发出与色彩相关的情绪反应。

这种情感效应在清代的黄地描金红蝠纹盅上得到了充分的体现。观赏者在看到这种红黄相间的设计时，往往会联想到节庆、欢乐的场景，从而在心理上产生愉悦和满足感。这种视觉和情感的双重体验，使得陶瓷作品不仅具有观赏价值，还能通过色彩的运用，直接影响观赏者的情绪。

符号效应是指人在联想与心理情感共同作用下形成的观念性领悟。仍然以图 6-13 的黄地描金红蝠

图 6–12　清
宜兴窑仿钧釉茶壶
故宫博物院藏

图 6–13　清
黄地描金红蝠纹盅
故宫博物院藏

纹盅为例，黄色在中国古代是皇家专属颜色，代表了至高无上的权力与地位，蝙蝠的“蝠”通“福”，寓意吉祥；红色则在中国传统文化中代表喜庆与幸福。这些色彩的符号效应在特定的传统和文化背景下，通过手工艺人或设计者的精妙安排，才能转化为审美因素。

码 6–1　色彩的联觉效应是因人而异吗?

这些符号元素在文化背景下相互交织，形成了复杂的观念性领悟，增强了作品的审美价值和文化内涵。观赏者在欣赏这件作品时，不仅感受到了色彩的视觉美感，还通过这些符号元素，领悟到作品所蕴含的深层次意义。这种符号效应使得陶瓷作品不仅在视觉上引人注目，还能通过文化符号和色彩的组合，陶冶人的情操，提高生活情趣。通过理解符号效应，陶瓷艺术家能够更好地运用文化符号和色彩，创造出既具视觉美感又富有深意的作品。这不仅提升了作品的审美价值，也使得观赏者在欣赏过程中，感受到传统文化的魅力和艺术的独特之美。

第二节　陶瓷鉴赏的审美心理过程

陶瓷鉴赏的心理过程也是审美心理过程，是一种包含着鉴赏主体强烈主观审美活动的心理行为，这种审美心理活动来源于鉴赏主体的知、情、意的表达。总体来讲，在陶瓷鉴赏中，鉴赏者的审美心理主要由多种要素构成，包括感知觉、理解、联想与想象、情绪与情感、态度与注意、记忆等。在鉴赏过程中，这些心理活动要素相互影响、相互渗透、共同作用。审美心理过程贯穿了陶瓷鉴赏活动的始终，这就要求鉴赏者在鉴赏时具有较为完善的鉴赏心理结构。因此，对陶瓷鉴赏的心理过程进行系统化的学习就显得尤为重要，下文将从心理要素入手对陶瓷鉴赏的心理过程展开详细的介绍。

一、感知觉

感知觉分为感觉与知觉。感觉是人的感官对外界刺激的反应，它使外部信息转化为人的意识，从而构成人的意识与外部世界的直接联系。感觉是指某一感官对事物个别属性的反应，这种反应一共有 12 种，分别是视、听、触、味、嗅、运动觉、平衡觉、力觉、温度觉、湿度觉、痛觉、把握觉。知觉是外界客观事物通过感觉器官在大脑中形成的整体反应，这种反应呈现出较为完整的事物面貌。对于一件具体的陶瓷艺术作品，关于它的感知活动，不仅仅包括视觉观赏，还可以包括敲击它进行的听觉感知，手指触摸的触觉感知，以及双手捧起它进行的力觉、把握觉感知等。

感觉具有适应性、对比性、补偿性和联觉性的特点。感觉的适应性是指同一刺激物持续作用于感觉器官，随着这种作用的持续时间的延长，感觉的敏感性会逐渐下降的现象。这是人类感官系统的一种自我保护机制，有助于人们适应环境中的持续刺激。例如长时间盯着一个亮光看，再看其他地方会觉得环境整体变暗了。

感觉的对比性是指不同刺激作用于同一个感觉器官，其感受性在强度和性质上发生变化的现象。例如：将黑色和白色放在一起，黑色会显得更黑，白色会显得更白。

感觉的补偿性是指当某种感觉系统的机能缺失后，可以通过其他感觉系统的机能来弥补。例如：一个视觉受损的人，其听觉或触觉可能会变得更加灵敏，以弥补视觉的不足。

感觉的联觉性指一个刺激不仅引起一种感觉，同时还引起另一种感觉的现象，也叫作通感。例如：看到红色会觉得温暖，这是由视觉引起温度觉；听到一首曲子会觉得甜蜜，这是由听觉引起味觉。

知觉则是由各种感觉的线索形成对事物的整体反应，是对感觉信息的加工过程，也是一种有组织的个人经验。知觉具有相对性、选择性、整体性、恒常性和组织性的特点。

知觉的相对性是指人在感知事物时，不是孤立地认知某一事物，而是根据事物之间的相对关系来进行。例如，同一个人，站在形体丰满的人群中显瘦，而站在形体瘦高的人群中则显胖。

知觉的选择性是指个体根据自己的需要、兴趣、态度、爱好、情绪、知识经验等，有目的地把某些或某方面的刺激信息作为知觉对象而把其他事物作为背景进行组织加工。例如：在课堂上，教师的声音成为学生们知觉的对象，而周围环境中的其他声音，如窗外的风声、同学们的窃窃私语声等，则成为知觉的背景。学生们能够清晰地听到并理解教师的讲授内容，而忽视了其他声音，并不是因为风声和窃窃私语声没有传入学生耳朵，而是因为学生们根据自己的学习需求，将教师的声音作为知觉对象，而选择性地忽略掉其他不相关的声音。

知觉的整体性是指人类在感知事物时，倾向于将事物的各个部分或属性综合起来，形成一个完整的、有意义的整体。人的知觉系统具有把个别属性、个别部分综合成整体的能力，人对事物整体性的知觉先于对成分性局部的知觉。例如在日常人群中，可以迅速识别出熟悉的人脸，即使这个熟人的发型、服饰或面部表情都有所变化，但大脑在进行知觉时是将人脸的各个特征（如眼睛、鼻子、嘴巴等）综合起来进行知觉的。

知觉恒常性是指当客观条件（如距离、角度、光线等）在一定范围内改变时，人们的知觉映像在相当程度上仍然保持相对稳定。例如：一面红旗，无论在白天还是晚上、在路灯下还是阳光下，人都会将其知觉为红色。

综上所述，感觉只反映事物的个别属性，是单一感觉器官的活动结果，不依赖于个人的知识和经验，而知觉是认识事物的整体，是各种感觉协同的结果，受个人知识经验的影响。

一个没有学习过陶瓷史的人，在欣赏仰韶文化时期的人面鱼纹彩陶盆（图 1-12）时，会按照现代人的经验，认为它是盛放食物和水的生活用器。但是实际上并非如此，该盆是原始先民作为儿童翁棺棺盖来使用的，是一种特制的葬具，活人不会也不能用这样的器皿，这和现代的观念相差很大。由此可知，感知觉都会受个人的经验习惯和事物的前后关联，即语境的影响，这里的语境也就是指事物所处的环境和相关背景。

如图6-14所示，是一件清乾隆时期的粉彩像生果品高足盘，此盘造型独特，口敞开，弧形壁，底部纤细，下面支撑着喇叭状中空高足。盘内及高足内表面施以松石绿釉，外壁则为珊瑚红釉地，描绘金彩圈点并

图 6-14　清乾隆
粉彩像生果品高足盘
故宫博物院藏

图 6-15　清乾隆
粉彩像生瓷果品盘
故宫博物院藏

勾勒莲纹。盘内放置了与盘子一体烧制的粉彩雕塑果品，中间是一个蜜柑形状的盒子，周围排列着核桃仁、桑葚、樱桃、荸荠、石榴、橘子、枣、白果等。面对这样一件高度逼真的作品，一个饥肠辘辘的人看到，会口舌生津产生食欲；一位文人雅士看到，会感受到“吉祥如意、和睦幸福”的祝福；一位陶瓷工匠看到，会惊叹这高超的模印雕刻技艺；一位商人看到，会好奇其收藏价值。所以，同一物体，不同的人对它的感觉是类似的，但对它的知觉会有差别，知识与审美经验越丰富，对物体的知觉就越完善、越全面。

二、理解

理解是审美心理活动的基础条件，是知觉的组织者，人们总是根据自身的理解来组织知觉图像，如果没有理解的参与，一切审美心理活动均无法实现。

理解有深化审美感知与认知的作用。感知是审美活动的起点，但单纯的感知往往只能触及审美对象的表面特征，如颜色、形状、线条等。通过理解，主体能够更深入地认识审美对象的内在结构与属性，更全面地把握审美对象的特征以及与其他事物之间的联系，从而达到加深和丰富感知体验的作用。除此之外，审美对象往往还蕴含着丰富的文化内涵和深层意蕴，这些都需要通过理解来揭示。理解能够引导鉴赏者穿透表面现象，深入审美对象的内在世界，发现其独特的审美价值和文化意义。这种认识不局限于对审美对象本身的理解，还包括对其创作背景、历史渊源、文化内涵等方面的把握，使得审美体验更加丰富和深刻。

理解有促进审美意象生成与深化的作用。所谓审美意象，是审美主体在审美活动中，通过感知、联想、想象等心理活动，对审美对象进行加工和创造而形成的心理形象。理解能够引导人们抓住审美对象的本质特征，帮助人们在脑海中形成生动、具体的审美意象。另一方面，随着理解的不断深入，审美意象也会不断得到深化和丰富。审美主体会根据自己的知识经验、情感体验等，对审美意象进行进一步的加工和创造，使其更加符合自己的审美需求和审美理想。这种意象深化的程度往往与理解的深入成正比。

理解有指导审美体验与提高审美判断力的作用。在审美活动中，审美主体会根据自己的理解对审美对象进行解读和评价，从而形成独特的审美体验。在这一过程中，理解的方向和深度决定了体验的丰富性和深刻性，而影响主体理解能力的因素通常与审美经验、文化素养有关。换而言之，主体的理解能力事实上也与审美判断力成正比，即理解能力能够增强审美判断力。通过理解，能够更准确地评估审美对象的艺术价值和审美品质，明晰优秀作品和一般作品之间的差异。

以图 6-15 清乾隆粉彩像生瓷果品盘为例。对中国传统文化有所了解的人在鉴赏该盘时，会发现盘

图 6-16　宋
青白釉狗
故宫博物院藏

上的动物和水果其实都有独特的吉祥寓意。比如螃蟹代表“一甲”，指的是在中国古代科举殿试夺得头筹的人；荔枝由于长势快、生长能力旺盛、生命周期长，象征着健康长寿；核桃、石榴则象征着“多子多福”；红枣、花生、瓜子寓意“早生贵子”。掌握了这些传统文化知识，在鉴赏时对作品的理解就会更深刻，不仅能提升知觉的精确度，还能增强对事物内涵的把握，丰富审美体验。

三、联想与想象

联想是由于条件反射的泛化，把当前的印象与记忆中的某一事物联系起来，类型上可以分为接近联想、类比联想和对比联想。

接近联想，是指时间或者空间上接近的联想，联想的对象和原始对象在某些方面有相似之处。以时间上的接近联想为例，人们在欣赏一件陶瓷作品时，往往会根据这件作品的造型、釉色、装饰纹饰、技术工艺和艺术风格等特征，联想到同时期的其他陶瓷作品。通过以时间为纽带，将脑海中同一历史时期其他陶瓷的特点与所欣赏的作品进行比较和归纳，从而完成联想过程。同理，还能够以空间为纽带，对审美经验中相同地域或窑口的相似作品进行联想。例如，在欣赏一件景德镇窑的瓷器时，鉴赏者可能会联想到景德镇窑的其他同类作品，从而更全面地理解对象的审美特点、历史背景和文化内涵。

事实上，在动用接近联想时，时间与空间二者其实很难完全分开。就像在鉴赏宋代陶瓷茶盏的残片时，虽然它已残缺不全，但人们仍然可以联想到千年前该茶盏最初的华丽与精致，想象宋代文人雅士使用它品茗时的诗意场景。这种接近联想能够帮助鉴赏者超越表面感知的局限，多维度地挖掘出更深层次的文化历史和艺术价值，不仅丰富了审美意象，也加深了对陶瓷作品的理解和认知。

类比联想，是指借助事物的性质或形态的相似进行联想。通过这种联想，人们能够将当前的陶瓷作品与其他相似事物联系起来，从而丰富对作品的理解。例如，当看到某件陶瓷器物的器形和装饰纹样与某种动物的身形及斑纹相似时，就可能联想到这种动物，从而增加对陶瓷作品的感知深度和艺术理解。

许多陶瓷的造型简洁抽象，但人们仍然能够凭借自身想象力产生一系列有趣而生动的联想，从而进一步理解鉴赏对象并确定描述语言。如图 6-16 宋代青白釉狗。这件作品塑造了一个昂首侧卧、双目凝视、两耳下垂的小狗形象，脊背和四肢雕刻清晰，通体施青白釉。鉴赏者在鉴赏该雕塑时，会很自然地想起小狗的形象以及生活中与小狗相关的趣事，这种联想丰富了对作品的情感体验。

再以图 6-17 宋哲宗时期的定窑孩儿枕（残件）为例，此枕有着长方形托座，上饰一枕臂侧卧的熟睡小童，小童双眼微合，面带微笑，腰侧为枕面，枕面残缺，只余一小部分。鉴赏者在鉴赏孩儿枕的过程中，看着孩童熟睡的模样，不仅能联想到自己枕着该枕熟睡时的轻松惬意，还能感受到作品所传达的温馨和宁静氛围。这种类比联想能够基于客体的外在形式，通过联想熟悉事物，增进对作品内涵的理解，使得鉴赏过程更加生动有趣。

对比联想是指两种事物在性质、特点上相反所引起的联想。这种联想主要在强化联想的对象和原始对象在某些方面有明显的对立或对比关系。如由高想到矮，由丑想到美，由寒冷想到炎热，由苦难想到幸福等，其产生的本质反映的是事物对立统一的关系。

以图 6-18 的明代德化窑白釉达摩像为例，其双眉紧锁，二目俯视，面目狰狞，双手合抱于袖中。虽然就其面部容貌而言，并不是现代意义上的俊男，我们在看到这件作品时，可能首先会感到它的面貌

图 6-17　宋
定窑孩儿枕（残件）
故宫博物院藏

图 6-18　明
德化窑白釉达摩像
故宫博物院藏

有些严厉甚至丑陋，于是从丑的极致中产生了关于美的联想。随即会联想到僧人的内在慈悲的佛性及法相庄严的崇高，体悟到一种精神之美。这种联想过程通过对比达摩的面部表情之丑和他内在的精神之美，将丑与美的对立特性结合起来，形成强烈的反差效应，从而深化了对作品的理解和欣赏。

除了联想，人们在陶瓷鉴赏的过程中还会进行想象。所谓想象，是指利用记忆表象创造新形象的心理过程，简单来说，即借用头脑中已存储的符号产生新的意象的过程。在审美活动中，想象不是简单地再现或复制，而是超越现实、重构审美对象的过程，具有创造性、自由性和超越性。它具有能突破时间和空间束缚的特点，有的想象是基于事实的猜想，有的想象则是关于未来大胆的预见。

仍以上文达摩像为例，由于人物刻画精细逼真，鉴赏者可能会进行合情理的想象，猜测历史现实中是否曾真实存在过与这一作品样貌相似的人，这就是一种基于事实的猜想。当然，鉴赏者也可以再进一步大胆地猜想，想象作者在创作这件作品时所经历的故事，以及历史上的达摩在南北朝时期是如何来到中国的。类似这些没有预定目标的猜想，可以极大地丰富鉴赏者对作品的理解和情感投入，丰富陶瓷鉴赏的趣味性，使鉴赏过程变得更加生动和有意义。

一件作品的鉴赏，不仅需要对作品进行感知，还需要结合合理的想象，揣摩作者的意图以及作品可能传达的信息。通过这种方式，鉴赏者可以更全面地理解作品，从而提升整体的鉴赏体验。除此之外，审美愉悦作为审美活动的最终目的之一，它源于审美主体对审美对象的喜爱、赞赏和满足。审美中自由的想象，恰好能够增强审美愉悦，通过创造出更加生动、鲜活的审美意象，使审美主体在心理上获得更大的满足感和愉悦感。

总而言之，想象能够扩展审美体验的深度和广度，使审美主体在有限的时间内，借助想象的翅膀，穿越时空、跨越界限，体验到更加丰富多彩的美。同时，作为审美的催化剂，通过想象，审美主体能够更深入地把握和领悟审美对象蕴含的意义、价值、情感等内容，理解审美对象的深层含义，从而达到更高的审美境界。

四、情绪与情感

情绪与情感是指人在受到某种刺激后所产生的身心激动的状态，是人对外部对象在主观态度上的反应，反映了情感体验与思想观念上的联系，与人的社会需要、理想和行动意向直接相关。

从心理学角度来看，所谓情绪是指人的喜、怒、哀、乐、惧等心理体验，这种体验是人对客观事物的态度的一种反映。情绪具有肯定和否定的性质，能满足人需要的事物会引起人的肯定性质的体验，如快乐、满意等；不能满足人需要的事物会引起人的否定性质的体验，如愤怒、憎恨、哀怨等。情绪还具有情境性、冲动性、短暂性和外部表现等特点，这些特性在审美心理过程中得到了充分的体现。具体来说，情绪在审美心理过程中有以下作用：

情绪能引发审美动机。当审美主体处于某种特定的情绪状态时，可能会对某些审美对象产生浓厚的兴趣和好奇心，从而促使他们主动进行审美活动。

情绪能影响审美感知。积极的情绪状态能够增强审美感知的敏锐度和准确度，使审美主体更加细致地观察和感受审美对象的细节和特征；而在消极的情绪状态下，则可能降低审美感知的效果，使审美主体难以获得深刻的审美体验。

情绪能影响审美想象。审美想象是审美心理过程中的重要环节之一，积极的情绪状态能够激发审美主体的想象力和创造力，使他们更加自由地构建和想象审美对象的形象和情境；而消极的情绪状态则可能抑制审美想象的发挥，使审美主体难以产生丰富的审美意象。

情绪能塑造审美情感。稳定的情感是在情绪的基础上形成，并通过情绪反应得以表达。换而言之，情绪直接参与了审美情感的塑造和表达。在审美过程中，审美主体会根据自己的情绪状态对审美对象进行情感上的评价和判断，从而产生相应的审美情感。这种审美情感不仅反映了审美主体对审美对象的态度和感受，还进一步加深了审美主体对审美对象的理解和认识。

情绪是进行审美判断的依据。在审美过程中，审美主体会根据自己的情绪状态或体验对审美对象进行价值上的评估和判断，从而得出相应的审美结论。这种在审美情境下产生的特定情绪状态或体验，也被称为审美情绪。不同的审美主体在面对同一审美对象时，可能会产生不同的审美情绪体验。它强调与审美对象之间的情感联系和共鸣，具有独特性和个体差异性。

相较于情绪，情感是在生活中不断强化、逐渐积累的结果。它是对客观事物是否符合自身需要而产生的一种态度体验，具有相对稳定性、深刻性、内隐性与持久性等特点。情感在审美心理过程中有以下作用:

情感是审美活动的动力。情感能够激发个体对审美对象的兴趣和好奇，促使个体主动地去感知、探索和体验审美对象。即，作为一种内在的动力，推动着个体进行深入的审美感受，使审美活动得以持续进行。

情感是协同心理要素的中介。情感在审美心理过程中起着中介作用，协同感知、想象、理解等心理要素，使它们能够共同完成关于审美对象的审美体验。审美主体通过情感来感知审美对象的形式美和内容美，并通过情感来理解审美对象的深层含义。

情感赋予审美对象亲和力。在审美过程中，强烈的情感共鸣能够使个体与审美对象之间产生强烈的情感联系，进而产生强烈的审美体验和感动，这种情感联系可以增强审美体验的深度和广度。从另一个角度来看，审美主体在审美过程中所获得精神上的愉悦和满足，不仅来源于审美对象的形式美和内容美，更来源于个体与审美对象之间深刻的情感联系和共鸣。

情感激发审美想象。审美想象总是伴随着强烈的情感活动。没有强烈的情感，就没有活跃的想象。情感不仅是审美想象的动力，还在某种意义上是审美想象的对象和内容。同时，情感活动对审美想象的支配和调节，渗透在艺术形象之中，使其染上明显的情感色彩。这种情感色彩不仅丰富了艺术形象的表现力，还加深了观众对艺术作品的共鸣和理解。

五、态度与注意

态度是人行为的准备状态和趋向。它包含人的认知、情感和意向三种因素。人的行为可以分为实践、认知和审美等，所以与之相对应的态度也分为实践态度、认知态度和审美态度。

实践态度会影响人们的行动方式和选择，并在之后的行为中体现出来。认知态度涉及人们对信息的接收和理解，影响着他们对事物的认识和看法。审美态度涉及人们对美的评判和欣赏，影响着他们对艺术和美的追求和体验。简而言之，实践态度涉及“是否去做”，认知态度涉及“是否去学”，审美态度则涉及“是否认为美”。

这里我们着重介绍一下审美态度。所谓审美态度，狭义上是指主体介入审美活动时所持的一种只观照对象本身而无关功利的态度；广义上是指在过往审美活动中形成的、对事物美的持久而稳定的心理倾向。包括对事物的审美价值的认识、对事物的审美情感、对事物美的感知、欣赏、评价和创造的行为倾向，直接影响审美主体对不同对象的接受程度和评价标准。

审美态度具有非功利性，即不致力于解决实际问题，不涉及概念思维，也不关心行动的目的和手段。一旦主体将注意力转移到实用功利或科学分析上，审美态度便不复存在。

审美态度是开启审美活动的关键。审美态度是开展审美活动的前提，只有当主体持有了非功利的审美态度时，才能开启审美过程感知对象的美。所以，秉持着一种实用的或科学研究的心态去审视事物，那便不可能将注意力投注到对事物的审美观照之中，自然就无法开启关于该事物的审美过程。

审美态度促进审美感知、审美想象和审美理解。审美态度帮助审美主体专注于对象的审美特征，忽略其功利性和实用性。这种专注使得审美知觉更加敏锐，能够捕捉到对象的细微美感。不仅如此，审美态度的“超越性”可以促进主体超越现实，不受现实性、功利性、合理性的桎梏，自由地通过联想与想象构建审美对象的新形象，并在这一过程中深化对审美对象的理解。

注意，是一种心理现象或“心理动作”，是人的视觉、听觉、味觉等感觉和意识、思维等知觉同时对一定对象的选择指向和集中。人在注意着什么的时候，总是在感知着、记忆着、思考着、想象着或体验着什么。因为人在同一时间内不能感知很多对象，只能感知环境中的少数对象，所以要获得对事物的清晰、深刻和完整的反映，就需要使心理活动有选择地指向有关的对象。

审美注意，是审美态度的具体化，是审美态度面对具体对象的时候，将注意力集中并停留于对象身上的状态。由于审美态度具有非功利性，所以审美注意不同于其他心理注意，它不关注实用的、功利的目的，也不太关注理论的、概念的目标，而是把注意力集中于对象的审美形式本身。

当审美注意产生时，一切与审美无关的事物都退居为背景，只有审美客体凸显出来。审美主体排除种种功利目的的骚扰，把客体变成自己观照的对象。从某种角度来说，审美注意也是一种特殊的情感指向，是对于对象的一种情感渴求。

审美注意帮助审美主体在众多可能的对象中快速筛选出当前关注的目标。一旦选定，审美注意就会将心理活动集中于这一对象上，使审美主体能够深入观察、仔细体会，从而更全面地把握其审美特征。除此之外，审美注意还能够强化审美主体对审美对象的情感反应，使主体更加投入和沉浸于审美活动之中。

六、记忆

记忆是指人们在过去生活实践中经历的事物在大脑中遗留的印迹。人们如果没有记忆，就不可能积累经验和增长知识。记忆是复杂的心理过程，包括识记（事物在大脑中暂时联系的形成）、保持（事物在大脑中留下的痕迹）、回忆（联系的痕迹在大脑中的恢复）、再认（事物再次呈现时仍能确认和辨认）。这个过程也可以简单地理解为“记”和“忆”的过程，即识记和保持是“记”，回忆和再认是“忆”。根据内容，记忆可以分成四类，分别是：形象记忆、情绪记忆、逻辑记忆和动作记忆。

形象记忆是以感知过的事物形象为内容的记忆。这些具体形象可以是视觉、听觉、嗅觉、触觉或味觉等感知形象，如关于看过的一幅画或听过的一首歌的记忆。

情绪记忆是以过去体验过的情绪或情感为内容的记忆。人们在认识事物或与人交往的过程中，总会带有一定的情绪色彩或情感内容，这些情绪或情感也作为记忆的内容而被存贮进大脑，成为人的心理内容的一部分。情绪记忆往往是一次形成且经久不忘，比其他形式的记忆更持久，对人行为的影响更大。

逻辑记忆是以思想、概念或命题等形式为内容的记忆。这类记忆是以抽象逻辑思维为基础的，具有概括性、理解性和逻辑性等特点。如对数学定理、公式、哲学命题等内容的记忆。

动作记忆是以人们过去的操作性行为为内容的记忆。凡是人们头脑里所保持的做过的动作及动作模式，都属于动作记忆。这类记忆对于人们动作的连贯性、精确性等具有重要意义，是动作技能形成的基础。如关于武术套路、体育动作、工艺操作等内容的记忆。

这四种记忆形式既有区别又有联系。如动作记忆往往也涉及姓名的形象性；形象记忆中也蕴含情感要素。对应到审美，审美记忆即是在审美中有关对象特性的识记、保持、回忆、再认的心理活动。其中的回忆活动，称作“审美回忆”，亦称“审美再现”“审美复现”，是审美主体对过去事物的印象、记忆重新在大脑中呈现出来的心理过程。审美回忆是主体在当前有关事物的刺激和诱导下，经审美情感、审美意志的推动，过往存储的形象记忆、审美情绪记忆、审美经验、审美观念等记忆材料在大脑中复现，并与感知当前事物所获得新信息进行复合的过程。

审美回忆是审美感知、联想、想象、情感活动和审美意象创造的心理基础，直接制约着审美意象的丰富性、深刻性。审美回忆有选择性、复合性和一定的创造性，常选择与当前实践有关的记忆材料使之再现，在再现时又经过对众多记忆材料的加工、组合，使之比原来分散的记忆更具整体性、新颖性。

码6-2　如何发现作品与自身的关联?

第三节　陶瓷鉴赏的方法

鉴赏方法对于鉴赏活动的重要性不言而喻，它如同一把钥匙，引领鉴赏者深入作品内核，揭示其独特的艺术魅力和深层含义。正确的鉴赏方法能够帮助鉴赏者确定观察的角度、顺序和重点，避免盲目性和随意性，使其能够更系统、全面地了解作品。除此之外，鉴赏方法作为一种理论工具，对培养鉴赏者的独立思考能力和批判性精神，进而形成独立见解也有重要的作用。

本节将介绍三种基本的陶瓷鉴赏方法，即陶瓷美学鉴赏方法、社会学式鉴赏方法和比较式鉴赏方法。通过系统的学习，可以更好地帮助鉴赏者准确地把握作品的主题、情感、风格等内容，进而深化对作品的整体感知和理解。

一、陶瓷美学鉴赏法

熊廖在《陶瓷美学与中国陶瓷审美的民族特征》一书中提到：“陶瓷美术的创作或研究，主要注目于陶瓷器面装饰和陶瓷器体造型以及它们两者之间关系的表现或考察。陶瓷美学则是从美学角度来研究陶瓷，把陶瓷制品当作审美现象来考察，深入到陶瓷制作和欣赏这两个过程中去，探索陶瓷自身的内在审美规律。”该书详细指出了陶瓷美学的特点与内涵，为陶瓷美学鉴赏方法提供了理论基础，所以所谓陶瓷美学鉴赏法，即鉴赏者通过对陶瓷造型和装饰语言进行感知与体验，以陶瓷的造型美、材质美、工艺美、色彩美、功能美等范畴为索引，对陶瓷艺术作品进行鉴赏的方法。

1. 造型美

造型美，也称造型艺术美，泛指艺术品的形体结构之美。它的直观形式通常以空间为基础、以视觉为中心，具有静止性、并列性、同时性和瞬间性的特点。具备造型美的物质产品一般都具备整齐、匀称、对比、宾主、变幻、虚实、节奏等形式美的规律，其形式必须有利或无害于产品的实际效用，兼具再现和表现的功能，以非常恰当的方式与内容完美融合。

陶瓷造型中的直线与曲线构成其基本的形态语言。直线赋予作品以稳定、简洁之感，而曲线则带来流畅、柔美的视觉效果。艺术家通过线条的巧妙组合，创造出既符合审美规律又富有情感表达力的造型。陶瓷造型的形态变化多样，除了基于功能需求诞生的陶瓷造型，还有一些是模仿自然界动植物的形态，例如常见的葫芦瓶、橄榄瓶、凤尾瓶等，以及对其他人造事物的模仿，如灯笼瓶、斗笠碗、腰鼓壶等。这些形态设计既有对称均衡的稳重之美，也有不对称的动态之美。形态的变化不仅增加了作品的视觉层次，还赋予了作品以生命力和动感。

陶瓷造型的比例关系是影响其美感的关键因素。各部分之间的比例协调、尺度适宜，能够营造出和谐统一的整体效果。陶瓷的造型往往是由多个部分共同组合而成的，各个部分之间没有明确的分界线，只有模糊的指向性部分，它们的连接或边界并不十分清晰，只能大致指出它们的位置或方向，因此陶瓷的各个部分在视觉上可能并非严格分离，而是在造型上相互呼应或交融，没有明确的分隔线。此处以瓶类为例，其造型的部位大致可以分为：口部、颈部、肩部、腹部、足部、底部。此外，壶类还有壶盖、壶嘴、壶把手，壶嘴还分为嗉和流，壶盖又分盖顶面、盖钮、盖扣、气孔等部位。陶瓷造型形态非常多，形体部位结构也有差异，但大体上都具有口部、腹部、足部、底部这四个部位。只有通过合理的结构设计，才能确保陶瓷作品在视觉上和物理上都达到稳定平衡、和谐统一的状态。

细致地观察陶瓷作品的各个部分，可以揭示其设计和美学上的独特之处。例如，壶嘴的设计可能不仅考虑倒茶的流畅性，还可能通过其曲线和造型增加整体的美感；壶把手的设计则需要考虑握持的舒适性和美观性。此外，壶盖的设计可能体现出精细的雕刻或装饰，展示出制作者的巧思和工艺水平。通过关注这些细节，鉴赏者可以更深刻地理解陶瓷作品的整体造型美。

2. 材质美

材质美，指的是物体材料本身所展现出的美感或审美价值。这种美感不仅仅来源于材料的物理属性，如硬度、光泽、色彩、纹理等，还常常与材料的质地、触感、耐用性、加工性能以及文化寓意等密切相关。在陶瓷创作中，艺术家通过巧妙地运用陶瓷材料的各种可能性，去创造具有独特魅力和审美价值的作品。这不仅需要艺术家掌握材质本身的物理属性，还需要艺术家深入挖掘材质所蕴含的文化内涵和情感价值，通过材质的选择和运用来表达自己的审美理念和创作意图。

以宋代诸窑为例，不同窑口的釉料展现出各异的烧制效果，充分体现了陶瓷的材质美。例如，汝窑釉色的润泽神秘，钧窑窑变的绚丽多彩，哥窑开片的苍翠劲健，建窑黑瓷的刚润乌黑，以及磁州窑“铁锈花”的古拙质朴。这些独特的釉色和胎质特征，显著地展示了陶瓷在材质上的美感和艺术价值。釉色和胎质的独特表现，不仅赋予了陶瓷作品不同的视觉体验，也让人们在鉴赏时感受到各个窑口的独特工艺和文化底蕴，展现出多样化的美学特征和艺术魅力。

中国文人常以玉比德，赋予玉高尚的人文意象。因此，一些陶瓷作品对于材质美的追求实际上是对玉质感之美的追求和体现。这种对玉质感的追求深深影响了古代陶瓷艺术。陆羽在《茶经》中高度评价越瓷“类冰”“类玉”，认为瓷器质感如玉为佳。另有《陶记》中也有记载自五代创烧的景德镇青白瓷：“埏埴之器，洁白不疵，故鬻于他所，皆有‘饶玉’之称。”通过对釉色和胎质的精细处理，制作者们力图在陶瓷中再现玉的莹润和纯净质感。

图 6–19　辽
白釉刻花鸡冠壶
故宫博物院藏

图 6–20　当代“瓷杯”
安・范・霍伊作品

图 6–21　清乾隆
仿古铜金釉三足炉
故宫博物院藏

图 6–22　当代
“漂流的图腾”
利维亚・马林作品

除了对玉质感的追求，陶瓷艺术也对皮制品进行了模仿。例如，图 6–19 所示的辽代白釉刻花鸡冠壶，就是对皮囊壶的仿制。鸡冠壶的形态源于游牧民族生活中使用的皮质容器，最早出现在辽代。契丹族入主北方建立辽国后，参照他们惯用的皮囊器形制作瓷器。早期的瓷壶因其提手部分形似鸡冠，并有系绳的穿孔，故名鸡冠壶。

此种器型保留了游牧民族生活用品的特色，随着生活方式的改变，穿孔逐渐演变成提梁形式。这些皮革工艺痕迹的保留形成了陶瓷皮囊壶特有的装饰形式，体现了陶瓷对皮质的模仿，旨在展现一种既坚硬又“柔软”的材质美感。通过这种模仿，陶瓷艺术不仅展示了对皮制品外观和细节的再现，还体现了不同材质之间的影响和交流。这种仿制技艺使陶瓷作品兼具历史文化的传承和艺术创新的价值，丰富了陶瓷的艺术表现力。

除此之外，陶瓷作品中还有对纸、金属甚至液体的质感模仿。陶瓷对纸的模仿主要体现在模拟纸质的轻盈感上，常见于现当代陶瓷作品。通过泥片成型、裁切、弯折和褶皱等工艺，陶瓷可以表现出纸的柔韧感或坚硬感。例如，国外陶艺家安・范・霍伊的瓷杯作品（图 6–20），采用折纸般的造型，使陶瓷艺术品呈现出一种质朴、自然和简约的视觉效果。她始终坚持陶瓷的简约性，不引入其他材料，保留了瓷土最原始的自然气息，并通过陶瓷表现出纸张的质感，让人们体会到类似纸的材质之美。

陶瓷模仿金属材质的做法自古以来就存在，古代的工匠不仅仅仿造金属器皿的造型，还通过釉色来模仿金属材质的光泽，制作出釉面硬度高、抗氧化、耐腐蚀且具有奢华效果的陶瓷。例如图 6–21 所示的清乾隆仿古铜金釉三足炉，该器皿看似纯金打造，给人以雍容华贵的感觉，但实际上是瓷胎通体施金彩装饰，后入窑烧制而成。通过这种工艺，工匠们成功地实现了对金质感的模拟，使陶瓷作品既具备了金的光泽和奢华感，又保留了陶瓷的实用性和艺术性。

很多现代陶艺家除了模仿固态的材质特点外，还会将液体作为模仿对象。图 6–22 是智利艺术家利维亚・马林的“漂流的图腾”，将陶瓷材质用“液体”的形态呈现。用陶瓷的固态特性来模拟液体的流动和变幻，通过这种表现手法，创造出一种视觉上的冲突感和思想上的圆融感，探索出陶瓷材质应用的新极限，让欣赏者印象深刻，不仅拓展了陶瓷艺术的表现力，也引发了观者对作品深层次意义的思考，从而加深了对陶瓷艺术的认识和欣赏。

3. 工艺美

工艺美，是指精湛技术和卓越表现力所呈现出的美感。这种美感不仅体现在作品的实用性、功能性和创新性上，更与技艺水平、审美趣味和文化内涵密切相关。

工艺美首先体现在创作者对技术的掌握和运用上。无论是传统手工艺还是现代工业设计，精湛的技术都是实现美感的基础。通过不断地练习和创新，创作者能够掌握复杂的工艺流程和技巧，将原材料转化为具有审美价值的作品。这种技艺的精湛性不仅体现在作品的精细程度上，更体现在作品独特的风格和表现力上。

工艺美不是技术的堆砌与炫技，而是技术与艺术的完美融合。创作者在运用技术的同时，会融入自己的审美观念和艺术追求，通过色彩、造型、结构等方面的设计来展现作品的独特魅力。这种艺术表现力的融合使得技艺美不仅具有实用性，更具有观赏性和收藏价值。

工艺美还承载着丰富的文化内涵和历史传统。许多传统手工艺都是经过数百年甚至上千年的传承发展而来，它们蕴含着深厚的文化底蕴和民族特色，是人类造物文化和审美趣味发展的活化石。陶瓷的工艺美体现在材料的选择与处理、成型工艺、装饰工艺、釉料的制备与烧制工艺等多个方面。每一个制瓷环节都需要匠人们具备丰富的经验和精湛的技艺。这些工艺与技术，不仅推动了陶瓷艺术的不断进步，也为鉴赏者提供了欣赏和品味陶瓷之美的独特视角。

4. 色彩美

人的视觉器官可感知的光是波长在 390 ~ 770 纳米之间的电磁波。因为各种物体吸收和反射光的电磁波程度不同，所以人的视觉器官可以感知赤、橙、黄、绿、青、蓝、紫等十分复杂的色彩现象。色相、明度、纯度是色彩的三大属性。

所谓色相是指能够比较确切地表示某种颜色色别的名称。如珊瑚红、粉青、鹅黄、钴蓝、瓜皮绿等。物体的颜色是由光源的光谱成分和物体表面反射（或透射）的特性所决定的。

所谓纯度，也称彩度或饱和度，是指色彩的纯净程度，它表示颜色中所含有色成分的比例。含有色彩成分的比例愈大，色彩的纯度愈高；含有色成分的比例愈小，则色彩的纯度愈低。有色物体色彩的纯度与物体的表面结构有关。如果物体表面粗糙，其漫反射作用将使色彩的纯度降低；如果物体表面光滑，那么，全反射作用将使色彩比较鲜艳。

所谓明度是指色彩的明亮程度。各种有色物体由于它们的反射光量的区别而产生颜色的明暗强弱。色彩的明度有两种情况：一是同一色相不同明度。如同一颜色在强光照射下显得明亮，在弱光照射下显得较灰暗模糊；二是每一种纯色都有与其相应的明度。白色明度最高，黑色明度最低，红、灰、绿、蓝色为中间明度。所以色彩明度和纯度相互影响，明度变化往往会影响到其纯度变化，反之亦然。

图 6-23　清康熙
霁红釉笔筒
故宫博物院藏

图 6-24　宋
汝窑天青釉碗
故宫博物院藏

色彩美，是指色彩及其组合在视觉上给人带来的美感体验。色彩作为视觉艺术中最为敏感的形式元素，具有独特的吸引力和表现力，能够引发人们的情感共鸣和审美感受。

由于每种色彩都有其独特的色相、明度和纯度，这些基本属性构成了色彩的基本美感。在感知、情感、意味上产生不同的审美效果。在丰富感知方面，浅色使人感觉轻，深色使人感觉重。淡色使人感到远、虚、薄，深色使人感到近、实、厚。高明度的暖色使人感到物体与人的距离近一些，低明度的冷色使人感到物体与人的距离远一些。

在情感和信息传达方面，不同的色彩能够传达出不同的情感和信息，色彩不仅仅是视觉上的元素，更是情感的载体。不同的色彩能够激发人们的不同情感反应。陶瓷颜色的明暗与冷暖，可以形成形体感、温度感，这是色彩的视觉效果。并且在长期的审美实践的基础上，色彩逐渐对人的生理、心理产生特定的刺激性信息，使人产生相应的情感反应。如图 6-23 中，霁红色给人以稳重、端庄与华贵的感觉，图 6-24 中汝窑的天青色给人一种安详、宁静与深远的感觉。通过对比色的搭配，可以产生强烈的视觉冲击力和动感；而和谐色的组合则能营造出温馨、安详的

图 6-25　明
龙泉窑青釉玉壶春瓶
故宫博物院藏

氛围。色彩在视觉上的排列组合可以形成一定的节奏感和韵律美。这种美感体现在色彩的重复、渐变、交错等变化上，使得器物的视觉效果具有动态感和生命力。

除此之外，色彩在不同的文化背景下具有不同的象征意义和审美价值。例如，在中国传统文化中，红色代表吉祥、喜庆；而在西方文化中，红色则可能代表爱情、激情或危险。

5. 功能美

功能美，作为一种审美标准，强调事物或结构的功能合理性、实用性和美学价值的和谐统一。它强调设计不仅要追求美感，更要强调其实际功能，使设计在美学和实用性上取得平衡。

功能美，不能从字面上简单地理解为器物功能便利所带来的愉悦。并且，不是所有功能优良的器物就一定具有功能美。前文介绍过，美是无关功利的，功能便利产生的愉悦和审美愉悦有着本质区别。只有在具备实用功能的基础上，通过合理的形式表达，使人在使用过程中感受到愉悦和满足的器物才有可能具备功能美。

以明代龙泉窑青釉玉壶春瓶（图 6-25）为例，玉壶春瓶的造型定型于北宋时期，在当时是一种装酒的实用器具，其基本造型是由左右两个对称的“S”形构成，后因其线条优美、造型端庄雅致，逐渐演变为观赏性的陈设器，成为中国瓷器造型中的经典作品。

玉壶春瓶造型的产生并不是追求造型美而是为了实用，其喇叭口是为了方便倒酒，长颈是为了方便拿握，溜肩是为了增加倒酒时的冲力，大肚是为了增加容量。多个功能形态叠加到一起，整体呈现出一种“S”形的优美曲线，在众多瓷器造型中脱颖而出。玉壶春瓶形态上比例和谐统一，各部分之间既相互独立又紧密联系，共同构成了一个完美的整体。这种和谐的比例关系不仅使玉壶春瓶在视觉上具有稳定感，还增强了其艺术感染力。曲线外形极为柔美，无论是瓶口的撇出、颈部的细长，还是腹部的下垂，十分自然流畅。这种柔美的曲线非常符合宋代温婉迷人的审美趣味。

能用来满足装酒功能的器物造型有很多，但像玉壶春瓶这样实用性强、符合人体工学原理，且赋予了器物动态美感的设计却不多。这就是功能美所强调的功能合理性、实用性和美学价值的和谐统一。宋代以后，由于玉壶春瓶的造型柔美、曲线曼妙，人们更重视其审美价值，对其造型的关注逐渐脱离了诞生它的功能语境，走向纯粹的审美，常将其作为赏瓶陈设于家居空间，成为寓意闲适生活的文化符号和满足欣赏的审美载体。

综上所述，功能美是一种强调实用价值与美学价值和谐统一的审美标准。它要求作品在保证功能便利的基础上，通过合理的造型表达，增强使用者的审美感知，激发审美意象，提供除物质功能外的精神获得。作为一种价值追求，功能美即便在现代设计领域中，仍然是衡量产品优劣的重要标准。

二、社会学式鉴赏法

社会学式鉴赏是利用社会学范式，对文物、艺术品、美术作品等进行赏析和评价。它要求鉴赏者具备社会学的基本知识和视角，能够从更广阔的社会背景中理解和评价作品。

社会学式鉴赏法具有综合性、深入性和批评性的特点。综合性强调的是不仅关注作品的艺术价值，还考虑其社会、历史、文化等多方面的因素；深入性则要求鉴赏者深入挖掘作品背后的故事和意义，理解作者的创作意图和时代背景，从而更全面地把握作品；批判性则鼓励鉴赏者以批判性的眼光审视作品，不仅要接受作品表面的美，还要思考其背后的社会问题和价值观。

以鉴赏清代唐英监制的御窑作品为例，运用社会学式鉴赏法的思路可以简单总结如下：

鉴赏者在欣赏陶瓷作品时，不仅要关注作品本身，还需考虑创作者的生平、教育背景、任职经历等，从而准确把握住作品中的各种信息，更为客观、全面地认识陶瓷作品。

以清乾隆年间唐英监制的珐琅彩花卉纹瓶（图 6-26）为例。唐英是雍正乾隆时期的著名督陶官，在世时任内务府员外郎、淮安关监督、九江关监督、粤海关监督等职。从出身角度来看，唐英属于汉姓包衣旗人，相比当时的汉军旗人，特权上更像满洲八旗。从其生平任职角度上来讲，唐英 16 岁就进内务府、养心殿任职，一直待在康熙身边。康熙四次“南巡”，唐英曾跟随皇帝三下江南负责侍奉、安全等工作。此外，在雍正元年（1723 年）唐英又任职内务府员外郎，之后唐英以内务府员外郎衔驻景德镇，此后御窑厂的日常事务，一直归由唐英具体负责。后人评价唐英主持下烧制的御窑厂所产的陶瓷，以仿古和创新为主。

唐英潜心钻研陶瓷工艺，并且亲自实践，积累了丰富的制瓷经验。在他任职期间，由他监督烧制的瓷器无一不精美绝伦。通常，人们认为由督陶官监制的陶瓷作品会体现出强烈的个人风格。然而，御窑厂因其为宫廷烧制陶瓷的特殊性质，其所产瓷器的风格实际上并非唐英个人艺术风格的体现，而是反映了皇家的审美趣味。并且结合唐英的经历可知，他年轻时一直跟随在皇帝身边，非常了解皇帝的兴趣喜好。在他担任督陶官期间烧制的作品，受其本人审美兴趣影响的比例非常小，他的艺术才华主要用于实现统治者喜好的艺术风格。这一点与一般的艺术家有很大区别。

这种深受统治者偏好影响的创作背景，直接影响在瓷器的设计、装饰以及整体风格上。珐琅彩花卉纹瓶，瓶身装饰花卉，肩部空白处墨彩题五言诗两句：“夕吹撩寒馥，晨曦透暖光。”诗、书、画、印融为一体，具有极强的艺术感染力，体现出当时统治者的陶瓷审美，以及陶瓷装饰风格的审美取向。也正因如此，从该作品的整体感觉上可以看到当时宫廷绘画的影子。

通过对唐英监制作品的分析，我们可以更深入地理解清代御窑厂在生产过程中所反映的皇权审美要求和政治情况。此外，也揭示了在特定历史背景下，艺术创作是如何受到政治因素影响的。这类陶瓷作品虽然具有很高的艺术价值，但其风格和主题在很大程度上受到皇帝个人喜好和宫廷审美潮流的左右，而非展现创作者个人的风格。因此，运用社会学式鉴赏方法对这一时期御窑厂的陶瓷作品进行分析，不仅能够让我们欣赏其工艺与美学价值，还能够帮助我们了解清代宫廷文化、社会阶层和历史背景对艺术创作的深远影响。

除了要了解创作者的个人经历，理解创作者所处的生活环境和时代背景也十分重要。唐英所在时代，是清代考据学鼎盛时期，文人学者对明代以前各朝代的学术都进行了深入研究和演绎，进一步加以阐释，集历代之大成。清中期盛行的考据学崇尚研究历史典籍，对中国历史从天文地理到金石铭文无一不反复考证，因此在艺术方面，对复古热潮的追逐成为清代文人雅士的一大乐趣，这种思想潮流体现在陶瓷艺术上就形成了仿古与创新的陶瓷艺术潮流。

如仿官釉墨彩唐英款水丞（图 6-27）与霁蓝地描金粉彩诗句花卉纹大瓶（图 6-28）便是这两种潮流的典型作品。仿官釉墨彩唐英款水丞仿制宋代官窑，器物上题了一首南宋叶采的《暮春即事》：

双双瓦雀行书案，点点杨花入砚池。

闲坐小窗读周易，不知春去几多时。

该水丞模仿宋代官窑的釉质，莹润凝厚，釉面有大的开片，胎色呈铁灰色，颇能体现宋代官窑“紫口铁足”的特色，在清代文献中被称为“铁骨大观”。这反映了当时文人雅士对历史传统的考究和对宋瓷美学的尊崇。这种对宋代官窑的仿制不仅是对技艺的复兴，更是对历史文化的继承与发扬。

图 6–26　清乾隆
珐琅彩花卉纹瓶
故宫博物院藏

图 6–27　清乾隆
仿官釉墨彩唐英款水丞
故宫博物院藏

图 6–28　清乾隆
霁蓝地描金粉彩诗句花卉纹大瓶
故宫博物院藏

另一件霁蓝地描金粉彩诗句花卉纹大瓶，则展现了唐英在创新领域的成就。画珐琅是明末清初时期由西洋教士带入中国的技术，在唐英生活的时代，中国已经开始在画珐琅的基础上发展出粉彩技术，胎体制作技艺愈发精湛，釉色和颜料更加丰富。霁蓝地描金粉彩诗句花卉纹大瓶，融合了西洋画珐琅和中国传统艺术的特色，展现了清代陶瓷艺术的创新与多样性。

唐英监制的作品中仿古与创新并存的现象，充分反映了清代文人雅士在艺术创作中对历史文化的追溯与对创新精神的追求。因此，了解创作者所处的生活环境对于全面理解和鉴赏陶瓷作品具有重要意义。只有了解时代背景和文化潮流，才能更好地理解陶瓷作品中的深层次含义和艺术价值。

陶瓷是一项复杂的创作活动，受到社会背景和使用环境的深刻影响。不同的时代背景、社会文化和使用对象共同塑造了陶瓷的多样表现形式。社会学式鉴赏法可以帮助鉴赏者深入剖析这些复杂因素，并对其进行全面理解和阐释。由于这一方法的高要求，鉴赏者需要具备深厚的社会文化与历史知识，以及丰富的社会阅历。上文介绍的鉴赏过程，仅是简要介绍了从社会学研究方法入手进行的陶瓷鉴赏的大致思路。如果想要更深入地进行研究，则需要进行专业学习，这里就不拓展了。

三、比较式鉴赏法

比较式鉴赏法是鉴别不同事物的性质差别和同类事物的不同特性方面常用的方法。与前两种方法的目的一样，都是为了更好地把握陶瓷作品的特点，进而达到鉴赏该作品的目的。比较并非要得出哪个更好、哪个次之的结论，而是更深入地挖掘陶瓷作品的鉴赏要点，从而客观理解陶瓷作品的表现方法和文化现象。

因此，比较式鉴赏方法实质上是建立在陶瓷美学鉴赏法和社会学式鉴赏方法的基础之上，是一种利用不同思维方式以求全面理解陶瓷作品的有效鉴赏方法。总体来说，这种方法是前两种鉴赏方法的进一步综合和深化。通过对不同时代、风格、作者和造型的陶瓷作品进行比较，从多角度和多维度观察、理解和鉴赏这些作品。这种方法不仅能帮助鉴赏者更全面地认识陶瓷艺术的历史发展和文化内涵，还能深入探究作品背后的社会背景和创作动机，从而获得更为丰富和深刻的鉴赏体验。

比较式鉴赏法分为“横向、纵向比较”和“同、异比较”两类。前者着重比较同一时期不同类型的

图 6-29　宋
龙泉窑青釉贯耳弦纹瓶
故宫博物院藏

图 6-30　北朝
铅褐釉印花人物纹扁瓶
故宫博物院藏

图 6-31　明宣德
青花折枝花纹双耳扁壶
故宫博物院藏

陶瓷作品，以及不同时期同一类型陶瓷作品的表现形式；后者则侧重发现不同陶瓷作品的共同特征及存在的差异。下文将详细介绍其具体应用。

1. 横向、纵向比较

横向、纵向是时空上的定义，分别对应着空间和时间。横向比较侧重空间关系，它是对同一时期的不同风格流派、不同制作者或不同陶瓷作品进行比较分析，也包括同一作者、同一流派风格内部的比较鉴赏。横向比较法可以帮助鉴赏者更好地理解和分析同一时期不同陶瓷作品的艺术特点和文化背景，从而更全面地欣赏陶瓷艺术的多样性和复杂性。

以耀州窑青釉刻花莲花纹双耳瓶（图 3-73）和龙泉窑青釉贯耳弦纹瓶（图 6-29）为例，这两个同属宋代但不同地区的双耳瓶在外观上有着较为显著的区别。宋代耀州窑青釉刻花莲花纹双耳瓶因其所用胎土含铁量较高，故手感沉重，胎土呈灰白色。透过青翠的釉层，可以看到细腻的胎色。相比之下，同时代的龙泉窑青釉贯耳弦纹瓶，里外满釉，釉色青翠，釉层凝厚，足边无釉，清澈淡雅，釉质清如湖水。通过这种横向比较，我们可以看出，由于烧造地点、瓷土以及釉料成分的差异，即使在同一时期，双耳瓶也呈现出迥异的风格和特点。

纵向比较则着眼于时间概念，主要对比同一类型不同时期的创作发展。以北朝的铅褐釉印花人物纹扁瓶（图 6-30）、明宣德年间的青花折枝花纹双耳扁壶（图 6-31）和清乾隆年间的青花八宝纹双耳宝月瓶（图 6-32）为例。

北朝铅褐釉印花人物纹扁瓶的器形受游牧民族生活习惯的影响，注重便携性和实用性，这使得瓶的设计呈现敞口、束颈较高、直高圈足的造型，便于携带和使用。瓶体装饰上采用模印的方法，印有五人一组的胡腾乐舞图案，瓶的两侧各有圆形鼻钮，可以穿绳背负或携行。

明代青花折枝花纹双耳扁壶的造型则体现了明代的审美倾向和技术进步。该壶直口，细颈，扁圆形腹，平底，其器形制源自阿拉伯铜器，端庄而稳定，但在颈、肩处又饰中国风格的对称如意形耳，反映了明代对外来文化的吸收与融合。在装饰上，该瓶通体青花装饰，颈饰缠枝花纹，肩饰蕉叶纹，扁圆腹两面饰折枝花纹，纹饰简洁，以写生茶花为主题纹饰，展现出明代青花瓷的精美工艺和典雅装饰。

图 6-32　清乾隆
青花八宝纹双耳宝月瓶
故宫博物院藏

清代青花八宝纹双耳宝月瓶在造型上则是仿明代扁瓶的造型，同时加以创新，具有直口、细颈、颈肩相交处饰对称如意形双耳、扁圆腹和圈足外撇的特点，装饰上用青花绘制了八吉祥。八吉祥又称佛教八宝，这种纹饰经藏传佛教流入中原。八吉祥是佛家常用来象征吉祥的八种器物，是具有典型宗教意义的瓷器装饰图案，深受清代统治者所喜爱。这些图案不仅体现了清朝对藏传佛教的崇敬，还反映了清朝皇室与蒙藏地区权贵之间的友好交往和文化交流。

通过纵向比较梳理，鉴赏者能够理解扁形瓶壶在中国陶瓷史上的发展脉络。随着时间的推移，扁形瓶壶的设计和装饰风格经历了显著的变化，从实用性的北朝风格，到融合外来文化的明代设计，再到体现宗教和政治关系的清代风格。这种比较方法可以帮助鉴赏者更深入地了解不同历史时期陶瓷作品的思想内涵、文化现象、风格流派和装饰方法的变迁。

2. 同、异比较

同、异比较是指在鉴赏过程中，既要发现陶瓷作品之间的共性特点和本质规律，也要发现它们在流派风格、特征特点、表现方法等方面的差异性。在具体的鉴赏过程中，为了方便记忆可以简单理解为“求同”和“求异”。

比较式鉴赏中的“求同”，是指分析相同或不同产地、时期、批次等陶瓷作品中的风格流派与特征的相似性。这一点可以从陶瓷美学鉴赏法出发，抓住陶瓷作品中造型、材质、技艺、色彩等相通、相似之处。“求异”则是指分析不同陶瓷作品在风格、手法、工艺处理等方面的独特之处。这有助于发现不同表现手法、工艺技术的长处，使得优秀的设计方法能够脱颖而出，从而不断推动陶瓷创作的创新与发展。

仍以上文中的北朝铅褐釉印花人物纹扁瓶、明代青花折枝花纹双耳扁壶和清代青花八宝纹双耳宝月瓶为例。虽然它们同为扁形瓶壶，且都具备细口、直颈、圆腹、对称耳系的造型特征，但在装饰方法和功能使用上则截然不同。

在釉料使用上，北朝扁形瓶壶采用铅褐釉面装饰，而明清两代则采用透明釉。装饰技法方面，北朝扁形瓶壶以模印为主，明清扁形瓶壶则采用青花绘制法；在艺术风格上，北朝扁形瓶壶厚重沉稳，明清扁形瓶壶则清丽雅致。在功能使用上，北朝扁形瓶壶多用于日常使用，明清扁形瓶壶则多作为观赏品。通过对北朝、明代和清代扁形瓶壶的比较，可以发现它们在造型上的共性特点，表现出同类陶瓷造型的一致性与传承性。同时，它们在釉料使用、装饰技法、艺术风格和功能上的差异性，体现了不同历史时期的文化背景、审美取向和技术特点，反映了主流题材、审美趣味和文化风貌的变化。这有助于深入理解陶瓷作品的共性与个性，了解陶瓷作品的整体艺术价值及其时代特征。

本节介绍的三种基本鉴赏方法为多角度理解和分析陶瓷艺术提供了思路。掌握这些方法后，鉴赏者在陶瓷鉴赏中将更加得心应手，能够对不同的陶瓷作品形成更深刻、全面的认识。这些鉴赏方法不仅能帮助鉴赏者深入了解陶瓷作品的艺术特点与文化背景，还能使他们更全面地欣赏其美学价值与历史意义。

码 6-3　鉴赏实践练习

第七章
陶瓷批评的视野与标准

学习目标：

（1）了解陶瓷批评的本质，理解陶瓷批评的功能与目的。

（2）理解审美、历史文化、科学和心理学等不同批评视角，掌握运用不同角度作为陶瓷批评切入点的方法。

（3）掌握陶瓷批评的标准和原则，理解综合运用这些标准和原则进行陶瓷批评的重要性。

（4）了解陶瓷批评文章的类型，掌握讲解类批评文章、辩论类批评文章的写作方法，以及展评类批评文章的撰写流程。

本章重要词汇：

批评功能与目的、批评视角、批评标准与原则、批评文章的类型、写作方法、撰写流程。

在结束陶瓷鉴赏的相关内容后，本章开始展开关于陶瓷批评的深入介绍。前文提到，陶瓷批评是一项注重理论与系统的研究。相对于陶瓷鉴赏，陶瓷批评具有一定的客观性、系统性与标准性。陶瓷批评的开展必须建立在鉴赏活动的基础之上，从某种角度来说，陶瓷批评是陶瓷鉴赏的高级阶段。以鉴赏活动作为基础，可以培养鉴赏者对陶瓷作品的良好理解和品位，从而提升自己的批评视野与能力，对开展批评活动尤为重要。

本章通过介绍陶瓷批评的功能与目的、陶瓷批评的视角、陶瓷批评的标准与原则，以及陶瓷批评文章的类型这四个方面的内容，帮助读者对陶瓷批评有一个更加全面且系统的了解，为以后开展批评实践打下坚实的理论基础。

第一节　陶瓷批评的功能与目的

陶瓷批评是对陶瓷创作现象的阐释与评价。它不仅关注陶瓷作品的艺术价值和美学特征，还探讨其文化背景、创作意图、经济文化价值和社会影响等方面。通过批评活动，批评家能够更加全面和深刻地理解陶瓷作品，提升自身的审美水平和艺术鉴赏能力，同时通过撰写批评文章引导大众认识艺术作品，了解其背后的深刻内涵。本节将从陶瓷批评的本质、作用及意义三个方面来帮助读者理解和学习陶瓷批评的功能与目的。

一、陶瓷批评的本质

陶瓷批评是批评家凭借自身艺术、文学和哲学等多方面的文化素养，通过文字语言对陶瓷作品进行描述与分析，帮助欣赏者理解陶瓷作品中的艺术价值和社会文化内涵的一种写作文类。它反映出批评家对陶瓷作品的理解，是一种主客观结合的、具有生动性的文字语言作品。

优美的文字本身就是一种艺术，因此陶瓷批评等同于艺术再创造。在《作为艺术家的批评家》一文里，王尔德说："批评，在这个字眼的最高意义上说恰恰是创造性。实际上，批评既是创造性的，又是独立的……说真的，我要把批评称为创作之中的创作。"所谓再创造，就是指批评家通过生动优美、贴切中肯的文学语言，对各类陶瓷作品进行富有文学性的描述、分析、阐释、鉴赏和评论。实质上，它是将一类表现手法转化为另一类表现手法。通俗来讲，就是将陶瓷作品转化成了文学语言。

再创造性的陶瓷批评，结合了文学批评中的部分特征，突出文学语言的精巧性和独特的艺术感染力。这种独具魅力的文学色彩，使得批评文章完全可以独立于所阐述的陶瓷作品之外而为大众所欣赏。要达到这一高度，就要求批评家将陶瓷作品的实用价值、审美价值、社会意义与欣赏者的基本素养统一起来，从而确立陶瓷批评的总体标准，明确陶瓷创作的价值与意义。优秀的批评家通常都具备运用独特的视角、新颖且有创造性的观点评论陶瓷作品，深入挖掘其思想内涵，提升陶瓷作品的文化品位和审美价值的能力。

陶瓷批评凝聚着批评家个人的能力素养和独特的思想情感，通过丰富的文学性描述、分析与评价，来阐释对陶瓷设计创作现象的基本观点和主张，体现的是批评家以文学巧思诠释陶瓷设计创作的现象，赋予了陶瓷作品更客观的解释和更深层次的意义。

通过再创造性的批评，批评家的思想个性得以张扬，并赋予了作品丰富全面的内涵和意义。充分地发掘陶瓷之美，提高陶瓷审美的文化品位和格调，这是陶瓷再创造性批评的核心，即批评家在批评中需要发挥文学描述与阐释主体的再创造作用。

具备再创造属性的陶瓷批评，其主要目的是通过批评家的再创造，展示陶瓷设计创作的卓越之处，同时揭示陶瓷设计作品的再创造价值和社会性意义。为此，陶瓷批评家需要结合文字性批评与自身的综合素养，包括美学、艺术学、文化学、历史学、社会学、经济学、心理学、哲学等多方面知识，在再创造性批评中确立陶瓷设计创作的价值判断标准与原则。这些标准涵盖审美价值、使用价值、社会价值等多方面内容，具有十分丰富的内在含义，是陶瓷批评的重点，也是评价批评成功与否的关键。

在批评的过程中，要设身处地从作品本身出发，把陶瓷设计作品融入自身独特的思想情感和个性特征中。借助文学批评，在一定程度上改变了批评方式和表达形式，使一类表现手法转变成了另外一类表现手法，对陶瓷设计创作现象的批评随之变成了具有文学含义的生动评价。无论是对陶瓷艺术创作还是对陶瓷批评而言，这都有助于提高批评者和陶瓷艺术创作现象的格调，同时也丰富了陶瓷批评的文学色彩，增强了其语言魅力。

二、陶瓷批评的功能

陶瓷批评是批评家从专业角度出发，帮助欣赏者正确理解和欣赏陶瓷作品的活动，旨在评判陶瓷作品的功能价值、美学价值以及经济文化价值。作为普及陶瓷文化教育和提升全民陶瓷艺术审美能力的重要手段，它不仅促进了创作者与欣赏者之间的思想交流，还让欣赏者深入了解作品的创作背景与理念。同时，欣赏者的反馈也为创作者的完善与再创作提供了宝贵意见。总体而言，陶瓷批评的功能包括使用价值评判、美学价值评判、经济文化价值评判及作为创作者和受众的对话桥梁这四个方面。

1. 使用价值评判

陶瓷的使用价值是其最基本的属性之一，与人的需求息息相关。早期陶瓷的创作主要是为满足人们的日常生活需求，如烹饪、储存和盛装等用途，因此，制作者首先必须考虑陶瓷的实用性，其形状、结构、材质等设计都与实际使用密切相关。如何使器皿更加符合人们的使用习惯，是陶瓷设计的重要课题之一。

因此，在批评陶瓷作品时，首先应对其使用价值进行评判，即观察陶瓷作品是否具备使用功能及良

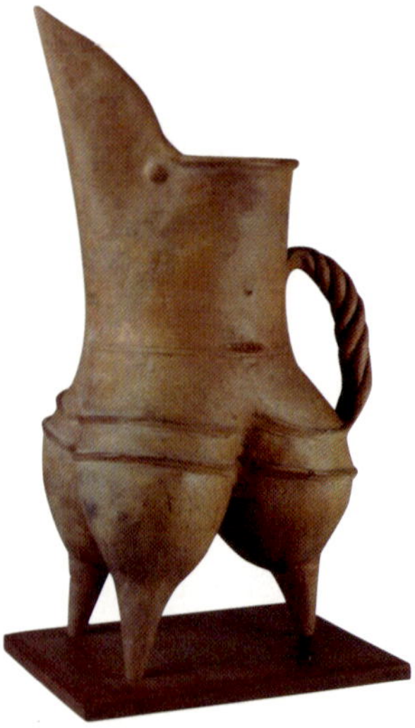

图 7–1　新石器时代
红陶鬶
故宫博物院藏

好使用体验。只有深入理解陶瓷作品的使用价值，才能客观地对其进行阐释与批评，并发现潜在的不足与缺陷，从而推动创作的进一步发展。

以龙山文化红陶的代表作品红陶鬶（图 7–1）为例，其形似鸟，长流、长颈、袋状足，一侧有鋬。从使用价值的角度来看，红陶鬶的长流利于出水，三足呈袋状，中空造型，便于加热，并可以实现更大体积的装盛。长流不仅提高了出水的效率，还避免了液体洒出。中空的袋状足结构，使得加热时可以均匀受热，提高了使用的安全性和效率。同时，三足设计使得容器能够稳固地站立，不易倾倒，便于放置。这些设计细节都显示出当时的冶陶者在制作陶器时，已经充分考虑了使用者的实际需求和使用体验。

所以这件红陶鬶从使用价值上来看，是一件非常优秀的陶瓷作品。以使用价值为切入点，对红陶鬶展开进一步批评分析，可以深刻阐释新石器时代龙山文化制陶工艺的先进性及其对实用功能的高度重视。这不仅能揭示当时人们对日常生活器具的高要求，也展示了原始时代陶瓷工艺与生活实际的紧密结合。

2. 美学价值评判

陶艺家在设计陶瓷作品时，不仅会考虑实用性，还会注重其审美性和艺术效果。因为一件优秀的陶瓷作品，不仅应具有良好的使用功能，还应具有观赏性和艺术性，具备美学价值，以满足人们生活中精神层面的审美需求。

所谓美学价值，是指美的对象或体验所具有的价值，它涉及对美感、审美判断和审美经验的评价。狭义上可以理解为审美对象让审美主体感受到赏心悦目，并产生某种精神感悟与启发。美学价值是客观的，因为它不仅包含现实现象的自然性质，还涉及这些现象与人和社会的相互关系。

审美价值体现在造型外观上，即符合形式美的规律法则，以及作品结构的合目的性。陶瓷作品的美学价值就是指造型、装饰等视觉元素上合规律性与合目的性的统一。这里的合规律性指的是作品在造型和装饰上遵循美学规律，如比例、对称性和节奏感的和谐安排，使作品显得自然协调。合目的性则指作品的外在形式具有明确的功能和目的，能够传达创作者的意图，实现内容与形式的统一。

陶瓷批评家通过运用感知、联想、想象、体验、理解等丰富复杂的心理机制与批评活动使自己获得精神上的愉悦感。关于陶瓷作品的美学价值评判是基于其是否在审美过程中获得心理上的愉悦来进行的，是基于对作品的直观感受的判断。这种直观感受离不开作品的一些形式特征，所以要使作品成为欣赏和批评的对象，就要使它首先展现出吸引欣赏者和批评家的特质。这个特质即表现为美学价值，而在陶瓷作品中主要通过造型、色彩、质地、肌理、装饰等因素展现。

在初见某件精美的陶瓷作品时，人们首先被其美的外观所吸引，借由视觉上带来的愉悦，可能会激发继续对其进行探索的兴趣，一旦他们根据这种兴趣去了解陶瓷作品背后蕴含的文化历史含义，也就有了成为陶瓷批评受众群体的可能，同时也完成了对陶瓷作品进行一定程度上的美学价值判断。以宋代定窑白釉刻花花卉纹梅瓶（图 7–2）为例，该作品体现了宋代崇尚风雅的美学观念。它具有小口、短颈、丰肩、修腹等特点，小口设计适合盛装和搬运酒类，不易洒出，同时减少酒液挥发，丰肩造型便于倒酒时把握，不易从双手中滑落。该瓶造型端庄大方，线条自然流畅，釉色莹润，瓶身修长，肩部圆润，腰部内收，轮廓曲线温婉，宛如典雅的少女。

梅瓶在功能与审美上达到了完美统一，釉色洁白淡雅，细腻莹润，造型恬静雅致，同时具有明确的

图 7-2　宋
定窑白釉刻花花卉纹梅瓶
故宫博物院藏

图 7-3　宋
叠烧碗 个人收藏

实用目的。这种实用性不仅赋予了梅瓶高度的美学价值，还展现了其背后深厚的文化历史内涵，反映出宋代工艺美术中的理性美。梅瓶的设计和釉色将宋代清新典雅的美学追求表现得淋漓尽致，是宋代工艺美术和美学思想的高度体现。

通过对陶瓷作品美学价值的赏析与判断，批评家得以深入阐释陶瓷作品在造型、釉色、装饰等方面的艺术特质。将陶瓷作品的美学价值展现在受众面前，使其能够得到受众更加深刻和全面的认识。美学价值的赏析使得受众能够更全面地认识陶瓷作品的艺术成就，并在此基础上评判其在不同历史时期和文化背景中的地位与意义，从而更加准确地理解陶瓷艺术的整体价值。

3. 经济文化价值评判

在陶瓷批评中，除了要考虑陶瓷作品的使用价值和美学价值外，经济文化价值也是不可忽视的重要因素。陶瓷作为既有实用属性又承载社会文化的产品，其经济价值主要体现在生产成本上，而文化价值则体现在应用广度上。生产成本影响了陶瓷作品的市场价格和普及性，而应用广度则反映了陶瓷在社会生活中传播文化的广度与深度。这些都是批评家在评判陶瓷经济文化价值时需要综合考虑的因素。

在生产成本方面，陶瓷产品需要具备经济合理性和工艺可行性，以确保能够大规模生产。经济合理性指在保证质量的前提下，尽量降低材料费用和劳动力成本，确保广泛运用并实现较大经济效益。工艺可行性则强调从量产角度确保大规模生产，以满足市场需求。

为了保证陶瓷产品能够在市场上广泛流通，在其生产之前，便需充分考量人们的经济消费状况。以古时民间流行的叠烧碗（图 7-3）为例，其工艺是将碗内接近碗底的釉料刮掉一圈，露出素胎，使其与圈足大小贴合，从而可以将多个碗叠放在一起烧制，而不会使釉料互相粘连。尽管这种工艺降低了美观性，但具有显著的经济合理性和工艺可行性。叠烧碗的设计和制作方法有效节省了生产成本和烧制空间，且使用的酱釉配制简单，价格低廉，烧成率高，使其成为适应普通大众日常需求的量产产品。从鉴赏的角度看，叠烧碗可能不具备吸引眼球的美学价值，但通过批评家关于经济价值的评判，可以帮助欣赏者理解其生产目的和背景，进一步深化对陶瓷作品的理解。

图 7-4　当代
千里江山手绘杯

此外，对陶瓷产品经济文化价值的评判不仅要考虑生产成本，还需考量其市场接受度和流通性。市场接受度高的产品通常具有更广泛的流通性，这意味着它不仅满足了消费者的需求，还有效推动了文化的传播。当一种陶瓷产品在市场上广受欢迎时，它所承载的文化内涵也随之得到广泛传播，增强了其在社会中的影响力，提升了其经济文化价值。这种双重价值的体现，进一步巩固了陶瓷产品在社会中的重要地位。

例如故宫推出的文创产品千里江山手绘杯（图 7-4），灵感来源于故宫博物院珍藏的《千里江山图》。该杯质地精美，素肌玉骨，瓷质坚细，边沿采用鎏金镶边，杯身以釉上彩工艺手工描绘千里江山的壮阔景致。该杯造型优美，装饰雅致，在市场上获得了良好的反响，广受人们欢迎。

通过对陶瓷作品的经济文化价值进行评判，受众能够更深刻地理解其所承载的文化内涵。这种现代设计的方法赋予传统文化新的生命力，使得优秀文化在当代得以广泛传播。正是这种结合了文化与实用功能的双重价值，使得千里江山手绘杯成为在社会中具有重要影响力的陶瓷产品，进一步提升了其经济文化价值，成为传统与现代相结合的典范。

4. 作为创作者和受众的对话桥梁

陶瓷批评不仅在评判陶瓷作品的使用价值、美学价值和经济文化价值方面发挥作用，还充当了创作者和受众之间对话的桥梁。这种桥梁作用可以从以下几个方面来理解。

第一，批评家通常具备深厚的专业知识和敏锐的洞察力，能够深入挖掘作品的内涵、风格、技巧及其背后的文化、社会背景。他们通过撰写评论、分析文章等方式，将复杂的艺术语言转化为更易于大众理解的形式，帮助受众更好地理解和欣赏作品。

第二，批评家的意见和反馈对创作者来说具有重要影响。正面的评价可以激励创作者继续探索和创新，而建设性的批评则可能促使创作者反思并改进自己的作品。这种双向的互动不仅促进了艺术创作的进步，也加深了创作者对受众需求的理解和把握。

第三，批评家不仅解读作品，还通过他们的评论和推荐来引导受众的审美倾向。他们可以根据自己的专业知识和审美标准，向受众推荐优秀的作品，帮助受众拓宽视野、提升审美水平。同时，批评家也可以对流行的文化现象进行批判性思考，引导受众形成独立思考和判断的能力。

第四，批评家不仅是作品的解读者，也是文化交流的推动者。他们通过跨文化的比较和分析，促进不同文化之间的理解和尊重。

第五，批评家的存在还有助于建立行业标准和评价体系。他们通过长期的实践和研究，形成了一套相对客观、公正的评价标准和方法。这些标准和方法不仅为创作者提供了努力的方向和目标，为受众提供了评价作品好坏的依据，还对整个行业的标准与评价体系的完善具有积极的建设性价值。

由于陶瓷批评具备感性与理性、主观与客观相融合的特点。所以，不同批评家之间也会有不尽相同的观点与思想，这种批评结论与观点的多样性源于批评家个人的文化素养、社会阅历、审美情趣等因素交织的复杂性。这种多样性在某种程度上丰富着陶瓷创作的多样发展和陶瓷文化的普及与繁荣，为陶瓷艺术的不断创新和演进提供了动力和方向。

此外，不同的陶瓷作品在风格与创作理念上往往存在显著差异，这使得受众在理解不同风格的陶瓷作品时面临一定的挑战。基于批评是创作者与受众之间互相沟通的桥梁，批评家需要具备丰富的知识素养和敏锐的审美能力，以便帮助受众更好地理解这些差异化的艺术现象。此外，陶瓷艺术的多样性要求批评家的视角更加灵活多变。他们不仅要对当下的陶瓷现象进行判断，还需深入分析陶瓷的文化背景。陶瓷批评不仅是对历史文化的反思，还需具备前瞻性的预测能力，通过陶瓷创作现象和活动探索人们的潜在需求。这种批评桥梁不仅提高了受众对陶瓷作品的认识与理解，还引导着创作者的创作思维和创作过程，使得创作者与受众之间的对话更加清晰有效。

三、陶瓷批评的目的

陶瓷批评旨在通过对陶瓷作品的深入评价和分析，解读和揭示作品的内涵与意义，其核心目的是为受众提供一种更全面、更深入的理解途径，使他们能够欣赏并体会作品中蕴含的美学价值、文化符号和思想表达等。通过提供专业解读以及引导受众关注美学价值，陶瓷批评有效地提升了受众的审美鉴赏力。这种提升不仅帮助受众更全面地理解和欣赏陶瓷作品，还使他们在面对不同艺术形式时，能够更加敏锐地进行评判和思考。

除此之外，陶瓷批评也起到引导创作者进行自我反思的作用。批评家通过细致的分析和评价，帮助创作者认识到作品中的优点与不足，促使他们在创作技法、材料运用、主题选择等方面不断改进和创新，有效地促进个体创作者的发展，并且，在更广泛的层面上推动整个陶瓷艺术领域的进步，通过揭示和倡导创新理念，推动陶瓷创作在技术、文化和美学上的突破，使陶瓷艺术不断迈向更高的水平和更广阔的表达空间，基于这种系统的评价与引导，激发出更为先进的造物思想与意识。

陶瓷批评的目的主要聚焦在以下三个方面：提高受众群体的审美鉴赏力、引导创作者创作和反思，以及倡导先进的造物思想与创新意识。

1. 提高受众群体的审美鉴赏力

普通受众在对陶瓷作品进行欣赏和理解时，往往受到自身美学素养的限制。这里的美学素养，主要包括对艺术历史的了解、对形式美感的辨识能力，以及对作品文化背景的理解等多个方面。

并且，在面对风格多样的陶瓷作品时，受众自身的个人经验和主观情感往往会影响观察视角，使他们在面对某些风格或形式的作品时，很难产生完整且系统的认识。特别是在面对晦涩难懂的作品时，普通受众很难全面理解其中深意，往往受个人偏好和经验局限的影响，难以做出完全客观且合理的评价，不完全具备科学性和客观性。

通过阅读或聆听批评家的品鉴和分析，受众能够了解陶瓷作品更深层次的含义，理解作品的历史背景、文化符号、艺术意图和表现形式等。这种知识的传递不仅能帮助他们在欣赏陶瓷艺术时更加系统和全面地认知这些作品，还有助于提升美学素养和培养审美意识，促使受众在不断反思中深化对艺术的理解，从而在艺术体验中获得更丰富的感受和启发。

具体而言，批评文章主要通过历史文化和美学评价两个方面帮助受众提升审美鉴赏力。在历史文化评价方面，通过详细分析陶瓷作品的特定历史和文化背景，陶瓷批评可以揭示出该时期陶瓷作品的主要特征和发展趋势，使受众对特定时期的陶瓷艺术有更加全面的认识。受众借由批评文章学习和了解其中的历史意义与文化内涵，充分理解作品的独特风格与特点、诞生的缘由，为下一次鉴赏类似作品提供经验，进而达到提升鉴赏能力的效果。在美学评价方面，结合系统的理论体系，陶瓷批评对作品的装饰手法、色彩搭配、造型设计等方面进行详细分析，帮助受众理解作品的美学价值。通过对比不同作品的美学特征，指出其独特之处，受众在欣赏过程中不仅能看到作品表面的美感，还能深入理解其内在美学逻辑和艺术表达手法。

综上所述，陶瓷批评能够通过历史考证、风格对比和美学评判等方法，帮助受众理解和区分不同风格和品质的作品，从而形成成熟和独立的审美眼光。通过这些专业的分析和评判，陶瓷批评帮助受众认识和了解陶瓷作品，形成更成熟和独立的审美眼光，逐渐培养起独立思考和审美判断的能力。这种独立的审美眼光不仅有助于受众更好地欣赏陶瓷艺术，也能在日常生活中提升他们的整体艺术修养，使他们能够更广泛地接触和欣赏其他艺术形式，进一步丰富他们的文化生活。

2. 引导创作者创作和反思

批评家通常具有广博的艺术知识和敏锐的洞察力，他们能够将创作者的作品置于更广泛的艺术脉络中进行讨论，并反馈给创作者。这有助于创作者理解其作品在更大背景下的意义，同时也能激发他们的创作灵感，引导其探索新的表达方式或主题。基于对作品的深刻理解和分析，陶瓷批评能够为创作者提供专业的反馈，帮助他们发现自身作品的优缺点，促使其在创作中进行反思、改进和提升，从而推动更高质量的陶瓷创作。

基于对艺术趋势高度敏感的特点，陶瓷批评能够帮助创作者理解当前的艺术潮流，分析并解构当代艺术趋势，探讨其独特的文化和社会背景。这种趋势分析能够引导创作者在理解时代脉搏的基础上，寻找独特的表达方式，探索新的主题，使陶瓷作品既能与当代艺术潮流保持对话，又能彰显个人风格。同时，通过对功能目的、使用体验等方面的分析，陶瓷批评可以为创作者提供全面的功能性反馈。这些反馈在帮助创作者提升作品的实用性的同时，引导他们在创作中更加注重使用细节和用户体验，探索更符合现代需求的创新设计，从而实现功能与艺术性的完美结合。

这种批评与创作之间的互动，最终形成了一个良性循环。即，陶瓷批评引导创作者进行创作反思，推动其在艺术探索中不断创新，而创作者的创新成果又反过来丰富和扩展了陶瓷批评的视野与深度。在这个过程中，陶瓷艺术不仅得以持续发展和演进，创作者也在不断的自我挑战中塑造出更具个人特色和时代精神的作品。这种双向互动使得陶瓷艺术在保持与传统对话的同时，也能够与当代社会和文化潮流紧密相连，展现出丰富多样的表达形式与内涵。

因此，通过这种持续的研究和互动，创作者能够更清晰地认识自身艺术表达的核心，明确创新方向，反思自身创作过程中遇到的问题，不断锤炼自身艺术修养和创作能力。这种系统的批评与建议，最终帮助创作者完善个人风格，使其作品在更广阔的艺术语境中获得更深层次的意义和影响力。

3. 倡导先进的造物思想与创新意识

诚如上文所述，陶瓷批评家的评价通常以文学语言等形式在社会上传播，深刻影响着人们的审美倾向，同时直接作用于陶瓷创作者的创作行为。陶瓷批评通过对创作现象的深入分析与评价，能够敏锐地把握陶瓷创作发展的规律，进而引领新潮的创新思维和先进的造物思想。

通过对作品的技术层面进行深入分析，批评家能够识别作品在材料、工艺和技术上的创新性，鼓励创作者大胆尝试新材料、新技术和新工艺。这有助于推动陶瓷艺术从技术层面不断革新，引领创作者探索新的可能性，并使这些技术创新成为未来创作的重要基础。

陶瓷批评倡导的先进造物思想不仅关乎技术创新，还涉及文化和社会层面的深刻表达。对文化符号、历史背景和社会议题的深度解读，使得陶瓷批评能够引导创作者在作品中融入更为丰富的文化内涵和社会关怀。鼓励创作者通过陶瓷这一媒介表达对当代社会问题的思考，勇于探索和创新，传递更为深刻的文化信息，从而赋予作品更高的思想价值和更强的社会影响力。

因此，陶瓷批评活动能够帮助创作者明确创作方向，在引导创作者进行更高质量创作的同时，也在倡导一种先进的造物思想和创新意识。这使得创作者们能够在继承传统的基础上，不断创新，进而推动陶瓷艺术的持续发展。陶瓷批评不仅是对作品的评价和解读，更会对整个陶瓷艺术领域产生深远影响，积极推动其向前发展，使之不断焕发出新的生命力。

第二节　陶瓷批评的视角

开展有效的陶瓷批评活动，除了需要借助科学的批评方法，还需要运用不同的批评视角。批评视角会因作品特性、批评环境、社会背景等多种因素影响而有所不同，所以需要“因时而异，因地制宜”，掌握多角度切换进行交叉批评的能力显得尤为重要。通常，陶瓷批评包含以下几种视角，即审美批评视角、历史文化批评视角、科学批评视角和心理学批评视角。通过这些视角的分析，我们能更全面地理解陶瓷作品的艺术特性和文化意义。

一、审美批评视角

陶瓷作品的审美功能是人们更高层次精神追求的体现。陶瓷所包含的美的特征，蕴含着其独特的精神属性，遵循着一定的美学法则。一件优秀的陶瓷作品不仅可以愉悦人们的感官和精神，还能够丰富人们的审美经验，提高整体的审美素养。一件令人满意的陶瓷作品应当是在保证实用功能的同时，亦能在精神层面满足人们的审美需求。

因此，仅仅为了追求实用而忽略外观的陶瓷作品，或是极尽装饰之所能、牺牲实用属性的器物，都不能被称为优秀的陶瓷作品。优秀的陶瓷作品往往在实用性和审美性上达到完美的平衡，这种平衡观也应当反映在陶瓷的批评中。优秀的陶瓷批评不应仅关注器物的使用价值，还应全面考虑其审美价值。在讨论陶瓷的审美批评视角时，我们还需要涉及多个维度，如生活美批评视角、形式美批评视角、技术美批评视角和寓意美批评视角。这些视角各自突出了陶瓷艺术的不同方面，对多角度评价和理解作品的艺术价值有很多帮助。

1. 生活美批评视角

生活美是一种综合性的美，它涵盖了自然界、人类社会以及个人精神世界的各个方面。它不仅仅是一种外在的感官享受，更是一种内在的心灵体验；不仅仅是对现实生活的直接反映，更是对理想生活的追求和向往。从生活美的基本角度出发，我们可以从物质生活和精神生活这两种不同的视角来进行陶瓷批评，确保对作品的全面理解和公正评价。

首先，陶瓷作为人类物质生活的重要组成部分，不仅反映了人们的日常生活习惯，还体现了生活方式和生产方式的演变。在日常生活中，陶瓷是否能满足人们日益增长的物质生活需求，是很多批评家进行陶瓷批评的重要角度。因此，从生活美的视角进行陶瓷批评时，首先需要考察陶瓷是否能满足人们的日常需求，包括功能需求和审美需求。评判陶瓷在日常生活中的受欢迎程度，不仅要考虑其实用性，还要关注其美学属性。通过综合考察这些要素，深入理解什么样的陶瓷能够存在、为何存在以及其存在于生活中的意义，才能真正发现陶瓷之美并识别其不足之处。此外，评价不同时期的陶瓷作品时，应考虑各时期人们的生活习惯和对物质生活的需求变化，以此为基础进行深入的批评和分析。

例如，在观察原始社会仰韶文化的半坡型典型水器——小口尖底陶瓶（图 1-8）时，人们便能轻易地注意到其与众不同的外形。它独特的尖底造型，是为满足原始社会的人们直接在河中汲水的生活习惯。尖状的瓶底使器身更加容易没入水中，让采水更为便利，符合实际使用需求。

在对这一类型陶器进行批评时，不应以现代审美的角度作为首要出发点，简单地认为其造型和纹饰都不符合美的标准，而应结合当时人们的生活方式、生活习惯以及使用需求进行批评和判断。远古时期，人们在河边打水时，很容易遇到容器无法盛满水的情况，因此人们总结经验，根据水的浮力和瓶子的重力作用，制作出造型独一无二的小口尖底陶瓶。尖尖的底部使得瓶子能够轻易浸入水中却不易歪斜，同时还能通过肩部两侧器耳之间的穿绳将盛满水的瓶子提起。

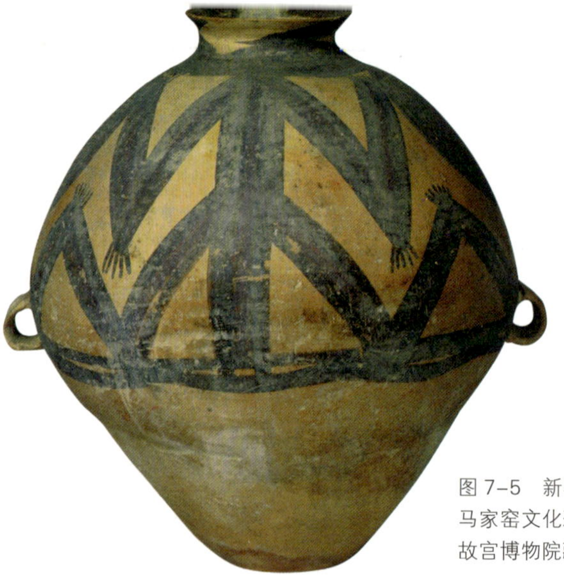

图 7-5　新石器时代
马家窑文化彩陶蛙纹壶
故宫博物院藏

在了解特定的生活背景和使用习惯后，再从生活需要的角度来观察小口尖底陶瓶的“奇异造型”时，各个部位造型便不会再给人以奇怪的感觉。其造型背后的实用美、生活美正通过特定的角度展现在人们眼前。我们先民的生活方式和生活习惯体现在不断变化的生活需求中，并且可以从历史遗留下来的陶瓷器物中得以窥见。

其次，可以从精神生活的视角进行陶瓷批评。越来越多的人在满足于陶瓷器皿基本功能的同时，也希望这些器皿能反映更高的艺术和精神价值，以此满足日益增长的审美需求。在进行陶瓷批评时，应重视作品的精神层面价值，认识到人们的精神生活不仅影响着陶瓷作品的发展，陶瓷作品也在一定程度上丰富了人们的精神世界。

例如半坡型彩陶纹饰中的人面形纹饰，寓意“寓人于鱼”，表达了古代人们对未来生活的美好愿望，非常具有特色。此外，远古时期的人们为了更好地劳动和生活，选择依靠集体的力量，因而非常重视血缘关系，由此形成了部落。每个部落通常会采用一种动物或植物作为其氏族的标志，并认为他们的祖先是由这种动物或植物演变而来，能够庇护部落，保佑他们繁荣和发展，这便是氏族图腾的由来。这种将自然物人格化并赋予其超自然力量的做法，实际上是一种原始的宗教崇拜。图腾符号常被绘刻在器皿或武器上，成为标志性的图案。

将图腾作为装饰绘制在陶器表面，这不仅是远古时期人们精神凝聚的表现，也反映了他们对更高层次生活水平的追求。因此，欣赏一件陶瓷作品时，不应仅仅关注其实用功能，还应深入分析其所传达的精神内涵，进行深度的批评和鉴赏。通过探究作品所反映的信仰、思想和思维方式的变化，我们可以更全面地揭示陶瓷的存在意义和文化价值。

以马家窑文化彩陶蛙纹壶（图 7-5）为例，陶器表面绘制了蛙形纹饰。通过研究这些纹饰的由来与演变，人们可以发现其出现绝非偶然，而是与当时人民的崇拜信仰等密切相关。有人认为蛙在远古时期象征女性的生殖器官——子宫。因此蛙形纹饰被看作女性的象征符号，并被用于祭祀以祈求多子多福。有些人认为这一时期的蛙形纹饰可分为八种，对应现实生活中青蛙的不同形态，或是经过抽象处理以强调蛙的某种特征，分别为蝌蚪、幼蛙、常规蛙形、强调眼睛特征的蛙形、简化的蛙形等。此外，这些蛙形纹或许也反映了马家窑文化不同时期的社会性质变化——早期处于母系氏族社会阶段，中期是母系氏族社会向父系氏族社会的过渡阶段，晚期则已经进入了父系氏族社会。

通过分析蛙形纹饰所传达的精神内涵，我们可以发现马家窑彩陶的价值不仅仅在于其纹饰的审美特征，更在于其背后所折射出的时代文化、人民信仰、社会制度等精神文化层面的价值。从生活美的角度进行陶瓷批评，可以更全面地理解陶瓷在实用属性与精神属性上的双重价值，确保评价的公正性，并更好地体现其在日常生活中的美学意义。

2. 形式美批评视角

形式美是客观事物外观形式的美。包括线、形、色、光、质等外形因素和将这些因素按一定规律组合起来，以表现内容的结构等。这里说的规律组合包括：和谐组合达到多样统一的总体规律；各部分之间形成平衡、对比、对称、整齐、比例、节奏、宾主、参差等局部关系规律。陶瓷的形式美至少需从以下几个方面进行分析评价：

首先是线形之美。陶瓷作品中的线条，无论是流畅的曲线还是刚劲的直线，都承载着设计师的情感和意图。线条的粗细、曲直、长短、疏密等变化，能够营造出不同的视觉效果和审美感受。陶瓷的形状是其形式美的基础。各种形态的陶瓷作品，如碗、盘、瓶、罐等，不仅满足了实用的需求，更通过形态的变化展现出独特的艺术魅力。形状的对称、均衡、比例等要素，都是构成形式美的重要方面。

其次是色彩光泽之美。陶瓷的色彩丰富多样，从素雅的单色釉到绚烂多彩的彩绘瓷，色彩的对比、和谐、渐变等手法，能够营造出不同的氛围，传达不同的情感，使观者在视觉上得到极大的享受，是陶瓷作品增强生命力和情感张力的主要表现方式。与一般美术品不同，陶瓷表面的光泽度也是其形式美的独特体现。釉料的种类和烧制工艺的不同，使得陶瓷表面呈现出不同的光泽效果，如亮光、哑光、乳浊半光、金属光泽、珍珠光泽等。这些光泽效果不仅增强了陶瓷的质感，还丰富了陶瓷的艺术语言。

再次是材质之美。陶瓷的材质是其形式美的基础。不同种类的陶瓷材料，如瓷土、陶土等，具有不同的物理和化学性质，这些性质直接影响着陶瓷的成型、装饰和烧制效果，在审美活动中会带给人不同的审美体验。细腻的质地让人感受到一种精致与高雅，仿佛能抚平心灵的烦躁；而粗糙的质感则带有一种原始与野性的美，让人体会到材质本身的真实与力量。陶质器皿粗犷沉重，给人以稳重、安心的感觉，仿佛能够承载岁月的厚重；瓷质器皿轻盈薄透，给人以飘逸、灵动的感觉，如同风中的羽毛，让人感受到一种轻松与自由。器物材质的变化，不仅体现了材料技术的发展，更赋予了作品独特的情感表达。

最后是结构之美。陶瓷的结构美体现在其功能结构与外部形态之间、内部各组成部分之间以及整体与部分之间，通过合理的布局、精确的尺寸和巧妙的连接方式所展现出的和谐统一，是一种融合了科学设计与艺术创意的独特美感。

陶瓷产品的结构设计需满足功能和安全的要求，通过合理的布局和精确的尺寸控制，实现产品的稳定性和耐用性，这是结构美的基础；优秀的结构设计往往能够突破传统束缚，通过材料、工艺和技术的创新，构筑独特且富有吸引力的产品形态，这种创新性是结构美的重要体现；陶瓷产品的各个部分应相互协调、相互依存，形成一个有机的整体。无论是外观还是内部构造，都应呈现出一种和谐统一的美感，让人感受到产品的完整性和统一性；结构美不仅体现在外观形态上，更体现在产品的实际使用功能上。合理的结构设计能够充分发挥产品的使用效能，提高用户体验，这也是结构美不可或缺的一部分。

3. 技术美批评视角

技术美是人们在物质生产和产品设计过程中，运用艺术手段对客体进行加工所形成的审美形态，它需依附于手工业特殊技能或机械化大生产条件下制造的具有实用价值的人造物。它不是自然美，也区别于一般的艺术美。这种审美形态与产品的功能相联系，体现在产品的设计、制造和使用过程中，具有科学性与实用性、技术性，具有与审美性能有效结合的特征。陶瓷的技术美主要体现在以下几个方面：

首先，材料选择与处理的科学性。陶瓷制作的前提集中在对原材料的科学选择与精细处理上。优质的黏土、矿物颜料和釉料是制作高品质陶瓷的基础。匠人需根据陶瓷的不同用途和审美需求，科学配比原料，并通过淬炼、陈腐、研磨等工序，使原料达到最佳状态，为后续的成型和烧制打下坚实基础。这一过程体现了对材料特性的深刻理解和科学运用。

其次，成型技术的精湛性。陶瓷的成型技术是其技术美的重要体现，无论是手工拉坯成型、捏塑成型，还是机械压制成型、注浆成型，都需要匠人具备高超的技艺和丰富的经验。成型过程中，匠人需精准控制力度、速度和形状，以确保陶瓷器皿的规整性、对称性和美感。这种精湛的成型技术不仅展现了匠人的技艺水平，也赋予了陶瓷作品独特的艺术魅力。如图 7-6 的三国吴青釉堆塑谷仓罐，谷仓的下半部为一完整的青瓷罐形，罐肩部其余部位塑贴一龟驮碑，龟之周围塑贴人物和鹿、猪、龟、鱼等动物，其间还夹杂刻划狗、鱼、龙等纹饰，展示了综合式成型法的精湛技术。

再次，釉色与装饰的艺术性。釉料的种类、配方和施釉技巧直接影响陶瓷的色泽和质感。匠人通过丰富的经验与创造性的精神开发釉料，配合浸釉、喷釉、刷釉等多种技法，不断探索丰富多彩的釉色效果。不仅如此，青花、粉彩、五彩等陶瓷装饰技法的出现，将陶瓷与绘画完美结合，使陶瓷作品成为集实用性与观赏性于一体的艺术品。

最后，烧制工艺的复杂性。陶瓷的烧制过程是其技术美的关键环节。烧制过程中，温度、气氛、时间等因素的精确控制对陶瓷的最终质量至关重要。匠人需根据陶瓷的种类、釉色和装饰技法，制订合适的烧制方案，并通过多次试烧和调整，以达到最佳效果。这一过程中，匠人不仅需具备丰富的经验和知识，还需具备严谨的科学态度和创新精神。陶瓷最神奇的地方就在于其烧制过程的不可控性。人们常说“入窑一色，出窑万彩”，这就是烧制工艺的魅力。陶瓷的烧制工艺往往会带来独特的美感，因此在进行陶瓷批评时，不能忽视烧制工艺所带来的不同视觉和触觉效果。了解烧制工艺技术对陶瓷制作的影响，可以帮助批评者更好、更公正地进行陶瓷批评。

4. 寓意美批评视角

在进行陶瓷批评时，除了关注视觉美感，陶瓷作品所蕴含的象征寓意也不容忽视。寓意美，指的是艺术作品所蕴含的深层意义、象征、隐喻或道德教诲等非物质层面的内容使人产生的美感。这种美感超越了作品表面的形式和内容，触及观众内心，激发主体对生活、自然、人性、社会等问题的深刻思考和感悟，从而产生强烈的情感共鸣。

古代陶瓷作为传统工艺美术品，遵循着“图必有意，意必吉祥”的原则。作品的造型或装饰往往融入了人们对于生活的美好愿景，蕴含着丰富的象征寓意。例如，汉代瓦当上装饰的卷云纹、动物纹、吉祥文字等，尤其是极为流行的四神纹。四神纹所指的神兽分别是青龙、白虎、朱雀、玄武。在汉代，人们将四神看成避邪求福的神兽，青龙的方位是东，代表春季；白虎的方位是西，代表秋季；朱雀的方位是南，代表夏季；玄武的方位是北，代表冬季。四神被汉人当作守护神，作为装饰纹饰刻画在瓦当上，以求驱鬼辟邪，带来祥瑞。

嘉靖时期葫芦瓶盛行。葫芦除了谐音“福禄”之外，其多籽的特点被寓意为“多子”，组合在一起有“多子多福多禄”的意义。康熙时期的陶瓷纹样，如雉鸡牡丹图、四季景、全篇诗文、渔家乐、耕织图，以及“祈福祝寿”文字等，都充满了美好的寓意，表达了人们对美好生活的朴素追求。

理解作品背后的隐含寓意是深入探索其内在价值的重要途径，有助于更全面地了解并批评陶瓷。例如清代雍正时期的青花封侯图琵琶尊（图 7-7），此尊造型典雅，唇口微微外撇，长颈，溜肩，圆腹，外撇圈足，展现了典型的雍正朝器形风格。青花发色蓝中略带黑，层次分明。器身绘苍劲松林，一只猴子悠然自得地坐在松树干上，树上双蜂飞舞，寓意“封侯”，梅花鹿纹取其“禄”字的谐音，象征着人们对官禄与长寿富贵的向往。此外，还有一只喜鹊栖息于松枝之上，寓意“喜上枝头”。整个画面布局

图 7-6　三国吴
青釉堆塑谷仓罐
故宫博物院藏

图 7-7　清雍正
青花封侯图琵琶尊
观复博物馆藏

精妙，笔触细腻，融合中西绘画技法，强调写实技巧、光影处理和焦点透视法则，具有鲜明的中西合璧特色，应是受清宫廷画师郎世宁的画风影响。

通过了解这些图案背后的文化寓意，可以更深刻地感受到陶瓷作品的寓意之美，从而更有效地进行评价。

二、历史文化批评视角

历史文化批评视角，主要聚焦作品的创作、传播和接受三个环节，从历史和文化的双重角度来审视和分析作品，通过深究作品所处的历史文化背景和社会发展环境等因素，得出详细、客观、公正的评价结论。

相较其他视角，历史文化批评视角下的评价有两大特点。一是，强调分析的跨学科性。它要求批评家不能仅仅局限于艺术领域的研究，而是将作品置于更广阔的文化和历史背景中进行分析。所以研究者需要具备跨学科的知识和能力，能够运用多种理论和方法来分析和解读作品。二是，强调阐释的对话性。这种视角下，文本的意义不是固定不变的，而是由作者、作品、读者以及历史和文化背景等多种因素共同构建的。因此，历史文化批评视角下的文本阐释是一种多声部、社会性和对话性的过程。

1. 社会历史视角

社会历史视角，是将陶瓷艺术置于广阔的社会历史背景中进行深入剖析。陶瓷艺术作为人类文化的重要载体，其创作无不深受时代变迁和社会环境的影响。不同历史时期的陶瓷艺术作品，无论是造型、纹饰还是釉色，都深刻反映了当时社会的审美观念、文化风貌以及经济技术水平。例如宋代“尚文”、元代“尚武”，宋代由于理学兴起，官窑瓷器的艺术创作追求自然朴素、大道至简，即便是具有浓厚民间特色的吉州窑和磁州窑，也依然保持质朴淡雅的风格。元代则恰恰相反，统治者强悍英武的性格使他们追求奢华、形成豪爽的生活作风，陶瓷作品风格相对宋代，更加粗犷、豪放、刚劲。这些变化都与社会风尚和历史变迁密切关联。

除此之外，历史上的官窑和御窑陶瓷作品都与政治紧密相连，成为表达政治意志的象征工具，皇权对陶瓷艺术的创作具有直接的干预作用。面对这类作品，批评家们不仅要关注作品的艺术价值，还要分析其中蕴含的政治意图和象征意义。

官窑和御窑瓷器是指由官府营建并直接管理的窑场，其产品专供宫廷使用，不在民间流通。这种陶瓷的生产，从原料的选取、器形的设计、图案的绘制，到烧制的工艺，都经过了严格的筛选和精细的制作，体现了当时最高的制瓷技艺和审美标准。由于官窑陶瓷是专为皇室贵族所制，普通百姓无法拥有，这种专属性使其成为皇权的象征，每一件官窑瓷器都代表着皇室的权威和尊贵，是皇权在物质文化上的具体体现。这类瓷器造型往往庄重典雅，线条流畅，比例协调，给人以稳重之感。这种造型风格不仅体现了皇家的威严与尊贵，也符合皇家的审美趣味。在某些时期，如清代康雍乾时期，官窑陶瓷的装饰还融入了皇帝的个性化创新。皇帝本人对瓷器的制作充满热情，他积极参与指导御窑瓷器的设计和制作，在装饰中融入了自己的审美观。这种个性化的创新不仅使官窑陶瓷更具特色，也体现了皇权对陶瓷艺术的重视和推动。

因此，陶瓷批评在考察具体作品时，必须将其置于特定的时代背景和社会环境中进行分析，揭示其背后的社会文化内涵。这种时代性与社会性的深度交融，强调陶瓷艺术的历史背景、文化内涵以及与其他社会现象的相互作用，厘清背后整体性和联系性的关系，使陶瓷批评具有独特的历史深度和社会广度，不仅有助于更全面地理解陶瓷艺术的发展脉络和演变规律，还能形成具有时代特色的批评话语。

2. 文化内涵视角

陶瓷器不能被简单地视作一般的物质或精神产物，而是物质和精神融为一体的综合性产品。精神文化的多样性赋予了陶瓷器更深层次的文化内涵，这些文化在历史进程中不断融合，包括知识、宗教、信仰、科学、法律、道德和外来文化等。这些因素共同发展，并通过陶瓷这一载体得以呈现，同时也能通过陶瓷器传播和发展。例如，历史上的茶文化、酒文化、食文化、丧葬文化、宗教文化和地域文化等都曾以陶瓷器为载体。

宋代由于宋徽宗及大臣蔡襄提倡用黑瓷饮茶，建窑的黑茶盏因此盛行。为了更好地品茶，黑茶盏被设计成深色以突出茶汤的色泽，这种设计选择直接影响了陶瓷的造型和釉色。茶文化对陶瓷茶具的设计、美学价值和实用性都有着深远的影响。通过黑茶盏，人们可以看出当时饮茶风尚的审美趣味，了解茶文化和当时的饮茶习惯。因此，在研究茶文化现象的演化时，不仅要关注茶种和茶具的变化，还应将这些变化放在陶瓷发展的背景中进行思考。陶瓷茶具中所蕴含的茶文化，不仅反映了社会风尚的演变，还展示了茶文化对陶瓷造型风格的影响。通过这种综合研究，可以发现陶瓷在茶文化中的重要作用。

古代陶瓷中也常常蕴含着宗教文化。一方面宗教人物、故事和符号常作为陶瓷装饰的题材，体现了当时人们对美好生活的向往和追求；另一方面，为陶瓷造型的创新提供了丰富的灵感。例如，北朝时期的青釉莲花尊（图 2-21），就是佛教文化影响下的产物，该尊侈口、长颈、溜肩、长圆形腹、高圈足。装饰技法集刻划、贴塑、模印、浮雕于一身，繁缛华丽。通体施青釉，釉色青绿温润，有的还带有黄褐色，显得更加古朴典雅。莲花尊作为随葬品，通常出土于大型墓中，且墓主多为有一定社会地位的人士。其造型与装饰带有浓厚的佛教色彩。莲花作为佛门圣花，象征着纯洁高尚和涅槃永生。莲花尊的造型与装饰都体现了人们对逝者美好品德的赞颂和对其灵魂安息的祈愿。

陶瓷作为文化载体，承载着丰富的文化内涵。从文化批评的角度评价陶瓷，需要深入发掘陶瓷背后的文化内涵，理解其背后所具有的文化意义。陶瓷批评不仅要关注不同文化对陶瓷的影响，也要重视陶瓷作为载体对不同文化发展贡献的价值，只有如此，评价的结论才能更为合理且充分。

三、科学批评视角

科学批评视角是陶瓷批评中最易被忽略的视角，但对于全面理解和评价陶瓷作品却必不可少。科学批评不仅仅是从造型和装饰的角度来评价作品，更需要批评家持有一种追求科学的态度。这意味着批评应关注陶瓷作品的制作工艺、技术创新，以及技术因素对艺术表现的影响。同时，科学批评视角要求批评活动建立在理性分析和客观研究的基础上，确保批评结论的可靠性和准确性。

在手工艺时代，技术通常指的是工匠的制作技艺，人们主要依赖过去积累的劳动经验进行工艺处理。这种劳动经验往往不被视为现代意义上的科学，而是被看作简单的规律性总结，更多地被理解为生活中的积累或是一种劳动创作的直观感悟。这种对技艺的认知虽没有明确关于科学的定义，但体现了古代社会对实践经验的重视，以及在长期实践中形成的技术智慧。

例如《考工记》中有记：

六分其金而锡居一，谓之钟鼎之齐；五分其金而锡居一，谓之斧斤之齐；四分其金而锡居一，谓之戈戟之齐；三分其金而锡居一，谓之大刃之齐。

这里的“金”指铜，“齐”指调剂，这段话讨论了青铜原料中锡的配比问题。当锡的比例达到17% ~ 20% 时，青铜的韧性最佳，而在 30% ~ 40% 时，硬度最高。这些记载实际上与现代科学实验结果已十分接近，但在当时仅是经验的总结。又例如古代制陶匠人在配置釉料时，虽然不一定了解其中的科学原理，但他们仍然遵循科学的比例，以达到最佳效果。除了釉色，陶瓷的造型和烧制工艺也蕴含着科学，这些科学特征体现在成型技法、装饰技法和烧制工艺等方面。

尽管古代先民并没有明确的科学概念，但他们在工艺技术上的探索实际上展现了早期的科学精神。古代工艺领域虽然缺乏关于科学技术的明确意识，但从现代技术角度来看，这些技艺明显带有科学特征。19 世纪以后，随着近代科学的全面繁荣，陶瓷相关的生产与研究进入科学时代。人们开始利用先进的科学技术发展陶瓷材料、技术和工具，一些新材料、新工具和新技术应运而生。科学成为艺术、文化之后，另一个推动陶瓷发展的核心要素。反映到批评领域，即成为一种现代视角，对理解和评价陶瓷有着重要作用。

以科学为视角对陶瓷进行评价，要求批评者不能局限于艺术领域，还应具备跨学科视野。要求能够综合运用不同领域的知识对陶瓷作品进行全面分析，具备化学、物理学、材料科学等跨学科知识，以及基本的科学分析方法，以便对陶瓷作品的内在质地、化学组成、工艺程序等进行定量或定性分析，在完成揭示作品的科学内涵和机理任务的同时，也承担起科学普及的作用。

四、心理学批评视角

陶瓷的心理学批评视角是一种通过研究心理活动来进行陶瓷批评的新视角。它是通过分析并批评陶瓷的直觉形式如何转化为心理过程，进而出现的一种批评视角。在陶瓷生产消费的过程中，心理现象主要分为两种：第一种是陶瓷创作者在创作过程中产生的一系列心理现象；第二种是观者在使用和欣赏陶瓷的消费阶段所发生的心理过程，其中还包括陶瓷作品引导消费者产生的心理反应。

1. 创作心理的批评视角

从创作者的心理活动出发批评一件陶瓷作品，首先应关注的是作品中呈现的作者心理。特别是作者通过作品想要表达或者倾诉的意图，以及通过哪些方式利用陶瓷这一媒介特性进行落实，这一过程反映了作者的心理变化过程。

创作者在制作陶瓷时，通常会先考虑自己想要表达的内容，然后再思考选择何种材料工具、何种技法工艺进行呈现。同样，观者在看到这件作品时，也会首先思考创作者创造这件作品的动机。尽管他们思考的角度不同，但关注的方向是一致的。这表明陶瓷创作者与观者的心理活动虽不同，却有着深刻的联系。

创作者一开始在脑海中产生的创作灵感，事实上已经涉及了自己大脑中已有的设计文化、风格变化、设计流派、设计理念等多个方面的内容，这些潜在的意识和内容可被创作者有意地添入作品中，以更精准地传达某种自己想表达的思想或内容。这种源于创作者已有的知识、经验或突然闪现的灵感，也可能与创作者不同的社会身份和生平经历，或是不同的人生体验有关，这些都是影响作品最后风格和形式的重要因素。

此外，有些创作则是创作者无意识心理的呈现，来源于他们自己都很难察觉的心理状态。在这种情况下，作品的创作并未经过深思熟虑的计划，而是自然流露的结果。这意味着，作品可能表达了创作者在无意识中所持有的个人态度和情感，而这些心理活动可能是在创作过程中不自觉地表现出来的。正因为这些作品带有强烈的无意识特征，所以它们的创作过程有时难以预料和控制。因此，从这一角度来看，这些作品更多地表达了创作者的个人态度，体现了他们在无意识下的各种心理活动的汇集。

不论作品以何种方式呈现，创作过程中最关键的心理活动始终是由创作者主导。设计出的作品主要反映了创作者的感受，换句话说，创作者的心理过程在作品的创作过程中起到了直接且重要的作用。

因此，深入了解创作者的创作心理就是了解作品本身。从创作者心理学角度进行批评，主要是研究创作者在创作过程中各种心理因素的互动与影响，然后基于这些心理活动对陶瓷作品进行评价。这种方法不仅有助于受众更全面地理解作品的内涵，还揭示了创作活动背后的复杂情感和思想，使批评更具深度和洞察力。

2. 观者心理的批评视角

观者的心理过程是相对于创作者而言的，指的是观者在观察陶瓷作品后所产生的心理反应。陶瓷批评中的观者心理学批评视角，正是通过分析观者在面对作品时的感受、情感反应和思维过程，来深入理解作品的内涵和意义。

当然，陶艺家既是创作者，同时也是第一位观者。因此，他在观赏自己的作品时所产生的心理状态，可能与创作过程中所经历的心理状态有所不同。这是陶艺家在从创作者角色转变为观者角色后，心理状态自然发生的变化。

观者的心理反应往往受到时代审美潮流的影响，同时也基于个人的主观审美、思想意识和审美经验。在欣赏陶瓷作品时，观者会结合自己的审美趣味、价值观念和文化背景等因素，构建出极具个性的心理状态和评价标准。 因此，不同的人在看待同一件作品时，由于他们的背景、经验和出发点不同，往往会产生截然不同的感受和理解。这些多样化的解读反映了观者各自的情感和生活理解，体现出他们的生活经验和自我价值观念。观者的解读实际上是一种再创造的过程，是他们在面对艺术作品时，将个人经历和思想融入其中的体现。

在陶瓷批评中，观者的心理学批评视角提供了一种独特的分析路径。通过这一视角，批评家可以深入探讨观者在面对作品时所产生的感受和情绪。这种分析有助于理解作品如何在不同观者心中引发共鸣，同时揭示作品在不同文化背景和审美标准下的多样化解读。

从观者的心理学视角进行陶瓷批评，必须关注不同人群对陶瓷作品的多角度认识，深入发掘不同观者的多样化感受，进而全面地揭示陶瓷作品的丰富内涵与社会影响。这种批评方式强调了陶瓷作品在不同观者眼中的多元解读，批评活动能够更加全面和开放，展现了艺术作品在社会中的开放性和包容性。

码 7–1　哪种批评视角最能激发受众兴趣?

第三节　陶瓷批评的标准与原则

陶瓷批评原则是指在进行陶瓷批评时应遵循的基本理念、价值导向和行动准则。它们为陶瓷批评活动提供了方向性的指导和约束。

艺术批评原则强调批评家应具备的素养、态度和方法，以及批评活动应遵循的基本规律和逻辑。任何艺术批评活动的顺利开展都需要遵循特定的标准与原则，二者是评判过程中不可或缺的基础，为批评活动提供了科学性、客观性和公正性的指导，确保了批评的规范性和一致性。由于陶瓷艺术具有历史传统丰富和地域文化多样的特点，所以陶瓷批评的标准和原则必须具备灵活性与包容性，只有这样才能应对不同的艺术风格、文化语境和时代特征，增加批评活动的深度和广度，确保批评家在多样化的陶瓷艺术中精准把握作品的内涵和价值。

码 7-2　陶瓷批评的标准与准则

第四节　陶瓷批评文章的类型

前文详细介绍了陶瓷批评的标准与原则，帮助读者在陶瓷批评中建立适合自己的具体批评准则。本节将通过介绍批评文章的类型，来具体讲解撰写陶瓷批评文章的方法，帮助读者系统地掌握撰写陶瓷批评文章的步骤，提高文章的逻辑性和结构性，从而有效地传达对陶瓷作品的分析与见解。

在撰写陶瓷批评文章前，首先要明确批评的类型，以及不同类型之间的区别，然后再根据类型特点进行构思与写作。批评类文章大体可以分为讲解类、辩论类和展评类三种类型。通常，展评类的批评文章难度更大，初学者应首先掌握讲解类和辩论类的批评文章写作技巧。

一、讲解类批评文章

讲解类批评文章，是对某件陶瓷作品或某位陶艺家的系列创作进行评价，基于批评者自身的素养和学识，根据个人的观点向大众阐释该作品的功能和审美价值等。批评者通过深入的分析提出一些独到见解或具有某种意义的猜想，这些见解或猜想可能是大众甚至创作者未曾察觉的。假定这些见解与猜想符合某种艺术理论或规律，然后以文章的形式，通过分析作品的表现形式与作者的创作背景等内容，去论证这一理论或规律的合法性。借助这种方式，揭示作品背后蕴含的艺术理论，阐释作品的艺术价值，同时帮助读者对作品进行深入理解。

相对于辩论类和展评类的批评文章，讲解类批评文章通常更加灵活，可以采用多样的写作方式。例如，批评家可以通过作品的寓意，将其与特定事件关联，如纪念性的陶瓷作品通常会联想到与其相关的历史事件；也可以通过对某类陶瓷作品的研究建立理论，如丧葬陶瓷类、日用陶瓷类等，以深入解释这些作品的功能和文化背景。此外，批评者还可以分析创作者在作品中表达某种含义的原因，以及将同时期的同类型作品或特定作者的作品进行比较，来支持和加强其推论。

计划撰写讲解类的陶瓷批评文章时，首先要进行全面的规划，这可以概括为以下几个步骤：第一，选择要讲解的话题，找到感兴趣的某件作品；第二，根据此话题提出研究性的问题，注意确保这个问题能够引导出一篇完整的批评文章；第三，构思文章的大致内容，确保其能够回答前面提出的问题；第四，构想文章的论题，论题的陈述十分重要，它能够吸引读者的注意。

当完成了以上的思考步骤后，我们可以借助下面的模板（表 7–1）来帮助完成文章的规划。

表 7–1　规划讲解类批评文章的写作计划样板

讲解类批评文章的写作计划
1. 我的话题： 2. 我的研究性问题： 3. 我的论题： 4. 我要论证的问题： 5. 我的论点： （1）论点 1：   （2）论点 2：   （3）论点 3：   （4）论点 4：   （5）论点 5：

在“1. 我的话题”处填写自己感兴趣的话题。需要注意的是，要根据计划撰写文章的体量大小来决定话题的范围大小，并且有些话题可能不适合深入研究。

在“2. 我的研究性问题”处填写从话题中提炼出的可供研究的问题。例如，一件陶瓷作品的优点与不足是什么？如何将这件陶瓷作品与其他作品进行比较？这件作品的哪些创作要素值得深入研究？是什么决定了创作者表达思想的创作形式？等等。

在“3. 我的论题”处填写策划的论题，这个论题要求能够用来回答上面的研究性问题。论题可能并不显而易见，但它必须是能够通过逻辑和证据来验证的。并且关于这一论题，能找到一定数量的研究资料，可以为后期论证提供充足的论据支持。此外，论题还必须是关于创作者或作品的完整陈述。

从上述思考过的论题中选择要论述的问题，填在“4. 我要论证的问题”处。注意，选择的这个问题应该抓住一个具体的点进行，要具体、聚焦且精炼，而不是泛泛之谈。

在“5. 我的论点”处列出 3 至 5 个具体论点，每个论点至少能找出 2 条论据，且论点与论据之间具备充分必要性。

按照以上模板对文章做完简单的计划之后，就可以开始起草文章的大纲。完整的文章应至少包含：序言、正文和结论 3 个部分。以下是讲解类批评文章的大纲样板（表 7–2）。

表 7–2 撰写讲解类批评文章的大纲样板

讲解类批评文章的大纲
1. 序言 （1）介绍性陈述：（简略介绍即可） （2）论题： （3）列出论点：（至少列出 3 个论点） ① ② ③ ④ ⑤ 2. 正文（展开每一个论点） （把上面“（3）列出论点”中的论点复制下来，每个论点至少要有 2 条论据） （1）论点 1： （2）论点 2： （3）论点 3： （4）论点 4： （5）论点 5： 3. 结论

按照以上写作大纲进行撰写后，文章就可以基本完成。之后需要检查文章的结构、文体、句型、语法和标点符号是否规范。具体来说，包括检查文章的格式和内容这两个部分。

格式方面需要注意：文章的基本格式是否符合要求、引文是否标注出处、标点符号是否运用得当、句子结构是否合理。

内容方面需要注意：标题是否合适、用词是否恰当、论题的陈述是否清晰明了、是否对某些问题做出了推论、论点是否明确、是否回答了需要证明的问题、序言是否有效引导读者进入论题、结论是否与主要观点统一，并有所展开。

这些要求贯穿整个写作过程，并影响着批评文章撰写的结果和受众的接受程度。初学者写作时，应严格按照先前所列出的大纲按部就班地进行，避免方向性的错误。文章的结构在一开始就需要通过写作计划和提纲来规划好，后面具体写作时一般情况下不建议轻易改动。

二、辩论类批评文章

辩论类批评文章通常是以反驳的形式进行撰写，是辩论者不同意他人对某陶瓷作品的看法或解释，从而进行驳倒，并证明自己的观点。

就辩论类批评文章的写作而言，可供选择的话题不似讲解类批评文章那么广泛，因此找到一个有争议且有价值的话题非常重要。这个话题往往来源于日常的见闻、学习和思考，可以是杂志、期刊和网络上获取到的争议话题，也可以是对某件具体陶瓷作品或陶瓷艺术理论的解释或观点（这个解释或观点必须是理性产生，且由具备一定文学艺术素养的专业人士所提出的）。写作批评文章前要仔细斟酌，选择一个相对较为薄弱的观点进行辩驳，以确保自己的论据充分有力。

与讲解类批评文章类似，在撰写辩论类批评文章之前，需要预先规划好文章的框架。规划辩论类批评文章的框架时，要特别注意序言段落的组织。序言应包括反论、对立的观点、正论和论点。即，要反驳的对象是什么、他人所持的观点是什么、自己的观点是什么，以及在文章中将如何证明自己观点的合理性。这些内容能让读者迅速理解文章中所讨论的问题。

在序言中，应明确指出对陶瓷作品或陶瓷理论的解释或特定观点，以及对其不同的解释或观点，并说明为何持有这种观点，这构成了反论和对立的观点。此外，关于文章中所涉及的反论，我们必须明确指出其提出者，甚至要具体写出提出观点的时间和地点。

在论题中，反论应尽可能在一个段落内完整陈述。正论是批评者自己提出的观点，必须用自己的话来表达，不可以引述或解释他人的资料。文章中的所有重要主张都必须是批评者自己所提出的，并且要有充分的证据来论证这些观点。在辩论类批评文章中，论题的标准与讲解类批评文章相似。首先，对反驳的问题应有一个完整统一、逻辑清晰的陈述，在文章中运用的证据和论题要相互支撑，即证据要符合论题。文章作者提出的观点要能够有效地驳倒反论，并且这个观点要尽可能新颖独特，即便这个观点可能是绝大多数人在当下不能接受的，但只要言之有理、论证充分，都可以写出来供大家进行讨论。

需要注意的是，文章中的论点必须能够精准地、清晰地回答正论所引出的问题。其实，正论实际上就是在回答两个问题：为什么你相信你所持的观点？ 为什么你不相信对手的观点？对第一个问题的回答是作者的建设性辩论，而对第二个问题的回答则是关于对立观点的反驳。正如前文所述，在文章中必须明确自己的论点，而不能依赖引述或者解释他人的资料，因为这是我们自己的辩论，而不是针对某一资料的辩论。文章中的每个论点都可以看作小型的论题，都将作为正文某个部分的论题出现。伴随着每个论点的出现，必须提出需要证明的主张。了解完辩论类批评文章的基本写作要求后，接下来可以借助模板（表 7-3）来实施写作计划。

表 7-3　辩论类批评文章的写作计划样板

辩论类批评文章的写作计划
1. 我的对手所持的观点（反论）：
（1）为什么我的对手相信这种观点（对立的观点）：
①
②
③
2. 我所持的观点（正论）：
（1）为什么我相信这种观点（建设性辩论）：
①
②
③
（2）为什么我认为对手的观点是错误的（反驳）：
①
②
③

在文章的写作过程中，正论必须针对反论，并且要按照文章中对立观点的顺序来进行反驳。例如，第一个反驳的观点应该对应第一个对立的观点，后面以此类推。尽可能将反驳放在建设性辩论之前，这样会使文章更具说服力，逻辑上也将更加清晰。

确立了序言、论题和论点后，就可以开始组织正文段落了。优秀的辩论类批评文章与讲解类批评文章有着相似的特点：整体统一、内容充分展开、条理分明和逻辑前后连贯。在学习写作时，可以用以下模板（表 7-4）来规范辩论类批评文章的正文段落。需要注意的是，论证可以分成两个或多个段落，但必须确保每个段落的开头都有一个能够概括该段落的主题句。

表 7-4　建设性辩论的提纲

正文段落：建设性辩论
建设性辩论：（在空白处填写一个论点）
论据：（至少填写两项）
1.
2.
3.

下面是写用来反驳的正文段落时运用的模板（表 7-5）：

表 7-5　反驳的提纲

正文段落：反驳
重申反面论点：
反面论点的论据：（任选）
1.
2.
3.
我反驳的陈述：
我反驳的论据：（至少填写两项）
1.
2.
3.
4.

写作时要注意：反面论点通常较为简明，如果一句话就能说明，就无须另起一段写论据。此外，与建设性辩论类似，论证可以分为两个或多个段落，但必须确保每个段落开头都有一个能够概括该段落的主题句。

按照以上写作计划中列出的大纲进行撰写，文章总体就可以基本完成。与讲解类批评文章相同，我们需要检查文章的结构、文体、句型、语法以及标点符号等。首先要排查基础性的错误，例如：文章格式是否符合要求，引文是否标注了出处，标点符号运用是否得当。接下来深入检查文章内容，包括标题是否合适，句子结构是否合理，用词是否准确。最后，检查整体结构，确保论题的陈述清晰明了，对某些问题做出了推论，论点清晰明确，回答了需要证明的问题，并且对所有反面论点进行了相应反驳。序言部分应有效地引导读者理解论题，包含反论和正论。结论部分则应与主要观点一致，并有所展开。需要特别注意的是，自己提出的观点要能够对应针对反论的反驳，论题也要相对集中和明确，并且能够在文章篇幅有限的情况下得到充分的论证。

三、展评类批评文章

展评类批评，也称展览类批评，是指批评家对展览馆、博物馆、美术馆等处展览的作品进行的评价。这类批评文章是批评家通过对陶瓷作品的艺术特质进行阐释和分析，为评判作品的优缺点而写出的文章。与讲解类和辩论类的批评文章相比，展评类批评文章的创作更具专业性，通常由经验丰富的专业批评家撰写，以供受众阅读并使其理解展览的内涵。

展评类批评文章的主要受众可以分为以下三类：第一类人对是否前去参展持观望态度，希望通过阅读文章来进一步确定是否对展览感兴趣；第二类人对展览感兴趣，但由于一些客观原因无法亲自观展，希望从评论家的文章中获取有关展览的精髓与细节；第三类人同样对展览感兴趣，但由于自身文学艺术修养的限制，对某些展览中的作品理解不清晰，需要专业批评家进行引导。

因此，批评者的职责便是向这三类人展示展览的价值，对陶瓷作品进行专业的批评和解读。然而，批评不仅仅是个人观点的表达，还要求在对作品和展览进行细致分析的基础上，利用理论和确凿证据来论证自己的观点。要客观公正地做到这一点，批评者需要深入了解艺术家或策展人意图通过展览所要传达的内容，及其背后的原因和目的，并评估展览效果是否达到了预期目标。如果没有达到，探究其原因。如果成功，则分析其实现方式。

此外，批评者还应研究展览的主题和整体风格。需要确定展览的作品是否出自同一个艺术家，或是由多个艺术家共同创作。如果由多位艺术家参与，则需要探讨将他们联系在一起的因素。撰写批评文章时，每一个论点都需要有充分的论据支持。展评类批评文章，一般是先对展出的作品进行详细的讲解性陈述，然后再进行批评，这样可以使受众更轻松地理解文章的内容。

在正式写作展评类批评文章前，首先应亲自前往所要批评的展览进行参观，为写作做准备。在参观过程中收集展览的书面资料，例如海报、图录、宣传卡片等。这些资料通常会提供展览概况、作者资料、作品风格和创作流派等信息。通常展览中的每幅作品旁都会附有文字介绍，这些信息需要仔细阅读并拍照记录。

观看展览时，可以先整体浏览一遍，然后选择感兴趣的作品进行深入了解。随身携带纸笔，以便随时记录有关展览的关键信息与现场感悟，以及突然乍现的想法。观展结束后，将笔记整理分类，找到感兴趣的地方，再通过网络、新闻、杂志等途径收集更多的资料以备写作之需。

展评类批评文章的构思，可以从以下几个方面来讨论：展览的主题、艺术家的背景、具体作品的描述（包括题材、形式要素、创作原理、艺术家使用的媒介）、艺术家的风格或流派、使作品与众不同的原因、可比较的和有影响的艺术家、社会对艺术的影响、历史参照、展览的布置等。通过多方面的探讨，能够全面深入地评价和解读展览，帮助读者更好地理解展览的价值和意义。

做好前期准备后，需要学习如何撰写序言。展评类批评文章的序言通常会陈述展览的具体信息，这决定了读者是否会继续阅读全文。撰写序言有多种方法，但要遵循一些规范，即必须标明展览的具体名称、地点和时间。序言中需要提出一个主导思想，这可以是吸引读者的开场白，也可以是表达某种观点的看法。优秀的序言需要整体统一且便于开展正文讨论。撰写序言可以从以下几点入手：

第一，讲解作者的创作历史。例如可以通过陶艺家的一生来陈述其陶艺创作。

第二，表达一个与潮流相悖的观点。例如某类展览虽然引起了大部分人的好奇心，但作者却持有不同的看法。

第三，对陶艺作品或陶艺家的启发性联想。例如在展览上，某位陶艺家或某件陶艺作品可能让人联想到其他作品，甚至可能引发对与该作品完全无关的其他事物的联想。

第四，对展览的期望与现实的对比，即期待中的展览和实际观展后的差距。例如，我们可能在参展前对某个展览充满兴趣，但观看后却感到失望；反之，某个看似不起眼的展览，实际观展后却发现其非常有价值。

第五，在同一展览中，可以对某位陶艺家的作品进行比较。如果是大型展览，建议选择两到三位感兴趣的陶艺家或他们的作品进行比较分析。

第六，突出描写艺术家独特的优势或特点，吸引读者的注意。

第七，通过提问的方式撰写序言，以引发对展览中可能存在的一些问题的探讨。

以上都是关于撰写序言的一些思路，抛砖引玉，为尝试撰写展评的初学者提供参考，可以从中选择适合的切入角度，以确保序言能够引起读者的关注，并为正文的展开做好铺垫。

在确定序言的方向后，才可以正式撰写正文部分。所谓序言的方向，就是前文谈到的几个构思方面，即展览的主题、艺术家、对某些展品的描述（包括题材、形式要素、设计原理和媒介）、作品独特的风格或流派、与其他艺术家或其他作品的比较、社会对艺术品的影响、相关的历史渊源，以及展览的方式。无论是讲解类批评文章、辩论类批评文章，还是展评类批评文章，优秀的正文部分通常具有以下四个特点：

第一，整体统一，文章每个部分应紧密相连，围绕中心思想展开，内容前后一致；

第二，内容充分展开，提供详细和深入的分析，确保每个论点都有充分的论据支持；

第三，条理清晰，文章结构合理、层次分明，易于读者理解；

第四，逻辑连贯，正文部分应有清晰的逻辑关系，使文章从头到尾保持连贯性。

一般情况下，展览都会围绕一个明确的主题展开，这个主题贯穿所有展出的陶瓷作品。所以，从这个主题入手，或从陶艺家及其独特风格等多个角度切入，都是撰写文章的有效方法。

如果从主题入手，需要认真思考展览的标题，因为标题往往蕴含着展览核心。从陶艺家入手，文章需要陈述有关艺术家的信息，但要避免过多的细节介绍，选取紧扣主题的事例即可。从陶艺家独特的风格入手，需要发现和描述其风格的独特之处，这通常涉及横向对比的方法，即对比同时期的其他陶艺家，指出其独特性以及这些独特性是如何形成的。

如果从作品的描述入手，批评者需要比参观者的看法更为深刻，对展览中的某件作品进行深入阐释，揭示其内涵和艺术价值。在作品的选择方面，应选择一些具有明显特点或深刻含义的作品，根据其外在表现形式和内在深刻含义来对其进行研究、描述、分析、阐释、分辨、审查、评价、选择。

也可以将比较不同陶艺家或作品作为切入角度。例如，某位陶艺家的作品是否能让我们联想到其他陶艺家的创作，他们之间有何种联系、影响以及相似之处等。通过此类比较，并以图文并茂的形式呈现，文章将更具吸引力，同时也会让读者留下更加深刻的印象。

同样，社会环境对陶艺家的创作有着深远的影响。每件作品都诞生于特定的社会和历史背景之下，反映了当时的观念和技术。虽然在今天看来某些陶艺作品可能不符合现代审美，但在其创作时期却具有深远的意义。批评家应当将这些历史背景和意义清晰阐明，以帮助读者更好地理解作品。

最后，展览的布置也是至关重要的一环。作品周围的环境、展览房间与作品风格的契合度，以及展览中的灯光设置、观展距离和展示顺序等因素，都应纳入考虑范围。

以上是对正文部分撰写的几个主要方向的简要介绍，下面则以从作品描述入手这一常用角度为例，具体介绍写作思路。

前文提到，我们需要选择一些具有明显特点或含义的作品，根据其外在的表现形式和内在深刻含义来对其进行研究、描述、分析、阐释、分辨、审查、评价和选择。外在的表现形式和内在深刻含义体现在题材、形式要素、设计原理和媒介这几个方面。

题材是指陶瓷作品所表达的主题思想。形式要素则是艺术家用于创作的基本成分，包括线条、色彩、形状、明暗度、肌理、空间、时间和运动，以及声音和气味。设计原理指这些形式要素的运用方式，包括对称与均衡、多样与统一、调和与对比、比例与尺度、节奏与韵律等。媒介则是指陶瓷作品通过何种材质来表现。在现代陶艺创作中，除了使用瓷土作为原料，常常还将瓷土与金属、木材、玻璃、树脂等多种材料结合，这样可以更灵活地展现形式上的美感。

不论从哪个方向入手撰写正文部分，需要切记的是，选择某一方向并不意味着可以忽略其他方面。每一件作品都与它的创作者、创作时代、创作环境、社会历史背景、展览方式等息息相关，在撰写批评文章时需要注意这些关系，区分主次进行写作。同时，在撰写正文部分时，描述之后应附上客观的评价。此评价应基于批评者的艺术眼光和丰富经验，以增强文章的说服力。

在完成正文部分后，接下来就要撰写文章的结论部分。结论在任何类型的文章中都极为重要，这是表达主要观点的最后机会。应简要重申正文中提出的核心观点，使读者留下深刻印象。

撰写结论时，有一些要求需要注意：结论不能只是简单重复正文中的主要观点，而需要提供更多总结性的内容。同时应回溯序言中的主导思想，并使用总结性的语言，使读者感受到文章已接近尾声。

通常，结论可以是历史性的、预测性的或鼓励性的。历史性的结论可以是讨论某作品或某陶艺家在历史进程中的影响；预测性的结论则可以是展望某位陶艺家的未来发展、某种风格的趋势，或者对某一领域的影响；鼓励性的结论可以是特别针对新兴的陶艺创作者，例如在展览上展出作品的年轻陶艺家，在客观评价之后，以包容的心态给予他们鼓励和支持。这不仅能对他们的创作起到积极作用，还能激励更多人参与到陶艺创作中，推动陶艺的发展和创新。

至此，展评文章已经基本完成，这时候需要为文章撰写一个标题，要求既能吸引读者又能体现文章本质。

最后，与讲解类和辩论类批评文章一样，需要检查文章的结构和文体，以及句型、语法、标点符号等。大致需要注意以下这几点：

1. 文章格式是否符合要求；
2. 引文是否标注出处；
3. 标点符号是否运用得当；
4. 标题是否合适；
5. 句子结构是否合理；
6. 用词是否准确；
7. 论题的陈述是否清楚明白，并对作品做出了评价性的陈述；
8. 序言中的主导思想是否得当；
9. 正文中的主题句是否充分展开、有条理并且前后连贯；
10. 结论是否与主要观点统一，并有所展开；
11. 写作最初就要严格按照大纲按部就班地进行，不要出现方向性的错误；
12. 文章结构是一开始就规划好的，不建议轻易改动。

码 7-3　批评文章写作练习

第八章
陶瓷鉴赏与批评的能力培养

学习目标：

（1）理解陶瓷鉴赏与批评所需具备的基本素养，并掌握培养基本素养的方法。

（2）在掌握基本素养培养方法的基础上，了解进行陶瓷批评所需具备的专业素养，以及专业素养的培养方法。

本章重要词汇：

基本素养、专业素质、培养方法。

陶瓷鉴赏与批评既是相辅相成的两个方面，也是欣赏和理解陶瓷作品的重要途径。陶瓷鉴赏主要关注对作品的美学体验与直观感受，而陶瓷批评则要求在鉴赏的基础上，结合理性分析与理论支持，进行深度剖析和价值评判，进而形成系统的评价结果。

要提升对陶瓷的鉴赏与批评能力，必须从两个方面入手：一方面是夯实个人的基本素养，形成对陶瓷作品的敏锐感知力和判断力；另一方面，针对进行批评所需的更高要求，循序渐进地掌握专业化的理论知识，养成批判性思维与独立的批评精神，进而具备专业的分析与表达能力。只有通过系统的能力培养，才能深化个人对陶瓷艺术的理解，同时促进自身在鉴赏与批评领域的全面发展。

第一节　基本素养的培养

基本素养是指进行陶瓷鉴赏与批评时必须具备的基础能力和知识储备。这些素养不仅涵盖感性层面的审美力，还包括理性层面的理解力与判断力。

基本素养是开展陶瓷鉴赏与批评的共同基础，它不仅是鉴赏者感受、理解与判断陶瓷作品的关键要素，也是批评家深入分析陶瓷作品的重要前提。本节将通过提高审美感知、积累文化知识以及加强理解力和判断力等方面，系统介绍如何有效提升个人基本素养，夯实鉴赏与批评的能力基础。

一、审美感知力的提高

审美感知是对事物形式特征的整体把握，涵盖了对作品形式、色彩、质感等美学特征的敏锐体验。而审美感知力，是指经由感觉器官进达心理活动而对美的事物进行感知的能力。它包括对美的事物的外在形式（色、声、形等）及其内在的情感表现、象征意义等的感知能力两个方面。审美感知力的提升需要通过有意识的训练与积累，持续不断地培养对视觉元素的敏感程度。

系统的观察训练和审美实践，是学习者提高审美感知能力的关键所在。通过定期参观博物馆、美术

图 8-1　景德镇陶瓷大学“瓷的精神——2021 景德镇国际陶瓷艺术双年展”的前言

馆以及艺术展览等，学习者能够在多样化的艺术表现形式中逐步提升对陶瓷形式美感的敏锐感知。在参观展览时，学习者需要采取系统的观察方法，注重从整体到细节的多层次分析。下面以参观陶瓷展馆为例：

第一，对展览进行整体感知。进入展厅时，先对展览的整体布局、灯光设计、色彩搭配以及氛围营造有一个初步的感受。这些元素共同构成了展览的基调，有助于了解展览的主题和风格。然后，仔细阅读展览介绍、前言（图 8-1）或导览手册等（图 8-2），了解展览的主题、目的、时间跨度及主要展品类型，构建一个整体的参观框架，明确关注重点。

第二，了解展品的历史文化背景。仔细阅读展品介绍，注意时间和产地，思考所属时代的政治、经济、文化对陶瓷艺术发展的影响。探讨地域文化、自然资源对陶瓷独特风格的塑造。

第三，关注展品的材质与工艺。观察陶瓷的胎质、釉色及装饰的运用，感受不同材质对作品质感和视觉效果的影响。留意展览中的科普展板，了解展品的成型方式、装饰技法及烧制技术，了解其背后的复杂工艺和匠人精神。

第四，把握展品的风格与形式。分析展品的形状、比例、线条等造型元素，感受其带来的视觉冲击力或和谐美感。（图 8-3）关注陶瓷表面的图案、纹饰、色彩搭配等装饰元素，理解其反映的时代审美和文化寓意。思考传统元素与现代设计的结合，以及艺术家如何在传统基础上进行创新。

第五，注重细节观察与互动体验。近距离观察陶瓷的釉面光泽、气泡分布、开片等细节，体会其独特的美感。一些展览可能会提供体验区域，通过积极参与互动，丰富观展体验，更深入地理解展品背后的故事与知识。

第六，进行思考与总结。在参观过程中，最好随身携带笔记本，及时记录自己的感受和思考，例如，哪些展品最触动自己及原因。将不同展品进行横向或纵向比较，分析它们的异同点。参观结束后，整理笔记，总结所学到的知识和感悟。

同时，体悟生活也是提升审美感知力的重要途径。学习者可以通过有意识地观察和体悟日常生活中的细节来培养敏锐的感受力。例如，细致观察室内光影的变化，理解光与空间的互动；留意不同空间的陈设布局，分析它们的美学效果和背后的文化象征；甚至在日常散步时，注意街道景观的线条与色彩，感受它们与城市环境的融合与表达。这种观察不仅涉及对视觉元素的感知，还会引发关于这些现象所蕴含的文化与美学意义的思考，促进关于这些细节的设计逻辑和文化价值的深入分析。学习者可以以此逐步培养对美的敏锐感受力，进而提升他们在鉴赏陶瓷作品时的审美能力。

图 8-2　景德镇陶瓷大学“瓷的精神——2021 景德镇国际陶瓷艺术双年展”导览手册、作品集及展览纪念品

此外，观察自然也是一种提升审美感知力的重要方法。自然界事物中丰富的形态、色彩、光影和质感，为学习者提供了观察训练和审美实践的多样途径。学习者可以仔细观察自然事物的形态结构和色彩变化，例如岩石与树皮的纹理、花朵与绿叶的颜色、水面与天空的光影、风与森林的互动等等，感受自然界的和谐与静谧之美。通过不断地思考和体悟，学习者可以建立起对美的敏锐感知，培养出对线条、颜色、光影和形态的敏感度，并在反复多次的审美实践中，形成独特的审美经验。这为学习者在日后欣赏艺术作品提供了想象和联想的基础，使他们能够在面对陶瓷、绘画、雕塑等不同艺术形式时，自然地将这些关于大自然的审美经验与作品进行联想和对比，赋予鉴赏情感色彩，提升对作品形式、色彩和纹理等美学要素的感知。

图 8-3　景德镇陶瓷大学“瓷的精神——2021 景德镇国际陶瓷艺术双年展”的展览现场

二、文化知识的积累

除了提升个人的审美感知能力，学习者还应注重历史和文化知识的积累，这也是日常培养基本素养的重要方法。陶瓷作品的形式、装饰等往往与其所处的历史环境和文化背景密切相关，储备这些历史文化知识，有助于在鉴赏与批评时，将作品置于更广阔的历史与文化脉络中，从而深刻把握作品的内涵。

系统学习是积累文化知识的有效手段，能够为学习者提供系统性和全面性的理解框架，从而帮助其深刻把握陶瓷艺术的多样性与复杂性。学习者应通过阅读陶瓷史、文化艺术书籍等逐步建立起对陶瓷艺术的整体认识，如《中外陶瓷史》《工艺美术史》《中外美术史》《世界现代设计史》《中华文化通识》《世界文明简史》等。这有助于在熟悉不同文化背景下的艺术形式、各个历史时期的风格演变、技术革新和文化迁移的同时，为日后理解陶瓷作品所蕴含的社会、政治和文化背景打下基础。

除了书籍以外，慕课、纪录片及科普视频等数字资源，也为学习者提供了灵活的学习方式，能够有效帮助其加深对陶瓷艺术的理解。慕课平台的陶瓷艺术课程通常涵盖了从古代到当代陶瓷艺术的广泛内容；相关的纪录片则可以直观展示陶瓷制作过程的细节和创作背后的故事；而科普视频能够简明扼要地讲解复杂的工艺技术和历史背景。这些媒体资源通常具有极大的便利性和可及性，使学习者可以随时随地接触到国内外丰富的艺术案例，帮助其开阔视野，不再局限于某一地区或某一文化的陶瓷艺术，而是能在较大范围内进行比较与分析，从而丰富对陶瓷艺术的知识储备。

此外，实地考察与文化交流也是积累知识的有效途径，是将理论知识与亲身体验相结合的重要环节。学习者可以通过访问和参观陶瓷产地、历史窑址和文创园等地，更加直观地感受陶瓷艺术的地域特征和历史传承，在观察与感受中深化对陶瓷艺术的理解。在实地考察的过程中，学习者还可以积极地与当地工匠、向导交流，以获得更多关于陶瓷制作工艺和文化历史的第一手资料，从而更加深入地了解陶瓷的创作背景与过程。这些考察交流为学习者提供了宝贵的机会，使其能够将书本上学到的理论知识与实地的观察和体验相互印证和补充。另外，在与工匠们的交流中，通常可以获得他们在长期实践中积累的独特见解和传统技艺的传承经验，这些内容往往在书本上鲜有介绍。这种面对面的互动交流，在为学习者提供新视角的同时，还使其在实地体验中不断补充、验证和深化过去所学的相关知识。

三、理解力与判断力的培养

理解力与判断力的培养须建立在审美感知和知识积累的基础之上，是培养基本素养的重要环节。理解力让学习者能够深入洞察作品的内涵，可以通过广泛阅读相关书籍、深入思考文化艺术、积极讨论不同观点以及持续练习鉴赏技巧来培养。判断力则涉及学习者对作品的具体评判，这种能力的提升需要学习者深入了解作品，采用多元视角和理性客观的态度进行分析评价，并通过试错与总结不断进步。

理解力的提升有助于人们在审美活动中，基于前期积累的审美经验和历史文化知识，更加主动、深入和全面地体验和创造美，并充分理解作品的创作意图，对其内涵进行较为深入的思考。

广泛阅读除了对文化知识的积累有所助益外，对理解力的提升同样具有多种积极影响。通过阅读各种艺术史和美学著作，可以体验到不同的艺术风格和美学理念，丰富审美经验；广泛阅读文化历史类著作，有助于了解不同文化和历史背景下的艺术作品，增强对多元文化的审美理解和欣赏能力；文学艺术类作品中的情感表达可以激发读者的情感共鸣，提高对艺术作品中情感层面的感知和理解；阅读图像类书籍，可以激发读者的想象力，使他们能够在心中构建丰富的视觉和情感图像，增强对艺术作品的感知；阅读设计类书籍，可以促进跨学科理解，设计由于与人机工程学、社会学、心理学等多学科广泛交叉，可以帮助读者形成跨学科式的全面审美视角；在提升审美感知方面，通过阅读批评文章，可以提升对艺术节奏、韵律、形式、色彩等艺术语言的审美感知；广泛阅读作品图集，可以提高对细节的敏感度，从而在欣赏艺术作品的过程中能够捕捉到更多的细节和微妙之处。

广泛阅读是提升理解力不可或缺的环节，培养理解力的阅读从某种角度上来说，是一种前期知识的积累和能力的夯实，为读者深刻理解作品提供了可能。

此外，理解力的提升还有赖于学习者的深入思考、积极讨论以及持续练习。深入思考要求学习者对所学知识进行整合、分析和评价，而不仅仅是被动接受，是提升理解力的核心驱动力。学习者能够通过深入思考，洞察知识的内在联系，发现问题的本质，形成更为深刻和全面的理解。这种思考过程，不仅促使学习者不断构建新的认知框架，还可以将新知识融入已有的知识体系中，实现知识的内化和升华。

积极与他人讨论是学习者检验和丰富自己观点的有效方式。在讨论之前，需明确讨论的主题、目的以及要解决的关键问题。在讨论的过程中，尝试积极表达自己的观点和见解非常重要，但也需做到尊重他人的观点和意见，从不同角度思考问题，寻找共同点和不同点。在讨论结束后，应对讨论内容进行总结，提炼出关键观点和结论。通过讨论，学习者可以发现思维盲点，澄清模糊概念，并促进多角度、多层次的思考，从而进一步提升理解力。

持续练习意味着学习者通过不断应用所学知识进行实际的作品分析，使其能够在实践中检验和深化自身的理解，从而在陶瓷鉴赏中更准确地感知鉴赏对象，这同样是提升理解力的重要手段之一。学习者可以设定固定的时间间隔，选取不同风格、时期、艺术家的陶瓷作品进行鉴赏练习。在练习过程中，关注作品的造型、釉色、装饰等外在形式的同时，更要尝试理解其背后的文化内涵、艺术理念及创作背景，通过不断地练习和总结，逐步提升对陶瓷艺术的理解能力。如果条件允许，可以多参与陶瓷制作的实践课程，亲身体验从泥到瓷的完整过程。这种实际操作有助于更直观地理解陶瓷艺术的工艺技术和艺术手法，从而加深对鉴赏对象的理解。此外，亲手制作还能激发创造力和想象力，为鉴赏提供更多维度的思考角度。这一过程不仅促进了理论知识的内化，也使学习者在不断的实践中提升了自己的鉴赏能力。

判断力涉及观者对鉴赏对象的综合评判，这种评价不仅包括作品的美学价值，例如是否美观，还包括技术层面，以及内容层面等，如工艺是否精湛、内涵是否深刻等方面。深入了解鉴赏对象是提升判断能力的重要前提，应通过阅读书籍、上网浏览、查阅论文等诸多方式了解作品丰富的背景知识，从而在分析作品时，能够避免流于表面的评价，深入挖掘其文化内涵和历史意义等。深入了解作品不仅仅是广泛阅读的延伸，更是对具体作品的深入研究和分析。学习者在深入了解作品的创作背景、工艺流程、历史意义等各个方面后，才能对其进行较为全面的评价。

判断力的提升需要学习者具备多元视角的能力，并且能够以经典陶瓷作品为依据建立评价标准，从而通过理性和客观的视角对作品进行分析和评估。多元视角的培养可以通过广泛接触不同的艺术形式、文化类型，以及积极参与讨论、交流来实现。学习者能够从中开阔自己的艺术视野，吸收不同的观点，切换不同的思维模式去思考，从而在面对不同的艺术作品时，不局限于单一的视角，能够从多个角度进行全面分析。

建立评价标准是指通过深入地分析和理解某一经典陶瓷作品，从各方面总结其卓越之处，由此建立评判标准，从而在面对其他作品时，以这种标准为参照进行对比评估和判断。经典作品被视作经典的理由往往是因为其在形式、技法、材料运用以及文化表达等方面都达到了较高的水准。具体而言，学习者需要系统地分析经典作品在各个维度上的表现，研究其不同要素，如釉色的纯净度、纹饰的精细度、比例的协调性，以及作品装饰性与实用性之间的平衡等，最终建立适用于不同陶瓷作品的评价标准。在确立标准后，将其他作品与该作品进行对比分析，通过从中提取的核心标准来衡量新作品在各个层面上的表现，如判断其在工艺技术方面是否像经典作品一样精湛，或者艺术表现力是否达到相似的水准，抑或是相较于经典作品在某些方面出现了新的突破等。这种基于经典作品的对比评估能够为学习者提供一个清晰的判断框架，使他们在面对新的作品时，能够进行更为理性和客观的评价。

最后，通过不断地试错和总结，以及反复地练习和积累经验，学习者能够在实际鉴赏中发现自身的不足之处，并通过调整和完善评判标准来逐步提高判断力，从而在面对不同风格和复杂内涵的陶瓷作品时，形成更加准确的评判能力。

第二节　专业素质的培养

按照上一节所述的方法培养基本素养，学习者可以具备开展陶瓷鉴赏的基础能力。然而，批评不仅仅是对艺术作品的鉴赏，也是对作品进行描述、分析、阐释和评价的写作文类和智性活动。陶瓷批评从业者需要具备扎实的理论知识、深刻的文化理解，以及敏锐的洞察力和表达能力，这要求其能够在更高层次上进行艺术分析和理论构建。因此，要成长为一名合格的陶瓷批评家，必须在基础素养之上，进一步培养和提升专业素质。

开展陶瓷艺术批评不仅需要具备较为深厚的理论功底、批判性思维和独立的批评精神，还需要有良好的艺术分析能力和精确的表达技巧，以及一种持续探索的动力。只有具备了这些高层次素质，才能够对陶瓷作品进行更加客观和深入的分析与评价，展现出更为精确的判断力和更为深刻的洞察力，提出具有深度和原创性的批评意见，并在不断的实践中逐步形成自己独到的批评风格，始终保持对陶瓷艺术不断探索的精神与热忱，为未来在艺术评论领域的深入发展奠定坚实的基础。

如何培养专业素质？应从培养深厚的理论功底、批判性的思维与独立的批评精神、专业的分析与表达能力、持续探索的动力四个方面入手。

码 8-1　如何提升自己的审美感知力？

码 8-2　如何培养专业素质？

中篇参考文献

[1]《哲学大辞典》（分类修订本）编辑委员会 . 哲学大辞典（分类修订本）[M]. 上海：上海辞书出版社，2007.

[2] 顾明远 . 教育大辞典：增订合编本 [M]. 上海：上海教育出版社，1998.

[3] 林崇德，杨治良，黄希庭 . 心理学大辞典 [M]. 上海：上海教育出版社，2003.

[4] 李传文 . 设计鉴赏、设计美学、设计批评论 [M]. 北京：中国建筑工业出版社，2016.

[5] 刘茜 . 探讨感知力在陶瓷鉴赏中的运用 [J]. 陶瓷研究，2020，35（2）.

[6] 李龙生，费利君 . 设计批评学 [M]. 合肥：合肥工业大学出版社，2018.

[7] 刘颖，苏巧玲 . 医学心理学 [M]. 北京：中国华侨出版社，1997.

[8] 龙洲 ."工艺形气神论"在工艺品与工具对比研究中的运用——以陶瓷餐具和陶瓷刀具为例 [J]. 陶瓷学报，2016，37（3）.

[9] 罗子明 . 消费者心理学：第 2 版 [M]. 北京：清华大学出版社，2002.

[10] 彭聃龄 . 普通心理学（修订版）[M]. 北京：北京师范大学出版社，2004.

[11] 尚刚 . 中国工艺美术史新编 [M]. 北京：高等教育出版社，2007.

[12] 赫德森，莫里西 . 如何撰写艺术类文章 [M]. 潘耀昌，等译 . 上海：上海人民美术出版社，2004.

[13] 沈语冰 . 艺术批评的原则、理论与方法 [J]. 新美术，2022，43（2）.

[14] 田自秉 . 中国工艺美术史 [M].2 版（修订本）. 上海：东方出版中心，2010.

[15] 徐恒醇 . 设计美学概论 [M]. 北京：北京大学出版社，2016.

[16] 王美艳 . 艺术批评学 [M]. 北京：北京大学出版社，2011.

[17] 熊寥 . 陶瓷美学与中国陶瓷审美的民族特征 [M]. 杭州：浙江美术学院出版社，1989.

[18][美] 亚伯拉罕・马斯洛 . 动机与人格（第 3 版）[M]. 许金声，等译 . 北京：中国人民大学出版社，2012.

[19] 张甘霖 . 中国陶艺批评学 [M]. 石家庄：河北美术出版社，2013.

[20] 朱立元 . 美学大辞典 [M]. 上海：上海辞书出版社，2010.

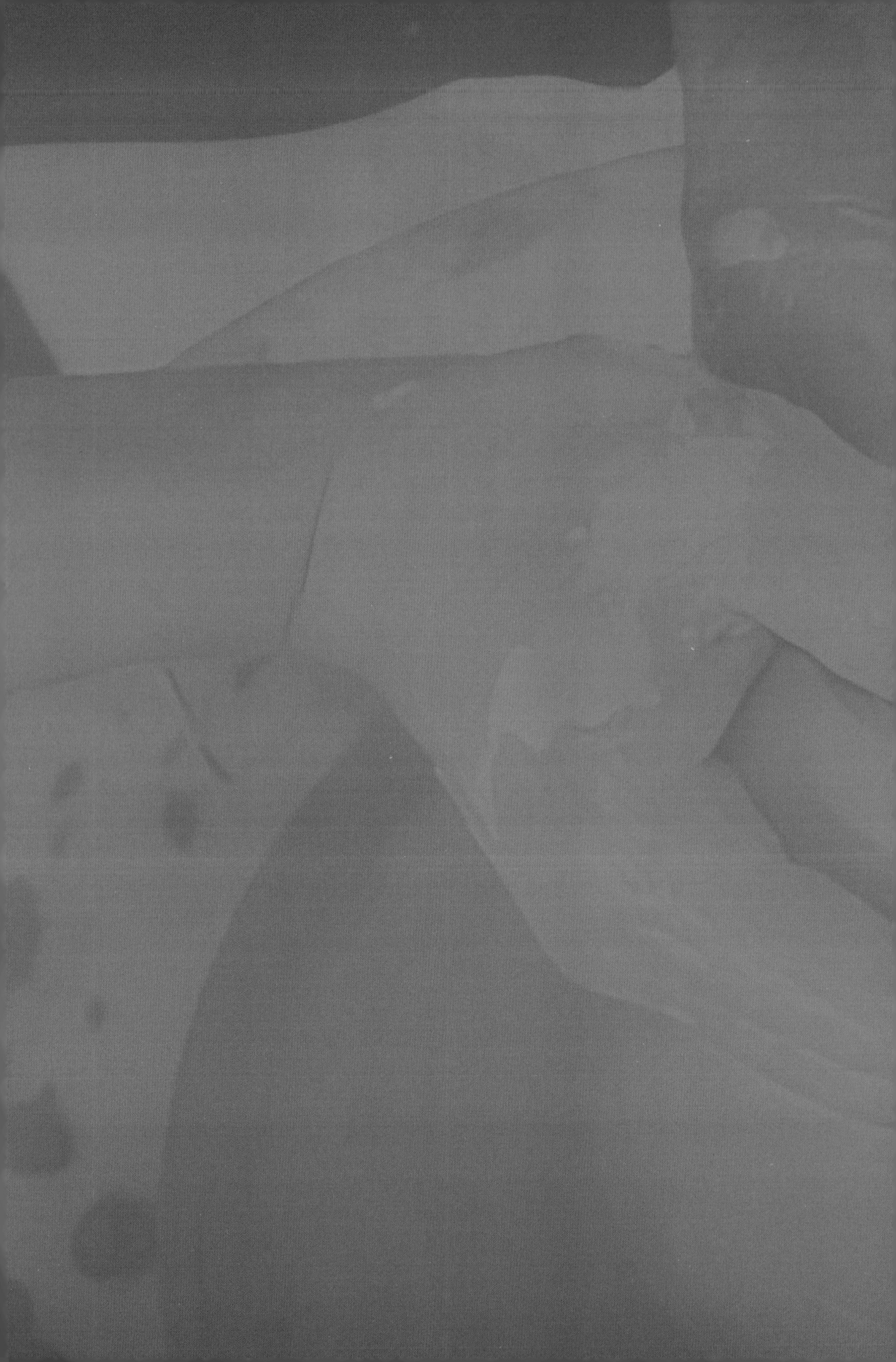

下篇

陶瓷制作实践

第九章
陶瓷原料及制备工艺

学习目标：

（1）理解黏土、石英、长石等陶瓷原料的基本组成，以及它们的化学和矿物学特性。

（2）理解常用坯料种类及其特性，了解坯料的采集与加工方法，掌握坯料的配制计算。

（3）了解常用釉料的特性，理解釉料的制备过程和配制计算，掌握基础的配釉试验方法。

（4）了解各种陶瓷颜料的配方与制备方法。

本章重要词汇：

原料、坯料、釉料、颜料、黏土、长石、石英、坯料制备计算、釉料试验。

优秀的陶艺作品不仅要符合功能美、形式美和色彩美的基本原则，还要遵循适合的陶瓷工艺和制备烧成规律。陶艺创作要求创作者不仅要具备良好的艺术审美素养，还需要掌握陶瓷的制作工艺，深刻体会工艺技术对于创作实践的重要意义。陶瓷原料的选择与制备是整个陶艺实践过程的起点，原料的性质不同、制备工艺上的差异，都将直接影响陶瓷作品的最终形态、质量、美观度及实用性。

本章共分为四节。第一节“陶瓷原料”主要介绍陶瓷原料的分类；第二节“坯料的制备与配制”主要介绍坯料的特性、坯料的加工方法，以及坯料的配制计算；第三节“釉料的制备与试验”主要介绍常用釉料的特性、基础釉料的制备过程，以及釉料的配制计算与试验方法；第四节“颜料的配方与制备”主要介绍各种颜料的配方与制备。

第一节　陶瓷原料

天然的矿物质是陶瓷的基本制作原料，它们在地壳中储量丰富、种类繁多且分布极广，为陶瓷的发展提供了坚实的基础。陶瓷原料的主要成分是硅、铝、钙、钠、钾、镁、铁、钛等的氧化物。按物理性能划分，可分为黏性原料（可塑性）、瘠性原料（非可塑性）、熔剂原料；按使用范围划分，可分为坯用原料、釉用原料、辅助原料（如色料、石膏、匣钵土等）。通常将黏土、长石、石英作为陶瓷工业的三大主要原料。例如，景德镇的制瓷原料除辅助原料外，主要分为三类，即高岭土、瓷石、釉石。

不同的陶瓷产品需要不同的原料配方，因此在实际生产过程中，需要根据产品的需求和工艺特点来选择和调整原料的配比。同时，不同的陶瓷产品，对原料的种类、品位、纯度等都有不同的要求。原料的质量和纯度也会对陶瓷产品的质量产生重要影响，因此原料的选择是陶瓷艺术实践的基础，在一定程度上是确保陶瓷产品质量的关键。

一、坯用原料

坯用原料是制作陶瓷坯体的主体材料，其选择对陶瓷制品的质量、性能和外观起着至关重要的作用。坯体原料经过配方和制备，形成陶瓷器成型的坯料。其中，黏土类原料的可塑性使得人们可以将陶瓷塑造成各种形状；石英类原料的瘠性有助于控制泥料的可塑性和防止变形；长石类熔剂原料则有助于降低烧成温度并促进烧结；而其他一些原料，如方解石、白云石等，则有增加坯体的透明度、使坯釉结合牢固、有助于降低烧成温度并促进烧结等作用。

1. 黏土类原料

黏土是由多种微细矿物组成的混合体，其矿物颗粒大多小于2微米，主要由黏土矿物和其他矿物构成，是具一定特性的“土状岩石”。众所周知，地球外壳主要由各种硅酸盐矿物构成，所以自然界中的黏土，主要由长石、片麻岩、花岗岩、斑岩等富含铝硅酸盐矿物的岩石经漫长地质年代的风化作用或热液蚀变作用而形成。这类经风化或蚀变作用而生成黏土的岩石，则统称为黏土的“母岩”。母岩经风化作用而形成的黏土产于地表或不太深的风化壳下，母岩经热液蚀变作用而形成的黏土常产于地壳较深处。

自然界的风化包括物理风化、化学风化和生物风化三种。物理风化是在温度变化、冰冻、风蚀和水流冲击等自然力的同时或轮换作用下，使岩石崩裂粉碎成细块或微粒，并为进一步化学风化创造有利条件。化学风化是使组成岩石的矿物发生性质的变化，在空气中的二氧化碳、太阳光、雨水、河水、海水及硫酸盐、硝酸盐、氯化物等长时间的作用下，以及在火山喷发产生的气体、含腐殖质酸的地下水、泉水等的侵蚀下，发生一系列水化①和去硅化②作用，最后形成黏土矿物。生物风化是岩石上的一些原始生物残骸，吸收空气中的碳素和氮素变成腐殖土，一方面帮助植物生长对岩石产生侵蚀，另一方面由于水从腐殖土中分解出腐殖酸，所以也会进一步促进矿物分解。

母岩不同，风化与蚀变条件不同，最后形成的黏土矿物类型也会不同。例如，火山熔岩或凝灰岩在碱性环境中经热液蚀变会形成蒙脱石类黏土；白云母经中性或弱碱性条件下风化可形成伊利石类黏土；而长石和绢云母经风化则可转化为高岭石类黏土。

母岩经风化分解在原地残留形成的黏土，称为原生黏土，也叫一次黏土。这种黏土因风化产生的可溶性盐被雨水冲刷带走，只留下黏土矿物和石英砂等，故质地较纯、耐火度高，是配制瓷土的主要原料。

母岩风化分解后的物质经雨水、河流的冲刷与漂流，迁移至盆地、湖泊或水流缓慢的河床上，沉淀形成黏土层。这类黏土称为次生黏土，也叫二次黏土、沉积黏土。由于历经冲刷与漂流，这种黏土的颗粒非常细，且在迁移的过程中夹带了一定量的有机物和其他杂质，所以可塑性较好，但耐火性较差，是配制陶土的主要原料。

陶瓷坯用黏土很少由单一矿物组成，而是多种微细矿物的混合体，其主要矿物是被统称为“黏土矿物”的含水铝硅酸盐矿物。一般陶瓷坯体所用的黏土矿物主要有高岭石类、蒙脱石类和伊利石（水云母）类三种：

高岭石类：高岭石（图9-1）是一般黏土中常见的黏土矿物，其化学式为 $Al_2O_3 \cdot 2SiO_2 \cdot 2H_2O$。高岭石族矿物包括高岭石、地开石、珍珠陶土和多水高岭石等。由高岭石组成的较纯净黏土则称为高岭土。高岭土因发现于景德镇高岭山而得名，因其是一种利于成瓷的黏土，所以国际上普遍将这类黏土统称为“高岭土”。高岭土中高岭石类黏土矿物含量比例越高，则杂质越少，其化学组成越接近高岭石的理论组成，力学强度、化学稳定性和热稳定性越好。高岭土一般质地细腻，纯者为白色，含杂质时呈黄、灰或褐色。

---

① 水化：指物质溶解在水里时，与水发生的化学作用。一般指溶质分子（或离子）和水分子发生作用，形成水合分子（或水合离子）的过程。

② 去硅化：指成岩后生阶段，岩石矿物的硅质成分被碳酸盐或黏土矿物交代的过程。

纯度越高的高岭土烧制的陶瓷越洁白，其耐火度越高，但坯体的可塑性越差；反之，杂质越多，则耐火度越低，烧制的陶瓷不够洁白，但可塑性会增强，便于塑形。

图 9-1　高岭石矿物标本

蒙脱石类：蒙脱石（图 9-2）是另一种常见的黏土矿物，其理论化学式为 $Al_2O_3 \cdot 2SiO_2 \cdot nH_2O$（$n$ 通常大于 2）。蒙脱石族矿物种类非常多，包括蒙脱石、拜来石、绿脱石、皂石等。蒙脱石最早发现于法国蒙脱利龙地区，故以此命名。以蒙脱石为主要矿物的黏土叫膨润土。蒙脱石因其颗粒较细，故容易碎裂，相应地，可塑性好，干燥后强度大，干燥收缩也大。由于蒙脱石中杂质较多，烧后色泽较差，烧结温度较低，所以在一般的陶瓷坯料中膨润土用量不宜太多，一般在 5% 左右，超过 5% 瓷器坯体的颜色将不会很纯净。

图 9-2　蒙脱石矿物标本

伊利石类：伊利石类（图 9-3）也泛称水云母类，其组成成分与白云母相似，化学式为 $K_2O \cdot 3Al_2O_3 \cdot 6SiO_2 \cdot 2H_2O$。伊利石类是白云母在强烈的化学风化作用下，转变为蒙脱石或高岭石的中间产物。伊利石类矿物的基本结构虽与蒙脱石相仿，但因其无膨润性，且其结晶也比蒙脱石粗，因此可塑性较低。我国出产含伊利石类矿物黏土的地区很多，如河北邢台产的章村土即是由伊利石和少量石英、钠长石、白云母等矿物组成；景德镇产的传统细瓷原料——瓷石，即是由石英和绢云母及少量其他矿物组成；湖南醴陵产的默然塘泥则是由水云母、高岭石和游离石英等矿物组成。

图 9-3　伊利石矿物标本

2. 石英类原料

石英是陶瓷坯体的主要组成成分，自然界中的二氧化硅结晶矿物可以统称为石英。石英由于经历的地质产状不同，呈现出多种状态，并有不同的纯度。最纯的石英晶体是水晶，但由于产量较少，价格较高，故陶瓷工业中少有使用。陶瓷常用的石英类主要有脉石英、砂岩、石英岩、石英砂、燧石和硅藻土等。

图 9-4　脉石英矿物标本

脉石英（图 9-4）含硅量可高达 99%，是日用细瓷的良好原料；砂岩中仅有硅质砂岩在陶瓷工业中有使用价值，含硅量在 93% 左右；石英岩（图 9-5）是硅质砂岩经变质作用再结晶形成的岩石，含硅量在 97% 以上，是一般陶瓷的良好原料；石英砂是花岗岩和伟晶岩风化形成的颗粒，经水流淘洗自然聚集，使用该原料利于简化工艺、降低成本，但存在杂质多、成分不统一的缺点；燧石（图 9-6）俗称火石，是一种硅质岩石，含硅量在 80% 以上，在国外多代替石英作为制作细陶的原料；硅藻土（图 9-7）是由水中硅藻类生物吸取溶解在水里的部分二氧化硅成分沉积演变而成，含硅量在 80% 以上，由于常含有少量黏土，具有一定可塑性，常作为工业陶瓷的重要原料。

图 9-5　石英岩矿物标本

图 9-6　燧石矿物标本

在陶瓷生产中，石英在坯体成型阶段和烧成阶段都发挥着重要的作用。可具体概括为以下三点：

第一，在烧成前，石英能够调节泥料的可塑性，减少坯体的干燥收缩，缩短干燥时间，并防止坯体变形。

图 9-7　硅藻土矿物标本

第二，在烧成时，石英的加热膨胀可部分抵消坯体的收缩，防止坯体软化变形等。与此同时，当玻璃质[①]大量出现时，高温下的石英能部分熔解于液相[②]中，增加熔体的黏度，而未熔解的石英则构成坯体的骨架，降低坯体发生软化变形的风险。

第三，在瓷器制作中，石英对坯体的机械强度有着很大的影响，合理的石英颗粒能大大提高瓷器坯体的强度，否则效果相反。同时，石英也能改善瓷坯的透光度和白度。

3. 长石类原料

长石是长石族矿物的总称，在大自然中分布极其广泛，是一类含钙、钠、钾和钡的铝硅酸盐类矿物。自然界中长石种类很多，归纳起来主要有钠长石、钾长石、钙长石、钡长石四种基本类型。地壳中纯粹的单一长石很少存在，大多长石类矿物是这几种长石基本类型互溶形成的固溶体。例如：斜长石是钠长石与钙长石的混溶；微斜长石是钠长石与钾长石在高温下形成的固溶体；钾长石与钙长石在任何温度下几乎都不混溶；钾长石与钡长石可形成不同比例的固溶体，但地壳中分布不广。

根据化学成分和结晶特点，又可将长石分为钾钠长石和斜长石两类。钾钠长石类比较常见，主要包括含钾、钠离子的透长石、正长石、微斜长石。三者之间的差别可简单根据所含钠长石的比例来区分：透长石含钠长石高达 50%；正长石含钠长石达 30%；微斜长石含钠长石约 20%。含钠长石 90%以上的长石称钠长石，含钠长石不足 10%的称钙长石，而这中间不同比例的混溶物则统称为斜长石类。

钾长石的熔融温度范围较宽，熔融后形成黏度较大的熔体，并且随着温度升高熔体的黏度缓慢降低。这种特性，在陶瓷生产中有利于烧成控制和防止变形。

钠长石的始熔温度比钾长石低，形成的液相黏度较低，故熔融范围较窄，随着温度升高熔体的黏度快速降低。在陶瓷坯料中使用钠长石容易使产品发生形变。

钙长石的熔化温度较高，熔融温度范围窄，高温下熔体不透明、黏度也低。冷却时容易析晶，化学稳定性较弱。

钡长石的熔点更高，其熔融稳定范围不宽，一般的陶瓷产品少有采用。

传统陶瓷一般使用含钾长石较多的钾钠长石类材料，如正长石（图 9-8）或微斜长石（图 9-9）。长石在陶瓷原料中作为熔剂性原料，其作用是促使原料玻化[③]，从而降低烧成温度，在陶瓷生产中可用作坯料、釉料、色料熔剂等的基本组成成分，用量较大。长石的特点可以概括为以下三点：

第一，长石在高温下熔融，能降低陶瓷坯体组成成分的熔化温度，有利于成瓷和降低烧成温度；

第二，熔融后的长石能赋予坯体机械强度和化学稳定性；

第三，长石有助于坯体致密和减少空隙，还可以提高坯体的透明度。

4. 其他类原料

方解石（图 9-10）：一般为乳白色或无色的矿物质，主要成分为碳酸钙。方解石分解后起熔剂的作用，能和坯料中的黏土及石英在较低温度下发生反应，不仅有助于缩短烧成时间，而且能提高坯体的透明度，使坯釉结合牢固。

白云石（图 9-11）：是碳酸钙和碳酸镁的固溶体。白云石能降低烧成温度，起到提高坯体透明度的作用，并能提高釉的热稳定性以及在一定程度上防止吸烟。

滑石（图 9-12）：在普通日用陶瓷中一般作为熔剂使用，在细陶瓷坯体中加入少量滑石，可以扩大

---

① 玻璃质：亦称“非晶质”，是一种未结晶的、处于十分不稳定状态的固态物质。由于熔岩喷出地表，快速冷却，以致其中原子或离子来不及组合形成有规则排列的结晶物质，遂凝固形成天然的玻璃物质。

② 液相：物质呈现液体的状态，且在这个系统里只有液体，没有固相（即固体），也没有气体（即气相：通常任何气体均能无限混合，所以系统内无论含有多少种气体都是一个相，称为气相）。

③ 玻化：陶瓷工艺术语，指坯体或釉焙烧时，由玻璃相开始生成直至制品烧成的过程。

图 9-8　正长石矿物标本

图 9-9　微斜长石矿物标本

图 9-10　方解石矿物标本

图 9-11　白云石矿物标本

图 9-12　滑石矿物标本

图 9-13　硅灰石矿物标本

坯体烧结温度范围，提高白度、透明度、机械强度和热稳定性。在精陶坯体（如镁质精陶）中如用滑石代替长石，则精陶制品的湿膨胀倾向将大为降低，釉的后期龟裂也可相应降低。

硅灰石（图 9-13）：属于碱土金属硅酸盐，在普通陶瓷坯体中可起助熔作用，降低坯体烧结温度。

骨灰和磷灰石（图 9-14）：属于钙的磷酸盐，主要用于骨灰瓷的生产。骨灰在骨灰瓷中为主要原料，用量可达整个坯料的一半左右。骨灰的用量对骨灰瓷制品的色调、透明度以及烧成温度和强度都有较大影响。磷灰石与骨灰的化学成分相似，故可部分代替骨灰做骨灰瓷，其坯体的透明度很好，但形状的稳定性较差。同时，因含有一定量的氟，所以作为坯料时若使用不当，常有针孔、气泡或发阴现象①，选择原料时必须注意。

二、釉用原料

"釉"是覆盖在陶瓷表面的一层玻璃相物质。通常是将石英、长石、黏土等原料经过研磨、加水调制后，涂敷于陶瓷坯体表面，再通过一定温度的焙烧而熔融，冷却后形成陶瓷表面的玻璃质薄层。这种薄层不仅提高了陶瓷的机械强度、热稳定性和介电强度，还能防止液体和气体的侵蚀，同时增强了瓷器的美观性，使其更易于清洗，不易被尘土沾染。

早在 3500 多年前的商朝，中国人就发现并开始使用"釉"，装饰在原始瓷器上，其最初的目的是增加器物的坚硬强度和防止渗水。釉也是陶瓷的重要装饰物之一。釉装饰是将釉用原料按照一定的配方配制成釉浆，通过蘸釉、荡釉、浇釉、刷釉、洒釉、轮釉等方法施在素烧坯表面后进行烧制，利用氧化气氛②或还原气氛③，形成自然多变的色彩效果，具有唯一性和不确定性的艺术特点。

一般来说，釉料越细，釉浆的悬浮性、稳定性越好。釉浆浓度和施釉的时间决定了瓷器外表釉层的厚度。浓度越高，单位时间内形成的釉层越厚。现在使用的一般陶瓷釉用原料，可分为矿物原料与化工原料两大类。

1. 矿物原料

矿物原料是指直接来自自然中的原料，一般就地取材。釉用矿物原料的品种与基本性能一般可以归纳为长石、石英、石灰石和黏土四大类。

长石不仅会在坯用原料中起到重要作用，在釉用原料中也发挥着不可替代的作用。长石为地壳中最常见的矿物，在火成岩、变质岩、沉积岩中

① 发阴现象：在陶瓷烧制过程中，由于某些原因制品表面出现暗淡、无光泽或雾状的现象，通常表现为表面光洁度差，透明度下降或发灰。

② 氧化气氛：陶瓷高温烧造时，窑内空气供给充分，燃料完全燃烧的情况下产生的一种火焰气氛。

③ 还原气氛：在陶瓷烧制过程中，通过减少窑内的空气供应，使得燃烧产物中存在未完全燃烧的一氧化碳。一氧化碳作为还原性气体，能使得瓷器坯件中的某些化学物质发生还原反应，如将氧化铁还原成氧化亚铁。这种含有一定量起还原作用的一氧化碳的气体环境，即是还原气氛，当气氛中一氧化碳等还原气体含量在 1% ~ 2.5% 时可认为是弱还原气氛，超过 3% 时可认为是强还原气氛。

图 9-14　磷灰石矿物标本

都可出现。长石的主要类型有钾长石、钠长石、钙长石等。长石在釉中作为熔剂来使用，其原理是长石中的碱金属是强熔剂，可以提高釉的流动性和促使色料显色，并能增强釉熔液的折射率进而提高釉面的光泽度。在釉的配方中，钾长石常用于帮助增加釉的强度，并且使釉的成熟范围变得较宽；钠长石可以使釉面变得柔软、稍稍无光泽，其熔融温度变得较低；钙长石可以增强釉料的密度和韧性，使得釉层更加坚固。

石英的主要成分是二氧化硅。二氧化硅是釉的主要成分，在陶瓷釉中主要的作用包括：提高釉的熔点，增强耐火性，降低熔融时的流动性；提高釉面的透明度；调节釉的热膨胀系数，避免釉与坯体因收缩率不匹配而出现开裂、脱釉现象；增加釉的机械强度和硬度；减少坯体的干燥收缩和变形；缩短干燥时间等。

石灰石是制作景德镇传统釉料——“灰釉”的主要原料。清人朱琰在《陶说》中记载：

釉无灰不成。釉灰出乐平县，在景德镇南百四十里，以青白石与凤尾草制炼，用水淘细而成，配以白不（音 dǔn）细泥，与釉灰调和成釉浆。

这里的青白石就是石灰石，古代景德镇制瓷工匠通过煅烧、堆叠、煨烧、陈腐、淘洗等一系列过程，将石灰石制成釉灰，然后与白不细泥（即釉果①）混合配制成“灰釉”。其原理是将钙的氧化物（主要是以碳酸钙形式）引入瓷釉当中，作为二氧化硅助熔剂。灰釉透光性好，有刚硬感，多用于烧制青花瓷，烧成温度在 1280 ℃～ 1320 ℃。

除了长石、石英等外，黏土也是釉用原料中不可缺少的矿物原料。黏土在釉中主要起使坯釉结合及增加釉浆悬浮性的作用。现代陶艺用釉的制作中一般常用高岭土与膨润土。

高岭土，在釉中作为氧化铝的主要来源使用。釉料中加入适量的高岭土，烧制后可使釉面的光泽度更高，具备更好的视觉效果。同时，高岭土可以增强釉层的韧性，使釉层更加均匀光滑，提升釉面的耐磨损、抗冲击和耐高温等性能；配合烧制条件调整高岭土的使用量可以影响釉料的熔点，从而达到控制釉彩的颜色和质量的目的。

膨润土，是一种以蒙脱石为主的含水黏土矿，吸水性强。具有较好的吸水和胀缩性，可增加釉料的黏度，提高釉料的附着能力。其中蕴含的亚铁离子和钙离子等元素能够提高釉面的亮度和光泽度。此外，膨润土可改善釉料的流动性，使釉料更均匀地附着在陶瓷表面。膨润土在釉料中的比例一般为 5% ～ 20%，如果使用量太少，效果不明显；使用量太多，会导致釉面产生毛细裂纹和崩裂现象。一般来说，釉料中添加 5% 的膨润土可以起到较好的增黏效果，超过 20% 的膨润土则会过度增黏，并且影响釉料的透明度和光泽度。由于膨润土本身会吸水膨胀，所以在配制釉料时应该先将膨润土充分分散在水中，待其吸收水分后再添加其他材料。

2. 化工原料

化工，即用化学方法改变物质组成、结构合成新物质的技术。化工原料就是用这种技术得到的化工产品。化工原料在釉用原料中的种类与基本性能如下：

硼砂，属单斜晶系的短柱状结晶体。工业硼砂是白色结晶颗粒，稍溶于水，易溶于热水。须先与其他成分配成熔块后加入釉中。硼砂加热到 120 ℃时进行分解，失去结晶水变成无水硼砂，熔点为 741 ℃。硼砂是强助熔剂，能较好地降低釉料的黏度。在工业硼砂中，常含有碳酸钠、氯化物等杂质，一般要求

① 釉果：由风化较浅的瓷石制成，其矿物成分为绢云母、石英和少量的长石。其硬度较高，可塑性弱，钾、钠物质含量高，耐火度比瓷石低。经过舂细淘净，制成土砖状，俗称“釉果”或“不（音 dǔn）子”。可以和少量釉灰混合配制成灰釉，也可单独用于高温瓷作釉料。

硼砂的含量在 93% 以上。可降低釉的熔融温度和黏度，减少析晶倾向，增加釉面光泽度。硼砂具有很小的热膨胀系数，可提高釉的热稳定性，减少釉裂倾向。

氧化铝，可以提高釉浆的悬浮性、稳定性、附着力和强度。氧化铝存在于高岭土或其他黏土矿物和长石中。增加二氧化铝的含量，能获得好的无光效果。

玻璃粉，现代陶艺中常利用普通窗玻璃或瓶玻璃的粉碎物，加入釉料中可替换部分熔块。用量过多时釉浆容易沉淀，但可以加入少量的膨润土来化解。

氧化锌，为白色粉末，熔融温度为 1260 ℃，是一种两性氧化物[1]。氧化锌在釉中起熔剂作用，能降低釉的熔融温度，提高釉面光泽度、白度、弹性和热稳定性，有效降低热膨胀系数。但对釉下装饰不利，它会使色料溶入釉中，变色或流散开来。氧化锌对于颜色显色有较好的辅助作用，但是对于铬系列的绿色则有比较明显的影响，易发灰色调。过量使用氧化锌则容易形成结晶而造成釉面无光。氧化锌在实际使用前一般都需要经过 1200 ℃左右煅烧，可以有效减少釉在烧成过程中的收缩，避免出现缩釉、针孔等缺陷。此外，氧化锌也是制备结晶釉常用的原料。

碳酸锶，白色粉末，不溶于水，可以明显提高釉的流动性，增加光泽度，增大釉的抗酸性和抗龟裂性，使坯釉结合更趋良好。在不含铅和硼的生料釉[2]中加入碳酸锶，可以增加釉的流动性，扩大烧成温度范围。在传统颜色釉中，尤其是郎红、铁红等红色系列中加入适量的碳酸锶，会使发色更为明快。

碳酸钡，不溶于水，但溶于酸，为剧毒品，在陶瓷工业中是一种重要的助熔剂，用于提高陶瓷釉的熔化温度和黏度，使其润滑性得到改善。碳酸钡可以与釉中的其他氧化物发生反应，产生较低的熔点，有利于釉的熔化和形成一个平滑、均匀的釉面，较好地提高釉面光泽度和折射率，提高釉的透明度，具有仅次于铅的折光作用。但过量使用，容易析出硅酸钡晶体而使釉面无光。

碳酸钠，俗名纯碱、苏打，白色粉末，吸湿性强，吸湿后结成硬块，熔点为 851 ℃。碳酸钠是一种强熔剂，能够降低釉的熔融温度。在陶瓷釉料中使用碳酸钠可以增加釉面的亮度，特别是在白色或明亮色釉面中效果更加明显。碳酸钠可以降低釉层的收缩率，减少釉层因烧制而出现的开裂和龟裂等不良现象。由于溶于水，一般不直接用于釉料中，而是制成熔块[3]后使用。

三、装饰用原料

陶瓷装饰是指在陶瓷上进行的艺术加工，广义上的装饰既可在施釉前对坯体进行，也能在釉上、釉下和对釉本身进行。《辞源》对装饰的解释为“装者，藏也，饰者，物既成加以文采也”，指的是在已经完成功能造型的器物上添加的纹饰、色彩，以达到美化的目的。所以，狭义上的陶瓷装饰是指釉上、釉中和釉下的彩绘。本篇内容使用的是狭义装饰概念，专指各种陶瓷彩绘图纹。陶瓷装饰材料分为陶瓷颜料和陶瓷花纸两大类。

码 9-1　装饰用原料

码 9-2　陶瓷原料的选择、检验、储备

---

① 两性氧化物：是指遇强酸呈碱性，遇强碱呈酸性的氧化物，既能与酸作用，又能与碱作用，都生成盐和水。

② 生料釉：指将釉料所需的所有原料直接按配方配料，经粉碎、球磨后得到的釉料。与熔块釉相比，生料釉制备工艺简单、操作方便、成本低廉，但水溶性原料不适于配制生料釉。

③ 熔块：是一种由玻璃和一定的原料经高温熔融骤冷而成。具有不可溶性、稳定性等特质，经研磨后施于各种器皿上，烧制后成一薄层的玻璃质。

第二节　坯料的制备与配制

陶瓷坯料是指用于陶瓷制品成型的材料，它通常具有良好的可塑性和可成型性，并在高温下烧结成成品。具体来说，将陶瓷原料经过配料和加工后，得到具有良好成型性能的多组分均匀混合物，即称为坯料。坯料制备工艺是陶瓷生产过程中的重要环节，它关乎陶瓷制品的质地、强度和美观程度。坯料制备工艺包括坯料的粉碎、球磨、过筛、煅烧等步骤，每一个步骤都会对最终成品的质量产生重要影响。

一、瓷器坯料种类及其特性

长石质坯料：是以长石作为助熔剂的坯料。它是利用长石能够在较低温度下熔融并形成高黏度玻璃的特性，以长石、石英和高岭土三种原料按照一定比例配成的坯料。我国长石质瓷的烧成温度一般为 1250 ℃～1350 ℃。长石质瓷的瓷质洁白、薄层呈半透明，断面呈贝壳状，不透气，吸水率很低，瓷质坚硬，机械强度高，化学稳定性好。长石质坯料广泛应用于制作餐具、茶具、陈设瓷器和装饰美术瓷器，同时在工业技术用瓷中也得到了广泛的应用。

绢云母质坯料：绢云母质坯料是利用瓷石中所含绢云母在熔融后会形成高黏度玻璃的性质，并利用其本身已经含有石英的特点另外加入高岭土且按照一定比例组合成坯料，在一定温度范围内烧制成瓷。在我国南方的一些省区，尤其江西景德镇地区广泛使用。绢云母质瓷的烧成温度取决于瓷石与高岭土的比例，可以在 1250 ℃～1450 ℃之间进行调节。绢云母质瓷除了具有长石质瓷的一般性能特点外，还有透明度较高和“白里泛青”的特色。由于其外观精美，我国南方一些产地多采用这种瓷生产高档餐具和工艺美术陈设瓷等。

磷酸盐质坯料：是以磷酸钙为熔剂的坯料。其中，磷酸盐可以由骨胶生产的副产品——骨磷或骨灰引入，工厂通常都采用骨灰进行生产，有时也加入一些其他成分，习惯上称这类瓷为骨灰瓷或骨质瓷。骨质瓷一般分为两次烧成。第一次为素烧，温度为 850 ℃～900 ℃；第二次为釉烧，温度为 1200 ℃～1280 ℃。烧后瓷器白度高，透明度好，瓷质软，光泽柔和，但脆性较大，热稳定性较差，而且烧成范围狭窄，不易控制。英国以生产骨质瓷而著名，其瓷质白里略带黄色，釉面光滑，针孔少。日本的骨质瓷拥有极为出色的瓷质，我国目前在河北唐山、山东淄博、江西景德镇、湖南等地也大量生产骨质瓷。

镁质瓷坯料：是指以含有氧化镁的铝硅酸盐为主晶相①的坯料。按照瓷坯的主晶相不同，可以分为滑石瓷、镁橄榄石瓷、尖晶石瓷及堇青石瓷。以滑石瓷为代表的镁质瓷透光度高，机械强度高，釉面光润柔和且熔融均匀，黏度适中。

二、陶器坯料种类及其特点

陶器可以分为粗陶器、普通陶器和细陶器（包括精陶器）。用陶坯制作的器物，由于其原料中含有较多金属氧化物，烧成之后氧化物会在陶器表面形成各种颜色和斑点，这些斑点与釉结合后，会营造出一种古拙、朴素的艺术效果。

粗陶器坯料：粗陶器所用坯料一般是用一种或两种以上易熔黏土制得，其胎体不致密，吸水率较高，不施釉，是一种较低级的陶器。由于黏土中含有一定量的氧化钾、氧化钠及细微而分布均匀的氧化铁等易熔杂质，所以一般不另加熔剂，其配料范围波动较大。粗陶器颜色不要求洁白，可以是黄、红、青、黑等颜色，所用黏土多属有色陶土，允许含铁、钛等氧化物稍高一些，因此取给容易，可以就地取材。

① 主晶相：指构成材料结构的主体、熔点较高、对材料的性质起支配作用的一种晶相。

普通陶器坯料：普通陶器的坯料一般可以用可塑性高的难熔黏土、石英、熟料[①]等原料制作，其胎体不够致密，颗粒较粗，气孔较大，制作不够精细，表面施以釉层。

细陶器坯料：细陶器也是用可塑性高的难熔黏土、石英、长石、熟料等原料制得。胎体颗粒细，气孔微小，结构均匀、制作精致，施釉或不施釉，颜色有白色或浅色，其选料要求严格，几乎近似于瓷器，它与瓷器的区别仅在于有一定的气孔率，坯体未完全烧结，因而不透明，抗压强度较低。精陶器一般都采用两次烧成，第一次素烧温度在 1200 ℃ ~ 1300 ℃之间，第二次釉烧温度在 1050 ℃ ~ 1150℃之间。精陶器胎体具有一定的气孔率，能从空气中吸收水分，其吸水率可在 9% ~ 12%，最大时可达到 17%左右。精陶器的釉烧温度相较于瓷器来说较低，常被用于釉下彩绘，精陶器釉下彩的品种比瓷器更为丰富。

除了上文介绍的几种常用坯料与陶器坯料之外，在现代陶瓷产业中，特别是建陶卫浴领域常使用叶蜡石质和石灰质坯料来制作产品。

三、坯料的加工

根据成型方法的不同，坯料可以分为注浆坯料、可塑坯料和压制坯料等。注浆坯料的含水率通常在 28% ~ 35%之间，可塑坯料的含水率则在 18% ~ 25%之间，而压制坯料的水分含量根据干压或半干压法的不同，分别为 3% ~ 7%和 8% ~ 15%。无论是哪一种坯料，都须经过精制、煅烧、粉碎、球磨、过筛、搅拌、脱水、陈腐、练泥等加工过程。

码 9–3　坯料的加工过程

四、坯料的配制计算

天然产出的黏土等原料很少能直接单独使用，需要几种原料配合制成坯料。坯料的设计是一个非常复杂的问题，必须对使用原料的化学组成、矿物组成、物理性质和工艺性能等有全面的了解。基础的配料计算是陶艺爱好者必须掌握的工艺学知识。

陶瓷坯料组成的表达方式在实践生产和文献上主要有实验式、化学组成、示性矿物组成、配料量共 4 种表示法。理解这几种表示方法间的关系，并具备相互换算的能力，不仅对坯料配制非常重要，对后面釉料的配制也同样重要。

1. 实验式表示法

坯料作为一种混合物，可以用化学实验式来表示，即以各种氧化物的摩尔比来表示。这种表示方法就是实验式表示法，简称实验式。实验式表示法可以一目了然地反映各氧化物之间的相互关系，是陶瓷工业最习惯使用的表示方法之一。

陶瓷工业中涉及的氧化物并不多，从性质上分为碱性氧化物、中性氧化物和酸性氧化物。总汇见表 9–1。

表 9–1　氧化物分类

碱性氧化物		中性氧化物	酸性氧化物
氧化钾（K_2O）	氧化锌（ZnO）	氧化铝（Al_2O_3）	二氧化硅（SiO_2）
氧化钠（Na_2O）	氧化亚铁（FeO）	氧化铁（Fe_2O_3）	二氧化钛（TiO_2）
氧化锂（Li_2O）	氧化锰（MnO）	三氧化二锑（Sb_2O_3）	二氧化锆（ZrO_2）
氧化钙（CaO）	氧化铅（PbO）	氧化铬（Cr_2O_3）	二氧化锰（MnO_2）
氧化镁（MgO）	氧化镉（CdO）	氧化硼（B_2O_3）	五氧化二磷（P_2O_5）
氧化钡（BaO）	氧化铍（BeO）		
	氧化锶（SrO）		

① 熟料：预烧过的陶瓷材料，如陶瓷粉末、砖粉或预烧过的黏土，以便在未干时增加黏度、减少收缩量和烧制时增加硬度，还可以创造有趣的表面肌理效果。

通过上表可以发现氧化物有如下规律：以“R”代表某元素，碱性氧化物可标记为 R_2O 和 RO，中性氧化物可标记为 R_2O_3，酸性氧化物可标记为 RO_2。这样坯体中各氧化物按照如下形式排列：

$$\left.\begin{matrix} a\,R_2O \\ b\,RO \end{matrix}\right\} \cdot c\,R_2O_3 \cdot d\,RO_2$$

碱性氧化物在左，中性氧化物在中间，酸性氧化物在右。a、b、c、d 分别为各氧化物的摩尔数，用来表示各氧化物之间的相互比例。习惯上，在坯料实验式中往往取中性氧化物的摩尔数之总和为 1，而在釉料实验式中取碱性氧化物的摩尔数总和为 1。例如，我国清代康熙瓷的坯料化学实验式如下所示：

$$\left.\begin{matrix} 0.860\ K_2O \\ 0.120\ Na_2O \\ 0.082\ CaO \\ 0.030\ MgO \end{matrix}\right\} \cdot \left.\begin{matrix} 0.987\ Al_2O_3 \\ 0.022\ Fe_2O_3 \end{matrix}\right\} \cdot 4.150\ SiO_2$$

2. 化学组成表示法

化学组成表示法也称氧化物质量分数表示法，是以各种氧化物之间组成的质量分数来表示配方组成的方法。这种表示方法列出了坯体性能中起主导作用的二氧化硅和氧化铝的含量，有害杂质（如氧化铁、二氧化钛等）的含量和能降低烧成温度的熔剂（如氧化钾、氧化钠、氧化钙、氧化镁等）含量及其灼减量，从而能够根据化学组成大致判断坯料的烧成温度高低、收缩率大小、色泽白度等情况。例如二氧化硅和氧化铝的含量高说明坯体烧成温度较高；杂质含量较高说明坯体白度必然下降；熔剂含量高说明坯体易烧结、烧造温度较低；灼减量高说明坯料中有机物含量较高。各国陶瓷坯料的化学组成归纳见表 9-2。

表 9-2　各国陶瓷坯料的化学组成　（单位：%）

种类	SiO_2	Al_2O_3	Fe_2O_3	CaO	MgO	K_2O	Na_2O	灼减量	合计
景德镇瓷坯	65.87	22.46	0.76	—	0.18	2.66	2.89	5.49	100.31
日本陶坯	78.84	14.86	0.34	0.12	0.36	2.56	0.18	2.86	100.12
英国陶坯	75.18	19.95	0.55	1.21	0.28	1.91	0.80	0.48	100.36
法国瓷坯	52.94	28.91	0.48	3.99	0.17	1.70	0.68	11.60	100.47
德国瓷坯	57.48	28.99	0.30	0.47	0.93	2.68	0.65	8.49	99.99
美国瓷坯	67.89	19.54	0.93	0.90	0.16	3.06	0.65	6.00	99.13
日本瓷坯	66.96	21.58	0.74	0.31	0.10	3.82	1.67	4.89	100.07

3. 示性矿物组成表示法

该表示法是把使用的各种原料所含的同类矿物质合并在一起进行质量分数计算，以纯理论的黏土、石英、长石等矿物质来表示，简称矿物组成法，也称为示性分析法。这种方法只是粗略地反映一些情况，但用矿物组成进行配料计算非常方便。表 9-3 用矿物组成法表示了不同陶瓷制品的坯料成分。

表 9-3　各国陶瓷坯料的化学组成　（单位：%）

制品种类	黏土	石英	长石
家庭用瓷	48.7	27.1	24.2
宾馆用瓷	51.8	24.6	23.6
厨房用瓷	60.1	17.6	22.3
艺术陈设用瓷	44.4	28.2	27.4
软质瓷	36.3 ~ 47.0	23.3 ~ 34.8	24.2 ~ 34.0

4. 配料量表示法

在陶瓷配方中用原料的质量或质量分数来表示配方组成的方法，叫作配料量表示法。这种表示法非常直观，便于记忆，一般工厂和陶艺家都使用这种表示法。但由于各地原料所含成分有差异，只要其中一种原料不同，配制出的坯料性质就会有很大差别，所以只对本土工厂或艺术家有用，对其他产区的参考价值不大。并且由于釉料和坯料都可以用这种表示法，所以初学者不容易分辨配方是釉式还是坯式。表 9-4 以某陶瓷厂日用精陶坯料配方为例，展示配料量表示法。

表 9-4　某陶泥厂日用精陶坯料配料量

东莞二顺泥	三水大塘泥	南海西樵黑泥	南海万石陶砂	* 烧成温度 1160 ℃ ~ 1200 ℃
19%	30%	15%	36%	

5. 坯料计算

实验式反映了陶瓷原料的化学成分和比例，是优化配方的基础；化学组成则提供了原料中各种元素的确切含量，有助于预测和控制烧成过程中的相变和性能变化；示性矿物组成则揭示了原料的矿物学特征，对理解其工艺性能和选择合适的加工方法具有指导意义；配料量则对实现陶瓷制品性能的优化和成本的降低有很大帮助。掌握实验式、化学组成、示性矿物组成和配料量之间的换算掌握不仅是陶瓷生产的基础，还是学习、借鉴、改良他人配方的必备能力。接下来将介绍几种实践中常用的基础计算方法。

（1）从实验式计算化学组成

【例 1】下表为雍正时期薄胎粉彩碟的瓷胎实验式，试计算出该瓷胎的化学组成。

$$\left.\begin{matrix} 0.088\ CaO \\ 0.010\ MgO \\ 0.077\ Na_2O \\ 0.120\ K_2O \end{matrix}\right\} \cdot \left.\begin{matrix} 0.982\ Al_2O_3 \\ 0.018\ Fe_2O_3 \end{matrix}\right\} \cdot 4.033\ SiO_2$$

【解】

第一步：用各氧化物系数值乘以该氧化物的摩尔质量（查询《常用陶瓷原料常数表》获得），计算出各氧化物的质量，以及各氧化物质量总和。

$$\omega(CaO)=0.088\times56.1=4.937\ (g)$$
$$\omega(MgO)=0.010\times40.3=0.403\ (g)$$
$$\omega(Na_2O)=0.077\times62.0=4.774\ (g)$$
$$\omega(K_2O)=0.120\times94.2=11.304\ (g)$$
$$\omega(Al_2O_3)=0.982\times101.9=100.1\ (g)$$
$$\omega(Fe_2O_3)=0.018\times159.7=2.875\ (g)$$
$$\omega(SiO_2)=4.033\times60.1=242.4\ (g)$$
$$\Sigma=366.8\ (g)$$

第二步：分别用各氧化物的质量除以氧化物质量之总和，计算出各氧化物所占的质量分数。

ω（CaO）=4.937 ÷ 366.8 × 100%=1.346%

ω（MgO）=0.403 ÷ 366.8 × 100%=0.1099%

ω（Na_2O）=4.774 ÷ 366.8 × 100%=1.301%

ω（K_2O）=11.304 ÷ 366.8 × 100%=3.081%

ω（Al_2O_3）=100.1 ÷ 366.8 × 100%=27.29%

ω（Fe_2O_3）=2.875 ÷ 366.8 × 100%=0.78%

ω（SiO_2）=242.4 ÷ 366.8 × 100%=66.09%

Σ =100.00%

第三步：雍正时期薄胎粉彩碟的瓷胎化学组成列表，如表 9-5 所示。

表 9-5　雍正时期薄胎粉彩碟的瓷胎化学组成　（单位：%）

组成	SiO_2	Al_2O_3	Fe_2O_3	CaO	MgO	K_2O	NaO	合计
含量	66.09	27.29	0.78	1.346	0.1099	3.081	1.301	100.00

（2）从化学组成计算示性矿物组成

【例 2】某原料化学组成如表 9-6 所示，计算其矿物组成。

表 9-6　某原料化学组成　（单位：%）

组成	SiO_2	Al_2O_3	Fe_2O_3	CaO	MgO	K_2O	Na_2O	灼减量
含量	64.78	25.61	0.19	0.22	微量	0.32	0.23	8.65

【解】

第一步：将原料中各种氧化物质量分数除以其分子量（查询《常用陶瓷原料常数表》获得），得出各氧化物分子数。灼减量当作结晶水。计算结果如表 9-7 所示。

表 9-7　相关计算结果　（单位：%）

组成	SiO_2	Al_2O_3	Fe_2O_3	CaO	MgO	K_2O	Na_2O	H_2O
氧化物含量	64.78	25.61	0.19	0.22	微量	0.32	0.23	8.65
氧化物分子量	60.1	102	160	56.1	—	94.2	62	18
氧化物分子数	1.077	0.251	0.001	0.004	—	0.003	0.004	0.480

第二步：将各氧化物分子数按下列顺序排列，计算其矿物组成。计算结果如表 9-8 所示。

表 9-8　相关计算结果

组成	SiO_2	Al_2O_3	Fe_2O_3	CaO	K_2O	Na_2O	H_2O
	1.077	0.251	0.001	0.004	0.003	0.004	0.480
0.003 分子钾长石	0.018	0.003	—	—	0.003	—	—
剩余	1.059	0.248	0.001	0.004	0	0.004	0.480
0.004 分子钠长石	0.024	0.004	—	—	—	0.004	—
剩余	1.035	0.244	0.001	0.004	0	0	0.480
0.004 分子钙长石	0.008	0.004	—	0.004	—	—	—
剩余	1.027	0.240	0.001	0	0	0	0.480
0.24 分子高岭土	0.480	0.240	—	—	—	—	0.480
剩余	0.547	0	0.001	0	0	0	0
0.001 分子赤铁矿	—	—	0.001	—	—	—	—
剩余	0.547	0	0	0	0	0	0
0.547 分子石英	0.547	—	—	—	—	—	—
剩余	0	0	0	0	0	0	0

第三步：用分子数乘以分子量（查询《常用陶瓷原料常数表》获得）得到矿物的质量，进而换算得出矿物的质量分数列。计算结果如表 9-9 所示。

表 9-9　相关计算结果

原料	钾长石	钠长石	钙长石	高岭土	赤铁矿	石英
分子数	0.003	0.004	0.004	0.240	0.001	0.547
分子量	556.8	524.6	278.3	258.1	160	60.1
矿物质量	1.67	2.10	1.11	61.92	0.16	32.87
矿物（%）	1.67	2.11	1.12	62.00	0.16	32.94

第四步：各种长石和赤铁矿作为熔剂一并被列为长石矿物，故得到矿物组成如下：

黏土质矿物：62.00%

长石质矿物：1.67%+2.11%+1.12%+0.16%=5.06%

石英质矿物：32.94%

注意事项：

①化学组成中的 K_2O、Na_2O、CaO 各自与相当量的 Al_2O_3、SiO_2 相结合，作为钾长石、钠长石和钙长石。由总的 Al_2O_3、SiO_2 量减去长石中的 Al_2O_3 和 SiO_2 量。若 Na_2O 含量比 K_2O 少得多，则可以把二者的含量计算为钾长石。

②剩下的 Al_2O_3 量作为高岭土成分，减去高岭土带进的 SiO_2 量，剩下的 SiO_2 量即石英量。比较剩余的 Al_2O_3 和 SiO_2 量，若 Al_2O_3 较多，则过多的 Al_2O_3 可当作水铝石 $Al_2O_3 \cdot H_2O$ 计算。

③若判断确有 CO_3^{2-} 存在，则 MgO 可当作菱镁矿，CaO 可计算为 $CaCO_3$，若不存在 CO_3^{2-}，MgO 可计算为 $3MgO \cdot 4SiO_2 \cdot H_2O$ 或蛇纹石（$3MgO \cdot 4SiO_2 \cdot 2H_2O$）形式计算。

④ Fe_2O_3 可看作赤铁矿存在，若组成中的烧失（假定为水）减去高岭土及滑石等矿物中的结晶水后还有一定量，则可把 Fe_2O_3 计算为褐铁矿（$Fe_2O_3 \cdot 3H_2O$）。TiO_2 一般可由 FeO 与 TiO_2（$FeO \cdot TiO_2$）构成钛铁矿，故可自 Fe_2O_3 中取出 FeO 以计算钛铁矿的含量。所余 TiO_2 可视为金红石。制造精陶瓷产品所用的黏土类原料中所含 Fe_2O_3、TiO_2、CaO、MgO 等很少，可以不考虑它们所形成的矿物数量。

⑤ 云母与钾长石、高岭土同时存在时，不能以此法计算。需将云母中的 K_2O 计算为钾长石，Al_2O_3 计算为高岭土，多余的 SiO_2 计算为石英。

⑥钾长石化学式是 $K_2O \cdot Al_2O_3 \cdot 6SiO_2$，如果取 0.003 分子钾长石，就有 0.018 SiO_2、0.003 Al_2O_3 和 0.003 K_2O。各种矿物原料的化学式皆可通过查询《常用陶瓷原料常数表》获得。

（3）从实验式计算配料量

【例 3】某陶瓷工厂坯料的实验式和使用原料的化学组成表如下所示，试计算出该坯料的配料量。

$$\left.\begin{matrix} 0.032\ Na_2O \\ 0.144\ K_2O \\ 0.025\ CaO \\ 0.02\ MgO \end{matrix}\right\} \cdot 1.0\ Al_2O_3 \Big\} \cdot 4.92\ SiO_2$$

使用原料的化学组成如表 9-10 所示。

表 9–10　使用原料的化学组成

原料	SiO_2	Al_2O_3	Fe_2O_3	TiO_2	CaO	MgO	K_2O	Na_2O	灼减量	总计
黏土	58.43	30.00	0.31	0.11	0.47	0.42	0.48	0.12	9.64	99.98
长石	65.34	18.53	0.12	—	0.34	0.008	14.19	1.43	—	99.96
石英	99.40	0.11	0.08	—	—	—	—	—	—	99.59

【解】

第一步：由实验式计算配料量时，必须先知道使用原料的化学组成。将原料的化学组成计算成示性矿物组成形式（具体换算方法参考【例 2】）。为简化计算过程，可将 K_2O、Na_2O、CaO、MgO、Fe_2O_3、TiO_2 均作为熔剂成分，当作长石矿物计算。原料的矿物组成的计算结果如表 9–11 所示。

表 9–11　原料的矿物组成的计算结果　　（单位：%）

矿物	黏土矿	长石矿	石英矿
黏土	72.05	8.36	14.59
长石	2.83	94.3	2.87
石英	—	—	99.40

第二步：由坯式计算长石、黏土、石英矿物的百分组成。坯式中的 K_2O、CaO、MgO、Na_2O 均粗略地作为 K_2O，则坯式可写成 0.22 R_2O · 1.0 Al_2O_3 · 4.92 SiO_2。满足上式所需的黏土、长石、石英矿物的量如表 9–12 所示。（三种矿物为理论组成，即钾长石 $K_2O \cdot Al_2O_3 \cdot 6SiO_2$）

表 9–12　黏土、长石、石英矿物用量

坯式	0.22 R_2O	1.0 Al_2O_3	4.92 SiO_2
引入 0.22 分子长石矿物	0.22	0.22	1.32
剩余	0	0.78	3.6
引入 0.78 分子黏土矿物	—	0.78	1.56
剩余	—	0	2.04
引入 2.04 分子石英矿物	—	—	2.04
剩余	—	—	0

第三步：用分子数乘以分子量（查询《常用陶瓷原料常数表》获得），计算各类矿物需要量的质量百分组成。

长石矿：0.22× 556.8=122.49　　　27.44%

黏土：0.78×258.1=201.31　　　45.10%

石英：2.04×60.1=122.60　　　27.46%

总计：446.4　　　=100%

第四步：根据原料矿物组成计算坯料配料比。

设：x—坯料中需加入的黏土量（%）

y—坯料中需加入的长石量（%）

z—坯料中需加入的石英量（%）

则：$0.7205x+0.0283y+0z=0.451$

$0.0836x+0.9430y+0z=0.2743$

$0.1959x+0.0289y+0.994z=0.2746$

解得：$x \approx 0.617$，$y \approx 0.233$，$z \approx 0.148$

故，该工厂坯料配料量为：61.7%黏土，23.3%长石，14.8%石英。

码 9-4　陶土配制

码 9-5　通过化学组成计算实验式

码 9-6　通过配料量计算实验式

第三节　釉料的制备与试验

幽雅静穆的白釉，类玉似冰的青釉，“入窑一色，出窑万彩”的颜色釉，共同造就了陶瓷艺术的绚丽多彩。如果把坯比作骨骼，釉则是骨骼上的肌肉和皮肤。釉，作为一种覆盖在陶瓷制品表面的玻璃质薄层，不仅为陶瓷作品提供了重要的功能性保护，还赋予了其独特的视觉美感。陶瓷釉面的透光度、光泽度、白度等效果，受釉料组成、配制工艺、施釉方法和烧成工艺等诸多因素影响，要提高釉面的品质就必须重视釉料的配制和使用。

一、常用釉料的特性介绍

自古以来，釉料就在陶瓷制作中扮演着至关重要的角色，它的使用和发展，见证了人类文明与艺术的进步。从朴实无华的实用性陶器，到精美绝伦、艺术性极强的瓷器，釉料的应用为陶瓷装饰和表现带来了无限可能，成为一种独特的语言，传递着创作者的情感与思想。现代陶艺常用的釉料包括透明釉、单色釉、结晶釉、花釉等。

1. 透明釉

透明釉是一种由长石、石英、高岭土及石灰石构成的常用釉料。通常用于覆盖陶瓷器表面，其主要特点是烧成后呈现出无色透明或接近无色、有光泽的外观。这种釉料使得烧成的陶瓷器物表面光滑，可以透过釉层看见釉下的各种装饰以及胎体的颜色和纹理，因此得名“透明釉”。透明釉可以保护陶瓷器表面，同时也可以增强其色彩、图案的亮度和清晰度。透明釉的应用范围极广，如日用陶瓷、卫生陶瓷、建筑陶瓷、工业陶瓷和艺术陶瓷等。

2. 单色釉

单色釉也称“一色釉”“纯色釉”或“一道釉”，是将不同金属氧化物和天然矿石作为色剂加入釉中，经过特定温度与气氛烧成后，使釉面呈现出某种单一色泽。传统单色釉按离子色剂的不同进行分类，大致包括：以铁为色剂的青釉；以铜为色剂的红釉；以钴为色剂的蓝釉。按烧造温度对釉进行划分的原则，可将单色釉分为高温、中温和低温单色釉。高温单色釉包括红釉、黄釉、蓝釉、黑釉、白釉、青釉、石灰釉、石灰碱釉、长石釉等，烧造温度在 1250 ℃ ~ 1300 ℃；中温单色釉烧造温度在 1150 ℃ ~ 1250 ℃，冷却后凝固成光泽感和透光性强的玻璃状物质。传统的中温单色釉多以石末、硝、色剂、铅粉等原料配制而成。主要品种包括法华釉、孔雀绿、包青等；低温单色釉烧成温度低于 1150 ℃，色泽更加艳丽。传统品种包括矾红釉、胭脂红釉、珊瑚红釉、娇黄釉、瓜皮绿釉、西湖绿釉等。此外，汉代绿釉陶、唐三彩、辽三彩、明清琉璃釉陶中的彩色釉均是以铅为助熔剂的低温色釉。

现代制釉工艺中，通过在无色透明釉或乳白料中加入适量色料来配制单色釉，也称色釉，用色釉进行陶瓷装饰是一种既简便又经济的方式。作为色剂的金属离子是色釉呈色的关键。不同的金属离子在同

图 9-15 10 种单色釉施在白瓷土上，经 1250 ℃烧造，氧化气氛（上行）与还原气氛（下行）条件下的颜色变化

图 9-16 10 种单色釉施在青瓷土上，经 1250℃烧造，氧化气氛（上行）与还原气氛（下行）条件下的颜色变化

图 9-17 常见结晶釉试片

一种基础釉中会呈现出不同的色调，相同的离子在不同的基础釉中也会呈现出不同的色调。例如氧化铜在碱金属离子含量高的釉中呈土耳其绿色，在含铅量高的釉中就会呈现绿色或黄绿色，在酸性的釉中则无色。同一种呈色元素由于化合价不同，发色也会不同。以铁元素为例，三价铁离子在石灰釉中呈棕黄色或红色，且着色能力弱，二价铁离子呈蓝绿色；同一元素同一化合价，配位数不同发色也不同，例如二价钴离子，配位数为 4 时发蓝色，配位数为 6 时发粉红色。

除此之外，釉色也受离子比例影响。例如我国传统的铁青釉是典型的离子着色色釉。它是二价铁离子与三价铁离子在硅酸盐玻璃（石灰釉）中的综合显色。其色调取决于二价铁离子与三价铁离子的比例，而其着色强度取决于釉料中铁的含量和二价铁与三价铁的比值，而比例值又取决于烧成时还原气氛的浓度和釉料中的含铁量。如图 9-15 和图 9-16 所示，从左至右展示了 10 种单色釉在不同黏土和不同气氛条件下的颜色变化。

3. 结晶釉

结晶釉是指釉内出现明显粗大结晶的釉。晶体形状有星形、冰花、晶簇、晶球、扇形、松针形、雪花形、花条、花网以及纤维状等。不同的晶体会在釉面上形成不同的效果，结晶釉能够创造出非常出色的装饰美感。

常见的结晶釉通常是在氧化铝低的釉料中加入氧化锌，在烧成过程中，形成晶核并长大成结晶。结晶釉既可施于素烧坯上直接入窑烧成，也可在瓷器初次烧成后的釉面上施釉，再进行二次烧制。结晶釉釉层厚度一般较厚（约 1.5 ~ 2 mm）。釉层较薄不利于结晶的生长。施釉可采用喷釉、涂釉、浇釉或浸釉等方法。喷釉宜喷 2 至 3 次，以防止坯体浸湿或釉层剥落。此外，施釉时，制品上部的釉层应较下部厚些，制品器型不应过分垂直，以免高温黏度低的结晶釉熔体流动过大，造成产品黏足等缺陷。结晶釉的晶体还可以用着色材料染成有色结晶，生产结晶釉有诸多因素要考虑，但釉料的成分与烧成制度是关键。釉的成分涉及结晶成核速度、晶体增长速度、釉的高温黏度，结晶形状和大小与烧成制度有密切关系。常见结晶釉效果如图 9-17 所示。

4. 花釉

花釉，也称复色釉，是陶瓷器的一种多彩装饰釉。通过在陶瓷表面上施加两种或多种釉料，高温烧制的过程中会呈现出不同的颜色和纹理，从而形成装饰性的图案。

所谓“花釉”，是指在特定区域的陶瓷釉面上，通过釉料中色彩的变化和分布，以及不同色彩之间的反差，形成并展现出两种或两种以上的色彩组合效果。这种装饰性釉面的视觉效果，是通过釉色的局部对比和变化来实现的，从而在陶瓷表面创造出独特的花纹或图案。花釉的效果通常是由釉料中不同化学成分的相互作用所决定的。唐代北方窑生产的两色釉陶瓷产品，是在黑釉、黄釉、天蓝釉等釉上施以

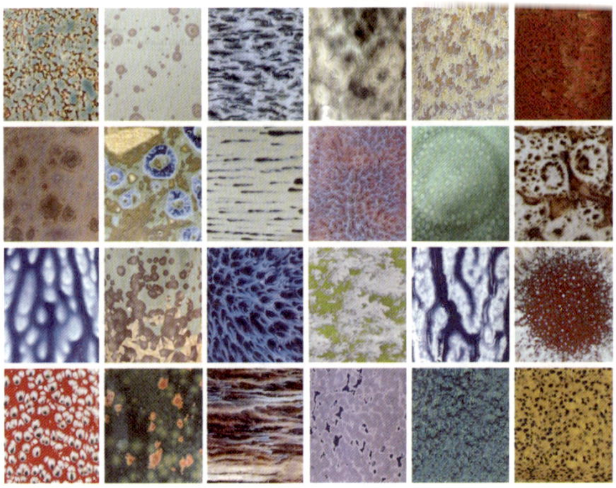
图 9-18　常见花釉试片

月白釉等不同的颜色釉，任意或有规律地排列，形成色泽对比强烈的斑块状花釉。

花釉与单色釉的区别在于：前者的主效果由“色彩反差”这一表现因素来完成，已超越了色彩所具有的单纯意义，具有高层次的观赏价值；而后者则是由色彩本身来表现，比较直接。事实上，从最后的效果来看，任何两种或以上的单色釉通过组合设计都有可能形成花釉效果。从这个意义上讲，任何单色釉都是花釉的组成部分，单色釉是复层花釉的基础，单色釉的性状很大程度上决定了花釉的效果。

花釉的范畴很广，一般来讲，根据形成的途径和主要特征，花釉可主要分为以下几大类：复层法花釉、分相法花釉、析晶法花釉、点法花釉、不均匀混合法花釉及其他花釉等。常见的花釉效果如图 9-18 所示。

二、釉料的制备过程

由于釉料的种类繁多，根据特性不同，釉料的配制方法也相应地有所区别。本节主要介绍生料釉料、熔块釉料和单色釉料的配制过程与注意事项。

1. 生料釉料的制备

生料釉是指釉用的全部原料都不经过预选熔制，直接加水调制成浆。生料釉制备工艺简单、操作方便、成本低廉，但水溶性原料不适于配制生料釉。具体制备流程如下：

硬质原料→拣选→洗涤→粗碎→中碎→软质黏土→淘洗→配料→湿式球磨→过筛→陈腐→釉浆(待用)。

注意事项：

①制釉所用原料要比制坯原料纯度要求高。用于生料釉配制的原料应都是不溶于水的材料，因为溶于水的原料制成釉料后施在坯体上会影响坯釉性质。硬质原料是指长石粉、石英粉、滑石粉等。

②釉料的细度直接影响釉浆和烧造后的釉面品质。一般来说，釉料越细釉浆则越黏稠，干燥时收缩越大，施釉后很容易出现裂纹。

③一般陶艺制釉过筛用 160 ~ 180 目筛，如果是制备白釉、透明釉等无铁元素的釉料则需要在过筛后用吸铁石对釉浆进行除铁。

2. 熔块釉料的制备

熔块釉的制备过程包括两部分：熔块的制备过程，以及熔块与生料按比例混合加工成熔块釉的过程。

（1）熔块的制备过程

硬质料→拣选→洗涤→粗碎→中碎(过 20 ~ 40 目筛)→黏土原料→淘洗或精选→过筛(20 ~ 40 目筛)→配料称量→混料机干混(8 ~ 10 分钟)→粉料入坩埚炉或熔窑熔制→水淬冷却→熔块粉碎→过筛→待用。

（2）熔块釉的制备过程

熔块颗粒配料称量 + 生料（软质黏土 3% ~ 8%）配料称量→湿式球磨→出磨→出筛→除铁→沉浮待用。

注意事项：

①氧化钠、氧化钾的原料和含硼化合物等，凡溶于水或有毒的原料均须制成熔块。

图 9-19　钴蓝色剂

0.05　0.1　0.5　1　2　3　4　5

200 克透明釉中，分别加入不同克数的钴蓝色剂，在还原焰 1310 ℃条件下的烧造结果

2　3　3.5　4　4.5　5

200 克透明釉中，分别加入不同克数的钴蓝色剂，用笔刷刷出不同厚度，在氧化焰 1250 ℃条件下的烧造结果

图 9-20　钴蓝色剂釉的试验结果

②熔块配料中氧化铝如果过多，会导致熔化困难、黏度增加、熔化温度高且不均匀。

③为了保证熔块料混合均匀，所有原料都必须预先制成粉末。

④黏土类原料需先烘干再进行球磨；化工原料可直接过筛，但若有结块情况仍需干碾过筛后再使用。

3. 单色釉料的制备

单色釉由于品种繁多，制釉工艺也不尽相同。总结我国传统与现代单色釉的配制方式大致可归纳如下：

方式一：基础釉 + 着色矿石（如铜矿石、紫金土、钴土矿等）。优点是就地取材，属于传统配釉方式。

方式二：基础釉 + 着色化工原料（如氧化铁、氧化铜、氧化铬等）。优点是呈色纯正，操作方便。

方式三：基础釉 + 色基（或色剂、颜料）。呈色纯正，操作方便，便于配套和调制中间色。

方式四：熔块釉 + 着色原料。具有降低熔融温度、增强釉面光泽等特点。

以钴蓝釉为例，它的配制遵循方式三，制备过程包括三个部分：基础釉的制备过程，色剂的制备过程，以及基础釉与色剂按比例混合加工成釉的过程。

（1）基础釉的制备过程

钴蓝釉的基础釉配方是：长石 47%，石英 28%，高岭土 8%，滑石 10%，石灰石 4%，碳酸钡 2%。制备过程与前文生料釉料的制备一样。长石、石英等硬质原料皆要经过粗碎、中碎甚至细碎，滑石粉需要先经 1000 ℃煅烧再粉碎。

（2）钴蓝色剂的制备过程

配料称重（氧化钴、氧化铝、石英等）→湿式球磨→过筛→烘干→煅烧→粉碎→酸洗→水洗→球磨→过筛→烘干→色剂装瓶备用。（图 9-19）

注意事项：

①所用配料建议全选用化工原料。

②第一次球磨时间为 48 小时，煅烧后的第二次球磨时间为 72 小时。湿式球磨时，磨球、料、水的比例为 1 ∶ 1 ∶ 1.2。

③酸洗是用 1% 的稀盐酸漂洗 24 小时，然后用清水冲洗 5 次，每次水洗时间为 12 小时，直至所有可溶性物质洗净。

④煅烧温度为 1300 ℃左右，煅烧气氛不会对色剂配制产生影响，一般使用实验室用电烧炉即可。

（3）钴蓝釉浆的制备过程

基础釉 + 色剂→称重→湿式球磨→釉浆→备用。

色剂加入量的多少，直接影响钴蓝釉的颜色深浅，加入的量越多蓝色越深。可通过简单调节色剂与基础釉的比例来配制釉浆进行试烧，从而选择出自己心仪的颜色。以图 9-20 为例，在 200 克的透明釉中，分别加入 0.05 克、0.1 克、0.5 克、1 克、2 克、3 克、4 克、5 克的钴蓝色剂，充分搅拌 15 分钟，在 1310 ℃还原焰的烧造条件下呈现出不同程度的钴蓝色。不同钴蓝色剂含量的釉，用笔刷刷出不同厚度，在氧化焰 1250 ℃条件下会呈现出不同的色度、哑光和结晶效果。

三、釉料的配制计算

釉料的表示方法与坯料组成的表示方法一样（详见前文“坯料的配制计算”），包括：实验式表示法、化学组成表示法、示性矿物组成表示法、配料量表示法。这四种表示方法在科研生产和文献资料上经常用到，只有先理解釉料的表示方法，然后掌握几种不同表示方法间的换算，才能对釉料配方进行计算。

1. 釉式的计算

釉式，即釉料的实验式。在有关釉式的计算中，经常使用“从化学组成计算釉式”和“从配方（即配料量）计算釉式”两种方法。

（1）若已知釉料的化学组成，可按照下列步骤计算釉式[①]

第一步，若釉料中的化学成分包含灼减量，则需换算成不含灼减成分的化学组成。

第二步，计算各氧化物的量。

$$n=\frac{\text{氧化物的质量分数}}{\text{摩尔质量}}$$

第三步，以碱性氧化物的量总和，分别除各氧化物的量，得到一套以碱性氧化物摩尔总量为 1 的各氧化物摩尔数的系数。

第四步，将得到的各氧化物摩尔数系数按 RO、R_2O_3、RO_2 的顺序排列为釉式。

（2）若已知釉料的配方，可按照以下步骤计算釉式，即从配料量计算釉料的实验式[②]

第一步，首先要知道所使用各原料的化学组成，即各种原料所含每种氧化物的质量分数，再将各原料化学组成换算成不含灼减量的质量分数。

第二步，将每种原料的配料量（质量）乘以各氧化物的质量分数，得出各氧化物的质量。

第三步，将各种原料中共同氧化物质量相加，得出釉料中各种氧化物的总质量。

第四步，以各氧化物的摩尔质量分别除以它的质量，得出各氧化物质的量。

第五步，以碱性氧化物的摩尔质量总和，除以各氧化物的物质的量，得到一系列以碱性氧化物（$RO+RO_2$）系数为 1 的一套各氧化物的摩尔系数。

第六步，将得到的各氧化物摩尔数系数按 RO、R_2O_3、RO_2 的顺序排列为釉式。

2. 釉料配方计算

釉料配方，即釉料的配料量。根据釉料的种类不同，釉料配方主要分为生料釉配方和熔块釉配方两大类，二者在从釉式转换成釉料配方的计算思路上有所不同，具体计算方法如下。

（1）生料釉配方的计算

与熔块釉不同，生料釉所使用的全部原料都未经预先熔制，是直接加水调制而成的。所以，其配方计算，首先是要选择生料釉的釉式，然后要结合坯体的化学组成和主要性能，最后再结合国内外实际情况来确定。配釉料一般选用较纯的原料，为计算方便，可采用原料的理论值。计算时一般采用逐项平衡法列表进行

---

① 具体计算过程，可参考前文“坯料的配制计算”中的“码 9-5　通过化学组成计算实验式”。

② 具体计算过程，可参考前文“坯料的配制计算”中的“码 9-6　通过配料量计算实验式”。

计算，即，一般先用长石来满足钾（钠）含量，同时平衡部分氧化铝，然后用黏土平衡掉剩余的氧化铝，再逐项平衡其他组成，最后未被平衡的组成采用化工原料加以平衡。

【例】已知某长石质瓷的釉料，其釉式如下。试用钾长石、高岭土、石英、氧化锌、滑石这五种原料进行配料。

$$\left.\begin{matrix}0.4860\ K_2O\\0.4490\ MgO\\0.650\ ZnO\end{matrix}\right\}\cdot 0.6670\ Al_2O_3\cdot 6.6920\ SiO_2$$

【解】

第一步：根据釉式计算各原料的量。（表 9–13）

表 9–13　根据釉式计算各原料的量　　（单位：mol）

使用原料		釉料组成量				
		SiO_2	Al_2O_3	MgO	K_2O	ZnO
		6.6920	0.6670	0.4490	0.4860	0.0650
钾长石 （$K_2O\cdot Al_2O_3\cdot 6\ SiO_2$）	取 0.4860 余量	2.9160 3.7760	0.4860 0.1810	0 0.4490	0.4860 0	0 0.0650
高岭土 （$Al_2O_3\cdot 2\ SiO_2\cdot 2\ H_2O$）	取 0.1810 余量	0.3620 3.4140	0.1810 0	0 0.4490	—	0 0.0650
滑石 （$3\ MgO\cdot 4\ SiO_2\cdot H_2O$）	取 0.1490 余量	0.5960 2.8180	—	0.4490 0	—	0 0.0650
石英 （SiO_2）	取 2.8180 余量	2.8180 0	—	—	—	0 0.0650
氧化锌 （ZnO）	取 0.0650 余量	—	—	—	—	0.0650 0

第二步：根据各原料的量计算配料量。（表 9–14，相对分子质量可查询《常用陶瓷原料常数表》获得）

表 9–14　根据各原料的量计算配料量

原料	氧化物量 /mol	相对分子质量	配料量 /g	ω/%
钾长石	0.486	556.8	270.6	49.5
高岭土	0.181	258.2	46.7	8.4
滑石	0.149	379.3	56.5	10.3
石英	2.818	60.1	169.4	30.9
氧化锌	0.065	81.4	5.3	0.9

（2）熔块釉配方的计算

熔块釉分为全熔块釉（熔块含量在 95% 左右）和半熔块釉（根据釉烧温度的高低，熔块含量为 30% ~ 85%）。熔块釉由熔块与生料按比例混合加工而成。一般情况下生料组分由黏土、氧化锌、石灰石等组成，其中黏土主要起悬浮作用。而熔块和生料二者的比例可根据制品烧成温度和生产工艺确定。一般需要已知熔块的实验式和熔块釉的实验式，来计算熔块釉的配方。

【例】已知某熔块釉的实验式及其釉中的熔块实验式，假设熔块所用的原料均为工业纯度，试计算该熔块釉的配方。

熔块釉的实验式：

$$\left.\begin{matrix}0.4000\ PbO\\0.1000\ K_2O\\0.0650\ Na_2O\\0.2500\ CaO\end{matrix}\right\}\cdot\left.\begin{matrix}0.2000\ Al_2O_3\\0.5000\ B_2O_3\end{matrix}\right\}\cdot 1.0000\ SiO_2$$

熔块的实验式：

$$\left.\begin{matrix}0.4444\ PbO\\0.1111\ K_2O\\0.2778\ Na_2O\\0.1667\ CaO\end{matrix}\right\}\cdot\left.\begin{matrix}0.1500\ Al_2O_3\\0.5556\ B_2O_3\end{matrix}\right\}\cdot 1.0000\ SiO_2$$

【解】

第一步：先计算出熔块的“分子量”。（表 9–15）

表 9–15　熔块的“分子量”

氧化物种类	氧化物相对分子质量	氧化物量 /mol	氧化物质量 /g
PbO	223.2	0.4444	99.19
K_2O	94.2	0.1111	10.47
Na_2O	62.0	0.2778	17.22
CaO	56.1	0.1667	9.35
Al_2O_3	101.9	0.15	15.29
B_2O_3	69.5	0.5556	38.67
SiO_2	60.1	1.00	60.10
			熔块“分子量”=250.29

第二步：根据熔块的实验式，列表进行熔块的配料计算。（表 9–16）

表 9–16　熔块的配料　（单位：mol）

使用原料		熔块组成						
		PbO	K_2O	Na_2O	CaO	Al_2O_3	B_2O_3	SiO_2
		0.4444	0.1111	0.2778	0.1667	0.1500	0.5556	1.0000
氧化亚铅 （PbO）	取 0.4444 余量	0.4444 0	—	—	—	—	—	—
钾长石 （$K_2O\cdot Al_2O_3\cdot 6SiO_2$）	取 0.1111 余量		0.1111 0	— 0.2778	— 0.1667	0.1111 0.0389	— 0.5556	0.6666 0.3334
硼砂 （$Na_2O\cdot 2B_2O_3\cdot 10H_2O$）	取 0.2778 余量			0.2778 0	— 0.1667	— 0.0389	0.5556 0	— 0.3334
碳酸钙 （$CaCO_3$）	取 0.1667 余量				0.1667 0	— 0.0389		— 0.3334
高岭土 （$Al_2O_3\cdot 2SiO_2\cdot 2H_2O$）	取 0.0389 余量					0.0389 0		0.0778 0.2556
石英 （SiO_2）	取 0.2556 余量							0.2556 0

第三步：计算熔块的生料配合量及配料比。（表 9–17）

表 9–17 熔块的生料配合量及配料比

氧化物种类	氧化物相对分子质量	氧化物量 /mol	配料量 /g	ω/%
氧化亚铅	223.2	0.4444	103.19	32.96
钾长石	556.7	0.1111	61.85	19.76
硼砂	381.4	0.2778	105.95	33.84
碳酸钙	100.1	0.1667	1669	5.33
高岭土	258.1	0.0389	10.04	3.21
石英	60.1	0.2556	15.36	4.91
	生料配合量 =313.08			合计 100.01

第四步：根据釉式对熔块釉进行配料计算。值得注意的是，在配制熔块釉时，根据烧成温度的不同，一般引入 0.85 ~ 0.95 mol 的熔块，其余不足部分由生料补足。本题中引入的是 0.9 mol。（表 9–18）

表 9–18 熔块釉的配料　（单位：mol）

使用原料	化学组成						
	K_2O	Na_2O	CaO	PbO	B_2O_3	Al_2O_3	SiO_2
	0.10	0.25	0.25	0.40	0.50	0.20	1.50
熔块 0.90 余量	0.10 0	0.25 0	0.15 0.10	0.40 0	0.50 0	0.135 0.065	0.90 0.60
碳酸钙 0.1 余量			0.10 0	—	—	— 0.065	— 0.60
高岭土 0.065 余量						0.065 0	0.13 0.47
石英 0.47 余量							0.47 0

第五步：计算熔块釉的配料量及配料比。（表 9–19）

表 9–19 熔块釉的配料量及配料比

原料种类	相对分子质量	氧化物量 /mol	配料量 /g	ω/%
熔块	250.29	0.90	225.26	80.36
碳酸钙	100.1	0.10	10.01	8.57
高岭土	258.1	0.065	16.78	5.97
石英	60.1	0.47	28.25	10.08
	总配料量 =280.30g			合计 104.98

3. 釉料的系统调试

由于釉料组成与性质之间的关系非常复杂，所以获得的配方通常不能直接用于大批量生产，在使用前需经过多次试验调试以确定既定性能。除此之外，作为入门学习者，相较设计出新型釉式的能力，具备对已知釉料配方进行系统调试的能力更为重要且实用。掌握了这种能力，就能将文献资料上的配方实际应用于创作当中，在前人研究的基础上，配制出适合自己创作的独特釉面效果。对釉料进行系统性调试的方法共 3 种，具体如下：

（1）单组分调试法

根据已知釉式，改变釉料中的一个组分来调试釉料。例如，某创作者想根据文献资料上记载的生铅釉釉式，配制适用于坯体烧成温度为 1000 ℃的生铅釉。面对这种情况，就需要所配制的釉与自己使用的坯在收缩率上相适应。这就可从调整釉中 SiO_2 含量（作为釉式中的 1 个组分）着手进行调试试验。已知文献资料中的生铅釉釉式如下所示：

$$\left.\begin{array}{l}0.6\ PbO\\0.3\ CaO\\0.1\ Na_2O\end{array}\right\}\cdot 0.2\ Al_2O_3\cdot 1.6\ SiO_2$$

将釉中 SiO_2 含量作为调试对象，分别加减 0.2 mol 则得到两种釉组成：一种为高硅釉，SiO_2 为 1.8 mol；另一种为低硅釉，SiO_2 为 1.4 mol。将这两种基础釉采用逐相平衡法计算其配方，然后在相同的条件下进行加工，并将两种釉浆调至同一密度，按一定的体积比进行混合，则可得到 SiO_2 含量不同的 9 种釉料，具体的试验方案见表 9-20。将它们施在同一种坯体试片上，在同一条件下烧造。最后根据烧后结果来判断：SiO_2 为多少时最适于这种坯体。

表 9-20　变动釉料 1 个组分的试验方案

已知釉式	$\left.\begin{array}{l}0.6\ PbO\\0.3\ CaO\\0.1\ Na_2O\end{array}\right\}\cdot 0.2\ Al_2O_3\cdot 1.6\ SiO_2$		
变动 SiO_2 后的 2 种基础釉	基础釉 A $\left.\begin{array}{l}0.6\ PbO\\0.3\ CaO\\0.1\ Na_2O\end{array}\right\}$	$0.2\ Al_2O_3$	$1.4\ SiO_2$
	基础釉 B $\left.\begin{array}{l}0.6\ PbO\\0.3\ CaO\\0.1\ Na_2O\end{array}\right\}$	$0.2\ Al_2O_3$	$1.8\ SiO_2$
基础釉 A 和 B 混合出的 9 种釉料	A 釉的体积 /mL	B 釉的体积 /mL	$n(SiO_2)$/mol
1	100	0	1.40
2	87	13	1.45
3	75	25	1.50
4	62	38	1.55
5	50	50	1.60
6	38	62	1.65
7	25	75	1.70
8	15	85	1.75
9	0	100	1.80

（2）四角法

所谓“四角法”就是改变釉料中 2 个组分进行调试。例如，某创作者想根据文献资料上记载的瓷釉釉式，配制适用于坯体烧成温度为 1390 ℃的瓷釉。由于是高温釉的配制，可通过改变 Al_2O_3 和 SiO_2 两个组分含量来试验得出性能最佳的配方。已知文献资料中的瓷釉釉式如下所示：

$$\left.\begin{array}{l}0.3\ K_2O\\0.7\ CaO\end{array}\right\}\cdot 1.5\ Al_2O_3\cdot 8.0\ SiO_2$$

变动 Al_2O_3 和 SiO_2 的含量，具体变动范围需视情况而定。本例中对 Al_2O_3 分别加减 1 mol，对 SiO_2 分别加减 4mol。这样就可以得出 4 种基础釉，并计算出相应配方，然后在相同的条件下进行加工，并将 4 种釉浆调至同一密度，按一定的体积比进行混合。具体变动釉料 2 个组分的试验方案见表 9-21。

表 9-21　变动釉料 2 个组分的试验方案

已知釉式	$\left.\begin{matrix}0.3\ K_2O\\0.7\ CaO\end{matrix}\right\}\cdot 1.5\ Al_2O_3\cdot 8.0\ SiO_2$			
变动 Al_2O_3 和 SiO_2 后的 4 种基础釉	基础釉 A	$\left.\begin{matrix}0.3\ K_2O\\0.7\ CaO\end{matrix}\right\}$	$0.5\ Al_2O_3$	$4.0\ SiO_2$
	基础釉 B	$\left.\begin{matrix}0.3\ K_2O\\0.7\ CaO\end{matrix}\right\}$	$0.5\ Al_2O_3$	$12.0\ SiO_2$
	基础釉 C	$\left.\begin{matrix}0.3\ K_2O\\0.7\ CaO\end{matrix}\right\}$	$2.5\ Al_2O_3$	$4.0\ SiO_2$
	基础釉 D	$\left.\begin{matrix}0.3\ K_2O\\0.7\ CaO\end{matrix}\right\}$	$2.5\ Al_2O_3$	$12.0\ SiO_2$

各基础釉料体积 /mL				$n(SiO_2)$ /mol	$n(Al_2O_3)$ /mol
基础釉 A	基础釉 B	基础釉 C	基础釉 D		
100	0	0	0	4	0.5
75	0	25	0	4	1.0
50	0	50	0	4	1.5
25	0	75	0	4	2.0
0	0	100	0	4	2.5
75	25	0	0	6	0.5
56	19	19	6	6	1.0
38	12	28	12	6	1.5
19	6	56	19	6	2.0
0	0	75	25	6	2.5
50	50	0	0	8	0.5
38	38	12	12	8	1.0
25	25	25	25	8	1.5
12	12	38	38	8	2.0
0	0	50	50	8	2.5
25	75	0	0	10	0.5
19	56	6	19	10	1.0
12	38	12	38	10	1.5
6	19	6	19	10	2.0
0	0	25	75	10	2.5
0	100	0	0	12	0.5
0	75	0	25	12	1.0
0	50	0	50	12	1.5
0	25	0	75	12	2.0
0	0	0	100	12	2.5

可用四角方框图的形式，将实验组成绘制如图 9-21 所示：

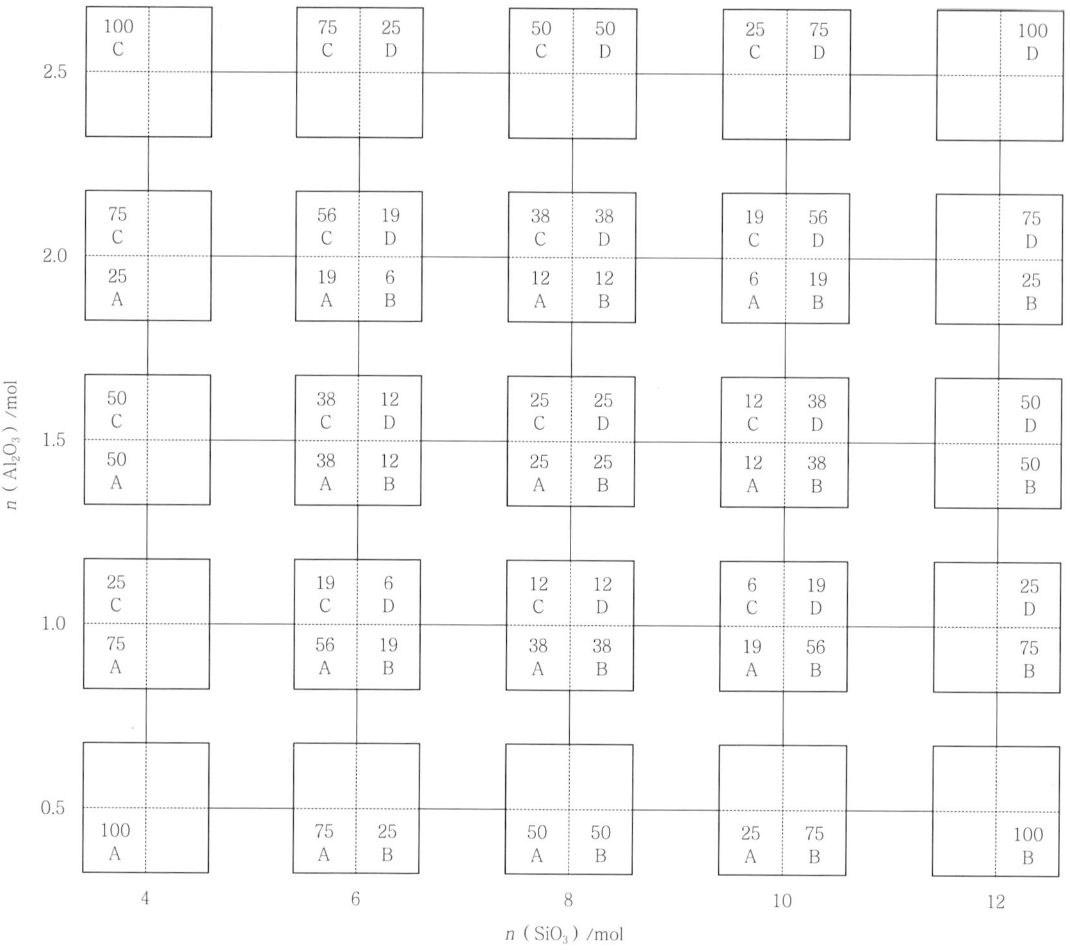

图 9-21　四角配料的组成方框图

将它们施在同一种坯体试片上，在同一条件下烧造。最后根据烧后结果来判断：Al_2O_3 和 SiO_2 为多少时最适于这种坯体。

（3）三角法

所谓“三角法”就是调整釉料中 3 个组分进行调试。例如，已知某釉式如下所示，将其命名为基础釉 A。

$$A:\ \left.\begin{matrix} 0.3\ K_2O \\ 0.7\ CaO \end{matrix}\right\} \cdot\ 0.6\ Al_2O_3\ \cdot 3.8\ SiO_2$$

为了考察不同熔剂的作用效果，分别以 0.3 mol 的 BaO 和 MgO 取代 CaO，得出 B、C 两种实验釉式。

$$B:\ \left.\begin{matrix} 0.3\ K_2O \\ 0.4\ CaO \\ 0.3\ BaO \end{matrix}\right\} \cdot\ 0.6\ Al_2O_3\ \cdot 3.8\ SiO_2 \qquad C:\ \left.\begin{matrix} 0.3\ K_2O \\ 0.4\ CaO \\ 0.3\ BaO \end{matrix}\right\} \cdot\ 0.6\ Al_2O_3\ \cdot 3.8\ SiO_2$$

同样将 A、B、C 共 3 种基础釉在相同的条件下进行加工，并将釉浆调至同一密度，按一定的体积比进行混合，可以得出一系列新釉料。其三角配料的组成如图 9-22 与图 9-23 所示。

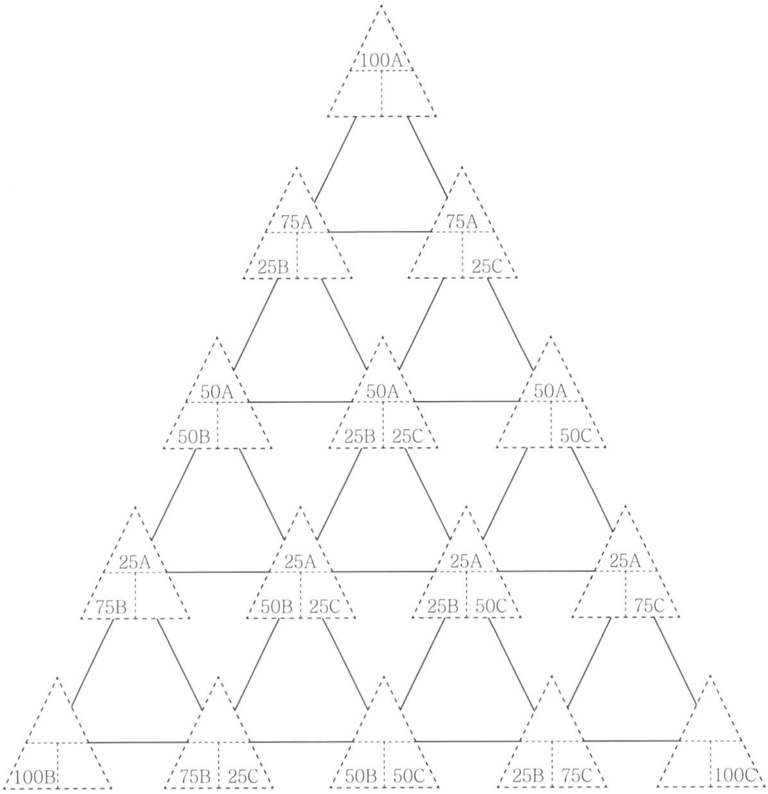

图 9-22　配料的三元组成图

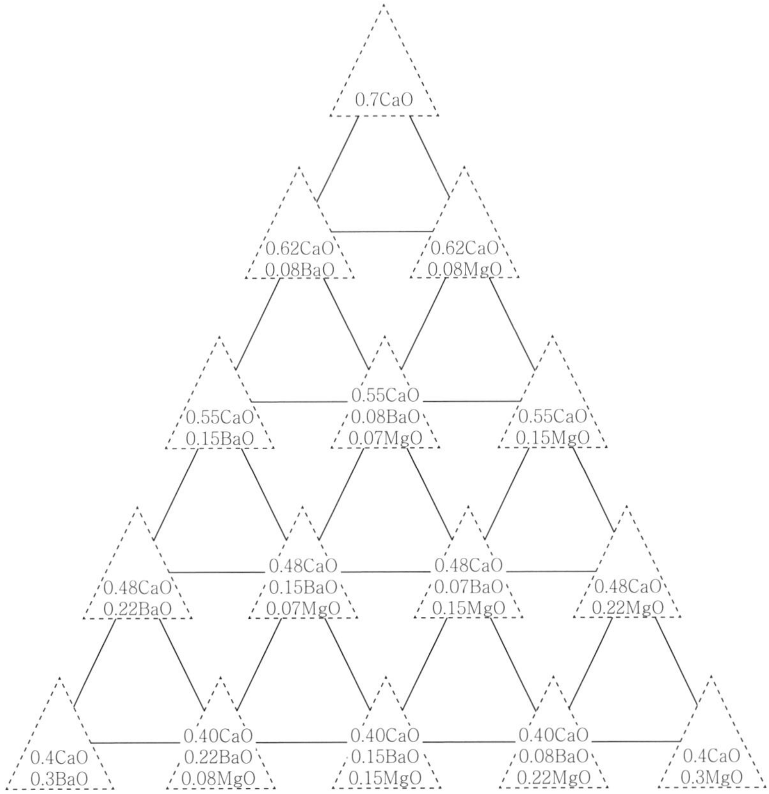

图 9-23　碱性氧化物组成

四、釉的试验

掌握了釉料系统性调试的方法后，就可以尝试利用一些易获取的制釉原料调制一些简单的釉料。下文中共列举了 7 个釉的试验。其中，试验一至三展示了基础的铁釉、石灰釉和钡釉的调试方法；试验四和五，分别以石灰釉和钡釉为例，通过加入定量二氧化硅改变釉料成分，进而开发出哑光效果，通过试片结果，可以直观了解不同原料配比和不同烧造气氛下，釉面发色与熔融性变化的大致趋势；试验六和七，则在钙镁釉和石灰釉的基础上，通过加入氧化钛、氧化镍、氧化铁、氧化钴、氧化铜等金属氧化物，直观展示不同比例和种类的金属氧化物对釉面发色、透明度、光泽度和结晶等方面的影响。

除此之外，可以基于文献中所能查找到的釉式，利用现代制釉原料和工艺，对历史上的哥釉、钧釉、郎红等著名品种进行古代经典釉色再现试验。初学者可以根据下文公布的釉式和配料表，自行配制与调试后直接用于日常的陶艺创作中。

1. 常用基础釉的配制试验

（1）试验一：基础铁釉的配制（表 9-22）

表 9-22　基础铁釉的配置

<table>
<tr><td>试验目标</td><td>利用“三角法”使用天然材料进行铁釉研究，直观了解不同原料配比和不同烧造气氛下，釉面的发色与质感变化</td></tr>
<tr><td>使用原料</td><td>长石（Feldspar），松木灰（Pine Wood Ashes)，含铁石 / 白瓷土（4B）</td></tr>
<tr><td>烧造条件</td><td>电窑 1250 ℃氧化烧成；气窑 1250 ℃还原烧成</td></tr>
<tr><td>试验配料方案</td><td>
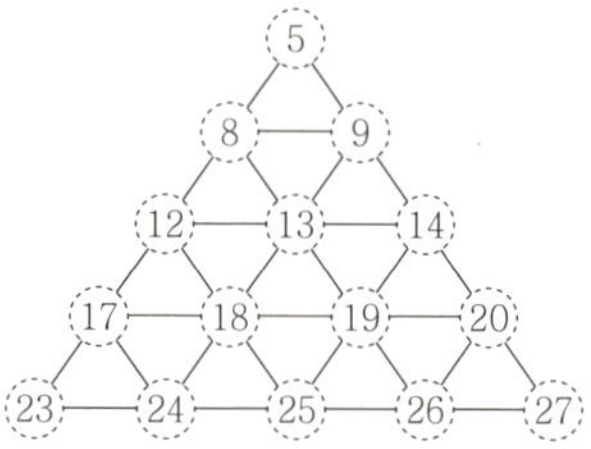

序号	使用原料		
	长石	松木灰	含铁石
5	8	1	1
8	7	2	1
9	7	1	2
12	6	3	1
13	6	2	2
14	6	1	3
17	5	4	1
18	5	3	2
19	5	2	3
20	5	1	4
23	4	5	1
24	4	4	2
25	4	3	3
26	4	2	4
27	4	1	5

</td></tr>
</table>

试验结果，见图 9-24：

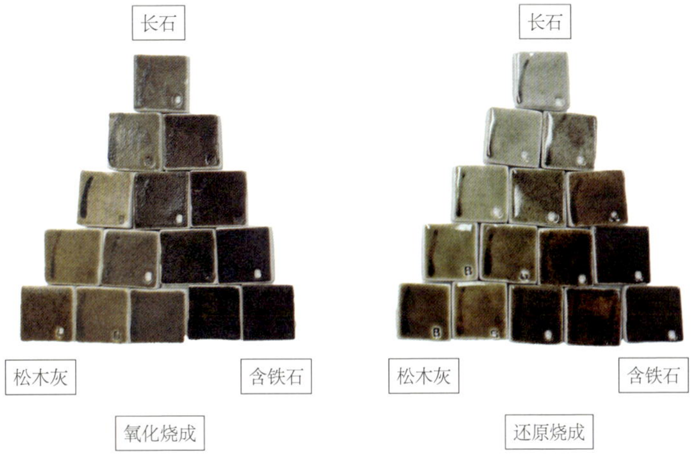

图 9-24　铁釉的试验结果

（2）试验二：基础石灰釉的配制（表 9-23）

表 9-23　基础石灰釉的配制

试验目标	利用“三角法”使用天然材料进行基础石灰釉试验，直观了解不同原料配比和不同烧造气氛下，釉面的发色与质感变化
使用原料	长石（Feldspar），石灰石（Limestone），高岭土（Kaolin）/ 白瓷土（4B）
烧造条件	电窑 1250 ℃氧化烧成；气窑 1250 ℃还原烧成
试验配料方案	

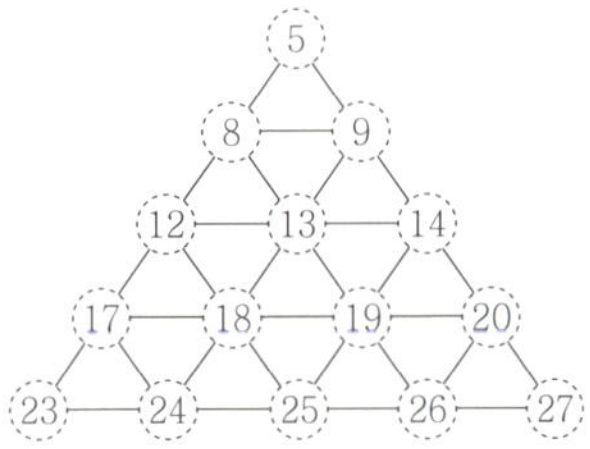

序号	使用原料		
	长石	石灰石	高岭土
5	8	1	1
8	7	2	1
9	7	1	2
12	6	3	1
13	6	2	2
14	6	1	3
17	5	4	1
18	5	3	2
19	5	2	3
20	5	1	4
23	4	5	1
24	4	4	2
25	4	3	3
26	4	2	4
27	4	1	5

试验结果，见图 9-25：

图 9-25　基础石灰釉的试验结果

（3）试验三：基础钡釉的配制（表 9-24）

表 9-24　基础钡釉的配置

试验目标	利用“三角法”进行基础钡釉的试验，直观了解不同原料配比和不同烧造气氛下，釉面的发色与质感变化
使用原料	长石（Feldspar），碳酸钡（Barium Carbonate），石灰石（Limestone)，高岭土（Kaolin）/ 白瓷土（4B）
烧造条件	电窑 1250 ℃氧化烧成；气窑 1250 ℃还原烧成

试验配料方案

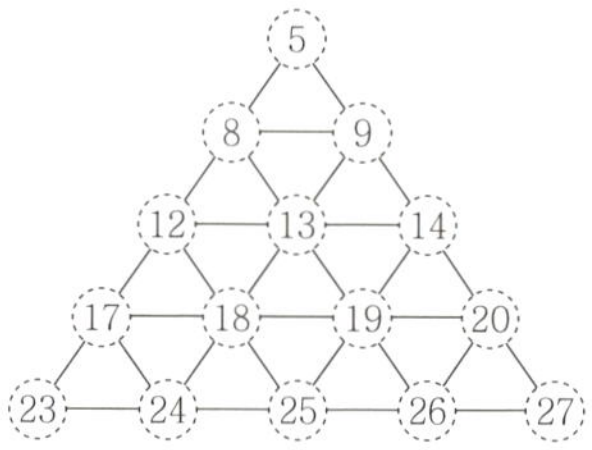

序号	使用原料			追加原料
	长石	碳酸钡	高岭土	石灰石
5	8	1	1	1
8	7	2	1	1
9	7	1	2	1
12	6	3	1	1
13	6	2	2	1
14	6	1	3	1
17	5	4	1	1
18	5	3	2	1
19	5	2	3	1
20	5	1	4	1
23	4	5	1	1
24	4	4	2	1
25	4	3	3	1
26	4	2	4	1
27	4	1	5	1

试验结果，见图 9-26：

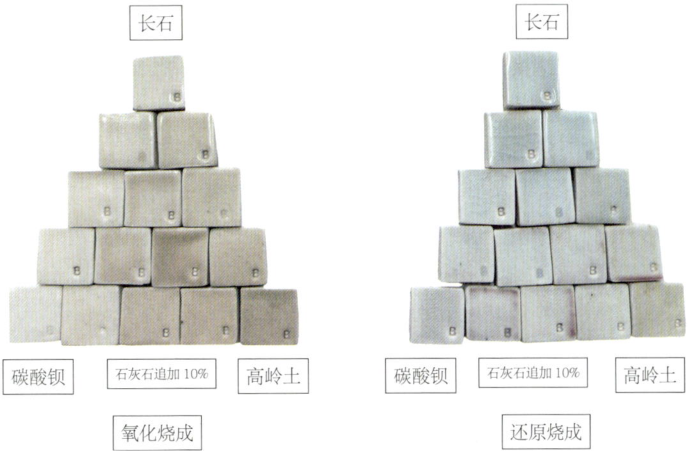

图 9-26　基础钡釉的试验结果

2. 哑光釉的配制试验

（1）试验四：哑光钡釉的配制（表 9-25）

表 9-25　哑光钡釉的配制

试验目标	根据"三角法"混合长石、碳酸钡和高岭土，之后各追加 5% 的二氧化硅，在白瓷土试片上施釉，烧成后直观了解不同原料配比和不同烧造气氛下，釉面的发色与熔融性变化
使用原料	长石（Feldspar），碳酸钡（Barium Carbonate），高岭土（Kaolin），二氧化硅（Silica）/ 白瓷土（4B）
烧造条件	氧化烧成，电窑 1260 ℃（维持 30 分钟）；还原烧成，气窑 1260 ℃，950 ℃（维持 60 分钟）

试验配料方案

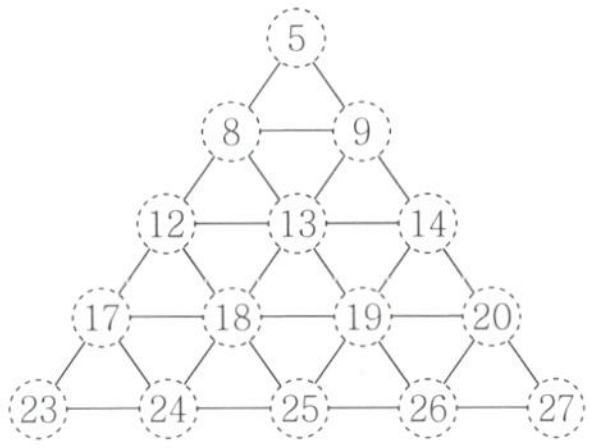

序号	使用原料			追加原料
	长石	碳酸钡	高岭土	二氧化硅
5	8	1	1	0.5
8	7	2	1	0.5
9	7	1	2	0.5
12	6	3	1	0.5
13	6	2	2	0.5
14	6	1	3	0.5
17	5	4	1	0.5
18	5	3	2	0.5
19	5	2	3	0.5
20	5	1	4	0.5
23	4	5	1	0.5
24	4	4	2	0.5
25	4	3	3	0.5
26	4	2	4	0.5
27	4	1	5	0.5

试验结果，见图 9-27：

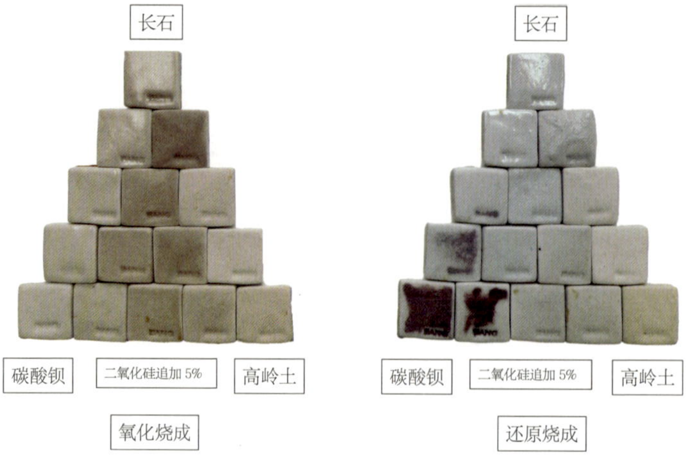

图 9-27　哑光钡釉的试验结果

（2）试验五：哑光石灰釉的配制（表 9-26）

表 9-26　哑光石灰釉的配制

试验目标	根据“三角法”混合长石、石灰石和高岭土，之后各追加 5% 的二氧化硅，在白瓷土试片上施釉，烧成后直观了解不同原料配比和不同烧造气氛下，釉面的发色与熔融性变化
使用原料	长石（Feldspar），石灰石（Limestone)，高岭土（Kaolin），二氧化硅（Silica）/ 白瓷土（4B）
烧造条件	氧化烧成，电窑 1260 ℃（维持 30 分钟）；还原烧成，气窑 1260 ℃，950 ℃（维持 60 分钟）
试验配料方案	（见下图及下表）

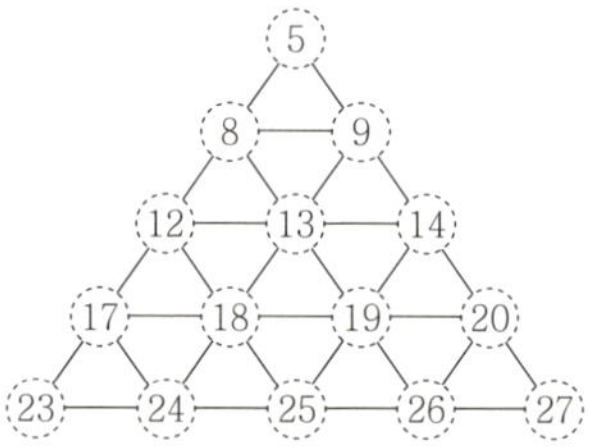

序号	使用原料			追加原料
	长石	石灰石	高岭土	二氧化硅
5	8	1	1	0.5
8	7	2	1	0.5
9	7	1	2	0.5
12	6	3	1	0.5
13	6	2	2	0.5
14	6	1	3	0.5
17	5	4	1	0.5
18	5	3	2	0.5
19	5	2	3	0.5
20	5	1	4	0.5
23	4	5	1	0.5
24	4	4	2	0.5
25	4	3	3	0.5
26	4	2	4	0.5
27	4	1	5	0.5

试验结果，见图 9-28：

图 9-28　哑光石灰釉的试验结果

3. 金属氧化物的加入试验

（1）试验六：钙镁釉中加入金属氧化物（表 9-27）

表 9-27　钙镁釉中加入金属氧化物

<table>
<tr><td>试验目标</td><td colspan="2">通过向钙镁釉（有结晶、哑光效果）中加入金属氧化物（氧化铁、氧化铜、氧化钴），在白瓷土试片上施釉，经过氧化烧成，直观了解不同原料配比下，釉面在发色、透明度、光泽度和结晶等方面的变化</td></tr>
<tr><td>使用原料</td><td colspan="2">长石（Feldspar），碳酸镁（$MgCO_3$），白云石（4MgO・3CaO），高岭土（Kaolin），松木灰（Pine Wood Ashes）/ 白瓷土（4B）</td></tr>
<tr><td>烧造条件</td><td colspan="2">氧化烧成，电窑 1260 ℃（维持 30 分钟）</td></tr>
<tr><td>试验构成</td><td colspan="2">基础釉 1/ 基础釉 2 加入三种金属氧化物（氧化铁、氧化铜、氧化钴）</td></tr>
<tr><td>基础釉</td><td>基础釉 1
长石（Feldspar）：4
白云石（4MgO・3CaO）：4
高岭土（Kaolin）：2
追加 10% 的石灰石</td><td>基础釉 2
长石（Feldspar）：4
白云石（4MgO・3CaO）：3
高岭土（Kaolin）：3
追加 10% 的石灰石</td></tr>
<tr><td>试验配料方案</td><td colspan="2">
<table>
<tr><td>氧化铁（Fe_2O_3）</td><td>2%</td><td>4%</td><td>6%</td><td>8%</td><td>10%</td><td>12%</td><td>14%</td><td>16%</td></tr>
<tr><td>氧化铜（CuO）</td><td>1%</td><td>3%</td><td>5%</td><td>7%</td><td>9%</td><td>—</td><td>—</td><td>—</td></tr>
<tr><td>氧化钴（CoO）</td><td>0.1%</td><td>0.3%</td><td>0.5%</td><td>0.7%</td><td>1%</td><td>3%</td><td>—</td><td>—</td></tr>
</table>
</td></tr>
</table>

试验结果，见图 9-29 与图 9-30：

图 9-29　基础釉 1 加入三种氧化物的氧化烧成结果

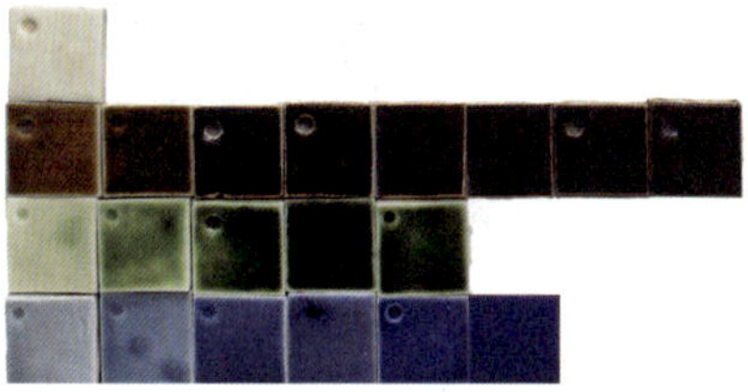

图 9-30　基础釉 2 加入三种氧化物的还原烧成结果

（2）试验七：哑光石灰釉中加入金属氧化物（表 9-28）

表 9-28　哑光石灰釉中加入金属氧化物

<table>
<tr><td>试验目标</td><td>通过向哑光石灰釉中加入金属氧化物（氧化钛、氧化镍、氧化铁、氧化钴、氧化铜），在白瓷土试片上施釉，经过烧成，直观了解不同原料配比和不同烧造气氛下，釉面在发色、透明度、光泽度和结晶等方面的变化。</td></tr>
<tr><td>使用原料</td><td>长石（Feldspar），石灰石（Limestone），高岭土（Kaolin），二氧化硅（Silica）/ 白瓷土（4B）</td></tr>
<tr><td>烧造条件</td><td>氧化烧成，电窑 1260 ℃（维持 30 分钟）；还原烧成，气窑 1260 ℃，950 ℃（维持 60 分钟）</td></tr>
<tr><td>试验构成</td><td>基础釉加入五种金属氧化物（氧化钛、氧化镍、氧化铁、氧化钴、氧化铜）</td></tr>
<tr><td>基础釉</td><td>长石（Feldspar）：4
石灰石（Limestone）：4
高岭土（Kaolin）：5
追加 5% 的二氧化硅</td></tr>
<tr><td>试验配料方案</td><td>
<table>
<tr><td>氧化钛（TiO_2）</td><td>4%</td><td>6%</td><td>8%</td><td>10%</td><td>12%</td></tr>
<tr><td>氧化镍（NiO）</td><td>2%</td><td>4%</td><td>6%</td><td>8%</td><td>10%</td></tr>
<tr><td>氧化铁（Fe_2O_3）</td><td>2%</td><td>4%</td><td>6%</td><td>8%</td><td>10%</td></tr>
<tr><td>氧化钴（CoO）</td><td>0.1%</td><td>0.3%</td><td>0.5%</td><td>0.7%</td><td>1%</td></tr>
<tr><td>氧化铜（CuO）</td><td>1%</td><td>3%</td><td>5%</td><td>7%</td><td>0%</td></tr>
</table>
</td></tr>
</table>

试验结果，见图 9-31 与图 9-32：

图 9-31　基础釉加入五种氧化物的氧化烧成结果

图 9-32　基础釉加入五种氧化物的还原烧成结果

4. 古代经典釉色再现试验

（1）哥釉试验（表 9-29）

表 9-29 哥釉试验

釉式：

$$\left.\begin{matrix} 0.75\ KNaO \\ 0.25\ CaO \end{matrix}\right\} \cdot X\ Al_2O_3 \cdot Y\ SiO_2$$

变动 Al_2O_3—$SiO_2$2 个组分的调试方案：

Al_2O_3 摩尔数						
	0.75		D1	D2	D3	D4
	0.65	D5	D6	D8	D8	
		2.50	2.75	3.00	3.25	3.50
SiO_2 摩尔数						
1250 ℃，氧化烧造，白瓷土						

试验配料表：

使用原料	序号							
	D1	D2	D3	D4	D5	D6	D7	D8
霞石正长岩	62.4	77.2	74.0	71.0	72.4	76.3	72.9	69.8
碳酸钠	9.9	4.6	4.4	4.2	8.6	6.6	6.3	6.0
石灰石	7.7	7.2	6.9	6.6	8.1	7.7	7.4	7.1
高岭土	5.0	4.1	3.7	3.2	1.3	1.0	0.6	—
黏土	7.0	7.0	7.0	7.0	7.0	7.0	7.0	7.3
氧化铝	4.7	—	—	—	1.7	—	—	—
二氧化硅	3.3	—	4.1	7.9	1.0	1.4	5.8	9.8
小计	100	100.1	100.1	99.9	100.1	100	100	100
氯化钙	0.20	0.15	0.15	0.15	0.20	0.20	0.20	0.20
水	75 mL	75 mL	75 mL	75 mL	75 mL	75 mL	75 mL	75 mL
球磨时间	20 分钟							

试验结果，见图 9-33：

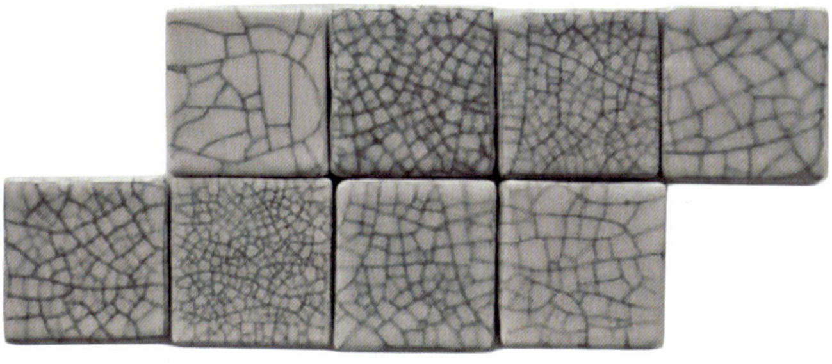

图 9-33 哥釉试验结果

（2）钧釉试验（表 9-30）

表 9-30　钧釉试验

釉式：

$$\left.\begin{array}{l}0.20\ KNaO\\ 0.20\ MgO\\ 0.50\ CaO\\ 0.10\ BaO\end{array}\right\}\cdot X\ Al_2O_3\cdot Y\ SiO_2$$

追加：CuO 0.7/100，　TiO_2 2/100

SnO_2 3/100，骨粉 2/100

变动 Al_2O_3—$SiO_2$2 个组分的调试方案：

Al_2O_3 摩尔数									
	0.40						G19	G20	G21
	0.35					G22	G23	G24	
	0.30			G25	G26	G27			
	0.25	G28	G29	G30					
		2.75	3.00	3.25	3.50	3.75	4.00	4.25	4.50

SiO_2 摩尔数

1280 ℃ /1300 ℃，氧化烧造，白瓷土

试验配料表：

原料	序号											
	K19	K20	K21	K22	K23	K24	K25	K26	K27	K28	K29	K30
长石	34.1	32.8	31.7	36.1	34.7	33.4	40.1	38.4	36.8	45.1	43	41
白云石	9.4	9	8.7	10	9.6	9.2	11.1	10.6	10.1	12.4	11.8	11.3
石灰石	7.7	7.4	7.1	8.1	7.8	7.5	9	8.6	8.3	10.1	9.6	9.2
碳酸钡	5	4.8	4.7	5.3	5.1	4.9	5.9	5.7	5.4	6.7	6.3	6
高岭土	6.2	5.7	5.2	3.5	3.1	2.7	—	—	—	—	—	—
黏土	7	7	7	7	7	7	7.8	7.4	7.1	4.4	4.1	4
二氧化硅	30.6	33.2	35.6	30	32.7	35.3	26.1	29.3	32.2	21.3	25.1	28.5
氧化铜	0.7	0.7	0.7	0.7	0.7	0.7	0.7	0.7	0.7	0.7	0.7	0.5
氧化锡	3	3	3	3	3	3	3	3	3	3	3	3
氧化钛	2	2	2	2	2	2	2	2	2	2	2	2
小计	105.7	105.6	105.7	105.7	105.7	105.7	105.7	105.7	105.6	105.7	105.6	105.5
骨粉	2	2	2	2	2	2	2	2	2	2	2	2
氯化钙	0.1	0.1	0.1	0.1	0.1	0.1	0.1	0.1	0.1	0.1	0.1	0.1
水	75 mL	75 mL	75 mL	75 mL	75 mL	75 mL	75 mL	75 mL	75 mL	75 mL	75 mL	75 mL
球磨时间	30 分钟											

试验结果，见图 9-34 和图 9-35：

图 9-34　钧釉 1300 ℃试验结果

图 9-35　钧釉 1280 ℃试验结果

（3）铜绿釉试验（表 9-31）

表 9-31　铜绿釉试验

釉式：

$$\left.\begin{array}{l}0.47\ KNaO\\0.05\ Li_2O\\0.48\ SrO\end{array}\right\}\cdot X\ Al_2O_3\cdot Y\ SiO_2$$

追加：TiO_2 5/100，$CuCO_3$ 5/100

变动 Al_2O_3—$SiO_2$2 个组分的调试方案：

Al_2O_3 摩尔数					
	0.65		G1	G2	G3
	0.60	G4	G5	G6	
	0.55	G7	G8	G9	
		2.40	2.70	3.00	3.30
					SiO_2 摩尔数

1250 ℃，氧化 / 还原烧造，白瓷土

试验配料表：

使用原料	序号								
	G1	G2	G3	G4	G5	G6	G7	G8	G9
霞石正长岩	61	58	55.2	65.7	62.2	59.1	67.2	63.5	60.3
碳酸锂	1.1	1.0	1.0	1.2	1.2	1.0	1.2	1.1	1.1
碳酸锶	20.6	19.6	18.6	22.2	21.0	19.9	22.7	21.4	20.3
黏土	13.5	12.8	12.2	10.5	9.9	9.4	6.6	6.2	5.9
二氧化硅	3.9	8.7	13.0	0.5	5.8	10.5	2.4	7.7	12.4
氧化钛	5	5	5	5	5	5	5	5	5
碳酸铜	5	5	5	5	5	5	5	5	5
小计	110.1	110.1	110	110.1	110.1	109.9	110.1	109.9	110
氯化钙	0.2	0.2	0.2	0.2	0.2	0.2	0.2	0.2	0.2
CMC	0.1	0.1	0.1	0.1	0.1	0.1	0.1	0.1	0.1
水	80 mL	80 mL	80 mL	80 mL	80 mL	80 mL	80 mL	80 mL	80 mL
球磨时间	30 分钟								

试验结果，见图 9-36 和图 9-37：

图 9-36　铜绿釉氧化烧成试验结果

图 9-37　铜绿釉还原烧成试验结果

（4）郎红釉试验（表 9-32）

表 9-32　郎红釉试验

釉式：

$$\left.\begin{matrix} 0.25\ KNaO \\ 0.10\ Li_2O \\ 0.35\ CaO \\ 0.30\ BaO \end{matrix}\right\} \cdot X\ Al_2O_3\ \cdot Y\ SiO_2$$

变动 Al_2O_3—$SiO_2$2 个组分的调试方案：

Al_2O_3 摩尔数						
	0.425		G10	G11	G12	G13
	0.400	G14	G15	G16	G17	
SiO_2 摩尔数		3.25	3.50	3.75	4.00	4.25

1250 ℃，还原烧造，白瓷土 / 青瓷土

试验配料表：

使用原料	序号							
	G10	G11	G12	G13	G14	G15	G16	G17
长石	44.6	42.9	41.3	39.8	46.9	45	43.2	41.6
锂辉石	16.3	15.7	15.1	14.6	17.2	16.5	15.9	15.3
石灰石	9.3	9.0	8.6	8.3	9.8	9.4	9.1	8.7
碳酸钡	15.8	15.2	14.6	14.1	16.6	15.9	15.3	14.7
黏土	5.2	5	4.8	4.6	3.6	3.5	3.3	3.2
二氧化硅	8.8	12.3	15.6	18.6	5.9	9.7	13.2	16.4
氧化铜	1	1	1	1	1	1	1	1
氧化锡	3	3	3	3	3	3	3	3
水	70 mL	70 mL	70 mL	70 mL	70 mL	70 mL	70 mL	70 mL
球磨时间	40 分钟							

试验结果，见图 9-38 和图 9-39：

图 9-38　郎红釉在青瓷土上的试验结果

图 9-39　郎红釉在白瓷土上的试验结果

（5）建窑黑釉试验（表 9-33）

表 9-33　建窑黑釉试验

釉式：

$$\left.\begin{matrix}0.15\ KNaO\\0.55\ CaO\\0.20\ MgO\end{matrix}\right\}\cdot X\,Al_2O_3\cdot Y\,SiO_2$$

追加：Fe_2O_3 5.5/100，MnO_2 8/100

变动 Al_2O_3—$SiO_2$2 个组分的调试方案：

Al_2O_3 摩尔数						
	0.55		H25	H26	H27	H28
	0.50	H29	H30	H31	H32	
		3.80	4.0	4.20	4.40	4.60

SiO_2 摩尔数

1250 ℃，氧化烧造，白瓷土

试验配料表：

使用原料	序号							
	H25	H26	H27	H28	H29	H30	H31	H32
长石	24.8	24.1	23.4	22.8	26	25.3	24.5	23.8
白云石	13.7	13.3	12.9	12.6	14.3	13.9	13.5	13.1
石灰石	6.2	6	5.8	5.7	6.5	6.3	6.1	5.9
黏土	8	8	8	8	8	8	8	8
煅烧高岭土	17.6	16.8	16.1	15.5	15.5	14.8	14.1	13.5
二氧化硅	29.7	31.8	33.7	35.5	29.6	31.8	33.8	35.7
氧化铁	5.5	5.5	5.5	5.5	5.5	5.5	5.5	5.6
氧化锰	8	8	8	8	8	8	8	8
氧化钛	1	1	1	1	1	1	1	1
小计	114.5	114.5	114.4	114.6	114.4	114.6	114.5	114.6
水	100 mL	100 mL	100 mL	100 mL	100 mL	100 mL	100 mL	100 ml
球磨时间	50 分钟							

试验结果，见图 9-40：

图 9-40　建窑黑釉的试验结果

（6）朱斑釉试验（表 9-34）

表 9-34　朱斑釉试验

釉式：

$$\left.\begin{array}{l}0.20\ KNaO\\0.28\ CaO\\0.52\ MgO\end{array}\right\}\cdot X\,Al_2O_3\cdot Y\,SiO_2$$

追加：Fe_2O_3 15/100，骨粉 12/100

变动 Al_2O_3—$SiO_2$2 个组分的调试方案：

Al_2O_3 摩尔数	0.35		H17	H18
	0.3	H19	H20	H21
	0.55	H22	H23	H24
		2.50	2.75	3.00
				SiO_2 摩尔数

1250 ℃，氧化 / 还原烧造，白瓷土 / 青瓷土

试验配料表：

使用原料	序号							
	H17	H18	H19	H20	H21	H22	H23	H24
长石	46.9	44.6	50.8	48	45.6	52.1	49.2	46.7
白云石	18.1	17.2	19.6	18.4	17.6	20.1	19.0	18
煅烧滑石	10.2	9.7	11.0	10.4	9.9	11.3	10.7	10.1
高岭土	6.6	5.9	2.8	2.3	1.8	—	—	—
黏土	7	7	7	7	7	5	4.8	4.5
二氧化硅	11.2	15.6	8.8	13.8	18.2	11.4	16.3	20.7
氧化铁	15	15	15	15	15	15	15	15
骨粉	12	12	12	12	12	12	12	12
水	110 mL	110 mL	110 mL	110 mL	110 mL	110 mL	110 mL	110 mL
球磨时间	40 分钟							

试验结果，见图 9-41 和图 9-42：

图 9-41　朱斑釉氧化烧成试验结果

图 9-42　朱斑釉还原烧成试验结果

（7）铁锈红釉试验（表 9-35）

表 9-35　铁锈红釉试验

釉式：

$$\left.\begin{array}{l}0.35\ KNaO\\0.45\ MgO\\0.20\ SrO\end{array}\right\} \cdot X\ Al_2O_3 \cdot Y\ SiO_2$$

追加：Fe_2O_3 15/100，骨粉 13/100

变动 Al_2O_3—$SiO_2$2 个组分的调试方案：

Al_2O_3 摩尔数							
	41.55		K01	K02	K03	K04	K05
	0.50	K06	K07	K08	K09	K10	
		4.00	4.25	4.50	4.75	5.00	5.25

SiO_2 摩尔数

1280 ℃，还原烧造，白瓷土 / 青瓷土

试验配料表：

使用原料	序号									
	K01	K02	K03	K04	K05	K06	K07	K08	K09	K10
长石	59	56.8	54.8	53	51.2	62.4	60	57.7	55.7	53.8
煅烧滑石	13.7	13.2	12.8	12.3	11.9	14.5	14.0	13.5	13.0	12.5
碳酸锶	7.3	7.2	6.9	6.7	6.5	7.9	7.6	7.3	7.1	6.8
高岭土	5.8	5.5	5.1	4.7	4.3	3.3	2.9	2.6	2.2	1.9
黏土	7	7	7	7	7	7	7	7	7	7
二氧化硅	6.8	10.2	13.4	16.3	19.1	4.8	8.5	11.9	15.0	18.0
氧化铁	15	15	15	15	15	15	15	15	15	15
小计	114.6	114.9	115	115	115	114.9	115	115	115	115
骨粉	13	13	13	13	13	13	13	13	13	13
水	100 mL	100 mL	100 mL	100 mL	100 mL	100 mL	100 mL	100 mL	100 mL	100 mL
球磨时间	40 分钟									

试验结果，见图 9-43 与图 9-44：

图 9-43　铁锈红釉在白瓷土上的试验结果

图 9-44　铁锈红釉在青瓷土上的试验结果

码 9-7　铅釉配制

码 9-8　草木灰釉配制

第四节　颜料的配方与制备

陶瓷颜料品种繁多，不同类型颜料的制备方法各不相同，甚至同一种颜料可通过不同的工艺来制取。本节主要简单介绍釉上新彩颜料、釉中彩颜料、釉下彩颜料 3 种常用固体颜料，及以金水为代表的液体颜料的配方与制备工艺。

一、釉上新彩颜料

釉上新彩颜料是一种用于釉上彩绘装饰的玻璃质颜料，主要由色剂和熔剂配合而成，熔融温度较低，色彩丰富鲜艳。釉上新彩是将颜料施于成瓷器皿的釉面之上，经适当的温度烧成，使颜料熔融附着于釉表。釉上彩的烤烧温度，欧洲一般为 720 ℃～ 770 ℃，我国则在 650 ℃～ 850 ℃之间。在新彩颜料中，色剂和熔剂的组成、性质对颜料的呈色变化有很大影响，同时，颜料和熔剂的配比，对颜料发色的浓淡和烤制温度具有重要作用。

1. 釉上新彩颜料的特点

新彩颜料发色稳定，没有特殊的工艺条件要求，烧成范围较宽，有较强的适应性，颜料本身对产品质量影响较小，适合手工或机械化条件生产，画、喷、印、贴等装饰技法均可运用。

新彩颜料品种多，色彩附着力强，除个别颜色外，颜料可相互搭配形成新的色相，而且色相在烧成前后变化不会太大。调色可以用油、水和胶分别调色，艺术表现力强，可广泛地吸收中国画、油画、水彩画的表现手法，工艺局限性较小，较容易掌握。

2. 釉上新彩颜料的制备工艺与流程

新彩颜料主要由色剂和熔剂两大部分组成，釉上彩颜料对其颗粒大小有一定要求，以通过 10000 孔 /cm^2 筛、筛余不超过 0.2%为合格。事实上，包括新彩在内，不论用什么彩饰方法施于器物釉面，都必须在同一彩烧温度熔融烧成，颜料的热膨胀性必须同釉面相接近。所用的熔剂是颜料和釉面的结合物，彩烧后外观须均匀明亮，满足装饰的需要。颜料施于釉面上，烧成后须有抵抗酸和碱溶液侵蚀的作用。

熔剂一般为低熔融温度的无色玻璃质。它是颜料和釉面的结合剂，一般为碱金属硅酸盐玻璃、硼酸玻璃或硅硼酸铅玻璃。

（1）熔剂制作的注意事项

熔剂制作一般在坩埚炉中进行。原料配合料的装入量一般占坩埚容积的三分之二，不可盛满，避免原料在熔融时产生气泡而逸出。由于 Al_2O_3 的密度大，易于沉底，故必须在坩埚红透后才可装料。熔融温度和保温时间必须适当。若生烧，则熔融不透，有气泡和一部分未经化合的原料存在，流入水中急冷时，部分成分溶解，使配料成分发生变化。若过烧，则熔剂侵蚀坩埚，使 Al_2O_3 和 SiO_2 的含量增加，提高熔融温度，或产生不均匀的小粒状存在于熔剂中，影响颜料生产质量。各种含有硝酸钾的熔剂或颜料在烧炼开始时，都有较浓的硝烟挥发，应敞开坩埚口，在硝烟挥发干净后，方可将坩埚口盖密。

（2）新彩的制备工艺

陶瓷釉上新彩颜料色彩的浓淡及烧成温度的高低与熔剂的配比有很大的关系。一般色剂的成分占颜料的 10%，熔剂占 90%。但氧化钴、氢化铬等颜料，由于着色力强，色剂与熔剂的占比为 1 : 3 或 1 : 4。若颜料颗粒过细，则熔剂用量还可减少。新彩的一般性制备流程如图 9-45 所示。

3. 釉上新彩颜料配方

釉上新彩颜料用途非常广泛，适用于釉上贴花、喷花、刷花、印花、手绘等多种装饰形式与手法。按颜色分类包括：红色、绿色、蓝色、黄色、紫色、褐色、黑色和白色共八大类。

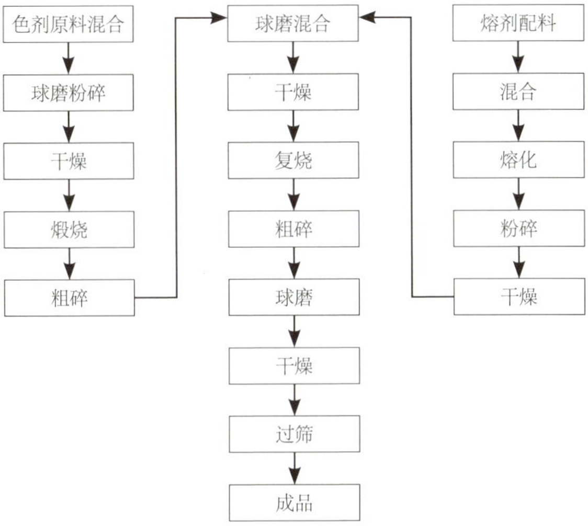

图 9-45　釉上新彩颜料的制备流程

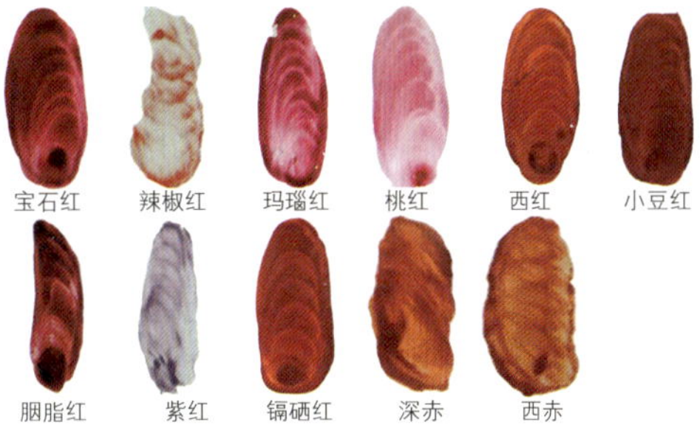

图 9-46　釉上新彩红色颜料

（1）红色颜料

新彩红色颜料（图 9-46）按照呈色机理与使用原料的不同，分为金红、铁红和镉硒红三大类。

①金红颜料

金红颜料的主要发色元素为黄金，其色粉组成为金与锡酸水化物的混合物，由氯化亚锡加三氯化金的稀薄溶液而制得。金红颜料包括玛瑙红、紫红、桃红、胭脂红等，其中用途最广、发色效果最佳的是玛瑙红，因为其呈玫瑰色，故又称玫瑰红。玛瑙红的具体配方和工艺要点整理如表 9-36 所示。

表 9-36　玛瑙红的具体配方和工艺要点

成品配方	熔剂 1.56 kg；色剂 2 份；碳酸银 0.21 kg
熔剂配方（%）	铅丹 44.33；硼酸 24.63；硼砂 19.70；石英 9.85；氧化锌 1.47
色剂配方	A 液：水 60 kg；20% 氯化金 0.15 kg；硫酸铝 0.3 kg
	B 液：无离子水 15 kg；二氯化锡 0.075 kg；四氯化锡 0.24 kg；盐酸 0.158 kg
	C 液：氨水 0.57 kg
工艺要点： a. 熔剂：直接按配方将原料充分混合后，经 900 ℃ ~ 1000 ℃ 熔制。 b. 色剂：依次加入 A、B、C 三液，充分搅拌，完全反应后，水漂洗至中性。 c. 成品：按配方配比入球磨，磨细后烘干再进行复烧（1000 ℃左右），最后入球磨机，精磨至细，烘干过筛后即为成品。	

②铁红颜料

铁红颜料的主要着色成分是三价氧化铁，其色泽与煅烧温度有关，随煅烧温度的不同，颜色变动于淡黄红色、血红、深堇色之间，在配料中以不同配比与 Al_2O_3 混合，可以得到各种不同的安定色调。铁红颜料包括深赤、淡赤、代赤等。以常用的深赤颜料为例，具体配方和工艺要点整理如表 9-37 所示。

表 9-37　深赤的具体配方和工艺要点

成品配方（%）	熔剂 44.4；氧化铁（即色剂）27.8；氧化铝 27.8
熔剂配方（%）	红丹 55.5；石英 13；硼酸 23；碳酸镁 4；混合料 4.5
混合料组成（%）	氧化锌 58；氧化锑 17.4；氧化铝 13；氧化铁 11.6
工艺要点： a. 熔剂：按配方称料并混合均匀，在 900 ℃ ~ 1000 ℃用熔块炉熔制。 b. 混合料：按配方称料，球磨后过 120 目筛备用。 c. 成品：湿磨 200 小时，烘干，粉碎，过筛即可。	

③镉硒红颜料

镉硒红颜料是釉上彩颜料中唯一的大红颜料，具有着色力强、遮盖力强的特点。但因镉硒红颜料是由硫与硒和一种易于分解的镉盐（如碳酸镉或草酸镉）的混合物煅烧而成，具有一定毒性，故一般在艺术瓷和玩具瓷的釉上使用，也用于墙面砖和低温餐具器皿彩绘。其具体配方和工艺要点整理如表 9-38 所示。

表 9-38　镉硒红的具体配方和工艺要点

成品配方（%）	熔剂 80；色剂 20
熔剂配方（%）	铅丹 27.7；石英 17.1；硼酸 9.0；硼砂 13.9；氧化锌 2.0；长石 27.9；碳酸钙 2.4
色剂配方（%）	碳酸镉 73.8；硒 9.6；硫黄 16.6
工艺要点： a. 熔剂：按配方称料并混合均匀，在 900 ℃ ~ 1000 ℃温度下用熔块炉熔制。 b. 色剂：按配方称料并混合均匀，在 650 ℃ ~ 680 ℃温度下焙烧。 c. 成品：按配方配料在 650 ℃ ~ 700 ℃温度下复烧，然后球磨粉碎，干燥，过筛即可。	

（2）绿色颜料

新彩绿色颜料（图 9-47）的主要着色剂为 Cr_2O_3，含铬的绿色颜料耐火性和稳定性都较好，且着色力强。在组成中加入不同数量的矾土（或高岭土）及钙镁、硼、锌、钴等的氧化物，可配成不同的色调及色光。例如，浅绿色系颜料的分子组成是：$Cr_2O_3 \cdot Al_2O_3$，或 $Cr_2O_3 \cdot CaO$，或 $Cr_2O_3 \cdot MgO \cdot 0.5CaO$。而蓝绿色系颜料则是 $Cr_2O_3 \cdot 0.5ZnO$。以暗绿和深蓝绿为例，具体配方和工艺要点整理如表 9-39、表 9-40 所示。

表 9-39　暗绿的具体配方和工艺要点

成品配方（%）	熔剂 80；色剂 20
熔剂配方（%）	铅丹 61.77；石英 9.15；硼酸 29.08
色剂配方（%）	氧化铬 100
工艺要点： a. 熔剂：按配方混合均匀后，在 1000 ℃ ~ 1050 ℃温度下用熔炉熔制，后将熔化物水洗烘干，磨细备用。 b. 色剂：为单一氧化铬，细磨即可。 c. 成品：按配方配比称料，球磨，烘干，过筛，然后经 750 ℃ ~ 850 ℃复烧取出，球磨粉碎 200 小时，烘干，过筛，即可得成品。	

表 9-40　深蓝绿的具体配方和工艺要点

成品配方（%）	熔剂 75；色剂 25
熔剂配方（%）	铅丹 61.77；石英 9.15；硼酸 1.62
色剂配方（%）	硫酸钴 47.93；重铬酸钾 50.45；氧化铝 1.62
工艺要点： a. 熔剂：料混合均匀后，在 1000 ℃ ~ 1050 ℃温度下用熔块炉熔制，水洗烘干，磨细备用。 b. 色剂：先将硫酸钴、重铬酸钾粉碎，并过 80 目筛，然后加氧化铝粉混合均匀，再将物料放入坩埚内加热，并不断搅拌，至烧结止。将坩埚扣紧使密闭，继续升温至 1250 ℃ ~ 1300 ℃，保温 3 ~ 4 小时，取出，球磨，漂洗至中性，烘干备用。 c. 成品：按配方配比称料，球磨，烘干，过筛，然后在熔块炉中进行复烧，温度为 800 ℃ ~ 900 ℃，至完全熔融后急冷，粉碎，烘干，过筛即可。	

（3）蓝色颜料

蓝即青，在陶瓷颜料领域并不做严格区别。蓝色颜料（图 9-48）的着色剂主要为 CoO，加入其他金属氧化物后，可在蓝色调范围内发生变化，得到一系列蓝色调。钴青颜料用熔剂一般不含有碱金属，以含铅熔剂或含定量硼酸的熔剂为宜，不宜含硼砂，要控制 Na_2O 的含量。熔剂的主要组成为硅酸铅，增加硼酸代替硅酸，可降低熔剂熔点。以海碧蓝为例，具体配方和工艺要点如表 9-41 所示。

表 9-41　海碧蓝具体配方和工艺要点

成品配方（%）	熔剂 75；色剂 25
熔剂配方（%）	铅丹 54.50；石英 3.60；硼酸 17.40；氧化锌 4.90；氧化铝 3.40；氧化锡 3.90；碳酸钾 3.90；碳酸钡 8.40
色剂配方（%）	煅烧氧化铝 66.73；氧化钴 26.16；氧化锌 7.11
工艺要点： a. 熔剂：按配方称料并混合均匀后，在熔块炉中经 800 ℃ ~ 900 ℃熔制，粉碎，干燥，过筛备用。 b. 色剂：按配方称料、精研并混合均匀后，置耐火容器内于窑中经 1200 ℃ ~ 1300 ℃煅烧，研细，过筛备用。 c. 成品：按配方配比称料并混合后，入球磨机湿法球磨 200 小时，干燥，过筛，即为成品，不需要复烧。	

（4）黄色颜料

新彩黄色颜料（图 9-49）具有种类多、质量好、成本低的特点。按色剂的不同来划分，其主要类型包括：铀的化合物、氧化铁、金红石、钛铁氧化物、锑酸铅、锑酸钾、铬酸铅、氧化银、氧化锡等。在黄色颜料组成中，加入铁、锌、硼的化合物等，可配制不同的色光。例如氧化铁可使黄颜料带红光；硼砂可使黄颜料带橙光、更鲜明；锌对黄颜料呈色有利，可增强色度；镍使黄颜料带褐色。以薄黄为例，具体配方和工艺要点如表 9-42 所示。

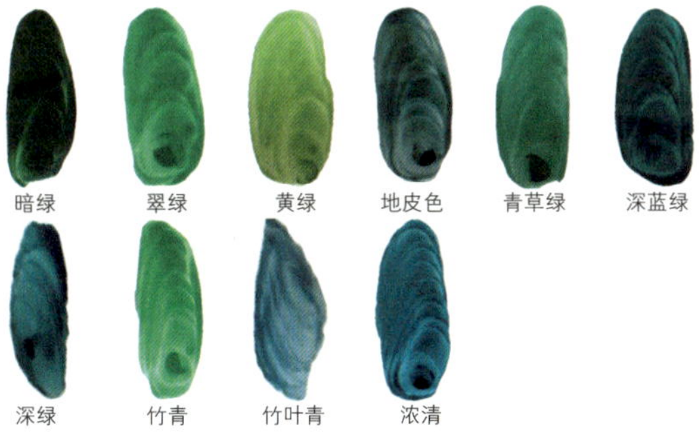

图 9-47　釉上新彩绿色颜料

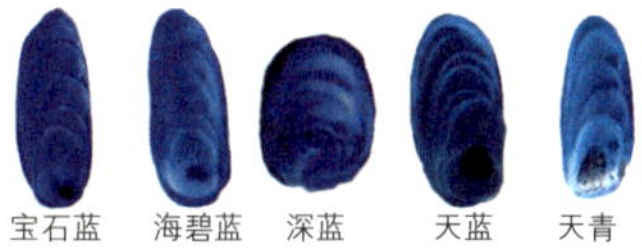

图 9-48　釉上新彩蓝色颜料

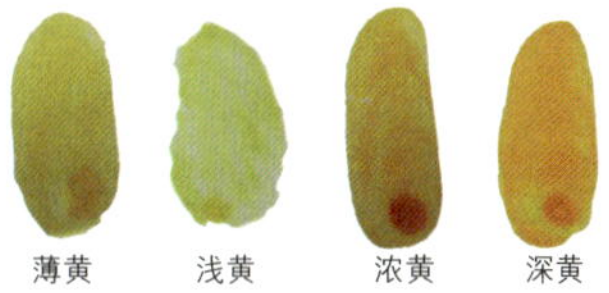

图 9-49　釉上新彩黄色颜料

表 9–42　薄黄的具体配方和工艺要点

成品配方（%）	熔剂 87.18；色剂 12.82
熔剂配方（%）	红丹 54；石英 34.60；硝酸钾 9.50；氧化砷 1.90
色剂配方（%）	氧化锡 26.7；红丹 73.3
工艺要点： 首先将熔剂和色剂按配方称料并分别混合均匀，将熔制混合物投入卧式坩埚炉中以 1200 ℃～1250 ℃煅烧 3 小时后，再立即放入色剂混合物，并不断搅拌，使色剂和熔剂充分混合均匀，然后取出在冷水中急冷，粉碎，干燥，过筛，即为成品。薄黄作为锡黄类颜料，其主要着色剂为氧化锡，氧化锡加热至一定的温度会呈黄色。	

（5）褐色颜料

新彩中的褐色颜料（图 9–50）没有单一固定的颜色，由各种氧化物混合形成不同颜色倾向的褐色，所以褐色颜料的成分也不固定，主要根据使用者自己的爱好和经验来进行配比。淡褐色通常是以铁红加不同配比的氧化锌及少量的氧化镍，或加适量的氧化铝、氧化钙、氧化镁、氧化钡等进行配制。而深褐色则以铁红混合氧化锰或赭石来配制，如再混加氧化镍和氧化铬，则使呈色更深并近乎黑色。以麻色为例，具体配方和工艺要点如表 9–43 所示。

表 9–43　麻色的具体配方和工艺要点

成品配方（%）	熔剂 75；色剂 25
熔剂配方（%）	铅丹 66.66；石英 22.22；熔融硼砂 11.11
色剂配方（%）	铬酸铁 48.00；软锰矿 27.50；石英 14.00；瓷土 10.50
工艺要点： 麻色主要是以氧化铁、氧化锰的混合来呈色。 a. 熔剂：按配方称料混合均匀后，在熔块炉中以 900 ℃～1000 ℃熔制，粉碎，干燥，过筛备用。 b. 色剂：按配方称料球磨研细，混合均匀，置耐火容器内以 1200 ℃～1300 ℃温度在窑中进行煅烧，冷却后取出，用清水漂洗数次直至中性，粉碎、干燥、过筛备用。 c. 成品：按配方配比称料并充分混合均匀后，球磨粉碎，干燥，过筛，即为成品，不需复烧。	

（6）紫色颜料

紫色颜料的主要着色剂为碳酸锰和氧化锆，在有氧化锡存在的条件下，以氧化焰混合煅烧后充分洗涤，再与适当的熔剂配合即可得紫色颜料。

最优良的紫色颜料为紫金，即金红颜料中不加入银。必须采用极纯的二氧化锰而不是锰矿，因为锰矿中含有少量的氧化铁，铁的着色能力很强，会影响色泽，且在烧成过程中如有还原气氛的存在，也会对色泽有损害。在紫色颜料的实际配制中，可采用多系配色的方法，可由红紫色色料配加不同的熔剂混合制得。由于熔剂不同、配比不同，可得到各种色调的紫色。以茄色（图 9–51）为例，具体配方和工艺要点如表 9–44 所示。

表 9–44　茄色的具体配方和工艺要求

成品配方（%）	熔剂 75；色剂 25
熔剂配方（%）	铅丹 62.5；石英 12.5；熔融硼砂 50.0
色剂	碳酸锰；氧化锆；氧化锡（微量）
工艺要点： a. 熔剂：按配方称料并混合均匀后，置坩埚内，于熔块中以 900 ℃～1000 ℃熔制，急冷制得松脆的玻璃质，球磨粉碎，干燥，过筛备用。 b. 色剂：按配方称料并仔细混合后，置耐火容器内，在氧化气氛窑中以 1280 ℃温度煅烧，取出用清水漂洗数次，至中性止，研细，干燥，过筛备用。 c. 成品：不需复烧，混合研磨至细即可。	

（7）黑色颜料

最精美的黑色颜料，以铱和铂元素为着色剂，但由于其价格太高，在陶瓷生产中很少使用。铬和铜的氧化物也适合配制黑色，但在烧成时较为敏感、呈色不稳定，故在工业中没有大量采用。目前常用的黑色颜料（图 9-52）是将铁、钴、锰等氧化物以适当比例混合，该方法由于配方中各原料的比例不同，所以也会呈现不同的色泽倾向。例如，增加钴含量则颜料带棕色；增加铬含量则带绿光；增加铁含量则带棕光；加入氧化锌可使其呈灰色。以普黑为例，具体配方和工艺要点如表 9-45 所示。

表 9-45　普黑的具体配方和工艺要点

成品配方（%）	熔剂 70；色剂 30
熔剂配方（%）	红丹 70；石英 5；硼酸 25
色剂配方（%）	氧化铁 10.2；氧化钴 50.6；二氧化锰 39.2
工艺要点： a. 熔剂：按配方称料球磨并混合均匀后，置坩埚内，于熔块炉中以 800 ℃～900 ℃温度熔制，滴入冷水中急冷制得松脆的玻璃质，球磨细碎，干燥，过筛备用。 b. 色剂：按配方称料并混合均匀后，球磨粉碎，烘干，然后放入卧式坩埚炉中以 1100 ℃～1150 ℃温度焙烧，取出，粉碎，干燥，过筛备用。 c. 成品：按配方比称料并混合均匀后，经 900 ℃～1000 ℃复烧，然后粗碎，球磨 200 小时，干燥，过筛，即为成品。	

（8）白色颜料

白色颜料（图 9-53）是以含铅、硼的硅酸盐为熔剂，以锡、锌、锆等氧化物为着色剂，共同熔融制成的一种乳浊玻璃。锌、锡、锆等氧化物由于具有较强的乳浊作用，遮盖力大，所以是很好的白色着色剂，当加入 10%～15%的色料与熔剂共同熔融后，经精研即可制得白色颜料。釉上白色颜料主要用来减轻其他色料的色调，作为彩绘、印花的底色和用于遮盖一些小缺陷。以白料为例，具体配方和工艺要点如表 9-46 所示。

表 9-46　白料的具体配方和工艺要点

成品配方（%）	熔剂 50；色剂 50
熔剂配方（%）	铅丹 11.12；石英 33.33；熔融硼砂 55.55
色剂配方（%）	石英 53；锡灰（锡灰由 15 份锡和 10 份铅制成）26；碳酸钾 21
工艺要点： a. 熔剂：按配方称料并混合均匀后，置熔块炉中以 900 ℃～1000 ℃熔化，制得松脆的玻璃质，球磨粉碎，干燥，过筛备用。 b. 色剂：按配方称料并混合均匀后，加热接近熔融后继续加热约 1 ～ 2 小时使之烧结，取出研磨粉碎，干燥，过筛备用。 c. 成品：按配方配比称料并混合均匀后，共同熔融，急冷，精研，干燥，过筛，即为成品。	

图 9-50　釉上新彩褐色颜料

图 9-51　釉上新彩紫色颜料

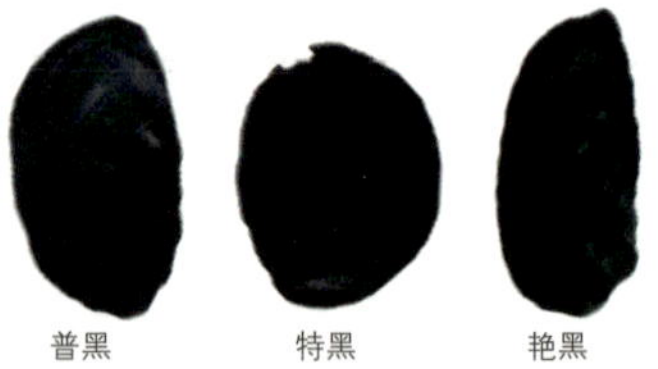

图 9-52 釉上新彩黑色颜料

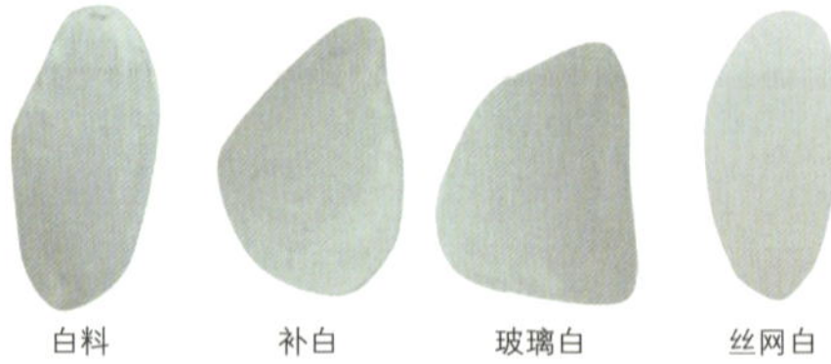

图 9-53 釉上新彩白色颜料

码 9-9 其他釉上新彩颜料配方集成

码 9-10 釉中彩颜料

码 9-11 釉下彩颜料

码 9-12 其他釉下彩颜料配方集成

二、釉中彩颜料

陶瓷釉中彩颜料，又称陶瓷釉上高温快烧颜料，是 20 世纪 70 年代发展起来的一种新型颜料，装饰方法和釉上彩相似，即在烧成的白胎上进行彩绘。所谓高温快烧，是指其彩烤温度比釉上彩颜料温度高，为 1060 ℃ ~ 1250 ℃；彩烤时间比釉上彩颜料要短，为 90 ~ 100 分钟。在高温快烧的条件下，陶瓷制品的釉面转变成熔融状态，使得陶瓷颜料颗粒渗入釉中，当冷却后釉面封闭，花色便沉浸在釉层之中，使得外观变得滋润醒目、细腻晶莹，具有釉下彩的效果。

三、釉下彩颜料

陶瓷釉下彩装饰是我国传统装饰方法之一。它是在生坯或素坯上进行彩绘，然后施一层白色透明釉或者其他浅色薄釉，按所需焰性的要求（氧化或还原），经较高温度一次烧成。烧成后的图案被一层透明的釉膜覆盖在下边，表面光亮柔和、平滑不凸出，显得晶莹透亮。陶瓷釉下彩颜料是陶瓷釉下彩饰用颜料的总称，品种较多，除红、黄、蓝、绿等基础色外，还能调配出各种中间色。

四、金水颜料

金水颜料是以黄金为主要原料，经过一系列化学反应，使纯金转变成为有机硫化香脂金化合物，加入少量硫化香脂铑、树脂酸铋、树脂酸铬等溶液，再加入适量具有一定稠度的树脂填料、有机溶剂，配制而成。金水颜料中含纯金属 8% ~ 12%，铑 0.06% ~ 1%，氧化铋 0.4% ~ 0.5%，氧化铬 0.06% ~ 0.09%。此混合溶液呈棕褐色芳香油状液体，并具有良好的描绘性能，可以直接彩饰在陶瓷釉面上，经 650 ℃ ~ 700 ℃或 780 ℃ ~ 850 ℃烧制，便可得到平滑光亮的金黄色薄膜，呈现出富丽堂皇的装饰效果。金水在使用时有以下注意事项，具体烧制前后及不同浓度的效果如图 9-54 所示。

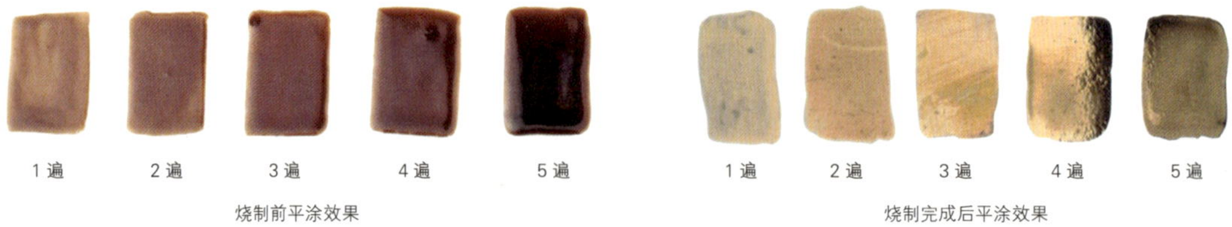

图 9-54 金水烧制前后及不同平涂遍数的效果

首先，金水存放时间过长，有效色剂易发生沉淀，不利于使用，而且不同类型的金水不可混用，容易影响发色。

其次，使用时应注意厚度。太稀，绘制的图案不够清晰；过浓，会造成金色不亮甚至出现气泡。实际操作前，应像图 9-54 所示一样进行浓度与厚度测试。

最后，电窑烧制需为氧化气氛，烧窑温度过高会导致金色挥发，过低会导致金色不够透亮。

由于金水颜料的制备需要用到几种挥发性有毒化工原料，对实验室条件要求极高。所以本节不对金水的制备工艺进行介绍，只列举几种常见金水配方，帮助读者了解金水颜料的主要构成。具体配方如表 9-47 至表 9-49 所示。

表 9-47　陶用黄金水的配方与含量要求

配方	硫化金胶 100g；树脂填料 210g；树脂酸铋 80g；硫酸铑 2.4g；树脂酸铬 30g；氯仿 35g；硝基苯 4.5g；环己酮 4.5g；松节油 6.7g；四氢萘 6.7g
含量要求	金 10% ~ 20%；铑 0.02% ~ 0.03%；铋 0.3% ~ 0.4%；铬 0.04% ~ 0.05%

表 9-48　薄膜贴花纸用黄金水的配方与含量要求

配方	硫化金胶 100g；树脂填料 210g；树脂酸铋 10g；硫酸铑 18.6g；树脂酸铬 24g；氯仿 35g；硝基苯 4.5g；环己酮 4.5g；松节油 6.7g；四氢萘 6.7g
含量要求	金 10% ~ 20%；铑 0.05% ~ 0.07%；铋 0.3% ~ 0.4%；铬 0.04% ~ 0.05%

表 9-49　瓷用白金水的配方与含量要求

配方	硫化金胶 41.65g；树脂填料 300g；树脂酸铋 80g；硫酸铑 20g；树脂酸铬 30g；硝基苯 48g；环己酮 4.5g；四氢萘 85g；硝化棉液 50g
含量要求	金 5%；铑 0.05% ~ 0.07%；铋 0.3% ~ 0.4%；铬 0.04% ~ 0.05%；铂 2%

第十章
成型工艺

学习目标：

（1）了解泥料的基本特性，认识陶艺制作的基本工具和使用方法。

（2）理解不同陶瓷成型工艺的基本原理和特点。

（3）掌握 2 至 3 种成型工艺的技巧，并了解相关操作的注意事项。

本章重要词汇：

成型、盘筑、泥板、轮制、手捏、雕塑、模具、石膏、干燥。

每一件精美的陶瓷作品，都是创作者的劳动心血与艺术造诣的结晶。陶瓷是土与火的艺术，成型是创作一件陶瓷作品的重要环节。所谓成型，就是运用各种外力将揉好的泥料进行变形塑造的过程。作品的创作目的不同，采用的成型工艺也不尽相同，较为常见的成型工艺有：泥条盘筑成型、泥板成型、拉坯成型、捏塑成型、印坯成型和注浆成型等。不同陶瓷的形状对应不同的成型工艺，所以每种成型工艺自成一体，各具特色。

本章根据不同的成型工艺，一共设置了七节，分别是：泥条盘筑成型工艺、泥板成型工艺、轮制成型工艺、修坯工艺、模制成型工艺、注浆成型工艺、手捏及雕塑成型工艺。通过本章的学习，初学者能够基本理解和掌握这些基础成型工艺的技巧，并将其灵活运用到实际创作中去，为之后尝试创作独具个性的陶瓷作品打下良好的基础。

第一节　泥条盘筑成型工艺

泥条盘筑，是一种历史非常悠久的成型方法，在世界各地广泛运用。早在公元前 6000 年左右的美索不达米亚地区，人们就通过将泥条手工盘绕、堆叠，来塑造器皿的基本形状。在中国，泥条盘筑技术可以追溯到新石器时代，许多文化遗址中都有出土使用泥条盘筑成型工艺制作的陶器，例如仰韶文化、红山文化、大汶口文化、良渚文化以及马家窑文化等。

泥条盘筑工艺具有技术门槛低、操作简单、灵活性强的特点。时至今日，在世界各地的陶艺创作中仍广泛使用，并因其独特的手工质感和创作自由度而受到艺术家和初学者的青睐。

一、特点介绍

泥条盘筑是陶瓷制作中一种广泛应用的便捷成型工艺，它不仅便于塑造各种形状，具有很强的造型能力和表现力，而且能够模仿其他成型工艺创作出圆形、方形、异形等多样的陶艺作品。在陶轮拉坯成型工艺发明之前，泥条盘筑常常被用来制作大型陶瓷作品。

泥条盘筑的步骤，通常是先将揉好的泥团用双手均匀施力搓成粗细不等的泥条，然后按照自己所需器皿的形体，选用薄厚适中的泥片作底，最后在底部泥片的边沿涂上泥浆，沿着边沿用泥条依次一圈圈盘叠，靠近底部的泥条偏粗，靠近口沿部分的泥条偏细。许多早期的陶器都先通过泥条盘筑的方式进行初步塑形，随后再经过一系列精细加工步骤，如修整、刮削和打磨等，使外壁平整光滑。这些处理不仅不易表露泥条的痕迹，还能提高器物的实用性和美观度，从而使器物更好地满足日常生活的需求。然而，从现代陶艺的角度来看，一圈圈粗犷质朴的泥条更容易让人感受到朴拙的气息，手工痕迹感更强。

泥条盘筑工艺的灵活性允许造型自由地弯曲和变化，从而使得这种成型技术具有极高的造型宽容度，非常适合塑造复杂、不规则的形体。例如当泥条盘筑成筒状达到一定高度后，仍可逐渐将其盘至弯曲。

二、方法演示

本文以盘筑花器和动物造型为例，介绍泥条盘筑的具体方法与步骤，所需工具见图 10-1。

1. 泥条盘筑花器的示范（图 10-2 至图 10-13）

图 10-1　盘泥条工具展示（从左至右分别是：稠稀度适当的泥浆、毛笔、装水的喷壶、刀、木刀）

图 10-2　用喷壶喷湿木板，保持湿润和整洁

图 10-3　用擀泥片工具将泥团均匀用力擀制成泥片

图 10-4　在制好的泥片上切割出所需形状，作为盘泥条器物的底部备用

图 10-5　取适量泥料，准备开始搓泥条

图 10-6　搓制泥条时，用双手指腹均匀施力

图 10-7　依靠指腹的力量把泥条搓成粗细均匀的长条

图 10-8　在转台上放置一张纸，以防止泥片与转台粘连。用毛笔在做好的底部刷上泥浆，方便之后泥条与底部紧密连接。将搓好的泥条沿着底部轮廓开始盘筑

图 10-9　将第二根泥条接在前一根泥条后继续盘筑。根据情况，在底部内侧加固一圈泥条，防止因底部过轻而导致向上盘筑时发生坍塌

图 10-10　两条泥条之间的接触面要用指尖轻压使其黏结牢固，注意泥条之间不能有缝隙出现

图 10-11　继续向上盘筑并通过按压使其牢固。按照需求扩大口径，当盘至器物口径最大处时再逐渐收缩。谨防口径过大导致重心不稳，器物坍塌

图 10-12　对外壁轮廓稍作调整，确保在视觉上达到对称效果

图 10-13　对口沿处进行精修，使其规整。盘筑完成后放置于阴凉处风干

2. 泥条盘筑动物造型的示范（图 10-14 至图 10-20）

图 10-14　以制作一只鸟为例。先把揉好的泥料搓成泥条，搓制泥条时，用双手的指腹均匀施力，将泥条搓成所需的粗细

图 10-15　把搓好的泥条缓慢、均匀地由下至上盘筑，边盘边轻轻向下捏，使上下泥条紧密连接，注意不要留下缝隙

图 10-16　上部分搓稍细的泥条接在前一根泥条上继续盘筑。如有需要，在盘筑底部加固一圈泥条，防止因底部过轻而导致向上盘筑时发生坍塌

图 10-17　两条泥条之间的接触面要用指尖轻压使其黏结牢固，继续粘接泥条时，需保持泥条的粗细、比例一致

图 10-18　身体做好之后，开始做鸟的头部

图 10-19　接着做出鸟头部的细节，再用泥料捏出鸟嘴和鸟眼并粘接在鸟的头部

图 10-20　用两片泥片做出鸟的翅膀，用毛笔蘸取泥浆，涂刷在翅膀上并粘接在鸟身体的两侧。固定好翅膀后，最后调整造型比例

三、注意事项

1. 盘泥条时要注意器物的高度与厚度。泥条在较为湿软的情况下不宜盘筑太高，否则易出现坍塌情况。

2. 在盘筑过程中，要注意保持坯体的干湿度。如未完成，则需要用塑料袋或保鲜膜覆盖保湿，在气温较高的情况下，可用喷壶在坯体上喷适量水后再覆盖薄膜。切记不可长时间放置，注意新接的泥条可能会和之前已盘筑好的泥条因干湿度不一而开裂。

3. 泥条和底部务必压实，需提前在底部上涂泥浆，粘接泥条后拍打平整，防止有缝隙出现。如果遇到重心不稳或底部未完全干燥的情况，可以待其有一定硬度后，再在底部和泥条衔接处涂一些泥浆，然后继续盘筑。

4. 如若所需的器形较大，可以将底部塑造得略厚，靠近底部的泥条也要相应略粗。

码 10-1　泥条盘筑

第二节　泥板成型工艺

泥板成型是一种历史悠久的陶艺技术，其起源可追溯至新石器时代。泥板成型不仅成型速度快，而且能够方便地制作出较大的完整表面，时至今日在国内外陶艺界仍然广泛应用。江苏宜兴的传统紫砂器是泥板成型工艺的典型，其造型受泥板工艺影响，具有简洁、明快的特点。泥板成型法能够充分展现艺术家的个性和创造力。

泥板成型是将泥块通过人工或压泥机滚压，或使用木拍板轻轻拍打，形成厚度一致的泥板。泥板制作完成后，根据设计需要对其进行切割和塑形，可以组合成拥有各种形状和结构的陶艺作品。这种技术允许艺术家以二维的方式思考三维形态，创造出结构简洁、体积感强的作品。

一、特点介绍

泥板成型工艺凭借其灵活多变的特性，在陶艺创作中占据了不可替代的重要地位。泥板成型允许艺术家从平面的泥板出发，通过切割、折叠和组合等手法，创造出立体的陶艺作品，这种方法特别适合制作形状、结构复杂的器皿。泥板成型过程中，利用陶泥良好的可塑性和竖立性不仅可以塑造棱角分明、线条清晰的造型，还可以丰富各种不规则和有机形态，进而赋予作品独特的艺术风格和个性表达。泥板成型技术能够充分展现泥料的可塑性，通过精细操作可以制作出具有细腻纹理和丰富表现力的作品。艺术家可以通过调整泥板的厚度和湿度，控制作品的强度和质感。

泥板成型工艺在干燥和烧制过程中相对容易控制，并且由于泥板之间的接触面积较大，有助于提高作品的整体稳定性和均匀性。这种技术不仅适用于传统的陶艺制作，也广泛应用于现代陶艺创作和教学中，是一种深受陶艺爱好者和专业人士喜爱的成型方法。

泥板成型的关键在于控制泥板的湿度和可塑性，以确保在成型和干燥过程中保持其结构的稳定性。创作时，需要把握好泥板的干湿程度，当泥板较干燥时，则具备较强的站立性，便于镶接表现挺直、棱角转折分明、结构明确、肌理丰富的陶艺造型。当泥板较湿润时，则具备较强的可塑性，可任意扭曲、包卷和裁切，便于表现自由性强的圆筒状陶艺作品。泥板的厚度应根据所制器物大小而定，但必须确保整块泥板的厚度均匀一致。

二、方法演示

泥板成型工艺依赖于泥板的制备，不同的制作方法可以产生不同质感、压痕和肌理效果的泥板。常用制作泥板的方法包括：

滚压法，是使用滚轮压泥机制作面积较大的泥板。泥板厚度要根据作品的需求而定。主要步骤如下：首先在揉好的泥团下面垫一块麻布，用擀面杖将泥团简单擀压成泥片。接着通过调节压泥机滚轮与泥片之间的距离，来调整泥板的厚度。然后启动滚轮，黏土会随着滚轮的转动逐渐被压平，形成泥板。在滚压过程中，需不断检查泥板的厚度和均匀性，必要时进行调整。最后用刀具或切割工具，根据需要的尺寸切割泥板。

拍片法，也叫手掌拍打法，是通过用手掌心拍打泥团来形成泥板的一种简便直接的方法。采用这种方法制成的泥板表面光滑柔软，且保留着手工制作的独特痕迹，给人一种亲切的触感。然而，由于手掌拍击的力量有限，因此拍片法不适合制作尺寸较大的泥板。

摔片法，是不借助任何工具，完全靠双手的功夫把泥团摔成薄片的一种方法。先把泥压扁，双手提起泥片并翻转，同时将泥片摔至桌面上，反复摔几次，直至达到理想的厚度。这种方法对泥的可塑性要求很高，同时在控制形状方面也存在一定的难度。

擀压法，是一种利用特制的圆形木棒或钢管擀压泥团至板状的方法。为了确保泥板厚度均匀，可以使用不同厚度的木条作为标尺。由于擀压法能够提供较大的压力和更宽的施力面，因此非常适合制作较大尺寸的泥板。在泥板擀压好后，可在表面放置麻布、纤维网或树叶等材料，使之产生独特的肌理效果，增强作品的艺术表现力。

切片法，是将揉好的泥料击打成矩形泥堆，然后在泥堆两侧放置木条标尺来校准泥片厚度，再用切割线沿着标尺，水平地将泥堆一层层切成泥片的方法。

下面以泥板成型制作动物和收纳盘为例，介绍泥板成型工艺的具体方法与流程。

1. 动物造型的泥板成型示范（图 10-21 至图 10-33）

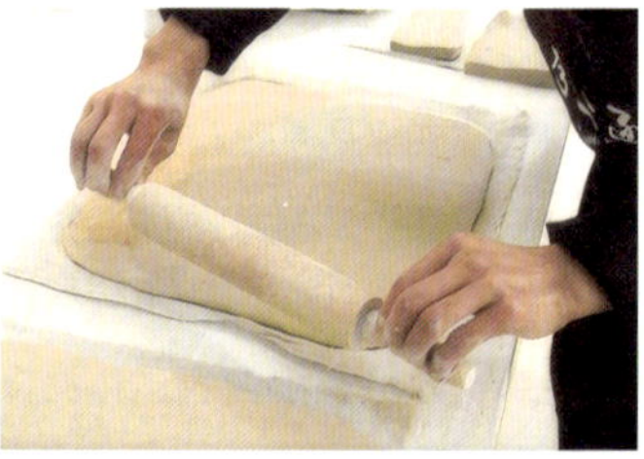

图 10-21　以制作一只老鼠为例。先把揉好的泥团根据所需作品的厚度擀制成厚薄均匀、无气泡的泥片

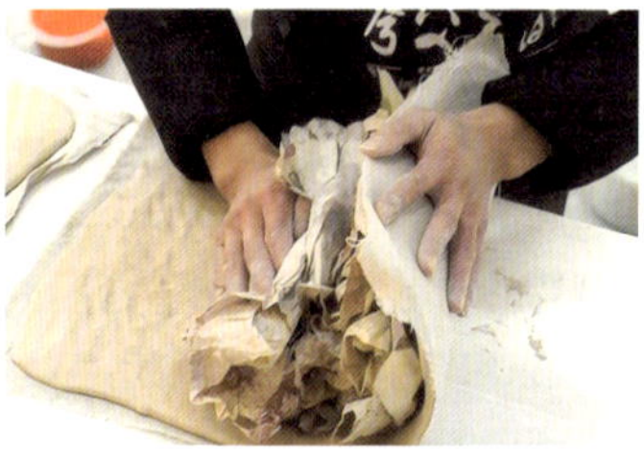

图 10-22　接着在泥板上放一些报纸把泥片顺势卷成圆柱形，由于泥片较软，需要在内部塞一些报纸起到支撑作用，防止之后在做造型时大面积坍塌

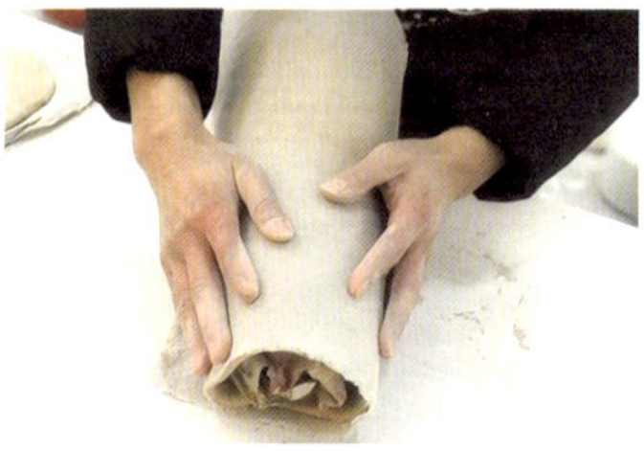

图 10-23　卷好后，在泥板粘连处用毛笔刷上泥浆，封边，使其更牢固

图 10-24　调整头部和身体的初步造型，然后用吹风机吹至半干，定型

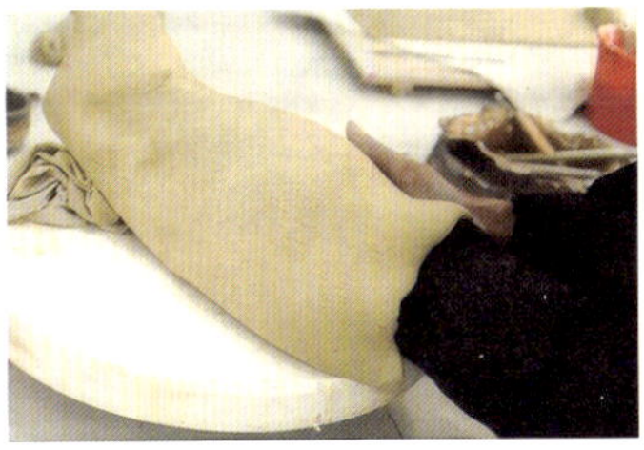
图 10-25　将手伸入内部，并用手指往外撑，慢慢调整，做出老鼠的身形

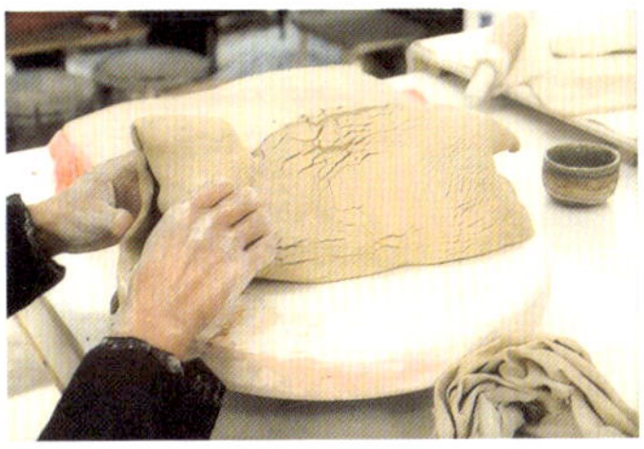
图 10-26　初步调整后，先从老鼠头部开始塑形，双手配合，用大拇指从头部两侧向内收拢，以此形成大致的头部轮廓

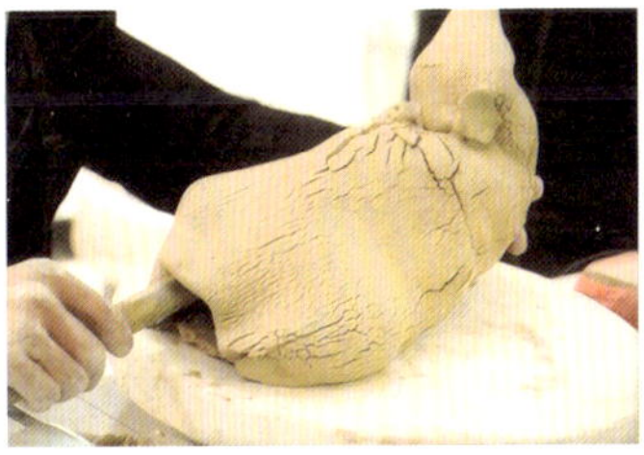
图 10-27　继续用木棍从内往外撑，调整老鼠的身形，使其立体、圆润

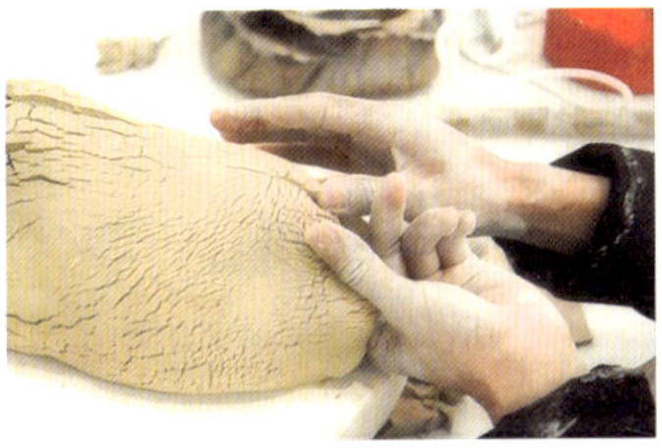
图 10-28　在身体尾部，切出一条一指长的缝隙，捏出形状

图 10-29　调整好头部形状后，捏出耳朵并刷上泥浆粘在头部两侧，用木刀点出眼睛

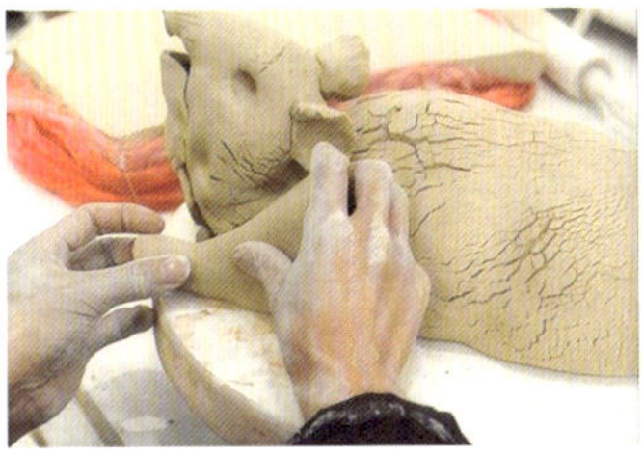
图 10-30　使用另一块泥片卷曲成老鼠的四肢，然后调整四肢的形状

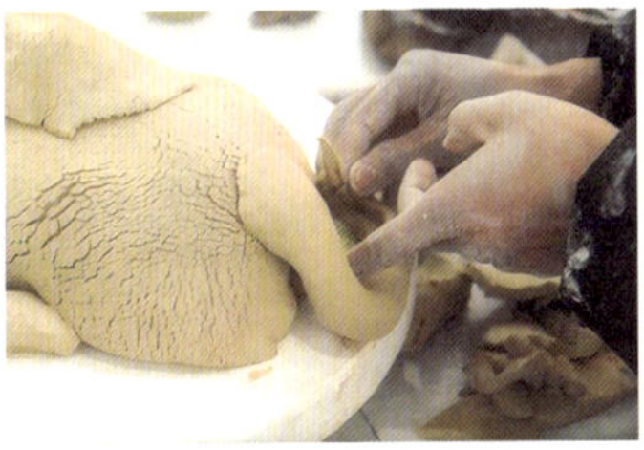
图 10-31　四肢做好后，用一长泥条捏好老鼠卷曲的尾巴，并粘贴在老鼠身体的末端

图 10 32　调整整体造型，使其尽量贴近真实形象

图 10-33　完成后放置阴凉处干燥

2. 收纳盘的泥板成型示范（图 10-34 至图 10-43）

图 10-34　擀制一块厚薄均匀、没有气泡的泥片

图 10-35　在转台上放置一块石膏，再将裁好的泥片放在石膏上进行操作

图 10-36　用毛笔蘸取泥浆涂刷在泥片的边缘，准备粘接收纳盘外壁

图 10-37　裁一条符合尺寸的泥片，慢慢粘连在刷好泥浆的部分并轻轻按压，使其牢固

图 10-38　再裁一条泥片作为内壁加固一圈

图 10-39　用木刀将底部与泥片衔接处轻轻压实

图 10-40　用修坯工具刮除多余的泥，将口沿部分修平整

图 10-41　用剩余的泥片制作一个青蛙造型用作装饰

图 10-42　调整青蛙的造型，刷上泥浆并与收纳盘坯体进行粘接

图 10-43　刻画青蛙的细节，完成后放置阴凉处晾干

码 10-2　泥板与捏塑成型

三、注意事项

1. 擀制泥板时，从泥团的中心向四周擀压，泥坯的厚度应满足作品形态的需要。

2. 制作大件陶艺作品时，擀制的泥板可以略厚、干燥一些，这样可以更好地竖立起来。

3. 制作同一器物，需使用干湿度一致的泥板。粘接泥板前，需先将所有切割好的泥板摊开晾至一定程度，接着把泥板叠放在一起，用塑料袋包好备用，使泥板之间的水分均匀分布。

4. 在泥板干燥过程中，因为边缘的干燥速度通常比中心部分快，所以在泥板干燥收缩拉扯的过程中，泥板的四角容易翘起。为了避免这种情况，需要控制泥板的干燥速度。在制作好泥板后，可将其放置在平整的石膏板上，以实现均匀的吸水和干燥，或者用塑料薄膜覆盖，让坯体的水分缓慢蒸发，维持一个适宜的湿度环境。此外，为了保持泥板的平整，可以在四角和边缘放置一些小重物，比如干燥后的泥团或小石块，以防止其翘起。

5. 泥板的粘接最好采用斜口粘接法①，可增加牢固程度和粘接强度。

6. 有些需密封的造型，无法通过手或工具从造型内部进行压实操作，在这种情况下，最好将接口处斜切成内高外低的形状，然后再进行拼接，使用这种方法能增强黏结牢固程度。

① 斜口粘接法：首先使用刀具在需要粘接的泥板边缘切割出斜口或V形槽。斜口的角度通常为45度，深度约为泥板厚度的一半。在粘接前，于斜口处涂上泥浆，然后将另一片泥板的斜口与第一片泥板的斜口对接在一起，确保两片泥板的斜口完全吻合。再将粘接好的坯体放置在阴凉通风处晾干，可以在接缝处添加一些加强筋或涂抹泥浆加固。最后，对粘接处进行修饰和完善。

第三节　轮制成型工艺

轮制成型也叫拉坯成型，是基于陶轮[①]旋转的离心力原理，将转盘上的泥团拉伸塑造成各种形状的成型方法。轮制成型的历史可以追溯到新石器时代，已有数千年的历史，至今仍然是制作陶瓷器物的基本方法之一。工匠借助陶土的可塑性和柔韧性，结合自身对黏土特性的了解以及手与转轮协同工作的技巧，能够将泥团拉制成各种中空且器壁厚薄均匀的器物。

轮制成型工艺对于制陶业来说是一次革命性的里程碑，它使得制作陶瓷的速度大大加快，制作出的产品也更加规整。相较泥条盘筑成型工艺或泥板成型工艺，轮制成型工艺不仅提升了生产效率，还提高了质量，促进了陶瓷的标准化生产。轮制成型的陶瓷器物通常具有高度的对称性和均匀性，在手工艺时代，轮制是最主要的成型方式，它不仅适用于小型陶瓷制品，还能制作如大缸、大盆等大型陶瓷制品。随着现代工业时代的到来，陶轮拉坯逐渐被更适宜于批量化生产的模具成型技术所取代。如今，轮制成型主要应用于陶艺创作和手工艺品的制作中。

一、特点介绍

轮制成型以其独特的魅力和实用性在陶瓷制作中广泛使用，利用轮制成型可制作圆形、弧形等同心圆造型，例如盘子、碗、花瓶、罐子等。由于轮制成型过程存在快速旋转和挤压，所以制作出的成品密度较高，方便进行后续的造型加工。现代陶艺中常在拉坯成型的基础上，进行扭曲、挤压、切割、拼合等加工处理，以丰富陶瓷的艺术表现力和造型。

轮制成型技术虽然注重效率，但依旧保留了手工艺的精髓。在轮制成型过程中，器物表面会留下一道道旋转的指痕纹路，这是拉坯特有的自然肌理，常常被陶艺家们特意保留下来，作为手工制作的独特痕迹，既可以丰富制品的纹理，增加制品的视觉层次和形式美感，又能体现对传统技艺的尊重和传承。此外，轮制成型对技术要求较高，包括对泥料干湿度、陶轮转速以及手部动作与施力的精准控制，初学者需经过大量训练，才能掌握这一成型方法，须循序渐进，不能一蹴而就。

二、方法演示

在轮制加工泥坯时，先将揉好的泥料（具体方法见码 10-3“揉泥的技巧”）放在陶轮的转台中心处，一边控制陶轮的转速，一边用手掌心控制住泥料且均匀施力。再借助陶轮旋转的离心力，将泥料塑造成圆柱体并准确找到泥料的重心，用手指按压泥料，以提拉的手法控制器壁的厚薄。在轮制成型过程中，要使双手和泥料保持湿润，便于泥料的塑形和修整。制作出理想的泥坯后，需要用泥线将其切割下来，然后放置在阴凉通风处进行干燥，待其达到适当的干燥程度，再进行细致的修整和装饰工作。除陶轮外，其他使用工具见图 10-44。

码 10-3　揉泥的技巧

① 陶轮：也称为陶车或陶钧。通常由轮车、主轴、轮盘组成，轮车由人力或电力驱动提供动力，通过主轴带动轮盘，而轮盘是一个可以水平旋转的圆盘。

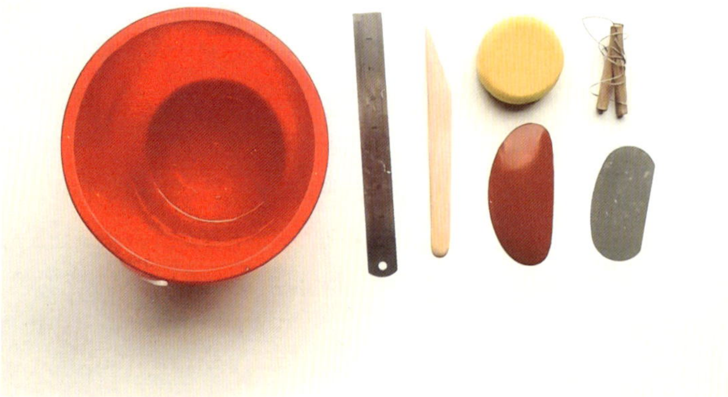

图 10-44　轮制成型所需准备的其他工具（从左至右分别是水桶、尺子、木刀、海绵擦、橡胶刮片、泥线、不锈钢刮片）

1. 碗的拉坯成型示范（图 10-45 至图 10-57）

图 10-45　把揉好的泥团放置在拉坯机转盘上，双手蘸水附在泥团上，然后均匀施力将泥团自下向上部分捧起

图 10-46　在转盘匀速旋转的同时，双手蘸水将泥团从下往上捧起按下，重复操作几次，使泥里的气泡消失，泥团更为细腻

图 10-47　用脚控制拉坯机的踏板，调整至合适的转速之后，双手扶泥团，均匀施力，然后用大拇指在泥团上找出重心

图 10-48　确定重心后，两手用大拇指一起向下开口，在开口处向外用力划开，切记开口不要过深

图 10-49　双手均匀施力，然后在中心开口处一只手扶泥，一只手向上捏泥提拉，切记不要用力过猛

图 10-50　继上一步后，继续一只手扶泥、一只手向上提拉使泥坯成圆筒形

图 10-51　提拉到一定高度后，用一只手托着口沿部分，一只手夹泥并向外展开，塑造出理想的造型

图 10-52　完成上一步后，整体调整造型，修平碗的内壁

图 10-53　继续调整造型，将碗的外壁修整光滑

图 10-54 将口沿部分修平整

图 10-55 用脚控制拉坯机踏板，使转盘均匀慢速旋转，同时用工具（木刀）在泥坯上做好切割标记

图 10-56 关闭拉坯机，停止旋转。用手绷直泥线，沿标记处慢慢将拉好的泥坯切割下来

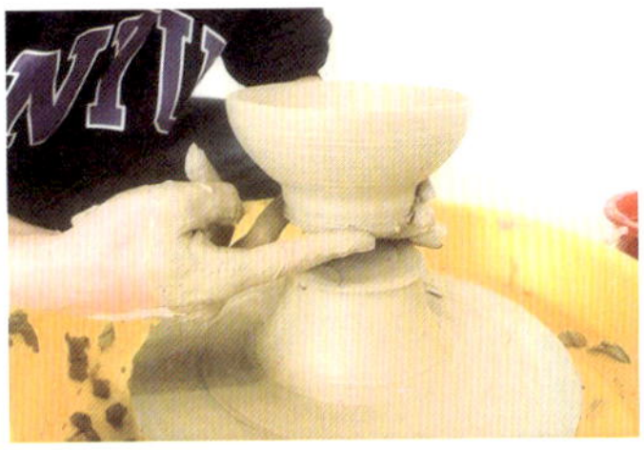
图 10-57 用手夹托坯底顺势拿起，拿起过程中需避免变形，然后放在阴凉处晾干

2. 杯的拉坯成型示范（图 10-58 至图 10-66）

图 10-58 把揉好的泥团放置在拉坯机转盘上，双手蘸水附在泥团上，然后均匀施力将泥团向上部分捧起，矫正泥坯

图 10-59 将泥坯压低，使泥团重心稳定，找出重心，用双手大拇指向下开口

图 10-60 开口后，用一只手扶泥，另一只手向上提拉，拉至泥坯成直筒形

图 10-61 拉至满意造型后，调整整体造型，将外壁修平整

图 10-62 继续调整造型，用海绵擦或手指将坯体内壁修平滑

图 10-63 将口沿部分修平整

图 10-64　用木刀做好切割标记

图 10-65　关闭拉坯机后，用手绷直泥线，沿着标记慢慢切下坯体

图 10-66　用手夹托坯底顺势拿起，拿起过程中需避免变形，然后放在阴凉处晾干

三、注意事项

1. 在使用拉坯机时，要注意安全，避免手部或身体其他部位接触到旋转的陶轮。

2. 定期对拉坯机进行清洁和润滑，确保其正常运转。

3. 保持工作环境干净整洁，避免灰尘和杂质混入泥料中，影响最终作品的质量。

4. 在拉坯之前，应将泥料反复揉搓，排净泥料里的空气。选择湿度适中的泥料，不能过干，也不能过湿，且应具有良好的可塑性。

5. 在拉坯之前，要考虑好作品的尺寸大小，以及烧成后的收缩系数等。

6. 在拉坯时，要保持双手均匀施力，用力不均会导致坯体重心不稳，出现甩飞坯体等情况。

7. 在拉坯时，注意控制拉坯机的转速，速度过快可能导致控制困难，速度过慢则可能影响工作效率。

码 10-4　拉坯成型

第四节　修坯工艺

修坯，也称为“利坯”，是坯体成型后的一道重要工序，一般在坯体阴干之后进行。在修坯阶段，陶瓷器皿的造型细节和胎体的厚薄等都能够得到精心的调整和处理。修坯主要适用于拉坯成型的坯体，但部分模具成型的坯体，也可以上利坯车做修坯处理。利坯工匠不仅需要熟识泥料的特性，掌握设计原理和器物造型的曲直变化，还要了解烧制过程中器皿各部位的留泥和收缩情况，最关键的是掌握各种利坯工具的使用方法和技巧。

码 10-5　修坯工艺

第五节　模制成型工艺

模制成型，也叫“模印”“印坯”“印模”，是将泥料装填在模具内通过挤压制成坯体的方法。早在新石器时代，远古先民就使用藤条编织、木质、生土或经过素烧的土陶作为模具，利用黏土的可塑性，通过模具外印或内印，小批量生产出形状、尺寸、装饰纹样等保持一致性和精细度的坯体。现代陶瓷则主要使用石膏来制作模具，石膏模具有较好的吸水功能，能使泥坯表面快速干燥，方便脱模成型。

一、特点介绍

在陶艺制作中，艺术家会先创作一个原始的样品，这个样品被称为“原型”或“母模”。然后，在样品上涂抹油脂或肥皂水作为脱模剂，再将石膏液体倒在样品上，待石膏固化后，将其与样品分离，这样就得到了一个与样品相反的石膏模具。现代模制成型的母模通常采用石膏或陶泥来制作。一旦母模成型，就可以根据所需的造型制作出多块模具。待模具干燥后，便可以用来印制坯体。

模制成型所用黏土含水量约 30%，印模时要用力均匀、压紧，印制时要确保与模具每个细节都吻合，厚度也要尽量保持一致。模制大型器物时，可以通过添加“井”字形泥条龙骨帮助坯体增强结构性。由于石膏模具的吸水性，泥料中的水分被吸收，表面硬化后与模具自然脱离，印模成型完成。

造型复杂的作品，首先需要进行分模印制，然后再将各个模制单件进行组合拼接，接口处要用泥浆粘接牢固。坯体脱模后若发现有残损的部分应当及时修补，多余的部分则需要仔细刮除。

二、方法演示

本节通过展示花瓣形碗的印坯模具制作过程和人形雕塑的印坯成型过程，帮助初学者了解模制成型工艺，使用工具如图 10-67 所示。

1. 印坯模具的制作

在印坯模具的制作过程中，石膏浆液的调制至关重要。石膏粉与水的比例可以根据具体需求进行调整。一般而言，石膏粉与水的比例为 128 ： 100 至 135 ： 100，这个比例可以制作出表面硬度较高的石膏产品。对于初学者来说，采用 130 ： 100 的比例可能更容易掌握。

在调配石膏粉时，应先加入水，然后再加入石膏粉。这个顺序对于确保石膏粉能够均匀混合至关重要。如果先加石膏粉后加水，很难将两者调配均匀，会影响石膏的硬度和牢度。

搅拌时间对石膏的均匀性和最终硬度具有直接影响，因此，一般建议将石膏的搅拌时间控制在五分钟左右，以确保石膏的均匀性和牢固性。

石膏的凝固时间主要与加水量有关，但也受到搅拌时间、浇注容器、环境温度和湿度的影响。水量越多，凝固时间越长，石膏密度和强度越低；水量越少，凝固时间越短，密度和强度越高。

图 10-67　印坯工具（上层从左至右分别是：量杯、石膏粉、肥皂水；下层从左至右分别是：刮片、修坯刀、记号笔、扇形笔、刻刀、橡胶笔、尼龙画笔、5 块玻璃片、瓷泥、吸盘、手柄、母模、热熔胶枪）

2. 印坯模具制作的示范（图 10-68 至图 10-83）

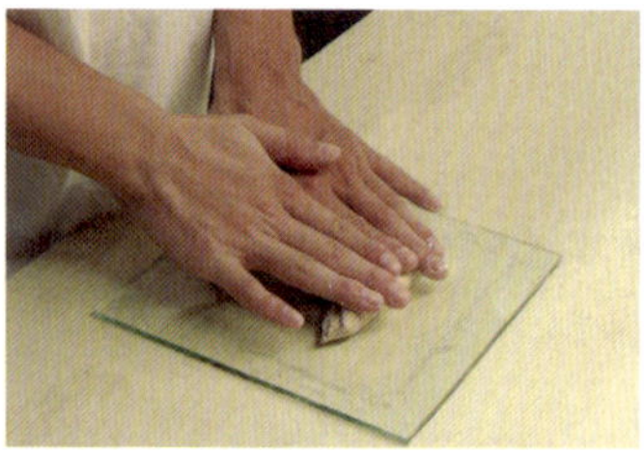

图 10-68　取若干泥，搓成泥条

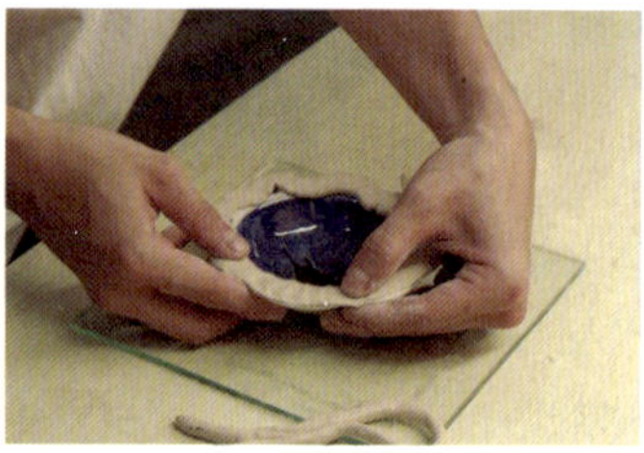

图 10-69　将泥条压扁，沿着母模边缘围一圈泥条

图 10-70　将母模扣在玻璃底板中心，用橡胶笔打磨、修整边缘，此过程旨在用泥填补母模和玻璃底板之间的缝隙，防止石膏液体流进母模内，阻碍脱模

图 10-71　用扇形笔蘸取浓度较高的肥皂水，均匀适量地涂抹在母模表面，便于脱模

图 10-72　制作玻璃挡板。在玻璃底板上用热熔胶枪粘接四片玻璃板，围成正方形，粘接处需用热熔胶加固，防止石膏浆溢出

图 10-73　完成玻璃板的粘接

图 10-74　先将 1000 克的清水倒入桶中

图 10-75　再将 1300 克的石膏粉倒入桶中

图 10-76　将石膏浆充分搅拌，取适量倒入量杯中，便于倾倒

图 10-77　将石膏浆缓缓倒入玻璃挡板内，石膏浆要超过母模高度 2 ~ 3 cm

图 10-78　倾倒完石膏浆后，轻轻振荡玻璃挡板，促进石膏浆内气泡逸出，让石膏浆分布均匀。随后静置，等待石膏凝固

图 10-79　待石膏浆凝固后，拆去玻璃挡板，取出石膏

图 10-80　用刻刀处理模具与石膏的边缘线，以便开模

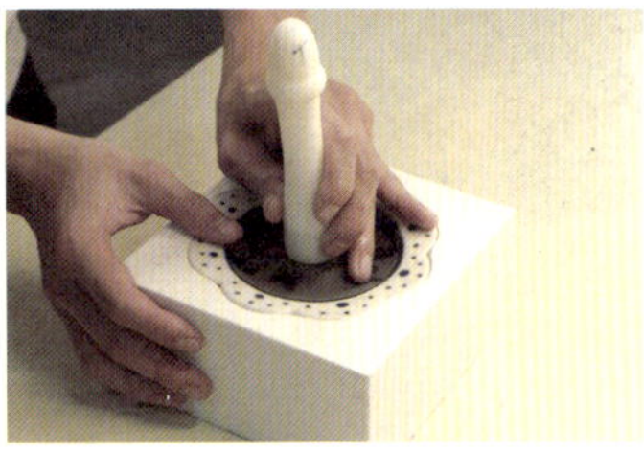

图 10-81　将手柄真空吸盘放在母模上，取出母模，力度适中，固定好石膏，避免磕碰，忌用力拔出

图 10-82　用巧劲取出母模

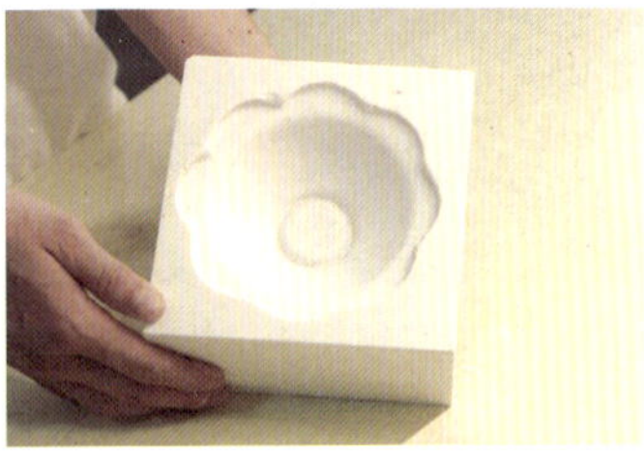

图 10-83　印坯模具完成，放置阴凉处风干

3. 印坯成型的示范（图 10-84 至图 10-97）

图 10-84　先将揉好的泥团放置在麻布上，以防止泥团与桌子粘连，用手掌大面积快速按压

图 10-85　接着用擀泥片工具将泥团擀制成无小气泡、厚薄均匀的泥板

图 10-86　将擀制好的泥板分别铺在两瓣石膏模具上，去除边缘多余的泥料，从中心向四周按压

图 10-87　除去麻布，用手指分别按压铺在两瓣模具上的泥，使其向四周延展至模具的每一个角落，确保和模具的每一个细节吻合

图 10-88　搓泥条打撑，以便增加各部位的支点，泥条撑的排布和数量要考虑造型成型和烧成工艺，多呈“井”字形排列

图 10-89　打撑时，手指要从一个方向起指，将泥条印至尾端，使泥条和形体服帖糅合

图 10-90　走沿，在模具口沿处压印一圈泥条，使其具有一定厚度，易于和另一半模具连接

图 10-91　在两瓣模具上均压印完成后，需分别沿着模具口沿的边缘，刮除多余的泥料，确保两瓣模具平面的边缘整齐一致

图 10-92　口沿处需涂上适量泥浆，以便更好粘接两瓣模具

图 10-93　托起一部分模具，与另一部分模具的合模位置对齐，紧密闭合模具

图 10-94　合模后压紧合缝线，并用橡胶皮条进行捆绑固定

图 10-95　等待坯体定型，观察坯体水分吸收情况

图 10-96　待石膏模具吸收坯体的部分水分后，坯体会略微干燥收缩，并具有一定强度，此时可开模

图 10-97　开模后修整形体，刮去合缝处遗留的多余泥料。若使用多块模具印坯，开模后还需要接坯

码 10-6　模印成型

三、注意事项

1. 模具印坯时，需保证泥板的厚薄均匀。
2. 需将泥料均匀铺设于模具内，确保泥料充分填满模具的每个角落，与模具的每个细节紧密贴合。
3. 合模时，需对准另一半模具，压紧合模口沿处。合模后，要压紧合缝线，并用橡胶条加固。
4. 待石膏模具吸收坯体部分水分，稍微干燥且具有一定硬度后再开模。

第六节　注浆成型工艺

码 10-7　注浆成型工艺

注浆成型是一种利用石膏模具的吸水特性来完成制品的成型工艺，作为一项古老且传统的陶瓷成型工艺，在现代陶瓷生产中依然被广泛应用。这种成型方法适应性强，适用于制作形状复杂不规则、壁薄、体积大的器物。特别是对于大批量生产而言，模具注浆成型是极为高效的制作方式，包括日用陶瓷，如精致的花瓶、实用的汤碗、各式菜盘和典雅的茶壶；卫生洁具，如坐便器和洗面盆等；形态各异的陈设瓷，如瓷偶、摆件等；还有大量工业和特种陶瓷产品等。

第七节 手捏及雕塑成型工艺

手捏是陶瓷造型艺术中最古老且质朴的创作手法之一，它凭借创作者手指的灵活操控和精湛技艺直接塑造形态，无需借助模具或其他辅助手段。雕塑成型是一种直接的造型方式，主要通过减少材料的“雕”和叠加材料的“塑”来创作。雕塑艺术是对陶瓷材料可塑性的深度挖掘，通过堆叠、雕刻等技巧，创造出立体多维的雕塑作品，展现出陶瓷的无限可能与非凡魅力。手捏及雕塑成型工艺都注重体现陶泥的质感，以及创作者与材料之间的直接互动，一直备受人们青睐。

一、特点介绍

手捏成型最大的特点在于其为陶艺创作提供了高度的灵活性和自由度。然而，这种成型方式受手的尺度影响，在作品的尺寸上存在一定局限性，一般适用于制作一些小型陶瓷作品，如小型泥塑、饰品等。手捏成型的作品基本上是一次性完成，较少依赖工具，器壁通常厚薄不匀，平整度较低，看上去高低起伏不平，还常常特意留有手工痕迹，具有自然、朴拙、活泼的特点，趣味性很强。

雕塑成型一般比较适合创作人物和动物等造型。相较于手捏成型而言，可制作出尺寸更大的作品，工艺要求也更高。这种成型方法需要创作者具备较强的空间感、造型能力和对细节的精细处理能力。

雕塑成型的工艺流程主要为设计、塑造、分割、掏空、粘接、打孔六个步骤。在设计造型时，首先应考虑器皿形态的重心安排。由于烧成过程中器皿容易发生变形，不宜有底部过小或线条过于纤细修长的姿态特征，宜选择结构稳重、浑圆一体的造型。在塑造时，以塑造整体造型形态为主，不需要精细刻画，尽可能在整块黏土上做加减法，完善造型；堆加泥料时，泥料不能太硬或太干，需用力压贴至主体表面，否则添加的泥与造型之间存有空气，干燥与烧成时会出现变形和断裂等现象；分割时，可从不重要的部位划分，避免破坏塑造好的形象，分割的块面尽可能大一些，方便下一步掏空，同时防止粘接时难以恢复原貌；掏空时，应避免用力过猛，需使用小型工具逐步细致地掏挖，同时壁面要厚薄均匀，局部可以厚一些，坯体外部也要留厚以防止变形；在粘接时，注意形态要饱满，有些地方需要垫泥条来加固，调整好造型后，方可进行深入细致的刻画；最后，封闭的形态须留有气孔，坯体干燥与烧成都需要缓慢进行。

二、方法演示

下文将以创作动物作品为例，展示手捏及雕塑成型的具体手法，所需的主要工具如图10-98所示。

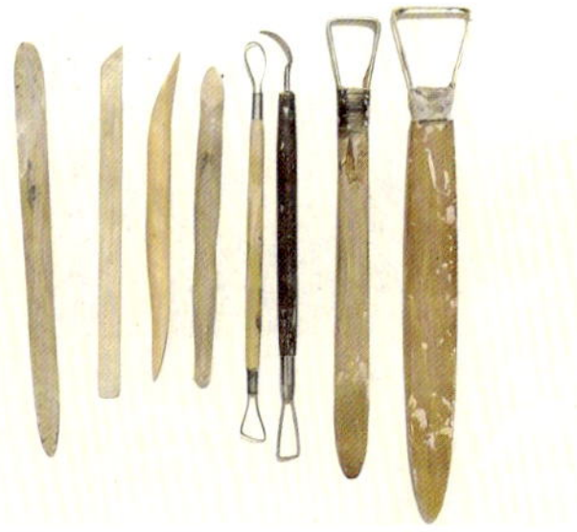

图 10-98 各类木刀、泥塑刀、修坯刀等

1. 塑造动物的示范（图 10-99 至图 10-105）

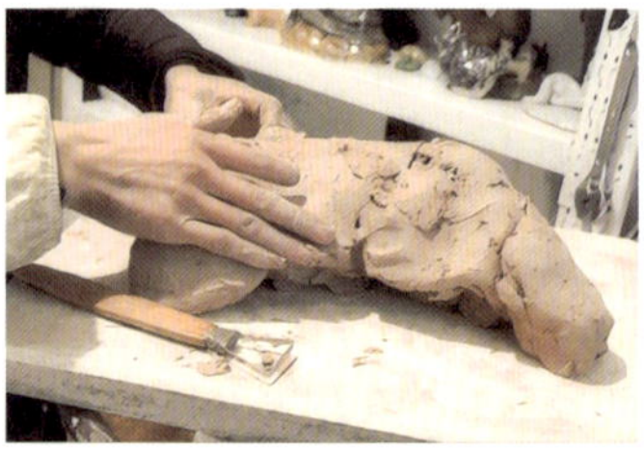
图 10-99　以塑造一头猪为例。用泥料塑造出动物的大致形体，可以用报纸或其他材料辅助支撑

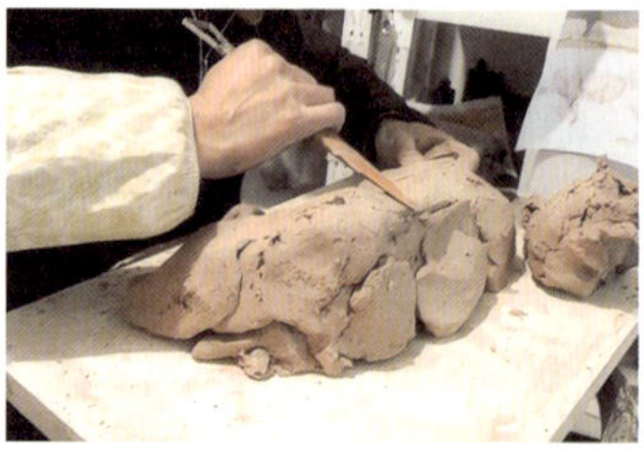
图 10-100　以手为主，木刀辅助，继续塑形，把握好各部分的比例关系

图 10-101　刻画整体造型，调整细节，用木刀做出猪的耳朵

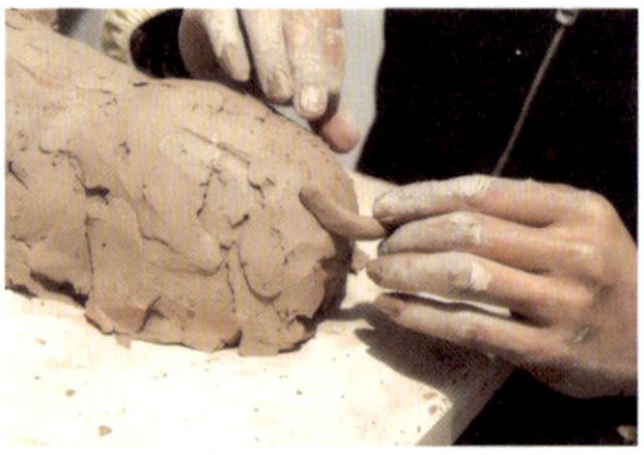
图 10-102　做出猪尾巴，并用毛笔刷上泥浆将其粘在猪身末端

图 10-103　再次调整造型，刻画细节，使其贴近动物形象

图 10-104　坯体稍干燥后，用木刀将底部慢慢掏空，注意保持坯体的厚度适中且均匀

图 10-105　完成后放置于阴凉处晾干

2. 手捏动物造型的示范（图 10-106 至图 10-113）

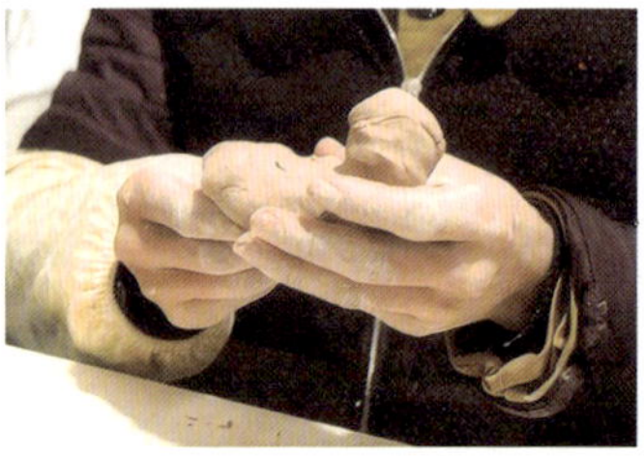
图 10-106　以手捏一只狗为例。根据狗的体型特征、身体比例塑造出基本的外形。用揉好的泥料大致捏出狗的外形轮廓

图 10-107　继续捏制狗的四肢

图 10-108　取适量泥料，根据需要粘在身体上，以调整造型

图 10-109 继续调整身体部分造型

图 10-110 接着，捏出头部轮廓

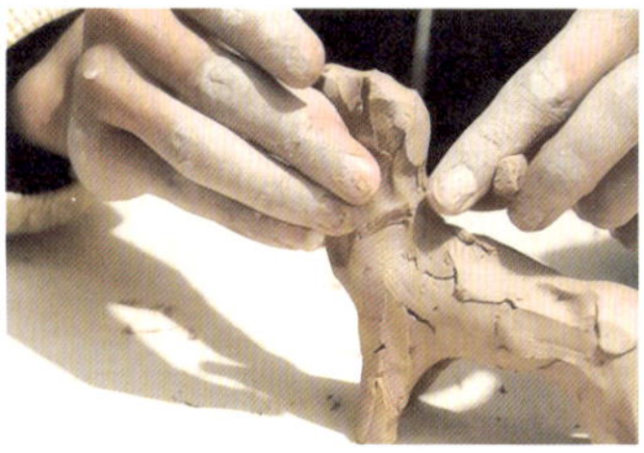

图 10-111 深入刻画动物头部

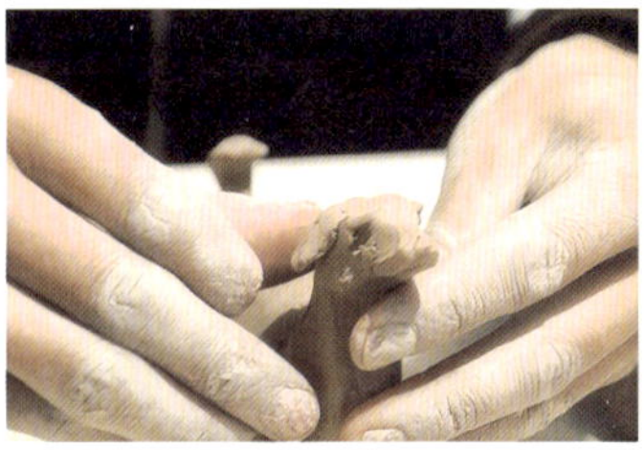

图 10-112 做出动物所需细节，包括耳朵、眼睛、鼻子等

图 10-113 完成后，放置于阴凉处晾干

3. 泥板与捏塑结合的动物造型示范（图 10-114 至图 10-122）

图 10-114 以塑造一只兔子的形象为例。先擀制厚薄均匀、没有小气泡的泥片

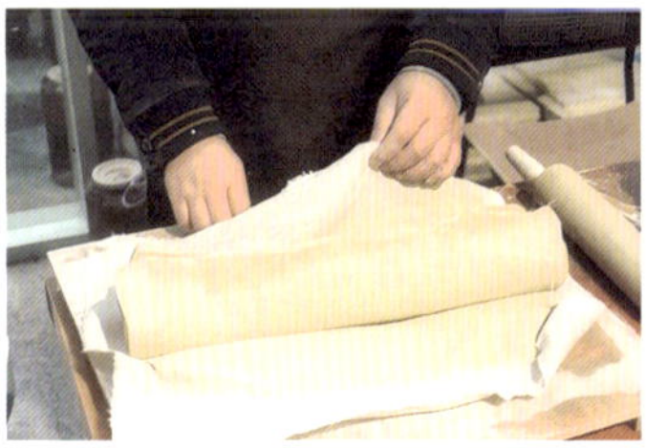

图 10-115 把泥片卷成柱体，将报纸塞入柱体内部，以防止柱体坍塌

图 10-116 在泥片的粘接处刷上泥浆，捏紧封边，去除多余泥料

图 10-117 将坯体表面修整光滑

图 10-118 根据兔子的形象特征，将泥料堆贴在坯体上，塑造出兔子的大致形体

图 10-119 塑造好大致形体后，捏塑出四肢，随后再细致地捏制出动物的头部

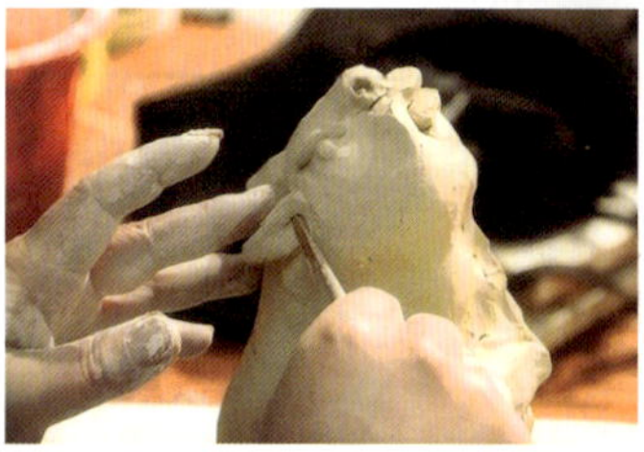

图 10-120　捏出兔子的五官等细节

图 10-121　调整整体比例关系，完善兔子四肢和身体的细节

图 10-122　完成后，放置于阴凉处晾干

三、注意事项

1. 泥料不宜过干或过湿，过干则可塑性弱，易开裂，过湿则黏手，易变形。

2. 注意两手的配合，确保力度均匀且动作协调，有助于塑造出形状规整的作品。

3. 捏塑成型时，要注意保持泥坯厚度的一致性，防止干燥收缩和高温烧制时变形。在粘接时，注意不要损伤坯体表面的肌理效果。

4. 捏塑掏空时，坯壁需要厚一些，特别是结构承力的关节处，细部的刻画要等到掏空结束后才能进行。

码 10-8　坯体干燥及注意事项

第十一章
装饰工艺

学习目标：

（1）了解坯体装饰的作用，掌握 2 至 3 种坯体装饰的基本技巧，如雕刻、镂空、制作肌理等。

（2）理解釉装饰的原理和作用，掌握如何选择合适的釉料进行装饰。

（3）掌握青花和釉里红装饰的技法，理解二者的基本原理、材料特性及注意事项。

（4）了解新彩和墨彩描金等釉上装饰工艺，包括艺术特征、工艺特点、绘制流程等。

本章重要词汇：

坯体装饰、釉装饰、彩绘装饰、青花、釉里红、新彩、墨彩描金。

陶瓷装饰以其卓越的二维平面艺术表现力，与陶瓷造型的三维立体美感相辅相成，共同展现出陶瓷艺术的独特魅力。陶瓷装饰不仅仅是对陶瓷器物外在形态的美化，更是对陶瓷艺术内涵与表达语言的丰富与深化。陶瓷装饰工艺融合了一系列技术和手法，是提升陶瓷作品形式美、色彩美、工艺美以及材料美的关键途径。装饰工艺对制作者的艺术造诣、审美水平以及创造力提出了极高的要求，是制作者的艺术修养与创造力的集中展现。

根据陶瓷装饰工艺的特点，本章分为坯体装饰、釉装饰和彩绘装饰三节。初学者通过学习本章，可以了解陶瓷装饰中常用的工艺技法，进而对陶瓷装饰形成整体性与结构性的认知。

第一节　坯体装饰

坯体装饰是指在陶瓷制作过程中，对未釉烧的陶或瓷的坯体进行装饰加工和处理。根据坯体材料的特性，采用不同的工艺方式，如印、刻、划、剔、刮、镂、雕、彩等对坯体进行处理，旨在通过物理或化学手段改变坯体表面的形态、纹理或色彩，从而达到提高陶瓷器物美感和艺术价值的目的，是陶瓷艺术创作中一种重要的装饰手法。

坯体装饰的起源可以追溯到新石器时代，智慧的先人通过压印纹路、刻画符号、描绘图案等方法在器物坯体上进行装饰。这一工艺传统在历史长河中不断发展和完善，形成了丰富多样的装饰技法。坯体装饰不仅具有审美价值，还承载着丰富的文化内涵。不同历史时期与不同地域的坯体装饰各具特色，映射出当时的社会风貌、审美倾向和工艺水平。时至今日，在现代陶艺中坯体装饰仍是主流，具有极高的地位和极强的生命力，随着科技的发展和工艺的创新，坯体装饰的技法和效果不断得到丰富和提升。此外，坯体装饰也与其他装饰手法，如釉装饰、彩绘装饰等相结合，共同塑造了现代陶瓷艺术的多样化特色。

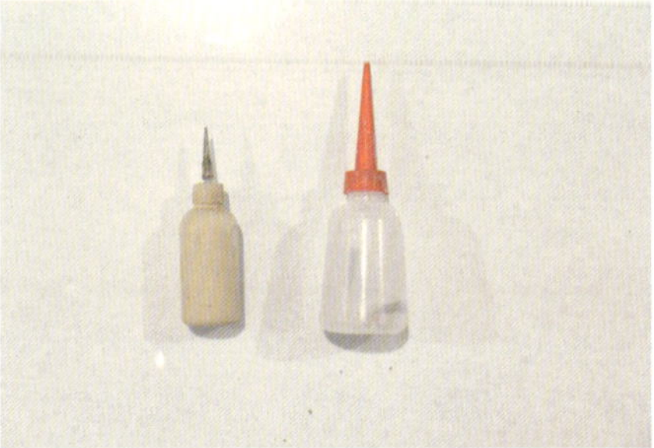

图 11-1　挤泥工具

图 11-2　装好泥浆后，先测试泥浆的顺滑程度，只有出浆顺畅后才能开始创作

图 11-3　这是泥点和泥线组合的装饰效果，素雅而不失单调。如果用到有色泥浆，注意好颜色搭配，会有不一样的效果，施釉后入窑烧制

一、泥浆立线

泥浆立线，又称挤泥，是将泥浆搅拌至无颗粒状，装入针筒或配有尖嘴的塑料软瓶内，在未干或补过水的坯体表面，挤出泥凸线进行装饰。立线所用泥浆主要是由适量的精细黏土、水和适量的解凝剂①（如水玻璃②、仙水③）调制而成。解凝剂的添加比例应当根据所需泥浆的黏稠度来调整。

泥浆的理想状态应宛如蛋糕上精心调配的奶油，既具有一定的流动性和延展性，又能够保持形状不易塌陷。如果泥浆水分过多，干燥后的立线特别容易出现裂纹，只有浓稠状态下的泥浆才能达到立体且不晕散的效果。除此之外，坯体的干湿程度也会影响立线的最终效果，坯表不能太干，否则不利于泥线的附着，容易在干燥过程中脱落；坯体太湿会使得泥浆立线在接触时迅速晕散，难以保持清晰的线条和立体感，甚至可能对坯体造成不良影响。因此，在进行泥浆立线装饰时，必须仔细调整泥浆的水分含量，确保其处于最佳状态，同时掌握好坯体的干湿度，以确保装饰效果的完美呈现。所用工具见图 11-1 所示，具体操作演示见图 11-2、图 11-3。

二、刻划

陶瓷坯体表面的刻划装饰，包含剔花、刻花、划花、雕刻等各种不同的工艺技法，原理上都属于通过对作品做减法，剔除坯体表面多余的泥料来达到艺术效果。既包括对坯体进行简单的线条勾勒，也包括精细入微的多层次雕刻。刻划装饰不仅能够丰富器物的视觉层次，提升其审美价值，还能通过不同的图案和纹饰传达出美好寓意和艺术情感。

刻划装饰通常会运用各种尖利的工具，一般是尖状单面有锋的刻刀、针、锥等，对陶瓷坯体进行精细雕琢。使用的刻划工具不同，用刀的力度不同，刻出的纹饰效果也不同。质地较脆且泥料细腻的瓷坯，更适合在干燥状态下进行雕刻。刻划时要注意保持坯体的结构强度，避免过度刻划导致坯体被刻穿或受损。同时也要重视刀法和线条的协调变化，以及各个形象之间的相互穿插和整体的空间布局。此外，也需要保持手部的稳定和力度均匀，避免因手抖或用力不均导致刻划线条不流畅或坯体损坏。在刻划完成后，应及时清理坯体上的碎屑和多余的泥料，确保图案清晰，坯体表面干净。刻划后的坯体在干燥和烧制过程中需要特别小心，以防破损。下面以刻划云鹤纹杯为例，主要步骤如图 11-4 至图 11-8 所示。

---

① 解凝剂：是指能够改善料浆的流动性和稳定性，并使其悬浮不絮凝的添加剂，又称减水剂、悬浮剂、分散剂等。
② 水玻璃：又称为碱水玻璃或水硅酸钠，是一种具有黏合性和增稠性的化学物质，常用于增加黏土的黏性和塑性。
③ 仙水：是一种用于陶瓷釉料中的液体添加剂。在陶瓷的制作过程中，仙水常用于调节釉料的黏度和流动性，使釉料更加均匀地附着在陶瓷表面，达到美观的效果。此外，仙水还具有一定的防抗剥落性能，能够使陶瓷表面更加平整，从而提高陶瓷的使用寿命。

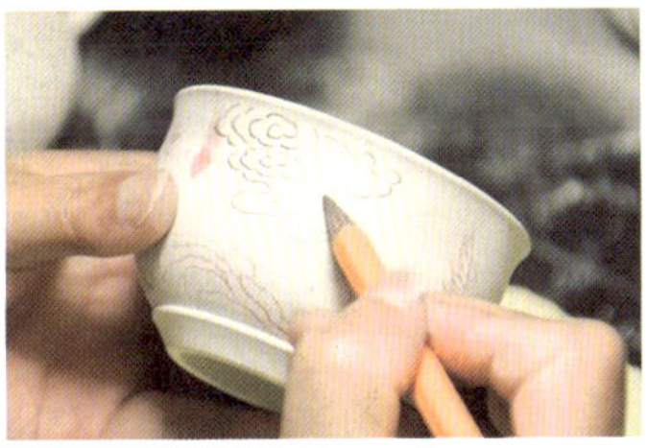

图 11-4 用铅笔在素坯杯体上绘制草图

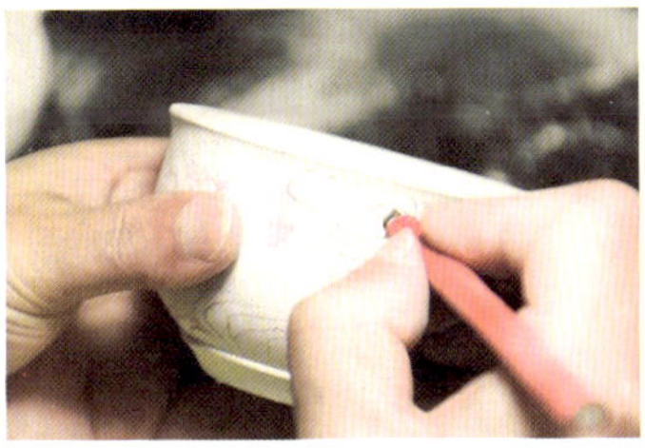

图 11-5 从局部开始刻划，层层深入，用刷子清理坯体上的碎渣

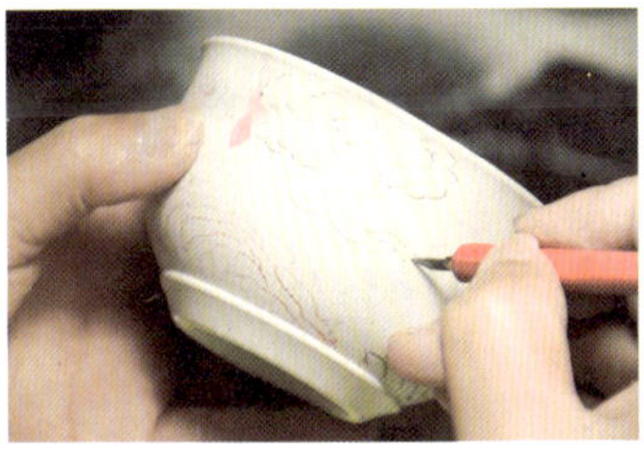

图 11-6 进一步调整刻划线条的粗细和疏密关系

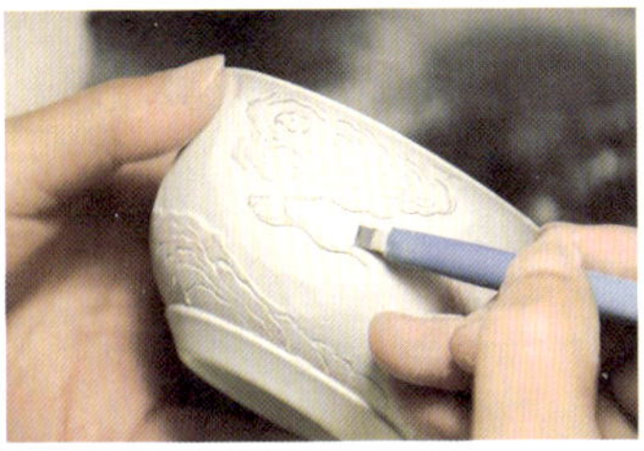

图 11-7 用刻刀刻出纹样的轮廓线，然后把轮廓线周围刮平，使云的图案更加突出

图 11-8 精修细部，完成整体刻划，施釉后入窑烧制

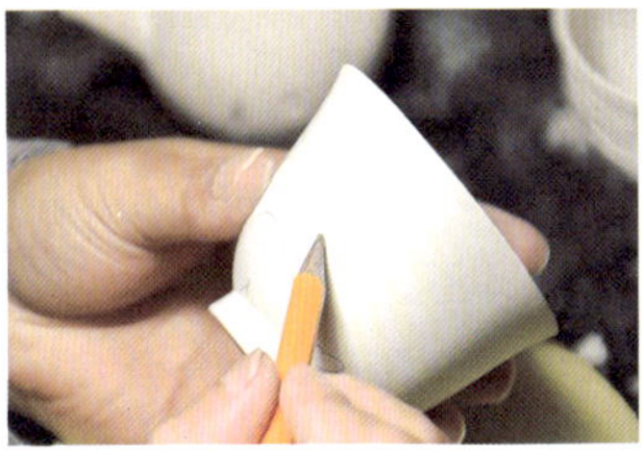

图 11-9 用铅笔在素坯杯体上绘制草图

图 11-10 用小刻刀在素坯上刻划出一侧深、一侧浅的凹面与线组成的花纹

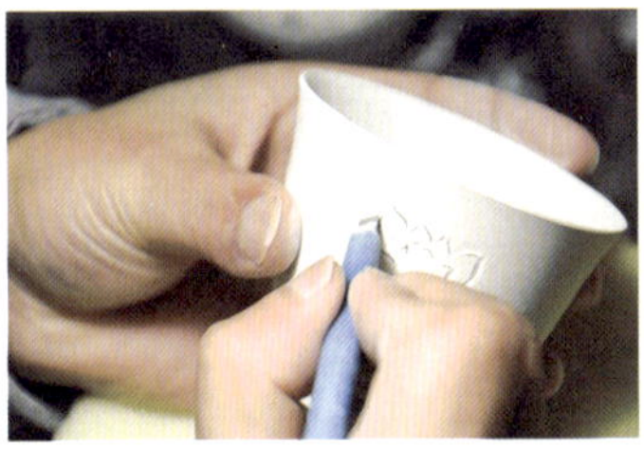

图 11-11 注意线条的深浅变化、虚实相间

图 11-12 精修细部，完成整体刻划，施釉后入窑烧制

半刀泥是古代景德镇青白瓷制作中常用的一种刻花技法。它是用铁质的刻刀在干燥的坯体上刻划，形成一侧深、一侧浅的凹面与线条，产生丰富的立体感。半刀泥技法的艺术趣味在于以刀代笔，纹饰简练明快，虚实相间，具有深浅变化，使得在触摸成品时给人以明显的浮雕感。以莲花纹杯为例，半刀泥工艺主要步骤如图 11-9 至图 11-12 所示。

三、刻填

刻填即刻填花，又称镶嵌花，是一种陶瓷泥料镶嵌技法。先在坯体上用刻刀刻出花纹，然后用修坯刀、金属刀或陶针等尖锐工具刻出凹槽，再于凹槽内填以各种化妆土或色泥，在古代多填白色或黑色泥料，故又称“刻花填白”和“刻花填黑”。

在刻填时，坯体需保持湿润，干燥速度缓慢。为了防止干燥后坯体与填料开裂，以及填料从凹槽处脱落，在填入化妆土或色泥前应先将凹槽周围进行补水润湿。填入的泥料应柔软黏稠，以便容易附着。嵌入凹槽的填料应略高于坯体表面，因为填入的泥料湿度较大，收缩率大于坯体。稍干后，嵌入凹槽处多余的填料可用金属工具刮平、压光。刻填时沾染到坯体其他部位的填料，也需要刮除干净。以刻填装饰一只葫芦瓶摆件为例，所用工具与主要步骤如图 11-13 至图 11-16 所示。

图 11-13 刻填工具（从左至右分别是：木签、刷子、刻坯刀、金属刀、白泥浆）

图 11-14 选用一个用青瓷土拉坯成型的葫芦瓶，在坯体半干时，刻出花纹的凹槽

图 11-15 用刷子在刻出的纹样凹槽内填入白泥浆

图 11-16 稍干后，用修坯刀刮去多余的白泥料，对图案进行刮平与压光处理，施釉后入窑烧制

四、跳刀

所谓跳刀，是将坯体置于快轮之上，利用修坯刀等锋利工具对旋转的陶瓷坯体表面进行快速、规律的刮削，从而在坯体表面留下深浅不一、宽窄各异的痕迹。这些痕迹在干燥后经过烧制得以呈现独特的视觉效果，常见为放射状、波浪状或不规则的线条和斑点，具有很强的节奏感和韵律美。

跳刀纹的制作工艺虽不复杂，但想形成流畅且节奏感强的纹饰绝非易事，速度和力道是要攻克的一大难点，非常考验制作者对刀的把控程度。下刀力度的轻重、速度的缓急，都会反映在跳刀痕迹的深浅、疏密与线条的长短、虚实之间。为了得到自然流畅、一气呵成的图案，操作时注意力需高度集中，手腕对刀的控制要沉稳而轻松，手法要轻快而准确。只有做到以上几点，跳刀纹才会质朴生动、富有极强的律动感和秩序美感。

跳刀工艺所用刀具的形状、大小和锋利程度都会影响最终的装饰效果。在具体的实践过程中，跳刀技艺展现出丰富的应用方式，有的跳刀是在器物半干时，用刀体直接在胎体上跳出连续有规律的痕迹，然后上釉；有的则是在上过化妆土的坯体上跳刀，然后施釉；还有的跳刀是在上过化妆土和釉面的坯体上进行，最后再上一层透明釉入窑烧制。此外，坯体的干湿程度也是不容忽视的要点，坯体过湿会导致刻划困难，过干则容易造成坯体破裂。

下文展示了在刷有白色化妆土的青瓷土坯体上，利用刀片进行跳刀装饰的过程。所用工具与主要步骤如图 11-17 至图 11-20 所示。

图 11-17　跳刀工具（从左至右分别是：白泥浆、笔刷、刀片）

图 11-18　将刷有化妆土的青瓷坯体倒扣于拉坯机上，利用刀片的弹性和坯体的阻力，使刀片在转动的坯体上不断跳动，从而留下有秩序的刀痕

图 11-19　在操作过程中，不断观察刀痕的效果，及时调整刀片的力度和节奏，以确保刀痕的一致性和美观度

五、镂空

镂空又称镂雕、透雕，与在坯体表面进行雕琢的雕刻工艺不同，镂空是将坯体钻孔至穿透状态，从而创造出立体的空间感。坯体上镂空形成的图案，在填充玲珑釉料并经过烧制后，其镂空区域会显现出半透明的亮丽孔洞。这种通过镂空工艺展现出独特艺术效果的瓷器，便是景德镇四大传统名瓷之一的“玲珑瓷”。

进行镂空装饰之前，应该有一个详细的设计图稿，明确镂空的部分和图案。设计应考虑实际操作的可行性，以及对坯体结构稳定性的影响。需要镂空的坯体厚薄度要适中，太厚的话影响精美度，太薄的话操作时坯体容易碎裂。对于复杂的镂空装饰，为了防止在操作过程中出现崩裂，需要提前对坯体进行素烧（800 ℃~900 ℃），以此增强坯体的结构强度，使其更适合进行精细的镂空作业。

如图 11-21 至图 11-24 所示，展示的是镂空玲珑所用工具和主要步骤。

图 11-20　跳刀完成后的细节应具有节奏感和规律性，施釉后入窑烧制

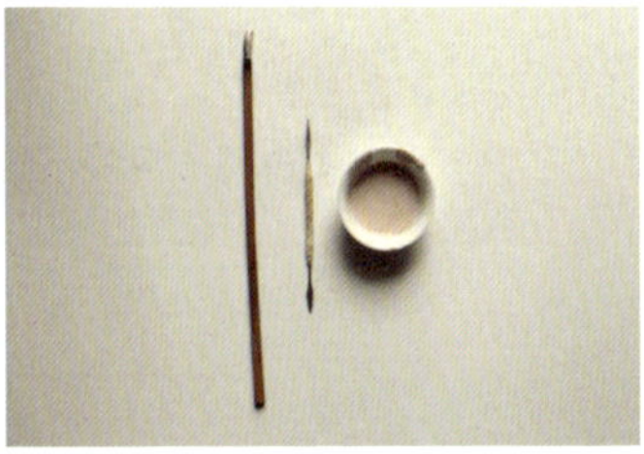

图 11-21　镂空工具（从左至右分别是：画笔、打孔器、玲珑瓷专用釉料）

图 11-22　在坯体上用铅笔绘制草图，并标明需要进行镂空雕刻的位置

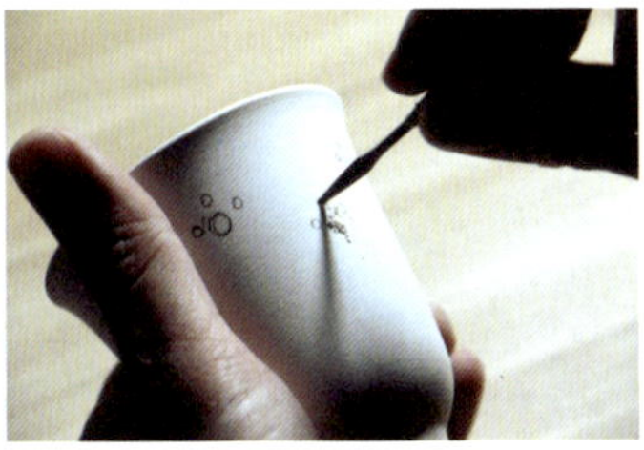

图 11-23　用打孔器在坯体上打出孔眼

图 11-24　镂空完成后，用画笔蘸玲珑釉料糊上孔眼，施釉后入窑烧制

六、模塑贴花

模塑贴花，亦称“模印贴花”，也可简称“贴花”，利用模具，通过模印、模塑等方法，将泥料压制成各类纹饰部件，然后用泥浆将其粘贴在器物胎体上，再施釉入窑烧制。这种装饰技法具有较强的浮雕效果，能够增强装饰的立体感。在用模具压印部件时，里外用力要协调，以确保印出的纹样均匀清晰。

图 11-25　塑胶压印模具

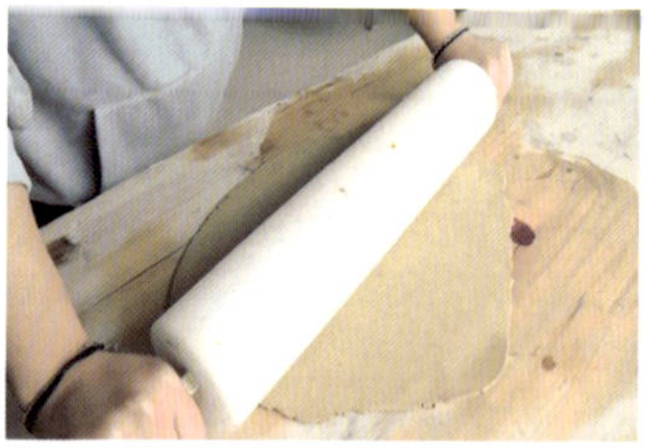

图 11-26　擀制一块厚薄均匀的泥片做方盘的底板

图 11-27　选择喜欢的模具

图 11-28　用泥填充模具后，用手压实，确保黏土充分填塞模具内部

图 11-29　从模具中取出印好的造型

图 11-30　在叶子造型背面涂上泥浆

图 11-31　将叶子造型粘在底板上

图 11-32　将底板塑形成浅盘状，并将预制好的装饰部件全部粘贴在表面，上釉后入窑烧制

现代陶艺常直接使用饼干或巧克力印模来制作贴花部件。如图 11-25 至图 11-32，展示了塑胶模具以及制作模塑贴花装饰方盘的过程。

七、绞胎

绞胎亦称“绞泥”，是一种兴起于唐代的陶瓷工艺。它是将两种或两种以上不同颜色的泥料糅合在一起，然后经各种形式叠加组合，相绞在一起后用于成型。这种工艺能够在坯体上形成规则或不规则的纹理，以达到装饰的效果。不同的绞揉方式，会产生不同的装饰纹理，如大理石纹、鸟羽纹、云纹、流水纹，抑或一些具象与抽象交织的图案，变化万千，令人赏心悦目。

在进行绞泥之前，必须考虑泥料的烧成温度和收缩率。如果几种泥料之间的耐火度相差很大或收缩率悬殊，则不适合混合在一起作绞泥使用。因为烧造温度若迁就低温泥料，则影响高温泥料的呈色；若迁就高温泥料，则低温泥料容易起泡。泥料之间的收缩率悬殊，则会导致坯体开裂，损害作品的整体性与美观度。现代绞胎装饰，一般是通过在同一种泥料中加入不同色剂的方法，来制备色泥，这样就能保证绞揉后坯体烧成温度一致，且在干燥和烧成时收缩率能保持高度的统一。

以制作一只绞胎纹碗为例，所用工具和主要步骤如图 11-33 至图 11-53 所示。

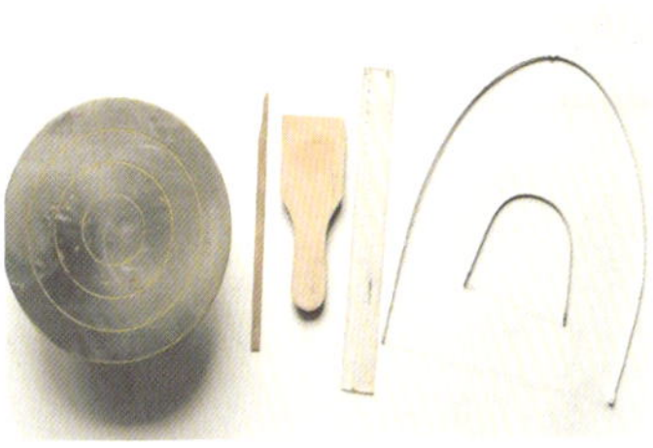
图 11-33　绞泥工具（从左至右分别是：转盘、木签、铲子、直尺、大小号 U 形割线）

图 11-34　制备好瓷泥和色泥后，通过揉捏的方式将它们充分混合，以便塑形

图 11-35　将瓷泥附着于色泥之上

图 11-36　从侧面检查瓷泥和色泥的粘接状态，需保证二者充分黏合

图 11-37　用割线把粘接好的瓷泥和色泥分出一半

图 11-38　将切好的一半泥块堆放在另一半泥块的上面，用割线把泥块两侧边角修整好

图 11-39　用割线把此状态下的泥块切出一半

图 11-40　再将切好的一半泥块堆放在另一个泥块上面

图 11-41　按照以上方法再堆叠一次，用手掌拍实

图 11-42　对一侧反复拍打，直至形成三棱柱状

图 11-43　将呈三棱柱状的泥条用割线切成四等份

图 11-44　将四份泥块相互贴合，形成一个扇形

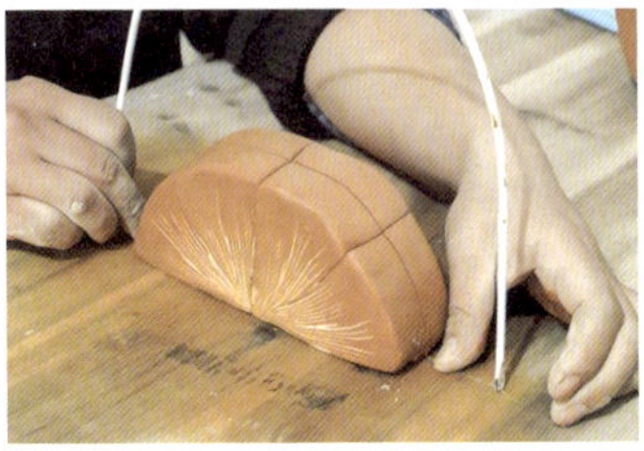
图 11-45　用割线把扇形泥块对半切开

图 11-46　把切割后的扇形泥块贴合在一起，围成圆形泥块

图 11-47　用割线从侧面进行横切，留下厚度均匀且表面平整的泥片

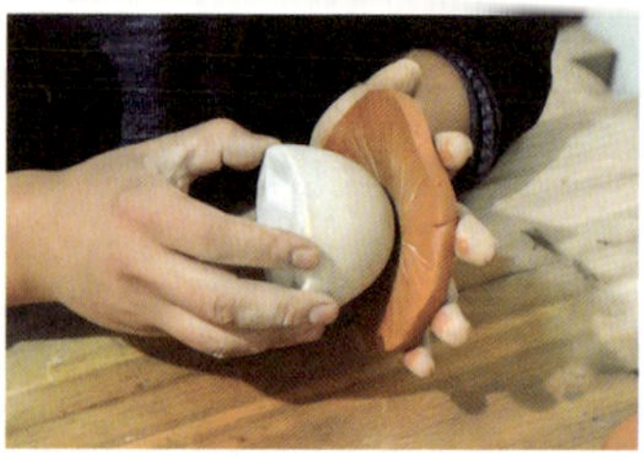
图 11-48　将圆形泥片敷贴至杯形模具上，并轻拍使泥片完全包裹住杯形模具

图 11-49　用割线修整好坯体口缘，使其规整

图 11-50　把用模具印好的坯体放在拉坯机转盘上

图 11-51　通过拉坯的方式修整造型

图 11-52　待坯体半干后进行修坯，可明显看到绞胎纹路

图 11-53　为获得最佳的视觉效果，绞胎作品常不施釉直接入窑烧制

八、遮掩

遮掩装饰是一种工艺手法，它利用剪纸、蕾丝、树叶等具有遮盖性的材料，或者在坯体表面施加蜡、油脂等隔水物质，以此阻挡化妆土、颜料、釉料等呈色物质对坯体的直接附着。在完成遮挡后，再进行后续的纹样装饰。遮掩时坯体需完全干燥，除了可以使用喷釉壶进行均匀喷涂外，还可用海绵进行拍拭。历史上吉州窑所独创的“剪纸贴花”，即将剪纸花样移植到瓷器装饰上，就是遮掩工艺的一种。以制作雪花纹盘为例，图 11-54 至图 11-58 展示的是遮掩装饰的主要步骤。

图 11-54　折叠纸片，制作雪花形剪纸

图 11-55　在剪纸一面涂上黏胶，固定在素坯上，用毛刷刷平

图 11-56　在坯体表面喷上釉料

图 11-57　注意喷釉要均匀，厚薄适中，防止出现流釉现象

图 11-58　揭掉剪纸，入窑烧制

九、化妆土

化妆土是一种用于处理陶瓷制品表面的材料，通过将优质、纯净、细腻的陶土或瓷土与水调和成泥浆，均匀涂施在陶胎或瓷胎上，形成一层薄薄的覆盖层，以提高器皿的美观度。施用化妆土不仅可使粗糙的坯体表面变得光滑平整，还能覆盖坯体颜色，从而使釉层呈现出更加美观、光亮、柔和的质感。

传统的化妆土常使用天然黏土，颜色较为有限，通常为纯白、象牙白、浅灰、红等颜色。而现代化妆土通过加入色剂，可以调制出各种颜色。在传统陶瓷制作方法中，化妆土主要用于颜色较深的黏土坯体。民间窑场习惯于将化妆土全面涂覆于器物表面，以淡化坯体的自然色泽，掩盖因胎质粗糙产生的瑕疵，让坯体触感更加平滑，使釉色看起来更加亮丽。

配制化妆土的关键在于确保其膨胀系数与坯料相匹配。施有化妆土的坯体，既可以在其表面进行绘画、刻划、跳刀、镂空等多种装饰工艺，也可以将化妆土作为涂料直接作画或制作出不同的肌理效果。

使用化妆土前需要将其搅拌均匀，选择好需要装饰的坯体，用吸水海绵擦拭表面，进行补水并去除坯体表面灰尘。然后用毛笔蘸取化妆土平涂在坯体上，浅色的坯体通常涂刷 1 至 2 层就能达到理想效果，而颜色较深的坯体则需涂刷 2 至 3 层。涂刷化妆土后放置阴凉处晾干，之后根据创作需要，可对坯体进行剔刻或绘画。结合化妆土与刻划装饰，以制作一个茶杯为例，如图 11-59 至图 11-63 所示。

十、肌理

肌理装饰是一种坯体装饰手法，通过在泥坯上创造出各式各样的纹理，以增加作品的视觉和触觉效果。这些纹理可以是凸起的、凹陷的、平滑的、粗糙的，也可以是有规律和无规律的，它们能够赋予陶瓷作品独特的质感和艺术表现力。

肌理装饰可以通过多种方法来表现，一般有压印、刮划、粘贴、滚压等方法。压印法，也叫印纹法，利用带各式纹理的印模、绳子或枝条等在未干的坯体上压出印痕，这是陶瓷装饰中经典的装饰技巧；刮划法，利用梳子、锯条、刻刀等尖状工具在湿润或半干的泥坯上刮划出纹理，使泥坯表面形成丰富的凹凸对比，为单一光滑的坯体增加视觉和触觉上的层次感；粘贴法，是将捏塑或模印的装饰部件用泥浆粘

图 11-59 用刷子蘸取化妆土，涂刷杯子内壁

图 11-60 接着涂刷杯子外壁

图 11-61 用刻刀在杯壁上划出装饰区域，可利用转盘来辅助

图 11-62 在装饰区域内进一步刻划细线条进行装饰

图 11-63 接着涂刷杯子外壁

图 11-64　螺丝钉压印

图 11-65　自然干裂

图 11-66　泥浆滴落

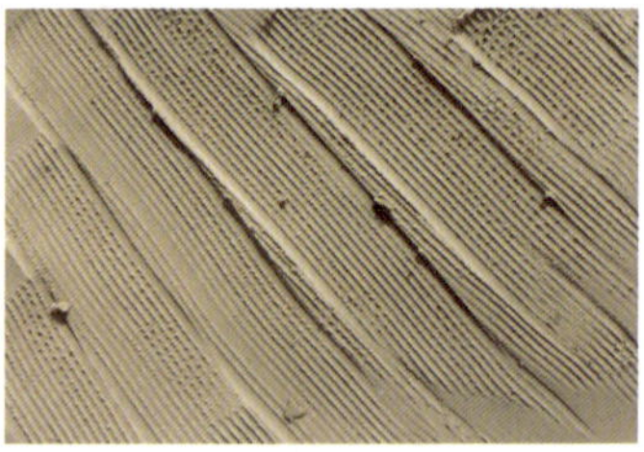
图 11-67　梳齿刮划

图 11-68　塑料管戳印

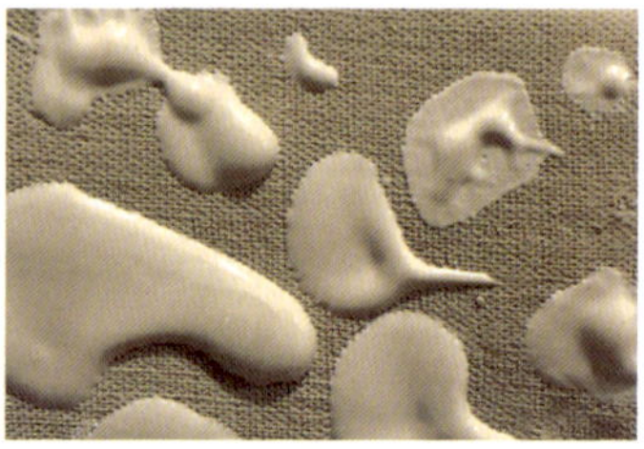
图 11-69　泥浆点画

图 11-70　木条压划

图 11-71　树叶压印

图 11-72　麻布压印

码 11-1　绞胎工艺

码 11-2　印纹装饰

码 11-3　刻划花装饰

码 11-4　神奇的烟草泥浆装饰

贴在坯体上的一种方法；滚压法，是指用有纹理的滚轮在坯体表面滚压出重复图案的方法。图 11-64 至图 11-72 展示了多种肌理效果，可为实践创作提供借鉴与参考。

第二节　釉装饰

釉装饰是指利用各种陶瓷釉料，通过其独特的釉色效果来达到装饰效果的一种技法。釉料的色彩、质感、纹理等能够增强陶瓷制品的美感。釉装饰被广泛应用于各种餐具、茶具、花瓶、雕塑摆件等陶瓷制品的生产中。通过釉装饰，不仅能够增强制品的耐磨性、耐酸碱性，还能改善色泽和光泽，增强艺术效果。釉装饰是现代陶艺创作中不可或缺的一部分，创作者们可以通过釉装饰来表达自己的创意和情感。

本节主要介绍施釉方法和一些适合陶艺创作的釉料种类，而关于不同颜色质感釉料的配制与试验方法，可参考前文第九章第三节。

一、施釉方法

施釉是指在陶瓷坯体表面涂覆一层或多层釉料的工艺，主要有浸釉、荡釉、浇釉、喷釉、射釉、刷釉、甩釉等方法，根据坯体的不同形状和厚薄度，采用相应的施釉方法。施釉是陶瓷制作过程中的一个关键步骤，在某种程度上也是决定陶瓷品相最重要的一步。

正式上釉之前，需对生坯①或素烧坯②进行表面清洁处理，行话称“补水”，是一种清理灰尘的方式。适当的补水可以防止缩釉。“补水”的具体操作方法是：先用扫灰笔将坯体表面的灰尘扫掉，海绵蘸水后拧干，轻轻擦拭坯体表面一到两遍即可。常用的施釉方法如下：

1. 浸釉

浸釉，又称蘸釉，是最常见的陶瓷施釉技法之一。这种方法是将坯体浸入釉浆中然后取出，利用坯体的吸水性使釉浆均匀地附着在坯体表面。釉层的厚薄由坯体的吸水率、釉浆的浓度和浸入时间共同决定。浸釉适合厚胎坯体和小件制品，例如对小碗、小杯内外壁进行一次上釉；也适用于深形空心制品，如壶、糖缸、奶缸以及瓶类制品的内外浸釉处理；对于盘、碟等浅底器皿，浸釉同样能够有效实现通体施釉的效果。

2. 荡釉

荡釉是将一定量的釉浆倒入或舀入深形空心坯体内，通过适当摇荡使釉浆均匀覆盖在坯体内壁后，再将多余釉浆倒出的施釉方法。这种方法的关键在于控制釉浆的分布，确保坯体内壁能够实现全面且均匀的釉层覆盖。在倾倒多余的釉浆时，需要顺着口沿旋转坯体，以确保口沿部分同样均匀覆盖釉浆，避免出现釉浆在口沿处积聚或不匀的现象。荡釉法适合对壶、瓶、缸、罐等深形空心制品施内釉，特别是那些器形较深的产品。

3. 浇釉

浇釉，又称轮釉。它是将坯体置于轱辘上，通过轱辘车的旋转带动坯体自转，此时向坯体中心浇洒釉浆，在离心力的作用下，釉浆向外散开并厚薄均匀地附着于坯体上，多余的釉浆则飞溅至坯体外。此方法适用于圆器，如平盘、汤盘、大中号碗等日用瓷制品，以及大缸、大瓶等大型产品。

4. 喷釉

喷釉是现代陶瓷工业中最常用的施釉工艺之一，通过空气压缩机连接釉壶，将釉浆雾化成细小釉滴均匀喷在坯体上。这一工艺适合薄胎制品、大件制品和艺术陶瓷制品等品种。喷釉在古代也称吹釉，清乾隆八年（1743 年）唐英编撰的《陶冶图说·蘸釉吹釉》中就详细介绍了利用竹筒和纱布人工吹釉的方法：“用一寸粗、七寸长的竹筒，一端蒙以细纱，蘸釉以吹，视坯的大小与类别，吹的遍数由三四遍至十七八遍不等。”

5. 射釉

射釉也是现代陶瓷工业中常用的施釉方法之一，是将瓶、壶、罐、碗、杯等深形制品口沿朝下倒扣，借助一定的专门射釉工具，通过一定压力向上喷射釉流给器坯内壁施釉。现代日用陶瓷生产流行此法。

6. 刷釉

刷釉，又称涂釉，即用毛笔蘸取釉浆涂敷于坯体上，是最常见的陶瓷施釉技法之一。《陶冶图说·蘸釉吹釉》中介绍，刷釉是明清以前的上釉旧法，“古代制作长方、棱角的琢器用刷釉法，但不匀”。刷

---

① 生坯：陶瓷坯料经加工、成型、干燥，但未经任何烧成的半制品。

② 素烧坯：也称“素坯”，指为提高坯体强度、便于施釉操作，有时需将生坯不挂釉，入窑经 800 ℃ ~ 900 ℃素烧后即成为素烧坯。施高温釉的素烧坯可提高釉面质量、坯体强度、施釉装匣工效和釉烧成品率。如钧红、郎窑红、醴陵釉下五彩等，素烧温度在 800 ℃ ~ 1100 ℃，施釉后再在 1200 ℃ ~ 1400 ℃的高温下烧成。

图 11-73　磨砂釉试片

釉法不适用于大批量的生产，但适用于部分花釉制品，可满足同一坯体具有不同厚度釉层或施几种不同釉料的需求。除此之外，艺术陶瓷为追求特殊的手工艺术效果也常用此法。

7. 甩釉

传统的甩釉法是用大的毛笔蘸釉甩在坯体上的一种上釉方法，常用于一些特殊的陶瓷装饰制品。现代工厂会使用离心甩釉装置，釉浆经过釉管压入甩釉盘中，依靠其旋转产生的离心力甩出，使釉料以点状形式施于坯体上。此法多被用于模仿花岗岩等效果的装饰釉面，能够在一种釉面上获得其他不同颜色的釉斑。

在施釉顺序方面，存在一定的经验技巧。例如深形制品，一般先上内釉，后上外釉；对于浅平制品，往往先上外釉，后上内釉。施完釉后要去除底部的釉，防止烧造时底足多余的釉料熔化使制品与棚板①粘连产生缺陷。值得一提的是，现代陶艺在釉料的使用上相较传统陶瓷，更为自由、大胆和洒脱，人们对釉色效果的认知和接受程度更为宽广。如“流釉”“缩釉”“吸烟”“釉裂”“寡釉”等在传统陶瓷中被视为瑕疵的现象，在现代陶艺家的手中反而成为创造性的元素，被巧妙地利用和再创造。通过这种独特的表现手法，陶艺家们能够将自己的情感和创意深深地融入作品中，使之成为情感的寄托和艺术的展现。

二、常用艺术釉

在前文第九章第三节，介绍了透明釉、单色釉、结晶釉和花釉共 4 种常用釉料，并附有常见的相关釉料的试片图。下文则主要介绍几种适合现代陶艺创作的艺术釉，为初学者进行釉装饰提供参考。

1. 磨砂釉

磨砂釉是一种表面带有微观凹凸的陶瓷釉料，与光面釉相比，其特点在于釉面质地粗糙，无玻璃质感，手触摩擦力大不易滑动。触感上，粗糙颗粒状的表面可以带来一种独特的手感体验，使人感受到一种质朴、粗犷的美感。这种釉料使得制品在视觉上的色彩更加沉稳，细节更加突出，在光照下的阴影关系更加柔和，从而增强了制品的层次感和立体感。磨砂釉流动性弱，烧制温度为 1180 ℃ ~ 1280 ℃，施釉厚度为 1 ~ 3 mm，施釉方式可选择刷釉和喷釉。具体效果可参考图 11-73。

2. 裂纹釉

裂纹釉又称“开片釉”“碎纹釉”。其特点是釉面布满了各种各样的裂纹，或稀疏或密集或长或短或曲或直，形成了类似龟裂、蟹爪或冰裂的独特效果。釉面上的裂纹本来是陶瓷产品的一种缺陷，后因其独特的艺术效果，逐渐演变为一种美学元素，并被用于釉装饰的创作中。

釉层开裂的主要原因是烧制过程中坯、釉的膨胀系数不匹配，当釉层的膨胀系数大于坯体的膨胀系数时，釉面容易产生龟裂。在陶瓷烧造的冷却过程中，温度的迅速下降也会产生釉层开裂。由于裂纹釉表面的裂纹可能藏匿食物残渣，不卫生，因此并不适合用作饮食器，而适合用作观赏器。裂纹釉独特的

① 棚板：又称窑板、碳化硅耐火板，是用碳化硅陶瓷等耐火材料做成的一定尺寸的板子，是烧窑时用于放置陶艺作品的常用窑具。

图 11-74　裂纹釉试片

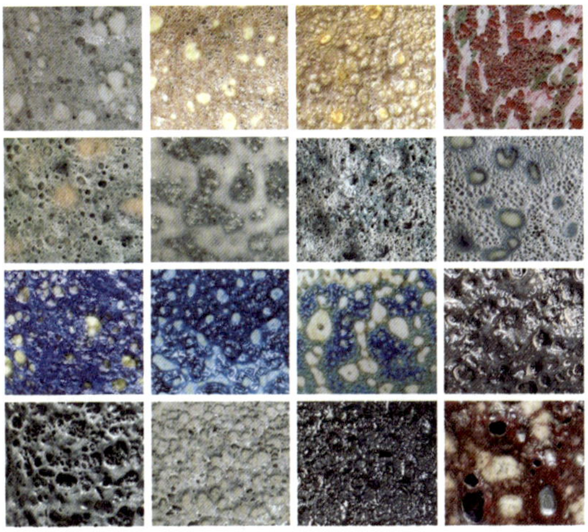

图 11-75　熔岩釉试片

图 11-76　金属光泽釉试片

装饰效果不仅能为陶瓷制品带来多样的情感表达和艺术内涵，还能通过自然的不规律的裂痕纹样赋予制品一种细腻温和的美感。

裂纹釉的烧制温度一般为 1180 ℃ ~ 1300 ℃，具有较强的流动性，釉色丰富，通体晶莹，如图 11-74 所示。在尚未充分了解釉料的流动性时，建议先制作试片进行试验性烧制，通过观察釉料在烧制过程中的流动性和覆盖情况，从而对釉料的实际表现有一个直观的了解，以确保陶瓷制品达到预期效果。

3. 熔岩釉

熔岩釉，又称气泡釉、泡泡釉，是一种特殊的陶瓷釉料，因其釉面形成大小不一像熔岩效果的肌理而得名。这种釉料在高温下熔融时，釉中某些化学成分会产生气体，气体逐渐凝聚并形成气泡，有的密集，有的稀疏，冷却后被固定在陶瓷表面，形成类似月球表面的粗糙质感。熔岩釉非常适用于制作需要特定纹理和触感的陶瓷制品，它能在陶瓷表面营造出独特的质感和丰富的视觉层次，是陶艺家表达创意的优选釉料。

熔岩釉具有发色稳定、覆盖力佳、烧制简单、安全无毒、流动性强的特点。通常由底釉和面釉两种釉组成，底釉施釉结束后再叠加上面釉，施釉方式包括刷釉、浸釉和喷釉。中温熔岩釉的烧制温度为 1180 ℃ ~ 1280 ℃，高温熔岩釉的烧制温度为 1280 ℃ ~ 1310 ℃，可以用电窑、气窑在氧化气氛下烧制，施釉厚度在 3 ~ 5 mm 最佳，不能过薄。具体效果可参考图 11-75。

4. 金属光泽釉

金属光泽釉是一种具有金属光泽效果的陶瓷艺术釉，具有耐腐蚀、釉面硬度高等许多优良的性能。比较常见的色调有金黄色、银白色、铜红色、青铜色等。通过在釉中加入一种或多种不同含量的着色金属氧化物，如钴、锰、铜、铁、钛、镍、矾等，在高温烧制过程中达到饱和状态，形成规则排列的晶体，这些晶体对光线有镜面反射或散射特点，从而在视觉上有金属光泽的效果。

金属釉具有流动性较弱、发色稳定、覆盖性强的特点。光泽持久亮丽，质地坚韧，易清洁维护，釉面不易吸附灰尘，耐脏性强，清洁维护简便。金属釉的施釉方式包括刷釉、浸釉和喷釉。施釉厚度需适中，多为 1 ~ 2 mm，烧制温度为 1180 ℃ ~ 1250 ℃，施用金属釉的坯体以高白泥为宜。具体效果可参考图 11-76。

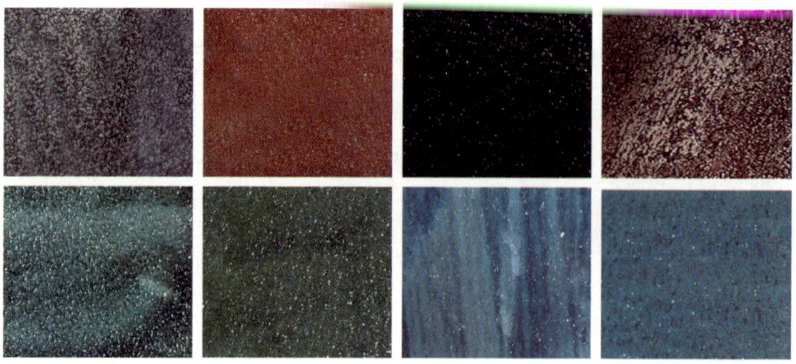

图 11-77　金砂釉试片

5. 金砂釉

金砂釉，也被称作砂金石釉或金星釉，是一种特殊的铁系结晶釉，釉中因含有小晶型结晶，光照下会闪烁着星星点点的金属光亮。金砂釉的结晶体在冷却的时候生成，结晶形状不是呈放射状的晶族或结晶群，而是显示出闪耀金属光泽的无数微小的氧化结晶体，这些晶体不是生成在釉的表面，而是悬浮在釉层的玻璃质中。

无论是低温还是高温的金砂釉，都需要在氧化气氛下烧成，用电窑烧成效果更好。金砂釉适合施在含铁的坯体上，施釉的厚度为 3 ~ 4 mm，釉薄则难以形成结晶。金砂釉的颜色丰富，常见的有绿、蓝、黑、金等色。施釉方式选择涂釉、刷釉、喷釉、浸釉均可。金砂釉熔融性强，适合快速烧成，具有较强的流动性，因此在烧制时需要在制品下面放一块垫板，或靠近底部的部分不施釉。

金砂釉常被用于艺术瓷、建筑瓷砖上，在光线照射下会闪闪发光，使制品显得华丽高贵，提升了制品的艺术价值和视觉魅力。具体效果可参考图 11-77。

码 11-5　剪纸贴花装饰

第三节　彩绘装饰

彩绘装饰是指在陶瓷生坯或素烧坯体表面，利用陶瓷颜料和特定的工艺技术进行图案纹饰绘制，赋予陶瓷作品独特的艺术魅力和文化内涵，是陶瓷艺术的重要组成部分。陶瓷彩绘主要可分为釉上彩、釉下彩及釉中彩，本节主要介绍和展示青花、釉里红装饰和新彩、墨彩描金 4 种彩绘工艺。

谈及釉下彩绘，就必须提到青花和釉里红，它们是釉下彩瓷中的两大代表性品种，二者的先后出现，标志着中国陶瓷装饰艺术从以坯体和釉色装饰为主流的阶段，迈入彩绘装饰的时代。在釉下彩绘方面，青花和釉里红的工艺复杂度不高，非常适合初学陶瓷者体验相关制作流程。在釉上彩绘方面，新彩具有表现力强、入门门槛较低、易于掌握的特点，是初涉釉上装饰领域的理想起点。掌握了新彩技艺之后，初学者还可以尝试探索更为精细的墨彩描金工艺，甚至通过拓展学习资料，学习其他复杂彩绘工艺。

一、青花

青花是我国陶瓷装饰艺术中珍贵的传统装饰品种之一。它是以氧化钴或富含钴矿物的颜料（如珠明料）为着色剂，用毛笔蘸料在泥坯上描绘纹饰，再施加一层无色透明釉，入窑经 1300 ℃左右还原气氛烧制，成瓷后纹饰呈蓝色，故称“青花”。

青花瓷萌发于唐代，成熟于元代，鼎盛于明清，以其独特的白底蓝花图案、简洁明快的色彩对比，给人一种稳重大方、清新明快、端庄肃穆之感。

青花必须覆盖在透明釉下经高温还原烧制后方呈蓝色，无釉低温氧化气氛下则呈黑色。彩绘层和釉层一般经高温一次性烧制，烧成后青花瓷具有耐磨和不易变色的特性，同时能够抵抗酸碱的腐蚀，在日常使用中不会释放出有害物质损害人体健康，集美观和实用于一身。

1. 工具介绍

（1）料笔，又叫勾线笔，分为单料画笔和双料画笔，用于勾线。笔杆长 26 ~ 27 cm，单料画笔笔锋长 1.5 ~ 2 cm。笔头弹性好，笔锋尖细整齐，中间没有粗劣的杂毛，呈细长的枣核状，工笔类绘画多用此笔。双料画笔笔锋较长，约 4 cm，笔头较粗，可用来绘制较粗和粗细变化较大的线条。写意类绘画、民间青花瓷、大型器物装饰绘画，宜采用此笔。

（2）分水笔，因笔头似鸡头形也叫鸡头笔，肚大尖细，吸水性强，是青花彩绘工序中“分水”用的特制毛笔，类似于釉上彩绘中的填色笔。分水笔主要用于处理青花色调的层次变化。在描绘完纹饰的轮廓线后，通过分水笔将调好浓淡层次的青花料填入轮廓内，分出深浅分明、层次丰富的色块。

（3）辅助笔，一般为扫灰笔和补水笔。扫灰笔用较长的羊毛制成，笔头长 10 ~ 15 cm，作画前用扫灰笔除去坯胎上的灰尘。补水笔比扫灰笔短。作画前需用补水笔给坯胎补水，湿润坯胎，除去小气孔和污渍。

（4）平口小刀，用于雕刻图案或修正绘制过程中误绘、错绘的部分，以及分水操作时失误的部分。

（5）硫酸纸，用于绘制设计图稿和转印图案。选用薄、柔软、有韧性的硫酸纸效果更佳。使用方法如下：先将画稿覆盖在硫酸纸上，使用针笔沿着画稿线条在硫酸纸上逐点穿孔，这一过程称为“扎图”。完成后，将扎好的硫酸纸贴于坯体上，并用醒目的红色颜料轻轻涂刷硫酸纸，使图案通过孔点转印到素坯上。这种方法能显著提高陶瓷绘画的效率，并降低绘画过程中的错误率。

（6）海绵擦，用于给坯体补水和擦拭灰尘。

（7）料碟，用于盛放青花料，料碟的大小和深浅以类似餐具中三寸小碟的尺寸为宜。碗使用陶瓷碗或大口径容器均可，用来盛放分水料。用小勺来搅拌料水。

（8）隔夜茶叶水，使用隔夜茶叶水调配青花料，可以帮助青花料达到更好的流动性和黏附性，使得绘制出的图案更加细腻流畅。

（9）桃胶，主要用于调配绘画颜料，可以和隔夜茶叶水共同调配青花料以增强颜料的黏附力，防止线条被蹭掉并使勾线更加流畅。

（10）转盘，用于绘制青花瓷圆环线（景德镇俗称“打箍”），需使用转盘辅助。将坯体置于转盘中心，左手转动转盘，右手持笔，保持笔杆与所画坯面垂直，笔尖轻触坯面。随着转盘旋转，笔尖在坯体上留下绘制均匀、连续的环形线条。

2. 工艺流程

以绘制一块青花瓷盘为例，绘制工具与主要步骤如图 11-78 至图 11-92 所示。

图 11-78　部分青花绘制工具（从左至右分别是：料笔、分水笔、小刀、硫酸纸、颜料、海绵擦、料碟、青花料、隔夜茶叶水、转盘）

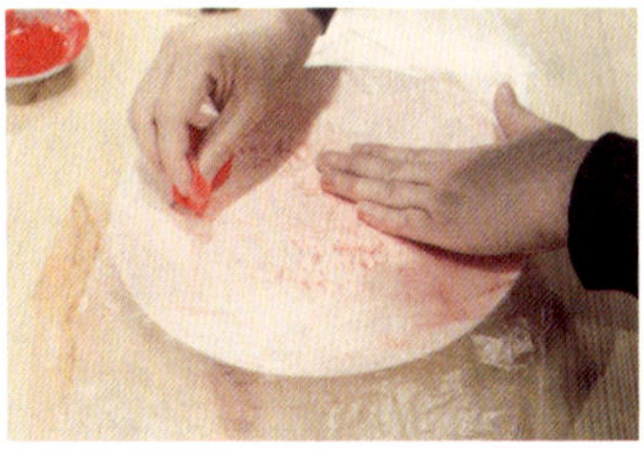

图 11-79　利用硫酸纸扎孔的方法，把设计好的图案转印到素坯上

图 11-80　调整青花料的浓淡状态，用勾线笔蘸取青花料

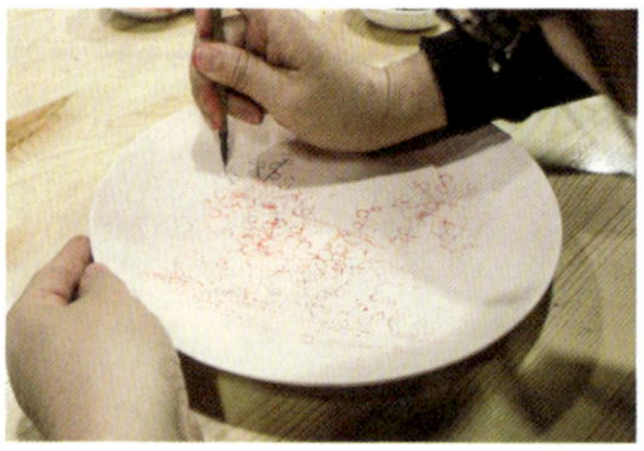

图 11-81　根据印在坯体上的图案勾线

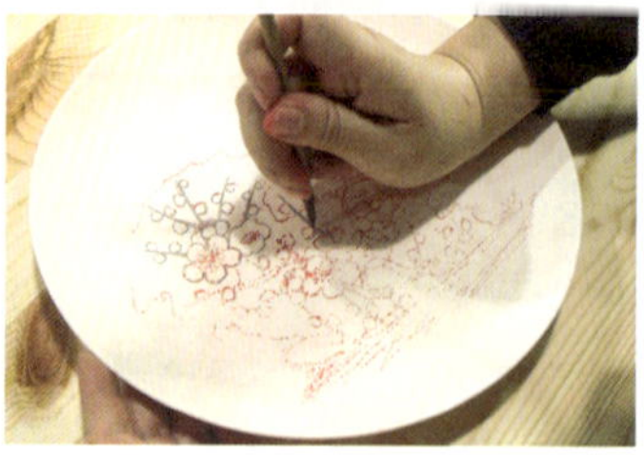

图 11-82　勾线时注意线条要匀称流畅

图 11-83　将勾线完成的盘子放置在转盘上并找到重心

图 11-84　找好重心后在盘子的口沿附近画圈，即“打箍”。左手转动转盘，右手执笔，笔尖接触盘面，绘制流畅的圆环线

图 11-85　完成打箍，准备进行青花分水步骤。

图 11-86　将蘸满料水的分水笔向上提，让多余料水回流至容器内，直至笔尖停止滴水，然后在容器口沿轻轻拖动，恢复笔形

图 11-87　分水的时候，调整笔头的角度，使笔尖与坯体表面垂直

图 11-88　分水时，笔尖不能接触到坯体，通过用手微微挤压笔头，让料水顺流到坯体上

图 11-89　大面积分水时，分水笔上的青花料要足。分水的浓淡主要取决于青花料水在坯体上沉积的厚薄，越厚则越浓

图 11-90　使用平口小刀雕刻花纹，同时可用于修正彩绘错误或分水操作中的失误

图 11-91　分水时要掌握分水面积的大小、笔含料水的多少和运笔的轻重缓急等

图 11-92　修整细节，完成彩绘后，在坯体表面施一层透明釉后入窑烧制

3. 工艺要点

（1）起稿时，既可以用透明的硫酸纸扎图，后将图案的轮廓转印到坯体上，也可以用淡墨水或铅笔直接在坯上作画。

（2）勾线和分水在具体操作时的先后顺序，包括先勾线再分水和先分水再勾线。

①先勾线再分水即先勾勒出纹样的轮廓线，然后在所勾出的轮廓线中分水，类似于填色。此种方法

的优势在于：一是在轮廓线内分水，初学者易于上手；二是便于绘制细致整齐的花纹，提高画面的美观度。此种方法的局限性在于：一是先勾线后分水，往往会影响轮廓线条，使线条模糊不清；二是分水受约束，上色可能显得生硬呆板。

②先分水后勾线。此种方法的优势在于：一是分水不受轮廓线限制，因而画出的花纹和颜色比较活泼自然；二是可以保证线条清爽，适用于写意的画面。此种方法的局限性在于：一是在没有轮廓线的辅助下，初学者不容易控制分水范围；二是不适合绘画细致工整的纹样。

（3）青花分水用料的调配与使用：将磨细的青花料置于碗内，加水调匀，用汤匙搅动直至泛起泡沫，待沉淀澄清后，倒掉上层清水，取沉淀的青花料与隔夜的茶叶水调配成浓淡不同的分水用料，分别盛于碗内备用。使用分水料时，笔头需保持一定的含水量，若含水过少，分水时笔锋容易碰触坯体携带坯粉，当再次蘸取青花料时容易污染料水，影响呈色。大面积分水时，笔上料水自流不够时可用食指和无名指轻压笔头肚子上部，使料水顺笔尖流到坯体上，但要注意手指压力不能太大。

（4）剔刮工具的活用。初学者要善用细竹签、刻刀和刀片等剔刮工具，在已画好的青花料层上剔刮出细小的线条、波点和纹样，以增加画面的层次与细节。初学者如将线条画得太粗，可以通过剔刮的方式将线条刮细。对于误绘、错绘的部分，以及分水时失误导致溢出的部分，甚至绘制过程中留下的色脏，都可以用刀片处理干净。

4. 注意事项

（1）选笔时一定要试笔，先将笔头放在水中浸泡，待毛质舒展开后擦干笔尖；然后蘸取少量水润湿笔尖；再用笔尖在指甲盖上轻轻打圈，如若笔尖不会分叉，则较为合适。

（2）在购买青花料时，无论是选择粉料还是选择商家已调好的罐装青花料，都需要用研磨钵进行研磨。配合适量茶叶水和桃胶进行磨料，直至颜料与水充分结合，变得黏稠丝滑即可。如果想让青花料非常细滑，可在磨制的过程中使用滤网过滤一次，然后再磨细大颗粒料粉。

（3）每个素坯在进行装饰处理之前都必须补水，可以用湿海绵轻轻擦拭坯体表面，除去灰尘和油污，海绵无法触及的细节部位则可用毛笔蘸水进行补水，确保坯体均匀吸水。

（4）在绘制的过程中，每画一笔前都必须搅拌容器内的青花料，使颜料均匀分布，以避免绘画时颜色不均。

（5）在绘制的过程中，如果勾线笔出料不顺畅，可在青花料中稍微添加一点桃胶。在绘制细致的纹样时，可在轮廓线内涂一笔清水，增加绘画处坯体表面的湿度，以减慢坯体的吸水速度。

（6）分水时要注意根据坯体的厚度和密度来调整绘画速度。坯厚，吸水多，可画慢些；坯薄，吸水少，需画快些。使用青花料进行绘制时，应避免涂得过厚，过厚在高温烧制过程中易脱釉。

二、釉里红

釉里红瓷器，作为中国传统陶瓷艺术的瑰宝，以其艳丽的红色、精致的纹饰和独特的烧制工艺著称。釉里红是景德镇具有较高声誉和影响的名贵瓷器品种，创烧于元代，历经明清，达到鼎盛。在明代，特别是永乐、宣德时期，釉里红瓷器更是达到了艺术的巅峰，成为宫廷御用珍品。

釉里红颜料的主要呈色剂是氧化铜，俗称“铜花”，以此为颜料在坯体上绘制纹样，后罩透明釉，入窑在1280 ℃左右高温还原焰气氛中一次烧成，铜红色隐于透明釉层之下，形成独特的美感，故名釉里红。

釉里红中的铜离子对窑炉温度极为敏感，火候的细微差别都会对其发色产生影响，因此烧制难度较大。在烧制过程中，若窑温过低，铜离子会呈现黑红色或灰红色；若温度过高，铜离子则会直接挥发从釉层中逸出，造成飞红现象[①]或褪色现象，导致纹饰不连贯。釉里红常与青花配合使用，共同装饰陶瓷器皿，称“青花釉里红”。

1. 工艺流程

釉里红的绘画工具与青花的绘画工具大致相同，主要是使用的颜料不同，在此不做介绍。市面上有调配好的釉里红水剂，使用方便，绘画时用料笔直接蘸取颜料即可。以绘制一件釉里红小杯为例，绘制主要步骤如图 11-93 至图 11-97 所示。

图 11-93　用铅笔在坯体上打出图案草稿

图 11-94　用料笔蘸取釉里红颜料，根据草图绘制图案

图 11-95　执画笔的手悬腕绘画，以免蹭掉颜料

图 11-96　注意线条的疏密变化

图 11-97　绘画完成，放置干燥后施釉烧制

2. 工艺要点

相较青花，釉里红由于其材料特性无法进行分水，而勾勒、平涂和绘画等工艺技法基本与青花相同，故在此不作赘述。绘制釉里红装饰图案有两种方式：

（1）一种是先在坯胎上施一层稀薄的透明釉作为底釉，再在底釉上进行绘画，最后罩面釉入窑烧制，呈色于两层透明釉之间。早期釉里红产品多用这种方法，现在常有人使用此法进行写意绘画。

（2）另一种是将釉里红颜料直接在坯胎上进行彩绘，罩透明釉，入窑烧制。现主要使用此种绘制方法，能够保持线条的流畅与清晰，且适合绘制工笔精细图案。

3. 注意事项

（1）由于釉里红颜料颗粒较粗，极易沉淀。因此釉里红的用料必须经过精细的研磨，并调匀料水。在绘制过程中，每次蘸料前都要用笔不断搅动料碟，让颜料均匀，防止沉淀。

（2）绘制图案时，除特殊要求外，每笔含料都必须均匀一致，厚度适中。太厚，烧成的效果则泛黑泛绿，易流淌，破坏整体效果；太薄，则烧出淡影，或发色不匀，断断续续，达不到预期效果。

（3）绘制的点、线、面要有均匀的厚度，确保线条饱满。若画线中途笔料用尽，二次蘸料绘制时需重叠原线末端，以免线条断续。特别是在绘制复杂图案时，如龙鳞，线与线之间的交错重复是必要的，以保持连续性。

---

① 飞红现象：指在烧制釉里红瓷器的过程中，铜原子在高温烧造达到熔点后产生的飞逸现象。这种现象可以具体表现为铜原子逸出釉面飞散出去，或者沉积在釉层中，形成大面积的弥漫现象。飞红现象会导致纹饰轮廓不清，从而影响瓷器的美观度，属于烧造缺陷。

三、新彩

新彩装饰是用新彩颜料在烧好的瓷胎上进行彩绘，再在烤花炉里经750 ℃～800 ℃低温二次烧制而成的陶瓷釉上彩绘。新彩是在清光绪年间，结合我国多种传统釉上彩绘技法和德国等欧洲国家进口的“洋彩”颜料形成的新工艺。因此新彩旧称“洋彩”。新彩较其他釉上彩而言，出现时间较晚，在新中国成立后通常称其为新彩。随着时间的推移，新彩颜料不再完全依赖于国外进口，其装饰语言更富有中国传统绘画特色，表现形式也更为丰富。

由于新彩技法的灵活性和可操作性，国画、油画和版画等其他艺术门类的形式可以通过陶瓷新彩装饰技法来表现，呈现出更加丰富的形式美感，突破了传统陶瓷彩绘技法的局限性，受到陶瓷制作者和收藏家的喜爱。

新彩装饰常用颜色多达几十种，大部分颜色之间可以互相调配，丰富程度远超传统古彩、粉彩等工艺。新彩颜料为“熟料”，颜料烧成前后变化不大，发色较稳定，创作时可以预见烧成后的效果。新彩颜料既可以用胶水调和，也可以用油剂调和。新彩水料可以大面积涂色，油料则可以表现丰富的色调变化，还可以通过水料和油料相结合的方式来增加画面的层次感。在表现形式上，新彩技法吸收了多种艺术门类和其他工艺的精华，可以结合中国画中工笔、写意、没骨画等画法进行装饰图案创新。新彩装饰既可以独立使用也可以与其他陶瓷装饰工艺形式相结合进行综合装饰，如新彩结合颜色釉装饰、新彩加粉彩、新彩加青花、新彩加雕刻等。新彩装饰在工艺结合方面表现出良好的兼容性，便于实现陶瓷综合装饰。

1. 工具介绍

（1）料笔，是陶瓷釉上装饰中最为常用的一种笔，用于勾线，也称勾线笔。可分为大、中、小三种类型，依次为双料笔、料半笔和单料笔。料笔的特点是笔头细长，富有弹性，适用于勾勒图案的轮廓和线条。料笔的选择根据具体图案的要求确定，如大件作品和较粗的线条应选择双料笔。

（2）填笔，一种羊毫笔，通常用于填色或直接彩绘。填笔有两种，一种是尖头，由大到小可依次分为大、中和小三种类型；另一种是扁头，由大到小可依次分为大、中、小号三种类型。可以根据画面的需要来选择羊毫笔的类型，如大面积的涂刷可以使用大号扁头笔，小面积的渲染可以使用小号羊毫笔。使用步骤通常是用羊毫笔蘸取新彩水料或油料，再涂于画面之上。

（3）彩笔，旧称“采笔”，是一种兼毫笔，是以较硬的兔毫和羊毫等多种毛质混合制成，通常用于渲染画面颜色的层次变化。彩笔需要和羊毫笔搭配使用，使用时通常先以羊毫笔涂色，然后用干净的彩笔笔尖蘸取极少量的乳香油和樟脑油，用手指将彩笔笔尖拈成平面，再在颜料上进行渲染，也就是景德镇俗称的“采”。使用彩笔渲染时要尽量一笔压一笔，彩出由浓到淡的层次，彩的方向要保持一致，避免出现色脏或颜色过渡不自然的情况。

（4）白云笔、水粉笔、油画笔等其他绘画艺术所使用的笔具，都可以用来绘制新彩，可以产生多样的肌理和艺术效果。

（5）笃笔，景德镇陶瓷彩绘的特殊用笔。笃笔的笔头部分齐平，通常用于蹀拍画面上的颜色，可以使颜色分布更加均匀，色调过渡更加自然。

（6）扒笔与针笔，扒笔通常为竹制，针笔为铁针笔。扒笔和针笔都可以用来修正画面，以及扒出花卉树叶的筋脉、装饰线条等。

（7）薄海绵、丝绵，在画面颜色的渲染和肌理的制作中可以使用丝绵和薄海绵轻轻拍打，使画面的颜色更加均匀，或产生特殊的肌理效果。

（8）料拍，是一种用来蹀拍画面，使画面颜色过渡更加自然的自制工具。自制料拍的方法是将海绵或棉花塞入丝袜填充紧实，然后扎紧丝袜口部，使料拍表面圆鼓方便蹀拍。

（9）料铲和料碟，料铲可用于搓制颜料，以及取出颜料粉备用。料碟可以用来盛放磨制好的颜料，同时还可以通过料碟盖防止颜料干燥或落灰。

（10）颜料盒，用于调制颜料，使用时需要注意各种颜色的料性，避免烧成后出现吃色、变色等问题。

2. 工艺流程

以绘制一只兰花新彩小杯为例，主要绘制工具与步骤如图 11-98 至图 11-108 所示。

3. 工艺要点

（1）将设计稿转移拷贝至瓷胎的方法有多种，以下两种方法最容易掌握。

①铅笔涂描转移。设计好图稿后，在图稿的背面用 4B 铅笔大面积涂黑，涂至碳层黝黑发亮，用手轻轻一碰碳粉就能抹黑手指的程度。再将图稿的正面放置在需要拷贝图案的瓷器表面，用胶带固定好图稿。最后改用圆珠笔沿着正面图稿的线条进行描绘，用力需稍重但不可划破图稿。所描画处背后的碳粉会自然地拓印在瓷面上。

②复写纸辅助转移。先在图稿下面垫上复写纸，然后用透明胶带将图稿和复写纸固定在瓷面上，最后用圆珠笔在图稿上描图，描完后，图案将被转印到瓷面上。

（2）新彩颜料的调制分为油调和水调两种。所谓油调，就是用乳香油与各色新彩颜料干粉按一定比例调配，搓制而成；所谓水调，就是桃胶加水与各色颜料干粉按一定比例调配。

①油调颜料的具体步骤如下：

第一步，将颜料干粉放于玻璃板上，用搓料刀进行碾压，将干粉颗粒碾细。

第二步，把搓细的干粉料集中在一起，中间拨成凹槽，然后在粉料中间加入适量的乳香油。

第三步，用搓料刀将颜料和乳香油拌匀，并反复碾压调成糊状，直至颜料没有结块或颗粒状。搓料时应注意把握好料的稠度，料稠时不易搓开，可适量滴几滴樟脑油稀释一下；如果乳香油加多了，料太稀不能凝聚成堆而向四周流散时，必须再加入适量干粉料，至稠度合适为止。

第四步，将搓好的细腻的、无颗粒状的油料装入料碟或料盘中备用。

第五步，油料存放在料碟中以能聚成堆而不流散为浓稀程度适当。料碟要有盖，这样既能防尘又能防止“干料”。

②水调颜料的具体步骤如下：

第一步，把颜料干粉放入擂钵内擂磨细腻。

第二步，配制桃胶水，即桃胶与水的混合物，桃胶与水的比例为 1 ∶ 50。胶多则色层易爆花；胶少则涂油料时胶料易蹭掉。

第三步，往装有颜料干粉的擂钵内注入适量的桃胶水，用擂锤将胶水颜料进一步磨细备用。

（3）关于勾线，用料笔蘸料，注意调和好料的浓淡稠稀，保证线条均匀流畅，中锋用笔，注意线条的浓淡虚实变化。

（4）“采”也称采颜色、采色，类似于国画分染技巧。用填色笔蘸取颜料上色后，另取一支兼毫笔用樟脑油蘸润笔尖后擦干，将颜色轻轻拖扫开，使颜色呈现由浓到淡的效果。在采色的过程中，需要控制好用笔的力度和速度，使颜色过渡自然，颜料中的油料不宜过多，否则画面易晕散渗开，油料少颜色则拖扫不开，需要长时间练习方可把握。

（5）新彩颜料一般来讲可以互相调配，且与普通的色彩调配原理一致。但需注意“失色”和“吃色”现象。以金为主要成分的颜色（如宝石红、洋红、玛瑙红等）和以铁为主要成分的颜色（如西赤、小豆茶、代赭等）不能混合调配使用，否则都会被破坏，出现“失色”现象。西赤与薄黄调和，烧成后有“吃色”现象，仍为黄色。

图 11–98　部分新彩绘制工具（从左至右分别是：海绵、料铲、料笔、彩笔、填笔、细棉签、新彩颜料、颜料盒、乳香油、樟脑油）

图 11–99　在纸上设计出草图

图 11–100　将设计图案转移拷贝到瓷胎上面后，用艳黑料勾线

图 11–101　勾线完成后，对局部细节进行调整

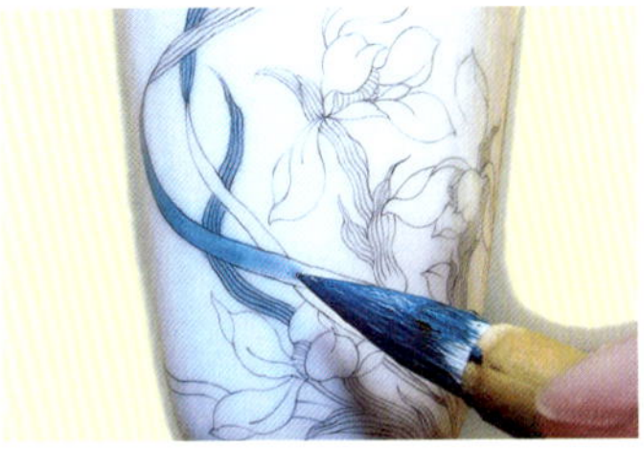

图 11–102　入炉低温烤花一遍后，用海碧蓝混合川色，填充叶子颜色

图 11–103　用川色填充其他叶子的颜色

图 11–104　用宝石红涂叶尖

图 11–105　用宝石红填充兰花花瓣尖和花瓣根部，用彩笔轻轻拖扫，“采”出层次感和体积感

图 11–106　用海碧蓝填充另一朵兰花，后再用彩笔轻轻拖扫，“采”出层次感和体积感

图 11–107　上色完成后，放入烤花炉烧制，烧制温度在 800 ℃左右

图 11–108　烧制完成后如果效果不佳，可用颜料进行修改，再次入窑烧制，直至达到理想效果

4. 注意事项

（1）在完成勾线步骤后，为了方便下个环节的作业，需要进行一次烤花，烤花炉的温度应控制在 750 ℃～800 ℃。

（2）在调和颜料时注意控制乳香油的用量，量过多烧成后易出现颜料流淌的现象，破坏画面。因此，在调配颜料时，可多次少量滴入乳香油，不断研磨，直至颜料充分黏合，待用。

（3）在入炉烧制前，需进行细致的检查，确保画面没有遗漏的脏污部分，以避免烧成后出现色脏。

（4）使用陶瓷颜料和工具时，要注意个人安全，避免吸入颜料粉尘。

四、墨彩描金

墨彩描金是一门较为独立的陶瓷装饰艺术形式，是在墨彩的基础上，通过红、金两色来丰富画面的色彩。三色搭配在一起，非但不会显得浓艳厚重，反而展现出淡雅简约且不媚俗的极强的综合装饰效果。该装饰工艺最早起源于清康熙时期的墨彩瓷以及同时期的“色釉描金”与“珊瑚红描金”技法，随后在雍正、乾隆年间得到了进一步的发展与完善，并一直延续到清末。民国时墨彩描金又得到进一步的发展与提高，至今已有三百余年历史。

墨彩描金装饰具有发色相对稳定、色彩单纯、对比强烈、典雅华丽的特点。在工艺上，墨彩描金至少经过两次烧制，在第一次入炉烧制固定墨彩后，再在画面上使用本金进行勾线、覆盖和点缀，第二次入炉烧制固定描金部分，画面精致华贵，富丽雅致。在技巧上，墨彩描金技法灵活多样，多采用中国画的工笔重彩和水墨画的表现技巧，注重线条的流畅和颜色的浓淡层次；在风格上，墨彩描金工艺融合了传统国画的精髓和现代陶瓷装饰的创新，形成了清新明快、精致细腻的艺术风格；在题材表现上，多以古装人物、山水、花鸟、走兽等为题材，形象古拙生动，构图空灵清晰。

1. 工艺流程

墨彩描金使用的绘制工具与新彩大致相同，此处不再重复介绍，可参照前文。以绘制一幅人物墨彩描金瓷板画为例，主要绘制工具与步骤如图 11-109 至图 11-121 所示。

图 11-109　部分墨彩描金工具（从左至右分别是：艳黑料笔、麻料笔、矾红料笔、金料笔、细彩笔、墨水笔、彩笔、上色笔 1、上色笔 2、料铲、瓷用金粉、玛瑙笔、艳黑料粉、矾红料粉、樟脑油、乳香油）

图 11-110　将绘制好的草图拷贝到瓷胎上，用西赤料勾勒人物的脸部轮廓

图 11-111　用艳黑料勾勒人物服装线条

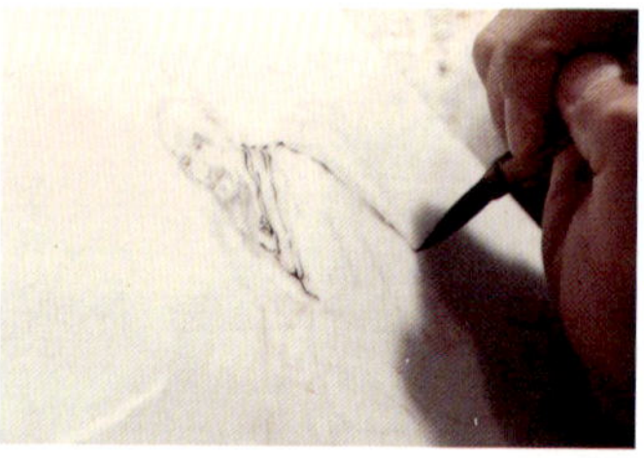

图 11-112　中锋用笔，注意用笔轻重

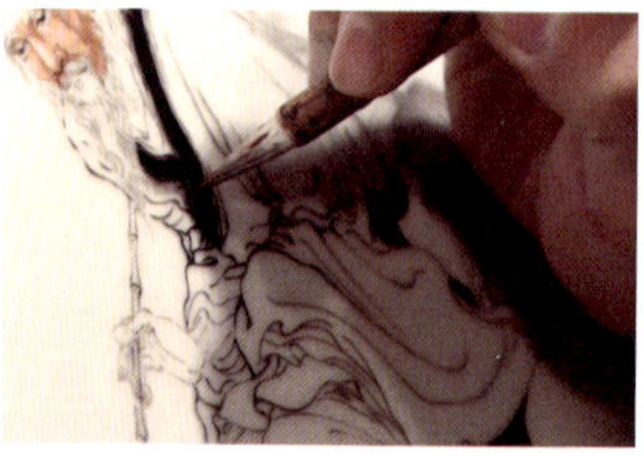

图 11-113　用彩笔分出艳黑的层次和浓淡

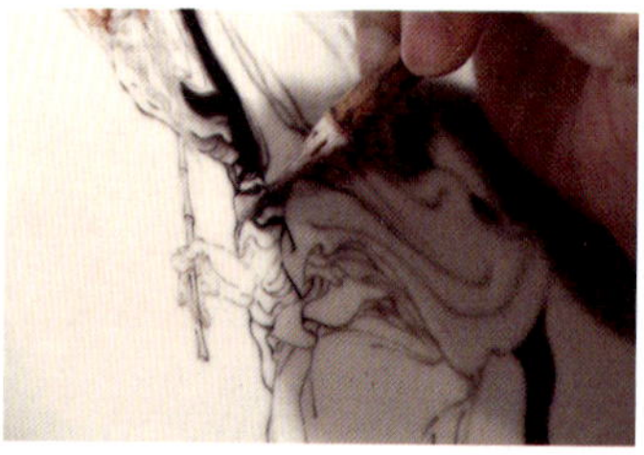

图 11-114　注意颜色过渡要柔和自然

图 11–115　用西赤料填、采出人物肤色

图 11–116　用彩笔细化人物脸部，注意运用颜色的深浅来表现脸部的立体感

图 11–117　在衣服上描绘纹饰

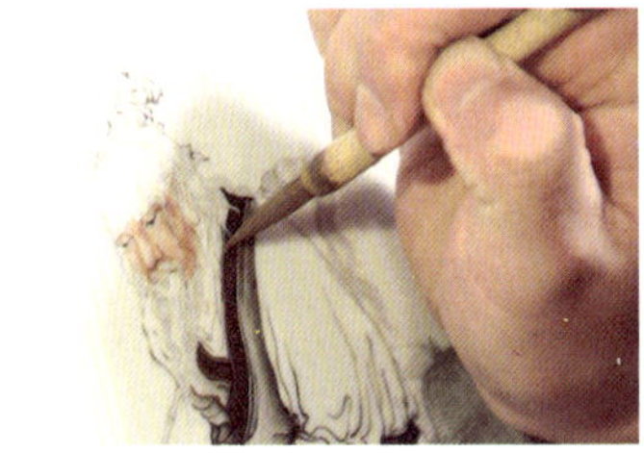

图 11–118　第一次烧制后，用描金笔在衣领上绘制装饰图案

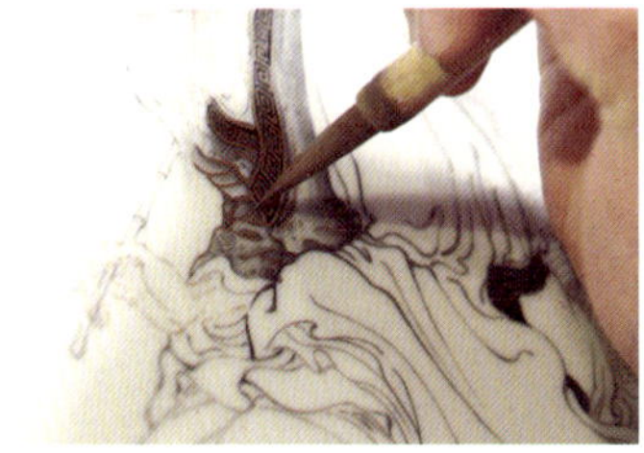

图 11–119　对服装褶皱进行描金处理

图 11–120　完成描金后入炉进行第二次烧制，开炉后用玛瑙笔对描金处进行抛光

图 11–121　最终完成效果

2. 注意事项

（1）分阶段烧制。为避免金粉与艳黑料粉相互吃色，影响画面效果，墨彩描金瓷器往往要烧制两次。即先完成对墨彩画面的烧制，再进行描金，最后进行整体二次烧结。

（2）关于墨彩描金的两次烧制温度。第一次烧制温度在780℃左右，使颜料牢固附着在器皿上。描金完成后，入炉进行第二次烧制，烧制温度在 800℃左右。

（3）在绘制和烧制过程中，保持工具和瓷器的清洁，入炉烧制前注意消除色脏和杂质，避免影响最终效果。

（4）描金完成进行第二次烧制后，需要用玛瑙刀对金层进行抛光。因为金料在烧制后，会产生一层氧化物，使描金处缺少光泽且颜色生涩，需用玛瑙刀或者细砂纸在描金部分反复刮擦，才能使金色发亮。

码 11–6　青花彩绘装饰　　码 11–7　斗彩装饰　　码 11–8　古彩装饰

第十二章
烧成工艺

学习目标：

（1）理解烧成的概念，素烧、釉烧的理论知识以及陶瓷烧成过程中发生的物理和化学变化。

（2）了解燃气梭式窑炉的结构和工作原理，能够识别梭式窑炉的主要组成部分，包括窑室、窑车及排烟设置等。

（3）了解釉烧和彩烧工艺，以及相关注意事项。

本章重要词汇：

烧成、素烧、釉烧、彩烧、梭式窑、电烤花炉、氧化气氛、还原气氛。

熟悉和掌握陶瓷烧成工艺的基础知识，是进行陶瓷制作实践前的必修课之一，有助于初学者更好地理解陶瓷的物理、化学特性和提升制作技艺。通过学习本章内容，初学者将对烧造工艺和窑炉设备的工作原理有较为清晰的认识，从而在科学的理论指导下进行陶瓷烧造实践，提升作品质量。

本章分为四节，第一节介绍烧成的概念，使初学者对烧成工艺具备初步认知。第二、三节分别介绍素烧和釉烧工艺，介绍陶瓷坯体在高温烧造过程中所经历的物理和化学变化的规律及特性。第四节介绍彩烧工艺，了解如何使用电烤花炉，设置升温曲线，调节彩烧过程中所需的温度和时间等关键参数。

第一节　烧成的概念

烧成，亦称“烧造”，是对陶瓷坯釉进行高温烧制，通过控制温度和气氛，使坯体内的水分和有机物挥发，同时促使陶瓷材料中的矿物质发生熔融、结晶和重结晶等物理化学变化，最终形成结构紧密、体积固定、具有特定功能与美观度的烧成体。

烧成是整个陶瓷制作过程的最后环节，是最重要的工序之一。不仅如此，烧成温度也可作为细分陶瓷制品类别的重要参考：日照晒干后以 800 ℃烧成的称为“土器（泥皿）”；在 800 ℃至 1100 ℃烧成的称为“陶器”；在 1100 ℃至 1250 ℃烧成的称为“炻器”；烧成温度在 1250 ℃以上的称为“瓷器”。

中国古代陶瓷烧成工艺的发展，主要分为三个阶段：一是无窑式阶段，主要有平地堆烧和坑烧，烧造温度可达 800 ℃；二是穴窑式阶段，利用土地的保温作用，在地里挖洞穴来烧制，有横穴窑和竖穴窑两种类型，烧成温度可达 900 ℃至 1000 ℃；三是窑炉式阶段，商代至战国时期窑穴演变为地面窑炉，窑室随之扩大，开始选用草拌泥砌成窑墙，不再受地面水的影响，不仅窑的利用率提高，且陶瓷产量渐增。

码 12-1　平地堆烧

根据火焰在窑室内流动方向的不同，可分为升焰式窑、半/倒焰式窑、横焰式窑三种，升焰式窑普遍为制陶窑炉，半/倒焰式窑和横焰式窑则为烧制瓷器所用的窑炉。

古时早期的陶瓷烧造一般采用“一次烧成”的方式，常将生坯施釉后，直接放入窑中，经高温一次性烧制而成。其优点是节省能源、胎釉结合度高，缺点是生坯吸收部分水分后变得十分脆弱易碎，搬运入窑时操作难度大。随着工艺技术的发展，陶瓷烧造工艺逐渐发展出了“二次烧成”。即，先低温烧造器坯，称“素烧”，然后施釉再次入窑进行高温复烧，也称“釉烧”，前后经过两次烧制而成。增加一次素烧的目的是增加坯体的机械强力，解决“一次烧成”生坯施釉易损坏的缺点。根据考古发现，历史上的河南巩县窑（唐三彩）、河北磁县宋金磁州窑（低温铅釉陶器）、河南禹州宋钧窑、浙江南宋龙泉窑等都采用过素烧工艺。进入明清时期，随着釉上彩绘瓷的大量生产，在釉烧之后又增加了彩烧。即，在成瓷的器皿上进行彩绘，之后再置于烤花炉中进行低温烘烤，使釉上彩颜料牢固地附着于瓷器的釉面上，这一过程也称为“烤花”。

一般情况下，现代陶瓷的烧造仍然包括素烧、釉烧和彩烧 3 个环节。但需注意的是，并不是所有陶瓷品类的烧造都必须包括这 3 个环节，具体要根据产品类型和工艺要求来决定。例如烧制青花瓷，通常不需要彩烧，且如果质量要求不高，素烧和釉烧这两个步骤可以合并进行一次性烧制。

烧成作为陶瓷生产的核心环节，其效果很大程度上依赖于窑炉这一热处理设备的类型和性能。陶瓷窑炉的种类繁多，按操作的连续性来划分，有间歇式窑和连续式窑；按窑内火焰流动方向来划分，有升焰式窑、半/倒焰式窑和横焰式窑；按所用燃料和热量提供的种类来划分，有柴窑、碳窑、油烧窑、气窑、电窑和微波窑；按制品与火焰的接触方式来分，有直焰式窑、半隔焰式窑和隔焰式窑；按烧成目的来划分，有素烧窑（缔烧窑）、釉烧窑（本烧窑）和烤花窑。

对于初学者而言，从燃料种类入手理解窑炉的分类，是一种直观且易于掌握的方法。这种方法有助于理解不同类型窑炉的工作原理、结构特点及适用场景。柴窑、碳窑和油烧窑在燃烧过程中会产生大量的烟尘、有害气体和其他污染物，如硫化物和氮化物。这些排放物会对环境和人体健康造成危害，且柴、碳和油三种燃料的费用较高，增加了制瓷成本。因此，柴窑、碳窑和油烧窑在现代陶瓷生产中的应用已显著减少，本章将不作介绍。相比之下，电窑和气窑提供了更为环保和低成本的选择，能够实现更高的热效率，并且在烧制过程中能提供更加稳定可控的环境，成为目前陶瓷生产中最常用的窑炉类型。

第二节　素烧

素烧是指未施釉的生坯经一定温度的热处理，使黏土颗粒之间形成初步的结合，从而增强坯体机械强度的烧成工艺。

根据不同的陶瓷类型和工艺需求，素烧的温度会有所不同。一般来说，施高温釉的坯体素烧温度为 800 ℃～1100 ℃，而施低温釉的坯体素烧温度为 1100 ℃～1300 ℃。对于一些特定的陶瓷类型，如唐三彩、骨质瓷等，素烧温度可以达 1100 ℃～1280 ℃。这样的素烧处理可以使坯体达到较好的烧结程度，为后续的施釉和釉烧奠定基础。

此外，素烧的温度也受陶瓷材料、釉料类型以及产品最终用途的影响。例如，龙泉青瓷的素烧温度为 750 ℃～820 ℃，而钧瓷的素烧温度一般在 900 ℃～950 ℃。具体不同陶瓷产品类型对应的最佳素烧温度见表 12-1。这些温度范围确保了陶瓷在后续的加工过程中能够保持良好的物理性能和化学稳定性。

表 12-1　不同陶瓷产品类型的烧制方案与温度

产品类型	分类	一次烧制（℃）	二次烧制（℃）	胎体吸水率（%）
瓷器	软质瓷、硬质瓷	800 ~ 850	1250 ~ 1420	0 ~ 0.3
青瓷	炻器、瓷器	750 ~ 820	1230 ~ 1300	3 左右
骨质瓷	瓷器	1250 ~ 1280	1100 ~ 1150	0 ~ 0.3
硬质白色餐具	硬质陶器	1200 ~ 1280	1050	6 ~ 8
白云瓷（低温瓷）	软质陶器	1100	1050	18 ~ 21
瓮器、瓦罐等	炻器	1150 ~ 1200 （一次性烧成）	—	1 ~ 3
卫生洁具	炻器、瓷器	1230 ~ 1280 （一次性烧成）	—	0.3 ~ 3

总的来说，素烧的温度范围广泛，具体温度取决于陶瓷的类型、釉料的选择以及产品的设计要求。通过合理控制素烧温度，可以显著提高陶瓷产品的质量和成品率。

一、素烧的作用

相比一次性烧成，在陶瓷制作步骤中增加素烧环节有以下 6 点优势：

1. 增强坯体强度。通过初步的高温处理，素烧可以使陶瓷坯体的物理结构变得更加坚固，从而提高其抗压、抗弯强度。在后续搬运和施釉过程中，坯体不易破损，减少了制作过程中的损耗。

2. 优化施釉效果。素烧过程使得坯体表面的孔隙减小，吸水率降低，这样在施釉时釉料能更均匀地附着于表面，避免因坯体吸收釉料中过多水分而导致釉面缺陷，如气泡、剥落等，从而有效提高后期釉烧的成品质量。

3. 排除有机物与水分。高温素烧有助于坯体内残留的有机物（如黏土中的有机杂质）完全氧化挥发，并彻底排除水分，这不仅减少了釉烧时可能产生的烟熏和气泡，也确保了釉面的纯净和平整。

4. 提升成品率与效率。预先进行素烧有助于筛选出可能在高温下变形或破裂的劣质坯体，避免这些坯体在进入釉烧阶段后造成在窑室内炸裂影响其他作品等不好的情况出现，从而提高整体的成品率和生产效率。

5. 适应不同烧成温度需求。对于那些坯体与釉料烧成温度差异较大的陶瓷品种（如精陶、骨质瓷等），素烧可以在较高的温度下进行，使坯体充分烧结，之后再用较低温度进行釉烧，既保证坯体质量，又避免釉料在过高温度下可能出现的问题。

6. 便于装饰加工。素烧后的坯体更稳定，便于进行精细的雕刻、绘画等装饰工艺，降低在装饰过程中因坯体脆弱而产生的损伤风险。

二、素烧的温度

一般黏土制品的素烧半成品吸水率大约为 20%，而硬质瓷器的素烧半成品吸水率是 6% ~ 8%，骨质瓷的素烧温度为 1250 ℃ ~ 1280 ℃，素烧品的吸水率低于 0.3%。

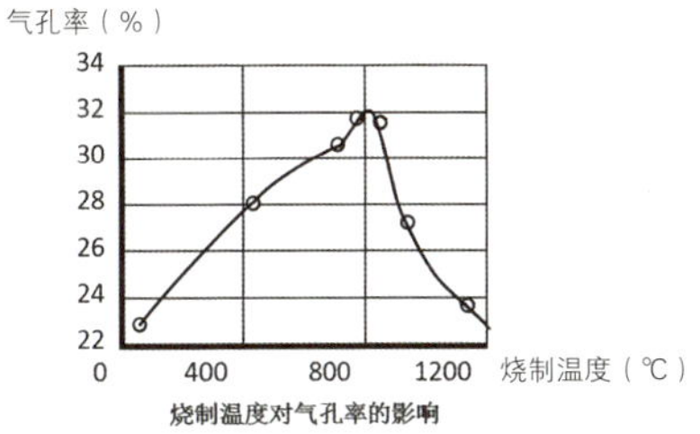

图 12-1　素烧烧制温度对气孔率的影响

绝大部分陶器、炻器和瓷器都可以采用先素烧再复烧的工艺路线。然而，对于瓮器或卫生洁具来说，它们只进行一次烧制。成型后，在半干的坯体表面施以浓度较高的釉料，经过施釉和干燥后，瓮器、瓦罐等在 1150 ℃～1200 ℃的温度下一次烧成，胎体吸水率为 1%～3%。卫生洁具在 1230 ℃～1280 ℃的温度下一次烧成，胎体吸水率为 0.3%～3%。

总而言之，不同的陶瓷制品具有不同的物理和化学特性，因此需要根据制品特性选择最适合的烧制方法来达到预期的质量和效果。

以瓷器为例，无论是硬质瓷还是软质瓷，素烧温度通常设定在 800 ℃～850 ℃，达到最高温度所需的时间大约为 8～10 小时。但是，精细的雕刻品和装饰品达到素烧最高温度的时间需要设定在 20 个小时左右。另外，对于体积较大的产品，也需要延长烧制时间，以防止坯体出现开裂等缺陷。瓷器坯体素烧时烧制温度与坯壁气孔率的关系图，如图 12-1 所示。

通过表 12-1 可知，由于不同的陶瓷类型和工艺需求，素烧温度一般设置在 750 ℃～1280 ℃区间，素烧过程中坯体随温度提升而变化。当窑内从常温升温至 300℃，坯体被加热，黏土中的水分逐渐蒸发，形成气孔，此时黏土颗粒尚未烧结，因此气孔率较高。当温度从 300℃升至 950℃，此时坯体进入氧化分解阶段，发生坯体质量急速减轻，强度降低（有机物等塑性物质分解）的物理变化，以及结构水被排出，硫化物氧化，有机物、碳酸盐分解，石英晶型转变等化学变化。坯体所发生的物理膨胀较小，水汽和气体产物可以自由排出，气孔率进一步增大。像骨质瓷、硬质陶器、软质陶器素烧的最高温度在 1100 ℃～1280 ℃，通过继续升温，使坯体开始出现液相，黏土中的部分熔体胶结颗粒促进黏土颗粒的结合，孔隙闭合，气孔率降低。

三、素烧的注意事项

素烧对于确保最终成品的质量至关重要。有效的素烧管理包括对烧制温度、时间、气氛和窑内温度均匀性的精确控制。通过优化这些参数，可以提高坯体的机械强度，降低孔隙率，并为后续的釉烧或其他装饰工艺打下坚实的基础。

此外，素烧管理还应涵盖对原材料质量的监控、对生产环境的维护以及对烧成后制品的检查，确保每一步都符合工艺要求，从而生产出高质量的陶瓷产品。素烧过程中需要注意的事项主要如下：

1. 素烧前，制品必须彻底干燥。若对含水量较多的半干制品直接进行初次烧制，可能会导致生坯表面吸附水分，阻碍生坯内部孔隙中碳的顺利排出。

2. 素烧的升温速度取决于烧制器皿的厚度，对于较薄的器皿来说，素烧升温速度过快会导致坯体开裂。

3. 素烧时窑炉必须是氧化性气氛或中性气氛，绝对不可以是还原气氛。

4. 素烧温度不可太低。如果过低，烧制的半成品在后续的施釉过程中很容易破裂。这是因为在素烧时，化学结合水被释放，使得生坯变得多孔，因此坯体变得脆弱且容易碎裂。

5. 素烧温度不可盲目追求高温。否则烧制出的半成品在施釉时容易出现局部釉料不能均匀附着的问题。

6. 相较于气窑，使用电窑进行素烧更为稳妥。

7. 使用电窑进行素烧，需要打开电窑的出风口，窑门不应完全封闭，而是要留有缝隙，以便让窑内的水分排出。随着温度逐渐升高，窑内水分逐渐减少，当温度升至 500 ℃～600 ℃时，大部分的水分已经排出，此时可以关闭窑门，以保持窑内温度的稳定，并继续进行后续的烧制过程。

第三节　釉烧

釉烧是指在经过素烧的陶瓷坯体上施釉后，再次将其放入窑中进行高温烧制的工艺过程。在釉烧过程中，釉料会在高温作用下熔化，形成一层光滑的玻璃质层，紧紧附着在坯体上。釉烧温度一般是在1050 ℃～ 1420 ℃之间，具体的温度范围根据不同的陶瓷产品和釉料种类有所不同，可参考表 12-1。

一、釉烧的过程

陶瓷坯体在釉烧过程中会发生一系列的物理或化学变化，一般分为 5 个阶段，如表 12-2 所示。

表 12-2　釉烧的 5 个阶段

烧成阶段	主要变化
低温预热阶段 （常温～300 ℃）	①排除坯体的残留水分 ②坯体产生少量收缩 ③坯体气孔率均有所增大
氧化与分解阶段 （300 ℃～950 ℃）	①排除结合水 ②石英晶型转变 ③有机物、硫化物氧化 ④碳酸盐、塑性物质分解 ⑤坯体质量减轻、强度降低
高温阶段 （950 ℃～最高烧成温度）	①氧化和分解作用继续进行 ②坯体开始形成大量液相和莫来石晶体 ③釉层开始熔融 ④坯体产生较大收缩
高火保温阶段 （最高烧成温度～止火温度）	①体积收缩结束 ②气孔率降至最低 ③熔融物增加到允许的最高量 ④坯体组织更加致密、均匀
冷却阶段 （止火温度～室温）	①液相析晶 ②液相过冷凝固为玻璃相 ③残余石英晶型发生转变 ④坯体的强度、硬度及光泽度继续增加

在釉烧过程中，烧制气氛会直接影响到釉色、釉面质感及陶瓷的整体品质，因此，控制好窑内的气氛（即氧气与燃料的比例）至关重要。陶瓷烧制中的气氛主要分为氧化气氛和还原气氛。一般的电窑无法产生充分的还原气氛，除非安装液化气火焰喷嘴或设置投柴火塘，改成电气两用或电柴两用窑。所以，本文主要以气窑和柴窑为对象来介绍烧制气氛。

1. 氧化气氛

氧化气氛是指在烧窑过程中，当窑内温度升至较高且空气供给充足时，燃料得以完全燃烧所形成的火焰气氛。其特征是无烟透明，燃烧产物的主要成分是二氧化碳和过剩的氧气，几乎不含可燃物质，从而使陶瓷制品充分氧化。氧化气氛不仅涉及氧气的含量，还包含其他具有氧化性的气体。

氧化是将黏土中风化产生的杂质转化成其他形式的一个过程，碳和硫类物质通过转换成气体或其他可溶性物质，可以被去除，而铁化物通过氧化变得更耐火。黏土中的有机物在高温中极易氧化，产生二氧化碳和水，并以气体的方式释放出来，这一点非常重要。在烧制陶瓷的初期，就必须对黏土中的碳类物质进行氧化，否则后期会出现无法氧化铁化合物的情况。硫化物在加热时就会分解，氧化气氛下会产生硫酸盐类或二氧化硫与硫酸盐。

氧化气氛烧制通常具有以下几个优点：一是有利于釉料中金属氧化物充分氧化，形成稳定的化学结构，从而增强釉层的耐久性和抗蚀性；二是有利于釉料更好地展现其色彩特性，如矾红釉在氧化气氛中能烧制出稳定、鲜艳的如橙子般的红色；三是有利于形成透明或半透明的釉面，增加瓷器的光泽度，使成品外观更加亮丽。

中国北方多个陶瓷产区普遍采用氧化气氛烧瓷，这主要是由当地原料特性和工艺传统所决定的。北方瓷区由于其制瓷原料大多具有铁含量较低、钛含量较高的特点，这样的原料特性适合在氧化气氛下烧制。如河北唐山生产的骨质瓷，在烧制过程中就采用氧化气氛，以保持其洁白度和光泽度。

2. 还原气氛

还原气氛是在烧窑过程中，由于窑内空气供应不足，导致燃料无法完全燃烧的一种火焰气氛。在这种气氛下，窑内所产生的一氧化碳和氢气多，没有或者极少有游离氧的存在。南方制瓷原料中含有较多的铁元素，氧化铁的存在会导致制品发黄甚至发红。因此，南方地区普遍采用还原气氛烧制陶瓷。对于铁含量高、钛含量低的瓷坯，采用还原气氛烧制会呈现出白里泛青的釉色。

在不同的烧制气氛下，陶瓷釉料会展现出不同的发色效果。例如铁釉在氧化气氛下烧制则为黄色，而在还原气氛下则为青色。

为了制造还原气氛，除了要减少向窑内提供外部氧气，并向窑内高压注入燃气或石油等，来增加由碳所产生的二氧化碳的量，还可以通过提供高压氮气、氢气、石油、木炭等方式强化还原气氛。在1200℃左右时，碳还原胎体所含有的大量二氧化硅，产生一氧化硅和一氧化碳。反应方程式如下：

$$SiO_2+2C \rightarrow SiO+2CO\uparrow$$

一些陶瓷产地的原料中含有一定量的高价铁，当烧至 1100 ℃～1300 ℃区间，窑内充满强一氧化碳，还原反应会迅速进行，方程式如下。高价铁（Fe_2O_3）得到充分还原变为氧化亚铁（FeO），产生 $FeOSiO_2$ 泛出青绿色，氧化铁带来的黄褐色则消失。

$$Fe_2O_3+2CO \rightarrow 2Fe_2O_3+CO_2\uparrow$$

中国南方的陶瓷产区多使用氧化－还原气氛烧瓷，这主要是由当地的传统烧制技术、原料特性和审美偏好决定的。南方瓷区制瓷原料的瓷石普遍含铁，在还原气氛下，产生青绿色的色泽，含蓄典雅。如江西景德镇的青白瓷、青花瓷，浙江龙泉青瓷等都需要还原气氛烧制。

3. 中性气氛

中性气氛是介于氧化气氛和还原气氛之间的状态。在陶瓷烧制过程中，当窑炉内游离氧含量极低，不足以发生显著的氧化反应，同时一氧化碳（CO）的含量也很少，不足以促成强烈的还原反应时，就形成了中性气氛。

需要中性气氛的陶瓷通常是那些对烧成气氛敏感的品种，特别是含有特定金属氧化物的陶瓷，以及那些对烧成条件有严格要求的高端产品。通过使用中性气氛，可以更好地控制烧成过程，确保陶瓷产品的质量和美观。

图 12-2 是气窑 13 小时烧制白瓷的烧成曲线图。从该图可知，前 6 个小时窑内是氧化气氛，6 至 11 小时进行还原气氛烧造，11 至 13 小时窑内是中性气氛。

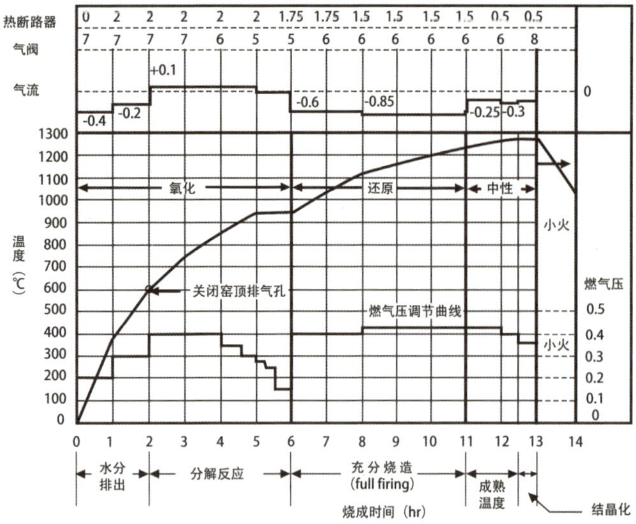

图 12-2　气窑 13 小时烧制白瓷的烧成曲线图

二、釉烧的窑炉

由于很多釉必须配合还原气氛才能完美呈现，所以相对于素烧和彩烧，釉烧所用窑炉大多为气窑。相较于电窑只能烧制氧化气氛，气窑既能烧制氧化气氛又能烧制还原气氛。柴窑虽然也能烧制还原气氛，但环境污染大、燃料成本昂贵，相比之下，气窑的性价比最高。

气窑，是以天然气、液化石油气、煤气等易燃气体为主要燃料烧制陶瓷制品的热工设备。根据不同的设计和使用目的，气窑可以分为多种类型，如梭式窑、隧道式窑、倒焰式窑、半倒焰式窑、升焰式窑、平焰式窑等。

燃气梭式窑以结构简单、建造经济、温控精确、节能高效和操作灵活性高等特性，在众多气窑类型中脱颖而出，成为许多中小型陶瓷生产企业的首选窑型，实现了大规模的推广应用。综上原因，下文主要介绍燃气梭式窑的功能与使用。

1. 燃气梭式窑的结构

梭式窑炉的构造和工作原理都体现了精巧的设计思路。它的结构类似于火柴盒，使用时将窑车拖出在窑外装产品，烧窑时将窑车推进窑内进行加热。烧制完成，窑冷却后将窑车沿着相反方向拉出，卸下烧好的陶瓷制品。窑车在窑内来回穿梭如同梭子，因此得名“梭式窑”，也被称为“抽屉窑”“台车式”。梭式窑的烧成温度一般为 1000 ℃～1750 ℃，超高温梭式窑的温度可高达 1800 ℃。目前，国内梭式窑的烧成室容积灵活多变，小到几个立方米，大到近 200 立方米，可以根据使用需求定制。

图 12-3 从左至右分别是梭式窑的侧面与正面结构图。窑室被窑车划分为两个主要区域：上部用于放置待烧制的产品，下部通常设有轨道并铺设砂层以实现密封，防止气体泄漏。窑体材料选择倾向于轻质耐火材料，如陶瓷棉、轻质莫来石泡沫砖等，以减少热量的储存。窑室的外墙部分则常用陶瓷棉或珍珠岩保温砖等，保温隔热效果非常强，当窑内温度高达 1300 ℃时，窑外表面温度也不会超过 50 ℃。

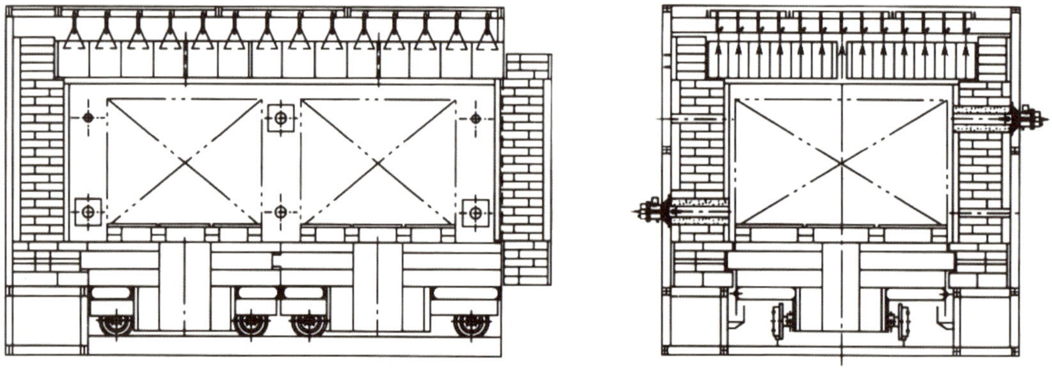
图 12-3　梭式窑的结构示意图

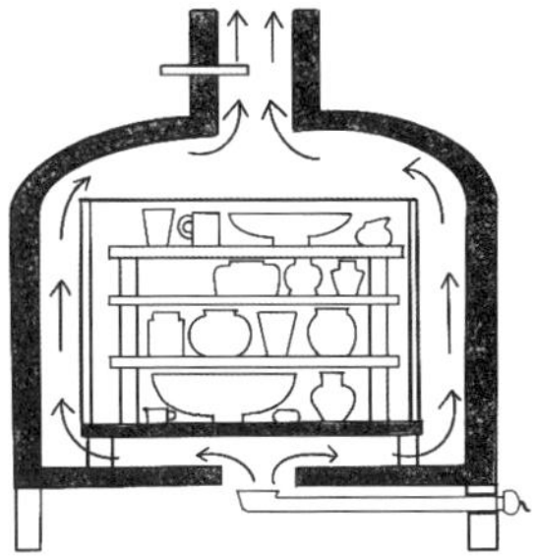

图 12-4　直焰梭式窑的火焰流动示意图

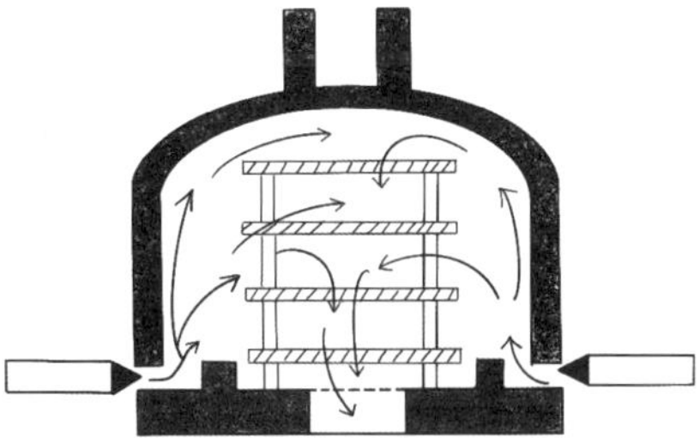

图 12-5　倒焰梭式窑的火焰流动示意图

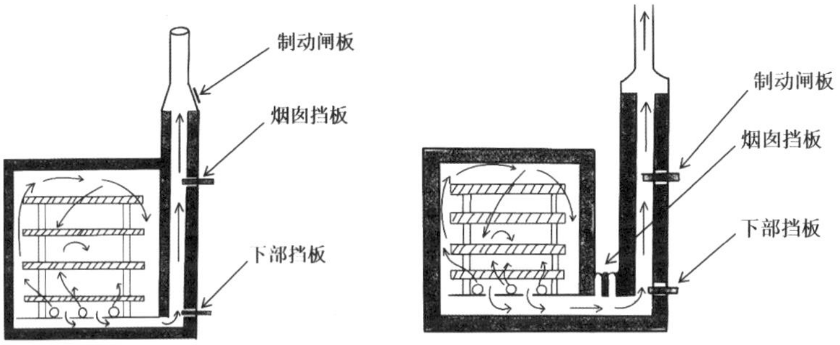

图 12-6　梭式窑的两种窑尾排气方式

梭式窑的窑墙、窑顶和窑门使用轻质莫来石砖，用耐火泥浆砌筑。这种泥浆有良好的砌筑性能，既能保证合适的施工时间，又能在施工一段时间之后开始硬化。此外，在常温（或低温）情况下砌筑时粘接强度可达到 0.5 MPa 以上，日后窑炉烧造时又能满足在 1000 ℃ ~ 1750 ℃范围内的高温环境下使用。

燃烧和排烟系统是窑炉最重要的部分。现在陶瓷企业一般都使用自吸式或配风式燃气梭式窑。自吸式燃气梭式窑，使用自吸式烧嘴，不用配风机，操作较为简单。配风式燃气梭式窑使用风机送助燃风，升温速度快，可以烧较高的温度，但噪声较大。

根据窑内火焰的流动情况，梭式窑可分为直焰式（图 12-4）与倒焰式（图 12-5），对应的排气方式分别是窑顶排气和窑尾排气。窑顶排气方式结构比较简单，排烟阻力较小，不需要风机排烟，只是在窑顶安装一段金属烟囱将烟气引至室外即可。而倒焰梭式窑和一些小型梭式窑大多采用窑尾排气方式。

窑尾排气方式，如图 12-6 所示主要有两种。采用自然通风式烟囱，通过安装制动闸板和烟囱挡板来调节排气量。烟囱的最小高度 = 窑内高度 ×3+ 窑门到竖直烟囱的距离 ×1/3。

在氧化气氛阶段，烟囱挡板需要打开 70% ~ 80% 的程度进行烧造；在还原气氛阶段，烟囱挡板需要打开 10% ~ 20% 的程度进行烧造。根据窑炉形态的不同，制动闸板设置的位置也不同，如图 12-6。关闭制动闸板时，可以有效地从烟道抽走空气；如果打开闸板，空气就不能很好地排出，这会产生负压。换句话说，它确保了窑内温度的均匀性。除此之外，还能起到细致调节氧化还原气氛的作用。

下部挡板除了可以在清理烟囱时使用外，最重要的功能是在烧造时增强窑内还原气氛。当打开下部挡板时，将起到类似制动闸板的作用，通过引入外部空气，给窑内气流带来一定的阻断和阻力，从而干扰窑内气流顺畅通过烟囱排出，增强了还原性。有些窑炉可能没有设置制动闸板，这种情况，一般通过使用下部挡板来实现制动闸板的功能。

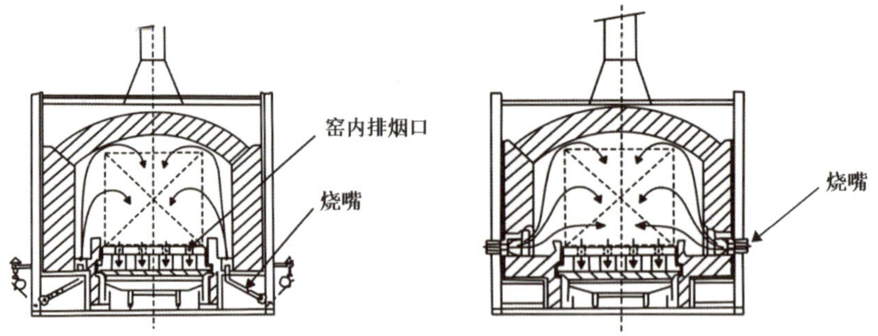

图 12-7　梭式窑的两种烧嘴设置方式

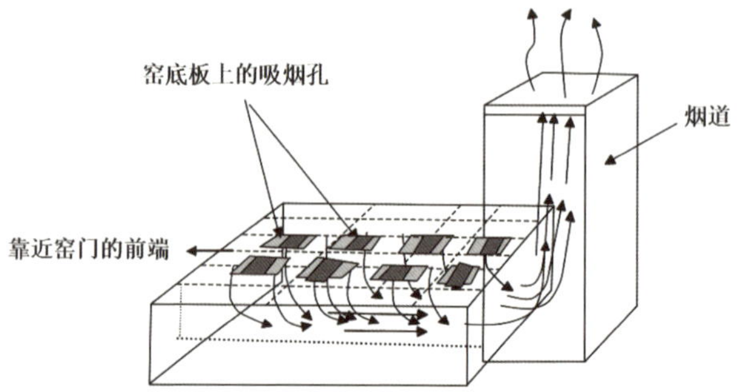

图 12-8　燃气梭式窑内排烟口的设置

燃气梭式窑的烧嘴如图 12-7 所示有两种设置方式，一种设置在底部左右两侧，另一种是设置在左右两侧。现代燃气梭式窑采用高速等温烧嘴，燃烧产物以 100 m/s 以上的速度喷射入窑，喷出高速气流，使窑内气流强烈地旋转，对流换热效果极大提升，高温阶段窑内各点温差可控制在 5 ℃以内。在低温阶段，采用调温风增大烟气量，调节喷入窑内的烟气温度，窑内温差在 5 ℃ ~ 10 ℃之间。升温、降温速度快，烧成周期短。

图 12-8 是燃气梭式窑内排烟口的设置示意图，是通过自然通风方式，借助烟囱的抽力将窑内烟气排除出去，并通过前文介绍过的制动闸板和下部挡板来调节排气量。窑内排烟口的设置非常重要，会影响烧造时的窑温。如果窑炉前部中间的温度比后部低，则在下次烧窑前将调节窑底板上吸烟孔大小的窑砖从大号 65 mm 改为小号 45 mm，即可增大吸烟孔的面积，从而将热量拉向前部，使制品均匀受热。

2. 满窑

“满窑”是烧窑术语，指的是将坯胎按照预计好的位置装满整个窑炉。满窑容量，作为表示窑炉有效容量的一种方法，如图 12-9 所示，不是用窑的容量（内部或容积）来表示，而是以产品为基准，通过一次烧成时的满装量来表示。例如，如果窑一共可以满装 100 个直径 250 mm、高 100 mm 的陶瓷砂锅，则容量可以表示为 V_3=100 ea/CH(ϕ 250 × H100 的锅为基准)。具体计算公式如下，单位用“立方米(m^3)”表示，也可以用“LB”表示。

$$V_3\ (LB) = W_2 \times H_2 \times L_2$$

现代窑炉很少使用匣钵通过层叠满贮的方式来满窑，而是使用棚板和马脚搭建多层的框架空间来装载坯体。

棚板（图 12-10），又称窑板、耐火板。有碳化硅、刚玉莫来石、氧化铝、石墨等多种材质，正面均匀涂抹一层氧化铝粉，四条缝隙为收缩缝，用于承烧陶瓷作品，一般可耐 1700 ℃左右高温，可持续长时间在 1500 ℃以下高温烧制，不变形，不弯曲，不开裂，平整光滑，承重力强劲。大空间的窑炉一层可以摆放多块小规格板进行拼接 。

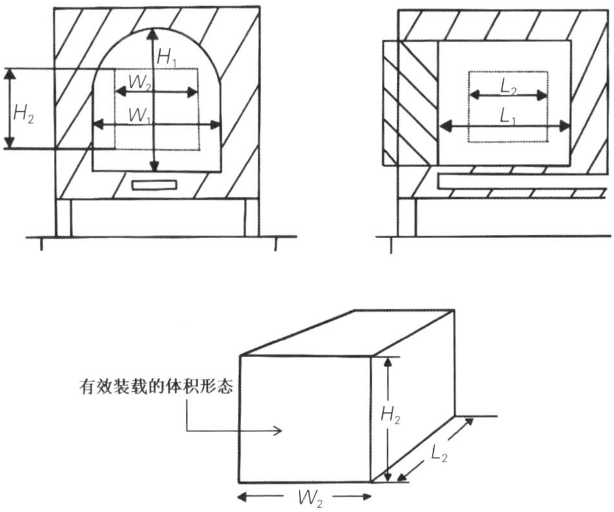

图 12-9　窑炉的有效容量

图 12-10　窑具棚板

图 12-11　窑具马脚

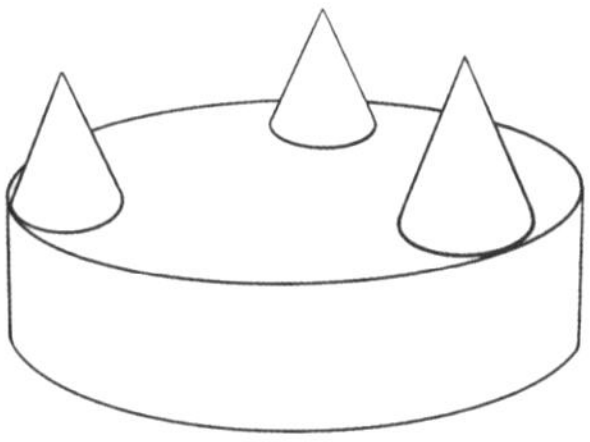

图 12-12　支钉示意图

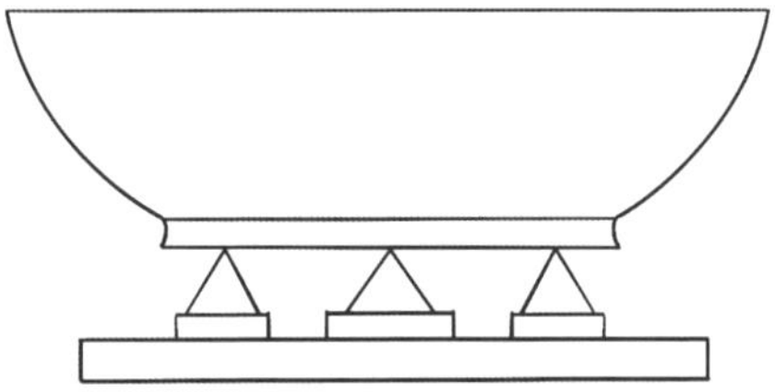

图 12-13　支钉烧工艺示意图

马脚（图 12-11），也称立柱，是用于承载棚板的支柱。一般一块棚板搭配 3 个马脚使用。装窑时，要根据产品高度来选择马脚尺寸，一般马脚应至少高于产品一指。

为避免发生粘板情况，在入窑烧制前，陶瓷器皿底足的釉料应确保彻底擦拭干净。当不了解釉料流动性的强弱时，可置氧化铝垫饼于作品底部，以避免粘连窑板。

素烧装窑时，坯体可以叠摞在一起，但需确保叠摞在一起的坯体质量分配得当，还应注意烧成过程中黏土的收缩现象，因此需合理安排作品的摆放位置。

在釉烧时，施过釉的坯体之间的距离切忌太近，应保持一指宽的距离，这样不仅有利于热量流通、防止坯体之间粘连，同时也可避免因某件作品表面出现问题而影响到周围坯体的情况发生。

如果想追求制品表面近乎满釉的效果，同时避免出现烧制缺陷，可以选用支钉烧工艺。支钉烧工艺是指用耐火材料制成支钉（图 12-12），将产品撑起，底部悬空进行烧制的装烧技术。（图 12-13）对部分需要底部施釉的制品，釉烧时可以采用支钉烧的方法，达到近乎满釉的效果，釉烧后的制品底部光滑，支钉处可抛光处理整洁。

支钉烧通过将陶瓷器皿放置在特制的支钉上进行烧制，使得器皿底部与棚板隔离，减少了热量传递的阻碍，从而使得热量更加均匀地分布在整个器皿上。除此之外，支钉烧有助于器皿底部与支钉之间的气体流通，促进氧化还原反应的顺利进行，让器皿整体的釉色和烧制气氛环境更趋一致，利于控制釉色。

无论是素烧还是釉烧，装窑时切忌装得过满。如果使用以电能作为热源的窑炉，作品必须与炉丝保持至少两指的间距，绝不可接触到炉丝。装窑时，要擦净每一层棚板背面的灰尘，避免在烧制过程中灰尘掉落，污染作品。同时，确保立柱上下对齐，保持垂直状态，否则会导致棚板变形甚至开裂。

3. 窑温监测

在釉烧过程中，监测温度变化是保障陶瓷制品质量的关键步骤。在古代，经验丰富的烧窑工人（景德镇行话叫“把桩师傅”）通过观察火焰、烟气等非直接的温度信号来判断窑内温度，这需要长时间的实践才能掌握。随着窑炉技术的不断进步和窑炉设备的现代化，监测烧制过程中的温度变化变得更加精确和便捷。窑炉测温设备及工具主要有热电偶、光学高温计、辐射式高温计、测温三角锥、测温环等。一些先进的现代化窑炉还配备温度监测系统、高精度的温度传感器、可视化操作界面、热像仪以及安全和报警系统等，不仅提高了烧制效率和产品质量，也为陶瓷制作者提供了更加人性化和智能化的操作体验。

对于初学者而言，使用测温三角锥测量温度是直观有效、成本较低的选择。测温三角锥是一种高精度陶瓷烧成温度指示工具，常用来测定窑炉内达到的最高温度和均匀程度，简单而又准确。测温三角锥有多个型号，每个型号有对应的熔倒温度，一般与相邻的 2 ~ 3 个型号组成一组进行测温，将其放入窑炉中，只要达到了熔倒温度，三角锥就会弯曲倒下。使用者可以通过观察测温锥的弯曲情况来判断窑内温度，也可用于监控窑炉最高温度。

测温三角锥的优点，主要有以下四点：

（1）所测得的温度是制品本身的温度，而非环境的温度。

（2）在时间上可以实时监测，通过窑炉的观火口观察窑内三角锥在加热过程中形状的变化和弯曲程度，帮助判断窑温是否达到制品所需的温度。

（3）稳定性强。测温三角锥不受电磁干扰，稳定性好，可以提供可靠的温度读数。

（4）适应性强。测温三角锥可以在不同的窑炉类型和烧制环境中使用，包括电窑、气窑和柴窑等。

测温三角锥的具体使用方法是，取 3 个相邻型号的测温三角锥，并排同时嵌入耐火泥底座约 1 cm，使直角棱垂直于底面，倾斜角呈 80°（图 12-14），干燥后放入窑炉的观察点。随着温度逐渐升高，测温三角锥的头部会弯曲，当头部接触到耐火泥底座平面时，即达到所需温度（图 12-15）。

需要注意的是，测温三角锥的弯曲情况受升温速度、气氛、自身质量以及嵌入情况的影响较大，在使用和判断时，应该充分考虑这些因素的影响。为了更准确地掌握烧结温度，应多选择几组测温三角锥，同时多设立几处观察点。

三、釉烧的注意事项

1. 各类釉面缺陷的问题

坯体在预热和烧成前期，会发生一系列物理化学变化，产生大量气体。这时，由于釉层覆盖在坯体表面，因此坯体中产生的气体必须经过釉层逸出。未产生液相前釉层为多孔体，气体可以顺利通过。但当釉层

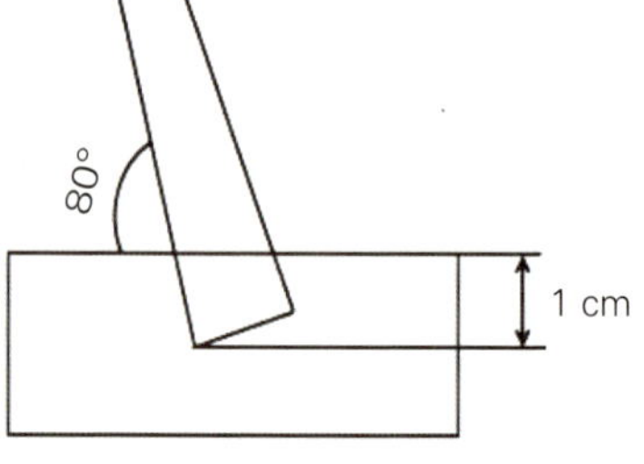

图 12-14　测温三角锥嵌入耐火泥底座示意图

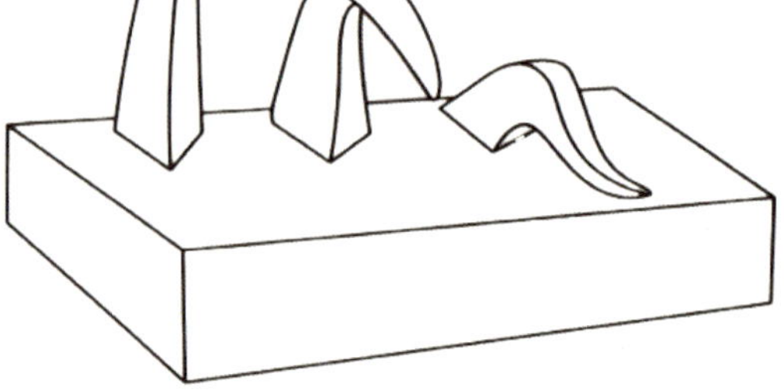

图 12-15　测温三角锥弯倒情况示意图

大部分熔融时，气体以气泡形式通过液态的釉层逸出，这时往往会有气泡滞留在釉层中形成“釉泡”缺陷。

另外，当釉熔体黏度较大，或表面张力较小时，气体冲出釉层在其表面产生的凹坑不能恢复平整，最后形成“针孔”“橘釉”等缺陷。同时，由于气体逸出不畅，坯体中有机物等物质的氧化分解反应进行不完全，残余碳素留在坯中形成“黑心”，严重时会使坯体鼓起，形成空心。这就要求精心制定烧成曲线，使釉层熔融前坯体中的气体尽可能完全反应，以保证釉面和坯体品质。

2. 釉烧冷却阶段需要注意的问题

釉烧高火保温结束进入冷却阶段时，如果烧制光亮釉，则需要进行快速冷却（也可称为“急冷”），以防止釉熔体产生结晶，影响表面亮度；在烧制结晶釉时，情况正好相反，应当延长保温期，慢速冷却，促进晶体生成。因此，要针对具体情况制定这一阶段的烧成制度。

第四节　彩烧

彩烧，亦称烤花、炉烧，是把已经成瓷并完成彩绘后的瓷器再置于炉中进行低温烘烤，一般适用于釉上彩和部分釉中彩陶瓷。彩烧是否得当对彩瓷的呈色和纹饰质量有极大影响。因此，在彩烧时必须选择最佳温度范围，另外要选择适当的窑炉、装炉方法和升温速度，并准确地控制烘烤时间。

一、电烤花炉

彩烧所用的窑炉，称为烤花炉，是一种专业用于陶瓷制品装饰加工的热处理设备，主要功能是在高温条件下对已经施加了釉上彩绘、贴花纸或其他装饰材料的陶瓷制品进行烘烤，以达到固定装饰图案、增强色彩亮度和实现特定艺术效果的目的。

早期的烤花炉又称为“红炉”“缸炉”，形状多为圆形，由匣钵片和耐火砖构成，现在比较少见。我国目前大量使用的烤花炉主要有两种，分别是连续式烤花炉和间歇式电烤花炉，前者常应用在大型的釉上彩瓷工厂中，适合工业化大规模连续生产；后者常应用在中小型釉上彩瓷工厂或小型工作室。就景德镇地区而言，最常使用间歇式电烤花炉。间歇式电烤花炉是电窑的一种，只是窑体较小、炉丝上限温度较低而已。由于这种烤花炉具备升温均匀、炉内温差较小、可自主控制升温的快慢、操作灵活方便等特点，符合景德镇地区的制瓷生产情况，故而较受欢迎。

值得注意的是，现在也有很多陶艺家用小型高温电窑进行高温釉烧，同时也将其用于低温素烧和彩烧。这在原则上没有任何问题，只是对窑炉的使用寿命有一定影响。

电烤花炉（图 12-16）的特点是炉体轻小、高效节能、环保耐用、温度可控、使用安全等。其内部主要采用硅酸铝纤维结构，窑内除了莫来石耐火砖、保温棉等保温材料之外，主要还有作为发热材料的炉丝（图 12-17）和作为测温元件的热电偶（见图 12-11 中的左上角）。热电偶是温度测量仪表中常用的传感器，它能直接测量温度，并把温度信号转换成热电动势信号，通过电气仪表显示出被测介质的温度。现在的电烤花炉基本采用数字控温（图 12-18），可以通过温控表上的数字显示，直观掌握炉内温度的变化。除了半自动的仪表测温和控温方式外，也可采用电脑智能化全自动编程控制烧成，可以非常精确地控制烧成炉温和时间。

由于电热偶测量的是窑内环境温度，且受不同配件和安装工艺影响，与实际影响陶瓷的物体温度之间存在温度差。所以原则上每台电窑在首次烧造时，都最好通过测温三角锥或测温环得出具体温差，做到心中有数，以方便以后正确设置升温曲线。

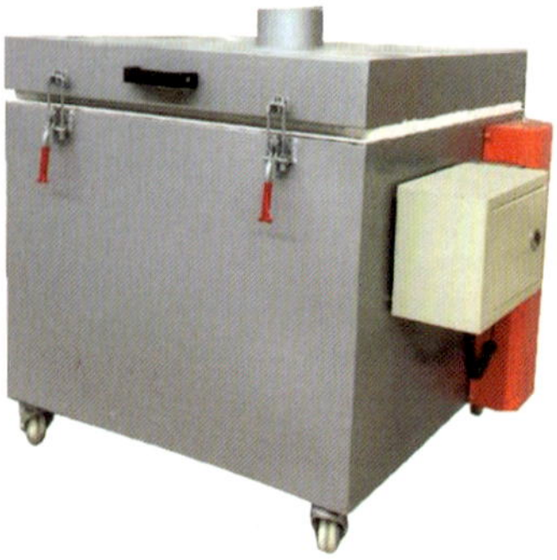

图 12-16　常用的电烤花炉

图 12-17　电烤花炉的内部情况

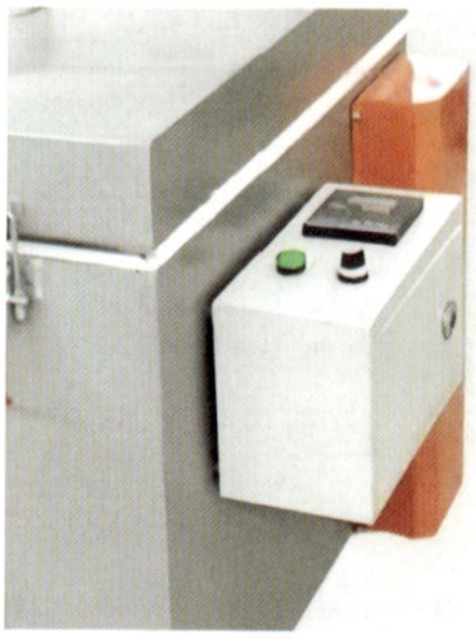

图 12-18　电烤花炉上的温控表

二、温控表升温曲线的设置

相对于使用燃气梭式窑进行釉烧，用电烤花炉对釉上彩进行彩烧，已经非常简单易学。但对于初学者而言，最难的其实不是满炉和烧炉的过程，而是升温曲线的设置。虽然电脑智能一键化全自动编程控制烧成窑炉已经非常普遍，但手动设置的控温表由于其价格上的优势，仍然是主流。因此，下面将以一款常见的数显温控表（图 12-19）为例介绍温控表升温曲线的具体操作。

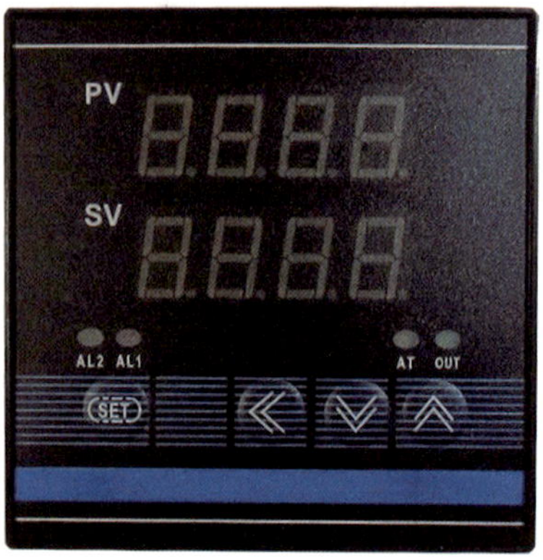

图 12-19　电烤花炉上常用的数显温控表

1. 温控表上的显示说明

PV 数显：红色数值，表示温控器通过热电偶检测到当前环境的温度。

SV 数显：绿色数值，代表程序设定的炉内环境温度（开机正常状态为 STOP 与数值闪跳）。

SET：代表设置。

︾：代表下调数值、运行及暂停。

︽：代表上调数值及停止。

《：代表左调选择数位。

指示灯 AT：仪表自整定。

指示灯 OUT：加热输出。

指示灯 AL1、AL2：报警输出，当超过或低于某个温度值时报警。

2. 启动温控表

长按下键“︾”2 秒，出现“run”立即松手，如果下面数值固定不动代表电窑已经启动。如绿色显示还在闪跳，继续找到下键“︾”启动。

3. 升温曲线的设定

升温曲线是由温控表来控制窑炉升温的速率，由温度 C 及时间 T 数值决定，即 C01/C02……，时间 T01/T02……，其运行含义是 C01 温度经过 T01 时间烧制达到 C02 温度，再经 T02 时间烧制达到 C03 温度，C03 温度经过 T03 时间烧制达到 C04 温度……以此类推。最后一个阶段，所设置的对应负数，代表停止代码，表示程序完成，电窑自动停止工作。

表 12-3 为电烤花炉升温曲线设定参考数值表，初学者可在此基础上根据具体情况进行数值调整或阶段合并。

表 12-3　电烤花炉升温曲线设定参考数值表

应用	阶段	程序代号	数值	备注
烤花升温曲线	第一阶段	C01	90	C：代表阶段温度 T：代表烧制下一阶段温度所需分钟数 －19：代表停止代码，“－”号后可设置任何数字
		T01	60	
	第二阶段	C02	300	
		T02	70	
	第三阶段	C03	500	
		T03	40	
	第四阶段	C04	600	
		T04	70	
	第五阶段	C05	800	
		T05	6	
	第六阶段	C06	800	
		T06	1	
	第七阶段	C07	－19	
		T07	0	

具体设定升温曲线的步骤如下：

步骤 1：按左键“《”，PV 数显框显示 C01，SV 数显框显示 90。这表示第一阶段起始温度为 90 ℃，这时可通过按上下键来调节温度数值。

步骤 2：按“SET”键，PV 数显框显示 T01，SV 数显框显示 60。此处表示从第一阶段烧成到第二阶段，需要 60 分钟，这时可通过按上下键调节时间数值。

步骤 3：按“SET”键确定，进入下一阶段设置。

步骤 4：重复步骤 1、步骤 2 与步骤 3，参考《电烤花炉升温曲线设定参考数值表》依次调整至第七阶段。

步骤 5：全部设置完以后，静待 8 秒，自动保存退出。

步骤 6：断开电源后重连电源，重新启动程序，长按下键“︾”2 秒，出现“run”立即松手，新设定的升温曲线程序即可运行。

三、电烤花炉的使用及注意事项

1. 电烤花炉的使用，主要分为“满炉”和“烧炉”两个步骤

“满炉”即将待烧的陶瓷器物按照一定规则和顺序摆放在窑炉内，把炉室装满的过程。进行满炉步骤时需要注意以下几点：

（1）满炉前先确保窑炉电闸关闭，清理窑内的灰尘和杂物后再进行满炉。

（2）摆放窑炉底部立柱，并将棚板架在立柱上，立柱和棚板切忌接触到炉丝，否则会容易导致电线短路。

（3）立柱和棚板的摆放，遵循“三点一面”原则，即三个立柱支撑一块棚板。

（4）细致地将未烤花的陶瓷器物码放入窑，瓷器与瓷器之间最好要保持 2 cm 的距离，满窑时避开窑内的热电偶，不要让瓷器与其接触。

（5）炉烧器皿时需要用到棚板隔层码放，但炉烧瓷板时，最好不要水平放置，而是在炉内用耐火砖垒成支点，让瓷板可以依靠着竖立码放。

“烧炉”即在窑炉中对陶瓷坯体进行高温处理的过程。完成满炉后，就可以开始烧炉，具体注意事项如下：

（1）打开电源，设置好升温曲线开始烧造后，不要急于关门，让炉门虚掩着，等温度升至 400℃左右，等炉内水汽、油气基本挥发完毕后，再盖上窑门。

（2）由于彩绘装饰是在已经烧制成瓷的胎上进行彩绘，所以烤花升温速度可以比一般高温釉烧的速度稍快，通过温控表上的数显观察升温情况。

（3）由于釉上彩绘颜料中含有大量诸如铅类的重金属，所以炉烧时应保持窑房通风，烧窑时人尽量不要长时间待在炉旁，每间隔一段时间观察一下窑炉工作情况即可，以免吸入大量有害气体。

（4）温度烧至目标温度，自然保温后，即可熄火。关掉电源，掀开盖顶“望火孔”，使其自然冷却，温度下降至 300℃时，可适当将炉盖打开一条缝。当炉内温度完全冷却至室温，方可开窑取瓷。

2. 完成釉上彩绘装饰后，在烤花前的注意事项

（1）彩绘好的瓷器表面需保持洁净无灰尘、无水汽。以防烤花后画面有色脏或因受热不均而炸裂。

（2）刚完成的产品不能着急入窑烧制，应先等颜料晾干，让颜料中的油性物质完全挥发。

（3）装窑顺序一般为大件在下、小件在上，产品与产品之间要留有足够的空隙，瓶类产品有画的一面尽量背向有炉丝的一面。

（4）棚板的表面要清洁干净，防止烧成过程中掉落残渣，影响产品效果。

（5）制定合适的烧成制度，控制好温度。温度过高画面颜色易变淡，或造成釉面起泡；温度过低颜料可能不能与釉面相融合。

下篇参考文献

[1] 白明 . 景德镇传统制瓷工艺 [J]. 中国陶艺家，2009（1）.

[2] 陈晶 . 西郭彩塑之泥元绘塑 [J]. 戏剧之家，2014（8）.

[3] 陈卫芬，于薇 . 釉中彩青花陶瓷贴花纸的研制 [J]. 陶瓷，2010（1）.

[4] 程幸 . 关于传统陶瓷艺术教学模式的改革——以景德镇陶瓷古彩装饰艺术教学为例 [J]. 职教论坛，2012（35）.

[5] 董秀珍，俞康泰 . 陶瓷釉用色料的应用和进展 [J]. 中国陶瓷，2007，43（10）.

[6] 方薛斐，张丽，方卫明 . 宜兴均陶釉料的制备与工艺 [J]. 陶瓷学报，2019，40（3）.

[7] 费怡敏，廖夏妍 . 浅论釉呈色和肌理的影响因素之二：坯体、成型方法、是否素烧、烧制过程及其他装饰等 [J]. 艺术时尚（下旬刊），2014（1）.

[8] 高宝琴，胡桂云，周宝海 . 釉在加热过程中的变化机理——釉泡与析晶（下）[J]. 河北陶瓷，1985（1）.

[9] 郭志山 . 日用陶瓷"水泡边"的成因与解决方法 [J]. 佛山陶瓷，2014，24（11）.

[10] 何久盈，王宁，董琨 . 辞源：第 3 版 [M]. 北京：商务印书馆，2015.

[11] 胡晋 . 颜色釉与绘画漫谈 [J]. 景德镇陶瓷，2015（5）.

[12] 鞠少波，戴家骥 . 我国陶瓷花纸发展史 [J]. 山东陶瓷，2011，34（2）.

[13][西] 杰奎姆・曼宁・切维利亚・克莱门特 . 施釉技法 [M]. 董苏学，译 . 长春：吉林美术出版社，2001.

[14] 刘纯，康建喜，乔天琴 . 薄型大板用硅灰石磷锆乳浊釉的研究 [J]. 陶瓷，2009（7）.

[15] 刘东亮，金永中，邓建国 . 梭式窑温度场影响因素的数值研究 [J]. 中国陶瓷，2006，42（10）.

[16] 刘乐君，周媛，于成志，等 . 釉上新彩装饰 [M]. 北京：中国民族摄影艺术出版社，2016.

[17] 刘莎，陈嘉吟，倪娜 . 陶瓷新彩装饰 [M]. 北京：北京理工大学出版社，2021.

[18] 刘文茂，成岳，邱文英，等 . 新型中温一次烧成陶瓷釉中彩花纸的研制 [J]. 中国陶瓷，2011，47.

[19] 刘洋，李继民，王丽，等 . 结晶釉的研究 [J]. 品牌与标准化，2022（A1）.

[20] 卢广坚，付琼 . 金属光泽釉的研究现状及进展 [J]. 佛山陶瓷，2023，33（1）.

[21] 卢海南 . 电热水器若干理论问题的讨论（之三）失重、锈水、孔蚀、结垢的四种机理分析 [J]. 现代家电，2004（22）.

[22] 李家驹 . 陶瓷工艺学 [M]. 北京：中国轻工业出版社，2001.

[23] 李磊颖 . 传统陶瓷新彩装饰 [M]. 武汉：武汉理工大学出版社，2006.

[24] 李其江，张茂林，熊露，等 . 景德镇"釉灰"的发展演变研究 [J]. 陶瓷学报，2020，41（1）.

[25] 陆青玉．关于轮制陶器的再思考 [J]. 黄河·黄土·黄种人（华夏文明），2021（6）.
[26] 三明学院．荧光陶瓷釉、陶瓷制品及其制备方法：CN201811231247.9 [P].2018-12-21[2024-09-27].
[27] 孟庆新，唐赞，巩鑫泰，等．梭式窑节能措施的研究现状与展望 [J]. 耐火材料，2023，57（3）.
[28] 宁钢，刘明玉．当代景德镇青花日用瓷的艺术特点及其成因 [J]. 艺术设计研究，2021（6）.
[29] 彭明安，彭念知．竖页式干燥机及花纸干燥方法：CN202010630904.8 [P].2021-11-05[2024-09-27].
[30] 任允鹏，肖海波，张儒岭．新骨瓷初探 [J]. 中国陶瓷，1999（5）.
[31] 任允鹏，岳剑，王洁．简明陶瓷技艺 [M]. 北京：化学工业出版社，2013.
[32] 浙江人通电力科技有限公司．氧化铁皮的氧化处理工艺：CN201610753757.7 [P].2017-02-08[2024-09-27].
[33] 陶瓷花釉与装饰技术 [J]. 江苏陶瓷，2018，51（1）.
[34] 田自秉．中国工艺美术史（彩图版）[M].2 版．上海：东方出版中心，2021.
[35] 王桂能．浅析陶瓷雕刻技法 [J]. 景德镇陶瓷，2021（5）.
[36] 王琦．无机非金属材料工艺学 [M]. 北京：中国建材工业出版社，2005.
[37] 王强，陈铁亮，周鑫．新型玻璃金水的研制 [J]. 河北陶瓷，1999，（27）（4）.
[38] 王兴凯，程惠琴．陶瓷绘画中色釉的点线面表现形式 [J]. 中国陶瓷，2012，48（8）.
[39] 王欣颖 .MnO-ZnO-SiO2 系结晶釉的研究 [D]. 北京：中国地质大学（北京），2008.
[40] 沈阳工业大学．一种利用工业固废制备装配式建筑用炻石条板的方法：CN202110746582.8[P].2021-09-14[2024-09-27].
[41] 王紫瑞．现代金属光泽釉的工艺研究及探索 [J]. 景德镇陶瓷，2022，50（5）.
[42] 汪建．陶瓷颜料应用及配制技术 [M]. 南昌：江西高校出版社，2017.
[43] 汪良贤．关于无光釉几个问题的探讨 [J]. 中国陶瓷工业，2001（1）.
[44] 魏明，冯岩．检定热电偶时易忽视的问题及处理 [J]. 中国计量，2011（10）.
[45] 魏同，刘俊光，隆知洪，等．中国耐火材料工业炉窑的技术进步 [C]// 中国耐火材料行业协会，中国金属学会 .2005 年国际耐火材料技术、市场研讨会论文集，2005.
[46] 温书强．一种新型钧瓷坯料及其制备方法：CN201810858626.4 [P].2018-10-12[2024-09-27].
[47] 徐华磊．墨彩描金技艺浅析 [J]. 中国陶瓷工业，2017，24（2）.
[48] 徐建华．谈陶瓷“花釉”的定义范畴及形成途径 [J]. 景德镇陶瓷，1991（2）.
[49] 熊寥，熊微．中国陶瓷古籍集成 [M]. 上海：上海文化出版社，2006.
[50] 谢楠．磁州窑花釉烧制技艺研究 [D]. 长沙：湖南师范大学，2017.
[51] 肖绚，胡鸿豪，余莉．梭式窑烧成曲线的控制 [J]. 中国陶瓷工业，2002（2）.
[52] 余炳锋．高档网印青花瓷贴花纸的中试研制 [J]. 景德镇学院学报，2021，36（3）.
[53] 余炳锋．新型网印一次烧成陶瓷贴花纸水性调墨油的研制 [J]. 中国陶瓷，2012，48（6）.

[54] 尹赫男，秦怀宇．新型新彩陶瓷颜料的艺术表现与实践[J]. 苏州工艺美术职业技术学院学报，2022（2）．

[55] 俞康泰，解茂林．化学共沉淀法合成 Pr，Nd-ZrSiO4 色料中矿化剂的研究[J]. 陶瓷工程，1999（4）．

[56] 俞康泰．陶瓷色釉料与装饰导论[M]. 武汉：武汉工业大学出版社，1998.

[57] 杨旺生，黄容，黄江涛，等．系列多彩色熔岩釉的研究及应用[J]. 佛山陶瓷，2020，30（6）．

[58] 张斌洋．一种汝瓷玛瑙釉料及制作方法和在汝瓷中的应用：CN202010325854.2[P].2020-07-07[2024-09-27].

[59] 张晶．金属釉的研究现状及进展[J]. 江西建材，2020（5）．

[60] 张玲霞，龙洲，赵芳．陶瓷粉彩装饰[M]. 北京：北京理工大学出版社，2021.

[61] 张全，廖庆庆，巫辉明，等．梭式窑内烟气温度测量装置的研究[J]. 中国测试技术，2007，33（2）．

[62] 张玉春．艺术釉[M]. 北京：轻工业出版社，1976.

[63] 张玉南．陶瓷艺术釉工艺学[M]. 南昌：江西高校出版社，2009.

[64] 张志龙．陶瓷颜料装饰粗陶的创新应用研究—以内蒙古清水河缸料粗陶为例[J]. 现代交际，2012（12）：106.

[65] 福建省德化协发光洋陶器有限公司．一种白陶瓷工艺品的制备工艺：CN201710654548.1[P].2017-12-01[2024-09-27].

[66] 赵芳，肖群．墨彩描金制瓷技艺的传承研究[J]. 侨园，2019（12）．

[67] 翟新岗．浅谈白云陶釉下彩装饰[J]. 佛山陶瓷，2007（7）．

附录 1：中国历代陶瓷精品欣赏

附录 2：常用陶瓷原料常数表